广东省高等学校心理健康教育与咨询专业委员会推荐教材

广东省高校心理健康教育精品课程建设教材

邱鸿钟◎主编

大学生心理健康教育

PSYCHOLOGICAL HEALTH EDUCATION OF COLLEGE STUDENTS

广东高等教育出版社
Guangdong Higher Education Press
·广州·

图书在版编目（CIP）数据

大学生心理健康教育/邱鸿钟主编. --广州：广东高等教育出版社，2024.9（2025.8 重印）. --ISBN 978-7-5361-7685-0

Ⅰ.G444

中国国家版本馆 CIP 数据核字第 20242MOL47 号

好的课微信公众号　　好的课网

★特别说明：本书用到的素材图像请关注“好的课”微信公众号，注册并登录后，使用“扫一扫”扫描相应的二维码，即可获得教学资源。也可以打开网站“好的课”（www. heduc. com），在“学习资源”页面搜索“大学生心理健康教育教学资源”，打开并下载。

DAXUESHENG XINLI JIANKANG JIAOYU

广东高等教育出版社出版发行

地址：广州市天河区林和西横路

邮政编码：510500　电话：020-87554153

网址：http://www. gdgjs. com. cn

广东信源文化科技有限公司印刷

787 毫米×1 092 毫米　16 开本　18.75 印张　445 千字

2024 年 9 月第 1 版　2025 年 8 月第 2 次印刷

定价：40.00 元

内容提要

本教材广泛吸收青年心理学、精神卫生和多种心理学流派的研究成果，坚持中国心理健康教育的文化自信，紧密结合大学生心理发展的实际，教学理念先进，教学内容系统全面，内容涉及大学生自我意识，新生环境适应，学习成才与创新创业心理，情绪情感，态度、需求与动机，气质与性格，意志与心身关系，男女性心理与婚恋观，人际关系，家庭关系，应激与心理危机，精神疾病的识别与防治，网络成瘾心理等多个方面。

本教材的编写充分体现了课堂教学与课外自学、理论讲授、心理体验活动和户外拓展训练、案例讨论与教学影视观摩等多种教学方式的有机结合，充分体现了知行合一、理论联系实际的教学理念和建构主义的教学组织模式。本教材还提供了强大的网络教学资源平台，师生可以通过手机扫码链接这些教学资源，拓展阅读面，观摩相关教学视频和影评，参与更多的案例讨论，获得有关问题的解疑释惑。学习本课程，您将有多方面的收获。

课程介绍

序　言

时间如梭，回顾本教材从 1997 年初版《大学生心理卫生》到今天出版的《大学生心理健康教育》已经过去 27 年了，这些年正是我国大学生心理健康教育从无到有、从点到面，从选修课到所有学生都必修的公共课的发展轨迹。2011 年教育部颁发了《普通高等学校学生心理健康教育课程教学基本要求》，2018 年中共教育部党组印发了《高等学校学生心理健康教育指导纲要》。目前，大学生心理健康教育课程已经成为我国高校以德育心、以智慧心、以体强心、以美润心、以劳健心的重要渠道和载体。这也充分体现了我国高等教育围绕立德树人的根本任务，发挥中国特色社会主义教育的育人优势，培养德智体美劳全面发展的社会主义建设者和接班人这一精神的具体要求。事实上，在全面建设社会主义现代化国家这项伟大而艰巨的事业进程中，人的因素和心理素质始终是非常重要的。

作为一种世界性的共识，心理健康一般是指人在成长和发展过程中，认知合理、情绪稳定、行为适当、人际和谐、适应环境变化的一种完好状态。因此，教育部文件要求将学生心理健康教育贯穿德育思政工作全过程，融入教育教学、管理服务和学生成长各环节，纳入全员育人、全程育人、全方位育人的教育大格局。高等学校大学生心理健康教育的主要任务是：帮助大学生树立心理健本教材出于各种原因，编委会成员发生了一些变化，但我们仍然不会忘记所有为本书各版写作和丰富教学资源做出贡献的多位教师和研究生。在此一并表示诚挚谢意！

邱鸿钟

2024年春于广州白云山麓湖畔杏林校园

目 录

第一章
绪 论

导读

教学目标：了解世界心理卫生运动的发展历史，认识大学生成才与心理健康的辩证关系，树立正确的心理健康意识，熟悉大学生心理健康教育的特点与任务、心理健康教育的内容与形式，明了大学生心理健康教育的意义，端正学习本课程的态度。

关键概念：心理健康（psychological health）、心理发展（mental development）、心理成熟（psychological maturity）、心理卫生（mental hygiene）、自知力（insight）、心理环境（psychological environment）。

案例

由一个精神障碍患者发起的心理卫生运动

1894年，18岁的美国青年克利福德·比尔斯（C. W. Beers，1876—1943）考入耶鲁大学商科，同年，他的哥哥突然癫痫发作，最后被诊断为“脑底肿瘤引起的癫痫”，6年后离世。比尔斯后来回忆道：“如果一向健康的哥哥也会得癫痫，那么能有什么办法防止我得同样的疾病呢？这种想法很快占据了我的心，我对此想得愈多，就愈变得神经质，就愈相信自己的发病只是时间问题。我无时无刻不想着癫痫，梦着癫痫。无数不安的想法折磨着我，这种过度紧张的情绪把我拖到发病的边缘。”在大学读书期间，比尔斯因为一直被这些内心的恐惧纠缠着而不愿意说话，逃避一切与人交流的场合。后来他虽然好不容易熬到毕业并参加了工作，但担心自己会患癫痫的恐惧仍日益加剧，比尔斯没有去咨询心理医生，而是选择了自杀来结束这种恐惧的日子。1900年6月23日下午，比尔斯从自家四层高的楼上的窗口跳下企图自杀，结果慌乱中掉到楼下草地上，侥幸只是足跟部骨折了。比尔斯后来回忆说：“我一刻也没有失去知觉，一直纠缠着我的疯狂的恐惧感，在我摔到地面的那一刻，终于被驱散了。”他的自杀行为令家人无法理解，于是他被家人强制送到了当地的精神病医院住院。然而，当时有被害妄想的比尔斯认为，精神病医院病房装有铁条的窗户以及严加的看管都是因为自己被别人迫害而受到的拘禁。在住院期间，他多次偷偷写信给当地州长，一心想要“揭发”精神病医院对待患者不人道的情况。虽然那个时代的精神病医院的确存在着许多需要完善的地方，但比尔斯当时表现出的“揭发”行为仍然属于被害妄想的一种病理表现。1903年9月比尔斯康复出院，他先从事商业，后执意要从事旨在推动精神卫生运动，改善精神病患者待遇的人道主义工作。1908 年，他以自己患病前后的想法和住院的经历为蓝本，撰写出版了《一颗找回自我的心》一书，这是世界上第一本由精神病康复者所写的自传，该书出版后得到了当时美国心理学家威廉·詹姆斯（W. James，1842—1910）的高度称赞，他说："这是一本雅俗共赏，无论是专业人员还是外行都能为之吸引的书。"比尔斯将自己罹患精神疾病的经历公布于世，极大地改变了人们对精神病的态度，也使千千万万精神病患者及其家人受到鼓舞，他们不再像以往那样对精神疾病保持缄默和回避，而是愿意公开讨论自己的疾苦，勇敢地向专业机构寻求帮助。比尔斯当之无愧地成为世界精神卫生普及运动的开拓者。

在支配我 24 ～26 岁的自我的那段时间里，我不是过去的我，也并非以后的我，我的自传中的传记部分，可以称为精神内战史，我独自在大脑内部的战场上作战。一支由不公正的敌人的狡猾思想组成的"心智失常部队"，持久地攻击我的迷惘意识。要不是胜利的"理智"以高超的战略最后把我从反常的自我中解救出来，我将被彻底打垮。

——比尔斯

课堂讨论：比尔斯的经历给我们带来了哪些启发？他为何会患精神病？仅仅是因为受到兄长患病的刺激，还是由自己偏执的非理性认知所导致的？当比尔斯被家人送至精神病医院以后，他以为是受到了警察拘禁，这说明罹患精神疾病的当事人并不知道自己正患精神病的事实。一个人自我察觉和判断自己精神状况的认知能力被称为自知力。只有自知力完整的人才能意识到自己患了病，能区分自己有哪些异常的精神表现，并主动要求治疗。

第一节　心理健康的含义与心理健康教育的发展

一、心理健康的含义

人是心身相关的统一体，人的全面健康包括身体健康、心理健康和社会生存质量的完美状况。世界卫生组织对健康的定义是："不仅仅是没有疾病和虚弱，还包括生理、心理和社会方面的完满状况。"可见，心理健康是人类健康概念中的重要内涵之一。所谓心理健康，通常是指个体人格、心理状况与现实生活适应良好的一种完好状况。一个心理健康的人具备以下基本特征：①能正确认识和了解自己，悦纳自己的性别、性格等一切身心特点。②情绪情感稳定，不常出现抑郁、焦虑、恐惧等消极的情绪，较少心理冲突、心理矛盾或心理纠结。③能坚持正常的学习和工作，并能在学习和工作中表现出自己的能力。④能与家人和他人建立和谐的人际关系，能正常表达自己的意见，懂得与人沟通。⑤对生活环境有恰当的认识，生活目标切合实际，能切实有效地面对生活中的各种问题，自己能设法解决问题，而不是逃避或回避问题。

心理健康虽然以遗传和大脑正常等先天的生物条件为基础，但心理健康并不是天生的，而是在长期的社会化过程中，经文化的熏陶、教化和影响，潜移默化和逐渐养成的。

心理健康与心理发展、心理成熟是相关的近义词。心理发展是指个体自出生到终老一生中认知、情绪情感和行为等心理功能随年龄增长而改变的历程；心理成熟则是指心理发展到成年之后的心智水平、情绪控制和社会交往能力的一种完满状况。每个人的心理发展的历程和教育环境，以及社会经历各有差异，因此，每个人的心理健康和心理成熟的程度与发展快慢也因人而异。

与心理健康相对的是心理障碍（mental disorder）、精神病（mental disease）或心理失常（mental disorder）等概念，这是泛指由心理、社会、生理或药物等原因所造成的个体无法有效地适应生活环境的精神异常状况。

心理健康教育，可简称为“心理教育”（psychological education），与“心理卫生”一词近义，泛指运用心理学的知识和专业技术，经由教育性的措施，增进个体的心理健康发展，培养健全人格，增强承受挫折和适应社会环境的能力，避免出现心理障碍，直至达到心理成熟的水平。

二、心理健康教育的发展

现代精神卫生工作始于1789年法国大革命之后由皮奈尔（P. Pinel，1745—1826）医生为解除住院精神障碍患者的锁链所做的改革，如1908年美国人比尔斯以自己罹患精神疾病住院的痛苦经历向世人发出了改善精神障碍患者待遇的强烈呼声。他的自传《一颗找回自我的心》在当时引起了一场关于争取精神病患者合法权益的运动。在著名心理学家詹姆斯和精神病学家梅耶（A. Meyer）的支持下，于1908年在美国康涅狄格州成立了世界上第一个心理卫生协会，1909年又在纽约成立了全美心理卫生委员会，1930年在华盛顿召开了第一届国际心理卫生大会。而后，许多国家相继建立了精神卫生协会和专项基金会，创办了精神卫生的刊物，建立了精神卫生研究和服务机构，先后有近50个国家颁布了国民精神卫生法。1930年以后，精神卫生运动逐渐从改善精神障碍患者待遇和防治精神障碍的狭小范围扩大到优生优育、儿童和青少年精神卫生的指导、增进普通人群及个体的心理健康，以及有关自杀、犯罪、酗酒、性病等社会问题的预防等“大医学”的范围。1991年，尼泊尔政府提交了第一份关于开展“世界精神卫生日”活动的倡议报告。1992年，世界精神病学协会（World Psychiatric Association，WPA）发起设立“世界精神卫生日”，世界卫生组织确定每年的10月10日为“世界精神卫生日”。

学校是少年儿童和青年经历社会化过程的重要场所，青少年时期的心理发展和心理教育对他们以后的成才尤为重要。因此，学校自然成为心理卫生工作的重点。早在1896年，美国心理学家赖特纳·韦特默（Lightner Witmer）就在宾州大学开设了为学生服务的心理诊所，他是公认的学校心理卫生最早的实践者。大约在20世纪40年代，美国各大学先后成立了学生心理咨询机构，并作为学校学生管理工作的重要组成部分，其主要工作职能包括：精神疾病的鉴别与心理健康评估、心理咨询或心理辅导、心理危机干预、心理健康教育、职业咨询等。日本大学的心理卫生活动开始于20世纪50年代，现在有80%的国立大学和70%的私立大学已设置有心理咨询机构，并成立了日本大学心理咨询学会（TASC），该学会下设7个委员会，每年均举办心理咨询研修会，不断提高由心理工作者、教育工作者、学生管理人员、医务人员协作组成的高校心理卫生服务队伍的业务水平。现在，世界上许多发达国家的高等学校都建立了相应的学生心理辅导机构，指导学生正确处理在学习、择业、交友和生活等方面遇到的困难。

中国心理卫生研究和高校大学生心理健康教育工作大致起步于20世纪80年代中期。1985年中国心理卫生协会成立，1988年在上海召开了全国首届心理咨询理论与实践研讨会，继而，在全国许多高校先后成立了有关大学生心理健康教育、研究与服务的机构。2001年，教育部颁布了《关于加强普通高等学校大学生心理健康教育工作的意见》；2001年8月3日，劳动和社会保障部制定和颁布的《心理咨询师国家职业标准》正式试行；2002年，教育部颁布了《普通高等学校大学生心理健康教育工作实施纲要（试行）》；2011年，教育部颁布了《普通高等学校学生心理健康教育工作基本建设标准（试行）》和《普通高等学校学生心理健康教育课程教学基本要求》，标志着中国高校心理健康教育已经进入新一轮的建设阶段。2016年，国家卫生计生委等22个部门联合印发了我国首个针对加强心理健康服务的宏观指导性文件《关于加强心理健康服务的指导意见》。该意见提出了“预防为主，以人为本”“分类指导，规范发展”等工作原则，对高校提出了“要积极开设心理健康教育课程，开展心理健康教育活动；重视提升大学生的心理调适能力，保持良好的适应能力，重视自杀预防，开展心理危机干预”等工作目标。

第二节　心理健康教育的特点、目标与任务

一、高校心理健康教育的基本特点

（一）以青年大学生为主要教育对象

高校心理健康教育是一种面向绝大多数大学生的普及性和预防性的教育，与以心理障碍和精神疾病治疗为主的医院模式相区别，高校大学生心理健康教育以青年发展性的心理问题为主。高校大学生心理健康问题既具有青年人身心发展的一般规律，又有在校大学生的特殊性，心理问题的内容和心理冲突与大学期间的专业学习、人际关系、婚恋等生活现实密切相关。

（二）特殊的大学校园文化和心理环境

高校与中小学教育模式、校园文化和心理环境有很大的区别。所谓心理环境是指个体在生活中通过知觉所认知和体验到的外在文化与人际环境。在大学中崇尚追求科学真理与学术自由，文化和价值观呈现多元化，师生来自五湖四海，即使是同一班级的大学生，也多来自不同的亚文化的地区，在语言、生活习惯、价值观等方面存在着较大差异，

大学新生面临着重建人际关系、调整学习方式、适应新的生活方式等新的适应问题。个体是感受到友好和谐，还是冷漠无情或残酷竞争，对于其情绪情感的影响十分明显。因此，高校心理健康教育要紧贴大学生活、学习的实际情况和大学生涯的全过程，将营造友好和谐的人际关系和积极向上的校园文化作为重要的任务。

（三）大学生心理健康教育与专业职业教育密切相关

大学生的心理健康既与思想道德素质教育相关，也与专业知识和能力素质的提高紧密联系。大学生的心理健康教育要注意吸收道德心理学和职业心理学的内容，紧密结合各学校和各专业的自身特点，面向现实、面向未来、面向职业，开展有校本特色和专业特色的心理健康教育。例如，师范院校应该将师生关系心理作为一个重点，医学院校应该将医患关系心理作为一个重点。高校的心理健康教育应实施全员教育，努力使思想教育、专业教育和心理健康教育整合为一个有机的系统工程。

（四）大学生是心理健康教育的主体

大学生的自学能力和自我管理能力较强，因此，高校大学生心理健康教育要充分调动大学生自主参与心理健康教育的自觉性、主动性和积极性，充分发挥大学生在课堂讨论、阅读书籍、团体训练、角色扮演、心理剧、拓展训练等心理健康教育活动中的主体作用，积极组织大学生开展朋辈心理辅导等互助活动和心理素质训练；鼓励他们积极参与相关的社会公益实践，多途径、多种形式地促进心理素质的提高。

（五）教师的多重角色和师生关系的特殊性

高校心理健康教育与心理咨询经常由大学生所熟悉的本校教师和辅导员兼任。一方面，大学生容易对本校的教师产生某种戒备心理，担心自己的隐私被曝光或被咨询师告知校方管理部门而影响自己的前程；另一方面，身兼数职的高校教师要处理教师、学生管理者和心理辅导人员等多重角色的冲突问题。因此，在高校师生之间建立相互信任的咨询关系十分重要。事实上，只要我们严格遵守心理健康教育与心理咨询的职业道德和保密原则，建立合理的咨询和转介制度，这些问题都是可以解决的。

二、心理健康教育的目标、任务与模式

（一）大学生心理健康教育的目标

大学生心理健康教育的目标是：以教育部《关于加强普通高等学校大学生心理健康教育工作的意见》等有关文件精神为基本指导，以心理学、教育学和医学理论为基础，与学校德育工作和卫生保健工作相互配合，坚持重在建设、立足预防教育的方针，以全面推进素质教育为目标，以提高大学生的心理素质为重点，促进学生全面发展和健康成长，健全人格，促进个人的自我了解，增强其承受挫折和适应环境的能力，促进大学生在德智体美劳等方面的全面发展。

（二）大学生心理健康教育的主要任务

大学生心理健康教育的主要任务是：运用心理测量和心理咨询技术，及时和全面地了解大学生心理健康的发展现状，及时识别和发现大学生存在的心理问题、心理障碍和

心理危机，预防和减少变态心理和精神疾病的发病率，及时转介有精神障碍的患者到专业医疗卫生机构进行治疗。根据大学生的心理特点有针对性地讲授相关的心理健康知识，积极开展具有发展性的心理辅导活动，帮助大学生树立心理健康意识，优化心理品质，增强其面对挫折的心理调适能力和社会生活适应能力，帮助大学生处理好环境适应、自我管理、学习成才、人际交往、交友恋爱、求职择业、人格发展和情绪调节等方面遇到的心理困惑。积极推进高校心理健康工作的组织体系和机制建设，营造使学生积极向上、勤奋好学、和谐友爱、心情舒畅，有利于学生自我实现和全面发展的校园文化心理环境。

（三）大学生心理健康教育的模式

根据教育部颁布的《普通高等学校学生心理健康教育课程教学基本要求》中“高校学生心理健康教育课程是集知识传授、心理体验与行为训练为一体的公共课程”的有关精神和教学要求，进一步推进高校大学生心理健康教育教学模式改革，本课程应设置为32～36学时的公共必修课，其教育教学知识模块可分为三方面：其一是心理健康基本知识的理论学习，包括自我、意志行为、态度、需求与动机、情绪情感、人际关系与人际沟通、性与婚恋心理等；其二是各种有关心理现象的体验和促进、维护心理健康和调适心理问题技能的学习，例如放松技能、正念技能、沟通技能、表达技能、心理韧性与压力应对方式的学习体验；其三是有关提高心理素质的行为训练，例如克服恐惧、战胜拖延，提高自我效能感和自控能力，树立信任等团队合作精神，提高创新思维能力，等等。经过广泛征求各校专业教师意见，本教材编制了一个适合在高校大学生心理健康教育课程中普及推广的大学生心理体验与行为训练项目清单，其中一部分已经制作成教学示范微视频挂在广东高等教育出版社“好的课”平台上供师生分享。

第三节　高校心理健康教育的形式和内容

一、心理健康课堂教学与宣传

以专题讲座、墙报、学报、广播、必修或选修课等多种形式宣传普及心理健康知识，帮助大学生认识青年人心理发展的基本特点，认识心理健康与科学文化知识学习的关系，以及心理健康对成才的重要意义，树立清晰的心理健康意识，提高自我塑造健康人格的自觉性，增进对自我的正确认识，了解增进心理健康的途径与方法；掌握科学有效的学习方法，提高创造创新的思维能力；学习人际沟通的技巧和增进人际关系的协调能力，培养坚忍不拔的意志品质和艰苦奋斗的生活态度，提高应对挫折的心理韧性，学习调适自己的认知与情绪并走出困境的方法，提高适应社会生活与环境变化的能力。

二、心理测量与心理评估

为了更好地了解大学生的心理健康状况，有针对性地做好大学生的心理健康教育，高校都会对大学生实施心理健康状况的普查工作，建立心理健康档案，对有疑似精神障碍和心理危机的大学生将及时安排心理评估性晤谈；帮助大学生提高认识与识别精神障碍的能力，了解常见精神疾病的临床表现和成因，教育大学生正确对待和理解自己和他人的各种心理问题，提高自觉寻求精神卫生服务的健康意识。高校还对各年级的大学生和研究生开展动态的心理健康状况和专项调查研究，分析经济因素、专业类型、职业教育、自我效能感等因素对大学生心理健康的影响，提高心理健康教育的针对性和时效性。

三、心理辅导或心理咨询

一般来说，世界上几乎所有的高校都设置了为学生服务的心理辅导或心理咨询机构，并配置了专职或兼职的心理咨询专业人员，为学生提供现场咨询、信函咨询、电话咨询、网上咨询、团体咨询等多种形式的心理辅导服务，具体向学生传授心理调适的各种方法，帮助大学生解析在学习、生活、人际关系、两性交往、身体发育、择业、寻医问药等方面的心理困惑，充当大学生的良师益友。在校大学生也可能会发生各类精神障碍，学校可以协助学生家长将疑似精神障碍的学生转介到本地专业的精神卫生机构接受诊治。一般经过正规的治疗后，大多数发生各类精神障碍的学生都可以复学，继续完成学业。因此，大学生及其家长不要故意隐瞒病情，或讳疾忌医，而应及时告知心理咨询人员或校医，并积极配合治疗。事实上，现代医学运用药物治疗精神障碍的疗效是非常显著的。

四、心理危机干预

观察表明，少数大学生可能因为失恋分手、多门课程成绩不及格、受到严重纪律处分、与父母产生矛盾、经济贫困等问题而出现抑郁、躁狂或其他精神障碍，甚至出现自杀冲动的意念；或者因为人际关系紧张和冲突，出现打击报复别人的犯罪心理等异常现象。在这种情况下，一方面，当事人应及时主动去寻求辅导员和心理咨询人员的帮助；另一方面，作为班级和宿舍的同学亦应及时将自己的发现报告给辅导员或导师，辅导员或导师应采取必要的措施，对出现各种心理危机的大学生进行及时的心理干预，采取保护性措施，尽量避免校园心理危机事件的发生。

五、心理自助、互助与素质训练

根据不同专业和不同年级大学生的特点，结合新生适应、毕业生择业等阶段性的发展主题，充分利用阅读、书法、音乐、美术、郊游、体育、户外劳动等多种形式与心理健康教育内容的结合，帮助大学生陶冶性情，文明地宣泄压抑的负面情绪，升华过剩的精力，维护心理平衡，培养热爱生命、热爱生活的人生态度；以大学生为主体，积极组织开展有关心理健康的主题班会或社团活动、朋辈辅导互助活动等，结合学校和专业需要开展职业心理素质训练，将心理健康教育融入大学教育的全过程和全方位之中。

第四节　高校心理健康教育的意义

一、深化大学生素质教育，与德育相辅相成

基于经济全球化的快速发展和我国市场经济转型急剧变化的社会背景，高等教育改革和人才培养模式面临着新的挑战，除了传统上的强调思想素质、文化素质和身体素质之外，如何提高大学生的心理素质成为一个备受关注的问题。然而，传统的素质教育强调灌输、强制、惩罚和榜样模仿的教育方式，忽视了教育对象的主体性和个体心理的差异性，虽然十分重视世界观、人生观和价值观的教育，但却忽略了对大学生的学习方法、人际关系、择友恋爱、情绪调控等日常生活中的各类具体问题的引导，缺乏对耐受挫折能力、性格与气质的培养。事实上，正确的世界观、人生观和道德观等高层次的精神世界必然以正常的心理过程和健全的人格为基础，一个有人格变态或心理过程不正常的人是很难有高尚的思想和文化素养的；一个有人格障碍的人也不可能有良好的团队精神和保持符合社会规范的行为。德育高屋建瓴，心理健康教育则以小见大，见微知著，两者在工作内容和工作方法等方面具有很大的互补性，心理健康教育有助于人格的完善，德育则有助于增进人们道德的完整，两者相辅相成，殊途同归。

二、促进意志、个性、气质等非智力结构的发展

在传统的大学教育中，专业知识的学习占据核心的地位，然而，在当今知识信息爆炸的时代，知识的更新速度越来越快，个体创新创业的能力与意志、个性、情商等非智力因素密切相关。人才学的研究表明，良好的个性品质比知识对于一个人的成才具有更为深远的影响。无数成功个案的经验告诉我们，敏锐的观察能力、过人的胆识、创新的思维能力、坚强不屈的意志和投入工作的激情才是一个人成功的决定性因素。事实上，个体的任何智力活动都依赖于心理过程的正常，心理健康教育工作以培养良好的个性品质和维护心理健康为主要任务，直接促进了智力和情商的平衡发展。

三、有助于精神障碍的早发现、早预警和早防治

随着营养和生活条件的改善及传染性疾病的预防，大学生的身体发育状况普遍良好，因躯体性疾病影响学业完成的情况明显减少。相对而言，因精神障碍而导致休学和退学已成为大学生心理健康的一个突出问题，抑郁症已经成为导致大学生自杀的主要高危因素。经验表明，个体坚强的意志、积极的认知方式和乐观的情绪可以弥补，甚至可以战胜因躯体性疾病带来的身体缺陷；而有心理障碍的人却常常为轻微的躯体问题或其他生活事件而焦虑不安。可见，只有身心都健康才是真正的和全面的健康。高校心理健康教育、心理测评和心理辅导有助于大学生精神障碍的早发现、早预警和早治疗。

四、增进社会适应、面对挫折和参与竞争的能力

大学生在大学生涯中会面临两次重要的适应性变化：其一是新生入学后对新的校园环境、学习方式和人际关系的适应；其二是毕业时对择业、就业和创业环境的适应。在

大学期间还可能遇到来自恋爱、交友、学习、就业等方面的失意和挫折。事实表明，良好的心理素质和人际沟通能力、积极的自我观念、控制与调节情绪的能力是大学生面对各种困难和挫折的重要心理资本。虽然心理健康教育不是万能的，但在如何正确认识自我、学习情绪和压力管理的方法、提高抗挫折的能力、提高人际交往的技巧等方面，具有其他教育工作不可替代的作用。

第五节 探索具有中国特色的高校心理健康教育模式

一、坚持中国特色心理健康教育本土化的必要性

心理健康教育的本土化，其一是指根据中国国情和民情对西方心理学在中国高校的应用做本土化的改造；其二是指对中国本土传统的德育心理学、人格心理学和教育心理学等理论和心性修养技术进行传承、发扬和综合应用；其三是指各地区和各类学校应根据区域文化和本校的办学定位及专业学科特点开展具有特色的心理健康教育活动。

1. 为什么要坚持走符合中国国情和民情的高校心理健康教育道路呢？这是因为：心理健康教育和心理咨询是服务于人的事业，它的效果如何取决于所依赖的心理学理论和方法与教育对象文化背景的契合程度。事实上，目前我国心理健康教育和心理咨询的理论和技术基本上还处于照搬和模仿西方主流心理学的阶段。然而，西方心理学根植于西方文化，渗透了西方人的哲学、信仰、价值观和社会生活经验。尤其是自19世纪威廉·冯特（W. Wundt，1832—1920）建立心理学实验室以来，西方心理学以物理学为模式，极力推崇实证方法，试图把心理学建设成一门精确、客观的自然科学，但由于它把一切传统的、本土的、体验的和日常生活的心理学都视为前科学的、非科学的或伪科学的而加以排除，不仅使它无力解释人的丰富的内心世界和日常生活中真实存在的体验，大大缩小了研究人类心理现象的广阔领域，而且失去了丰富、博大、历史悠久的心理文化的滋养，显出日益虚弱的理论基础和流派支离破碎的“不统一危机”。精神分析和人本主义等人文立场的心理学与实证主义立场的心理学存在的内在冲突，认知心理学给行为心理学带来的冲击与革命，辩证心理学所进行的综合尝试都一再表明，仅仅以自然科学为样板，以还原分析的方法来构建一门统一的客观心理学的尝试是不成功的。展望未来，自然科学取向的心理学和人文科学取向的心理学、科学心理学和本土心理学的相互补充将是一种必然的趋势。当代的心理学已经从科学心理学一统天下的局面走向多元化的心理学文化的繁荣。

2. 中国是社会主义国家，中国高等教育的目标和教育教学模式与西方高校有较大的差异，这种差异必然对我国高校的心理健康教育和心理咨询的目标和工作方式产生不可忽视的影响。与大多数西方高校没有开设心理健康教育必修课的情况相比，在我国高校，心理健康教育已被当作德育和素质教育的重要组成部分，教育部明文规定将心理健康教育作为必修课程，并要求建立自上而下的心理健康教育的管理组织体系。于是，一方面，心理健康教育较易通过强大的德育途径进入现行的教育程序，有利于借助思想品德教育

的课堂、班会、团体活动、谈心等形式促进个体的人格完善，提高大学生的社会适应能力，有助于在学生管理组织机制下强化学生心理危机事件干预的力度；但另一方面，也可能不自觉地模糊了思想工作与心理健康教育工作的区别与角色界线，即容易把心理健康教育和心理咨询当成变相的思想谈心活动，把学生的心理障碍当成思想品德问题来看待，把心理咨询关系当成教育者与被教育者的关系来处理，结果可能导致学生对心理咨询的保密性和咨询效果的不信任。中国高校的大学生不太愿意主动寻求心理咨询帮助的心态与这种文化背景有一定的关系。

3. 中国传统文化中有着丰富多彩的民族心理学思想和修身养性的技术。例如在德育心理学、哲学心理学、中医心理学、艺术心理学、日常生活心理学等方面都具有鲜明的文化特质。儒家所强调的人格修养和知行合一，主张“己所不欲勿施于人”的人际交往准则；道家重视内观反思、顺其自然的生活态度；禅学倡导的明心见性等观点至今仍具有现实的意义和实用价值。中国人、中国心以及中国文化背景下的世界观、人生观和价值观都必然对中国大学生的心理和行为塑造产生持久而深远的影响。因此，在中国高校从事心理健康教育和心理咨询工作，一方面，要在消化吸收西方心理学的理论和技术的基础上，结合中国人的集体无意识心理，采用中国化的本土语言和方法来加以分析解决；另一方面，要认真研究当代中国的社会文化背景，调查研究大学生发展性心理和心理问题或心理障碍的规律和原因，探寻如何继承和发扬中国传统文化中的有关心理调适的理论和技术方法，推陈出新，更为有效地帮助中国本土的来访者。

4. 中国的心理咨询对象及其表现形式具有鲜明的本土化特点：其一，在心理咨询目标的取向上，西方文化培养的是“个性化”的自我结构，强调自我实现的个人取向；而中国人受儒家思想影响深远，自我结构具有“非个性化”的、非宗教性的、很强的群体归属感的特点，于是强调将社会适应能力作为心理教育和心理辅导的最终目标较为常见。其二，心理失调的表现形式因文化差异而表现不同，如西方人处于抑郁状态时，常出现孤独寂寞、自我分化等与生存意义有关的情感体验，而中国人则常表现为躯体不适的“躯体形式障碍”。其三，心理咨询本需要来访者勇于袒露自我的内心世界，以便与心理咨询师共同发掘童年的或深层的心理创伤与当下困惑的某种联系，但人总爱面子，不愿意过多地谈及个人隐私，害怕在别人面前充分暴露自己内心的想法和情感。因此，在心理咨询中常表现出较大的阻碍。中国人还倾向于将心理咨询师当作权威人士看待，期望得到直接的指导和建议，因此，以来访者为中心的人本主义咨询方式并不容易得到响应。美国著名的跨文化心理学家特威蒂斯（Twedise）曾说：“在得到中国的资料之前，心理学不可能成为一门普遍有效的科学，因为中国人口占了人类很大的比例，对跨文化心理学来说，中国能够从新的背景上重新审查心理学的成果。在这样做时，中国的心理学家应告诉西方的同行，哪些概念、量度、文化历史因素可以修正以前的心理学成果。”从这种意义上来看，心理健康教育与咨询本土化的创新发展是中国高校心理健康教育与心理咨询事业的希望。

二、中国高校心理健康教育的基本特点

中国高校心理健康教育和心理咨询工作经过多年的探索发展，已经逐渐形成了具有中国文化特色的教育教学模式。

（一）心理健康教育与传统中国德育文化教育相结合

心理健康教育的德育化既是中国教育的一个传统，也是传统教育的一条经验。中国贤达认为心育和德育相通，德为性之帅，仁德是心理健康的必要条件。孔子说“仁者不忧”（《论语·子罕》），“德润身，心广体胖”（《大学》）。可见道德有促进身心修养的效用。同时，儒家又看到了情绪心理状况对道德修养的影响。“所谓修身，在正其心者。身有所忿懥，则不得其正；有所恐惧，则不得其正；有所好乐，则不得其正；有所忧患，则不得其正。”（《大学》）中国传统德育的核心论题之一即是关于怎样做君子的问题，其实质就是强调对人格的培养和良好行为习惯的训练。孔子说：“君子义以为质，礼以行之，孙以出之，信以成之。”（《论语·卫灵公》）概括了君子做人的根本（义）、行为规范（礼）、语言表达准则（孙）和人际关系的准则（信）。要做君子儒，不做小人儒，把生活的重心放在正确处理各种人际关系上始终是儒家说教的重要内容，这些深刻精辟、言简意赅的教导对于当下的高校大学生仍是金玉良言。

事实证明，道德观的转换具有双向的身心效应。道德观与认知及归因模式、态度、情绪等心理因素一样，对人的身体功能和生理状况都具有不可忽视的影响。因为道德转换实际上意味着一种深层的心理分析和自性的发现，或类似于一种精神上的格式塔转换，可令当事人产生豁然开朗的明心见性。道德观转换意味着对心理上的陈年旧账的一次结算，意味着对曾经有过的恶念、恶行等一切罪过的忏悔，有助于当事人避免道德自责，从而能够在自然、轻松和信任的氛围中认识自我，领悟人生，发掘自己上进的潜能。道德观的转换还可能因带来新的人生意义的发现而具有开释心结的作用。从心理学的角度来看，道德观转化的实质就是构建了一种新的人生信仰或新的认知模式，同时意味着一种重建心理治疗。[①] 传统儒家、道家和禅学经典中蕴含的丰富的心理健康教育的杰出思想，亟待我们加以系统发掘与弘扬。[②]

孙中山（1866—1925），中国近代民族民主主义革命开拓者、中华民国和中国国民党的缔造者。他在《建国方略》中首次阐述了心理建设、物质建设和社会建设的宏伟蓝图。

吾心信其可行，则移山填海之难，终有成功之日；吾心信其不可行，则反掌折枝之易，亦无收效之期也。心之为用大矣哉！夫心也者，万事之本源也。

——孙中山《建国方略》自序

① 邱鸿钟. 道德修养与道德观转换的身心效应［J］. 中国医学伦理学，2002（2）：30－31.

② 邱鸿钟. 儒家经典《大学》中的积极心理学思想［J］. 中国健康心理学杂志，2008（3）：354－356.

（二）心理健康教育与学生管理工作的结合

在中国高校有一支层次分明、组织结构完整的学生辅导员管理工作队伍，做好学生的思想政治辅导，督促学生学习和加强生活管理是辅导员的主要工作职责。在教育目的与内容上，辅导员的工作与心理健康教育殊途同归，在方法上也是具有相通之处的。目前有越来越多的辅导员参加了国家心理咨询师的认证考试，并兼职担任心理咨询的工作任务。毫无疑问，要做好学生工作就必须遵循受教育对象的心理发展规律，了解当代大学生的心理特点已成为当代学生管理工作者的共识。尊重、温暖、积极关注既是建立良好咨询关系的前提，也是做好学生管理工作的基础。处于青年期的大学生独立意识迅速发展，具有很强的自尊心和自信心，只有在学生感受到尊重、温暖和被积极关注时，教育者与受教育者之间的良好关系才能建立起来，接受教育的心灵之门才能敞开，所谓“通情才能达理”。相反，那种以教育者自居的家长式说教、灌输和压服的态度与方法很容易造成学生产生对立逆反的心理。改变认知方式，既是心理健康教育的重要内容，也是学生工作的主要方式。注重说理和服理是大学生认知心理的发展特点，因此，围绕青年的思想问题和心理问题，运用认知纠正的方法可以说是贯穿大学生思想工作和心理健康教育的基本方法。例如帮助学生树立正确和健康的人生观、世界观、爱情观、社会观、道德观时都需要运用事实对比、分析利弊得失、剖析事物变化原因、明确改进的方向、探寻行动措施等方法，这与认知心理疗法异曲同工。激励与强化既是做好学生工作的有效手段，也是心理健康教育的基本方法。荣誉感和成就感是大学生最常见的心理需要，而耻辱感则是他们必然趋避的。因此，辅导员等学生管理者常利用评奖助学金，党团评先，各类文娱、体育和学习竞赛等形式表彰和激励优秀的学生，同时对考试作弊、逃课违纪等越轨行为进行记过、警告等处罚，这些工作方法与行为心理咨询的原理是一脉相通的。

（三）个体咨询与团体辅导相结合

在中国文化的价值观念中，集体利益高于个人利益，个人必须服从集体。由教师向学生进行集体灌输式的说教已成为一个习惯的和占主导地位的教育模式。将集体教育与班级辅导的方式应用于团体的心理健康教育已经成为我国高校心理健康教育的一个鲜明特点。这种班级团体辅导活动有助于在集体氛围中培养个体的归属感和团队精神，有助于迅速解决具有普遍性的心理健康教育问题。但是，强制性的集体灌输教育可能会忽视个体心理需要和个性的差异，使教育的针对性不足，而且教育者与受教育者之间缺乏充分的信息沟通，个体的不良情绪不能得到适当的宣泄，个体的错误认知是否得到纠正亦不易了解。因此，在班级集体辅导的基础上以个体的心理咨询作为补充是非常必要的。目前，在许多高校积极开展有主题的团体辅导和户外心理素质拓展训练已蔚然成风。

（四）理论教育与社会实践相结合

重视知行结合，在实践中学，学以致用，在学中成长是中国教育的优良传统。孔子说“习以成性”，“古者言之不出，耻躬之不逮也”，“君子欲讷于言而敏于行”，“先行其言而后从之”，讲的都是要重视实践对人心性修养的影响。中国大学教育要求大学新生要进行一段时间的军事训练，强调假期积极开展各类社会实践活动，不仅对促进青年学生意志力、适应社会的生存能力和人际交往能力很有帮助，而且可以促进青年学生的人格完善和成熟。日本森田疗法的核心思想可以概括成一句话，就是“在行动中改变性格”，这与中国传统的教育思想是一脉相通的。与精神分析相比，无论是森田疗法，还是中国式的实践锻炼，都十分重视当下，而不是过去和未来，因为不管过去如何，都无法改变，也不管将来如何，都取决于现在的努力。

（五）学习榜样与校园文化建设相结合

以杰出的先贤和英烈为学习的楷模，作为培养青年学生理想人格的方法也是中国大学历来的教育传统。孔子说：“见贤思齐焉，见不贤而内自省也。”“三人行，必有我师焉。择其善者而从之，其不善者而改之。”在传统文化启蒙教育的《三字经》中，将千古传颂的刻苦学习的贤达人士作为学习榜样就具有很好的教育效果。在我国的思想品德教育和学生管理工作中，号召学生以历史上的伟人、著名的科学家和英雄模范人物为榜样，鼓励塑造理想的人格是一个常用的方法，如每年 3 月 5 日在高校开展学习雷锋的活动，结合世界精神卫生日和睡眠日等特定的纪念日和杰出人物事迹的宣传，学校经常组织相关的各种竞赛和经验交流活动及检查评比，调动大学生自我成长的主观能动性，引导青年学生追求上进，促进大学生达成最理想的自我实现。模仿学习的方式不仅是行为主义的基本原理，也是中国传统教育的一大特色。

中国高校还非常重视校园人文环境的建设。环境心理学认为，良好的自然环境和心理环境有利于诱发积极的、幸福的情绪体验与和谐的人际关系。丰富多彩的校园文化活动是中国高校教育的一大亮点，亦可视为促进大学生心理健康的一项宏观举措。高校大学生心理健康教育是一个开放性的和可持续发展的事业，还需要中国本土化的继续创新发展，需要广大师生的共同努力。

心理测验

大学生人格问卷（University Personality Inventory，UPI）于 1966 年由日本大学保健管理协会的日本大学心理咨询师和精神科医生集体编制而成。主要用于大学新生入学时的心理健康评估，有助于早期发现大学生中存在的心理问题和心理障碍。该问卷由 60 个项目构成。UPI 采用是非式选择的形式，肯定选择的题记 1 分，否定选择的题记 0 分，UPI 总分的计算规则是将测伪题以外的其他 56 道题的得分求总和，所以，UPI 总分最高为 56 分，最低为 0 分。

拓展训练

一、活动的主题与目的

活动主题：我是谁？

活动目的：为了促进青年的自我认识和自我统合，增进对心理健康教育的兴趣和重要性的认识。

二、活动的理论依据

一般来说，青年期发展心理的关键问题是“统合形成”（identity formation）或“自我统合”（ego identity）。按照艾瑞克森的解释，个体的自我统合虽非始自青年期，但其人格统合的形成却是青年期最具有挑战性的任务。因为随着青年自我意识的增强，他们会产生“我是一个什么样的人”“我有什么能力”“我想成为一个什么样的人”等自省问题。在这个过程中，青年将以往认同的经验、别人的期待和自己的条件重新整合为一个整体。自我统合与心理健康发展的关系十分密切，部分人可能会陷于“认同危机”（identity crisis），尤其在遇到挫折和打击的情况下，一些人会否定自我、贬低自我的价值，甚至出现自我精神分裂或自我毁灭倾向。本活动通过团体小组的方式，从不同的角度启发受训者自我的统合。

三、活动的内容与方法

本活动从三个方面促进受训者的自我觉察：从我与其他人的关系来认识自我；从我与事件的关系来认识自我；从主体我与客体我的认识关系来认识自我。

第一个环节：自我认识问题的提出。

1. 问题的导出。指导者请几个参加成员在黑板上写出以“自（己）”字开头的中国成语有哪些，并可以分为哪两类（如：可以分为“消极的”成语，“自暴自弃”“自欺欺人”等，这类描写消极自我的成语约占自我类成语的3/4；“积极的”成语，“自强不息”“自力更生”等，这类积极的成语约占自我类成语的1/4）。成语是人类生活经验长期积累的反映。由以上两类成语数量上的差异可见，人类似乎无所不知，但却较少自知；对自己消极的认识似乎更加普遍，自我作践、自寻烦恼的事情较多。经验表明，既不知人又不知己，常常是许多心理障碍、心理疾病患者和不适应环境者的内在原因。因此，认识自我被认为是心理健康的重要指标。

2. 指导者讲解。指导者讲解认识自我的重要性、自我认识和自我评价的常见偏差（如自大、自卑、自傲等），以及心理障碍（如社交恐惧等）与自我认识的关系等知识要点；讲述如何认识自我的各种方法。

3. 提问和互动。受训者可向指导者提问，指导者应给予相应的解答。

第二个环节：从我与别人的关系认识自我。

1. 个人成长史的分享。请几个参与者分别讲述自己父母或其他重要人物对自己的世界观、人生观、价值观或其他方面的影响；父母对自己的态度、评价与要求；以及回忆自己对父母或其他人观念与行为的学习、模仿和认同的过程与看法，其间发生的有意义的重要的事件；反思自己目前的性格与童年重要经历的关系。

2. 别人眼中的我。请每个受训者用一张空白纸，上下对折，在上方写出自己的5个优点，在下方写出5个缺点，每项之下留下一些空白。在纸的右上角写上自己的姓名；5分钟后要求全体成员之间相互随意交换纸片，要求每人必须交换10人以上；每人根据自己对同学的印象在相应的优缺点的位置做出一个五角星的标记。

3. 自评与省察。别人是认识自己的镜子。采取自愿的方式，请几位成员发言，与大家分享一下别人对自己优缺点的评价，以及比较一下别人的评价与自我认识的差异或相似之处，谈谈自己此时此刻的心情和看法。

4. 互评。受训者之间可以相互进行评价，最后指导者根据下列要点进行小结或指导。

（1）比较的态度如何？是积极的还是消极的？

（2）比较的出发点是什么？是为自己的苦恼找借口，还是为自己的不足找原因？

（3）比较的标准是什么？是相对标准还是绝对标准？是可变标准还是不可变标准？

（4）比较的对象是什么？比较的对象是偶像还是同辈团体成员？

（5）比较的内容是什么？是行动前的条件还是行动的结果？是如何从比较中得出结论的，从前提到结论的逻辑关系如何？是否以虚假为由或推不出？

（6）比较得出的结论是什么？是比上不足，比下有余；还是认为糟透了，自卑自怜？或自高自大？或自以为是，固执己见？

第三个环节：从我与事的关系认识自我。

所谓做事，是指一个人在学习、生活实践中行动的实际表现。

1. 讲解与分享。指导者先讲解人的实际行为及其人生经验对自我认识的价值。人经历的成功事件越多就可能越自信，经历失败和挫折越多就可能越自卑。然后请几位参与者分别讲述自己过去所做的一些事情及其成功经验或失败教训，以及由此对自己的知识、能力、性格等方面的认识。

2. 互评与指导。受训者之间可以相互进行评价，指导者最后根据以下要点进行小结和指导。

（1）当事人从经验中得到了什么体验？成功的还是失败的？愉悦的还是沮丧的？自信的还是自卑的？

（2）从经验中得到了什么结论？自我否定还是自我肯定？是将失败视为成功之母，还是因此而自我否定和自暴自弃？

（3）对经验的归因如何？把成功或失败的原因归结为环境、运气等外部因素，还是归因为自己的认知、性格、情绪控制、处事方式等内因？承认“谋事在人，成事在天”，还是“成事不足，败事有余”？

第四个环节：从我与己的关系认识自我。

1. 讲解。指导者先讲解“自我”人格结构的知识：从“吾日三省吾身”（曾子语）的分析开始，讲解“主我”和“客我”的概念。所谓主我，是对自己心身活动的察觉者、监督者和调节者。所谓客我，是心身对外界反应的活动者和主我认为的自我，包括“自己眼中的我”（指个人实际观察到的自己的身体、容貌、性别、年龄、职业等）、“自己心中的我”（指个人对自己的期望和追求的理想抱负等，是别人不易看到的隐蔽的自我）和“镜我”（指个人从别人眼中反照出的自我形象或从别人对自己的反应综合归纳的统觉）。

2. 经验分享。请几位成员与大家分享自己反思的体会和对三个“我”的自我认识。

3. 互评。要求受训者之间进行互评，指导者最后根据下列要点进行小结和指导。

（1）自我评价的高低是否客观恰当？是自大或自卑？是否能悦纳自己？

（2）由别人对自己的反应而归纳的统觉是否准确？是否客观？

（3）自己对自己的期望是否恰当？是过高或过低？是否切合实际？

（4）自我观念是否能随社会变迁而做相应的调整？是僵化或灵活？或处于无根的漂浮不定的状态？

第五个环节：总结与拓展练习。

指导者对本次活动进行总结性评价，并建议全体受训者下课后写一篇“自我成长分析报告”。报告的要点如下：

1. 目的。运用心理学知识分析自己的成长经历，学习正确评价自己。

2. 标题。题目自取，但要有点个性。最好能结合自己的实际生活经历和体会，可以反映自己的世界观、人生观和价值观。例如，“从任性到韧性”“是谁改变了我”等。

3. 正文。要用记叙文或散文的风格来写，不可写成问答式；要联系自己成长和家庭实际，不可空洞无物，不要忌讳谈自己的挫折和内心世界。

4. 要求。简要地描述自己从懂事到目前的全部成长过程，包括童年、幼年、少年、青年各时期的成长情况，以及求学、参加社会实践等重要的人生事件。既要反映主要线索，又不能简单地记流水账。在描述中顺其自然和恰到好处地回答如下要点：①你认为在青少年时期对自己影响最大的人有哪些？你的性格最像谁？你对这些社会化经历的体验如何？你自己怎样评估自己的成长过程？人生发展的高峰和低谷分别在何时？②你何时意识到自己是一个成年人了？是什么事情或情境促使你认识和体验到这一点？③你认为自己最好的五个品质是什么？④最需要加强或改善的五个方面是什么？⑤你的人生观是什么？你的成就动机和个人奋斗目标如何？⑥当你面对生活压力时，你习惯上以什么方式来应对？⑦在日常生活中的大部分时间里你的心境如何？⑧你认为自己的人际关系和人际沟通能力如何？⑨你的宗教信仰、道德行为准则、性别和性倾向如何？⑩你认为自己的人格属于什么类型，如外向还是内向？请用三个形容词描述你的个性。你心目中崇拜的英雄是谁？你认为一个人成熟的标准是什么？有哪些重要人物或事件影响了你的职业生涯或人生发展轨迹？你周围的人和朋友是如何评价你的？你自己对这些评价的看法如何？

四、注意事项

1. 每次活动以班级为单位，为了让更多的同学有参与的机会，可将班级分为若干个小组，每次活动以 2 小时左右较为适宜。

2. 训练正式开始之前，为活跃课堂气氛，去除交往之间的隔膜，增进同学之间的了解，可先行安排一些热身活动，并对参加活动的所有成员提出一些基本要求，如：积极参与活动，而不是旁观；保守别人的秘密，在课外不议论别人的隐私；自愿在活动中解剖自己和与他人分享人生的经验与教训；禁止任何形式的挖苦、讽刺和激烈批评行为，不准攻击和伤害别人；用掌声给每个发言的人以鼓励。

拓展阅读

比尔斯：《一颗找回自我的心》，陈学诗等译，中国社会科学出版社，2000 年。

教学资源清单

使用说明：建议每位学习者在教师课堂讲授本章教材之前，先通过手机扫码的方式链接到教学资源平台，自学和练习相应的教学内容，以便在课堂上能够与教师更深入和更有效率地进行教与学的研讨，见表1－1。

表1－1 教学资源清单

编号	类型	主题	扫码链接
1－1	心理观察	大学生心理健康日	
1－2	心理微课	“大学生心理健康教育”教学模式改革	
1－3	专题新闻	世界精神卫生日——谈谈抑郁症	
1－4	教学影评	《骄阳似我》影评	
1－5	专题新闻	大学生漫画展与大学生自杀率	
1－6	学唱歌曲	《大学时代》（符式龙）	
1－7	心理故事	“非常态”精神病	
1－8	心理视频	胃肠道是人的“第二大脑”	
1－9	心理体验	八式简易太极拳	

续上表

编号	类型	主题	扫码链接
1－10	PPT 课件	绪论	
1－11（1）	录课视频	心理健康的重要性（邱鸿钟）	
1－11（2）		心理健康教育的目的与意义（邱鸿钟）	
1－11（3）		心理健康教育目标、内容与形式（邱鸿钟）	

第二章
大学生活的心理适应与生涯发展

导读

教学目标：了解大学新生适应的基本含义和适应的发展过程；熟悉大学新生适应不良的常见表现及其产生的原因；学习提高大学生适应能力的方法；掌握大学生职业生涯规划的基本方法。

关键概念：适应（adaptation）、适应不良（maladjustment）、适应失常（adjustment disorder）、适应行为（adaptive behavior）、适应策略（adaptive strategy）、适应综合征（adaptation syndrome）、生涯发展（career development）、择业心理（career mentality）、性格职业匹配（personality and career matching）。

案例

选择适合自己的人生道路①

在2022年10月召开的中国共产党第二十次全国代表大会的党代表中，有一位来自望谟县实验高中的党总支副书记、副校长刘秀祥。他曾获“第七届贵州省道德模范（敬业奉献道德模范）”称号、2020年“最美教师”、2020年中国青年五四奖章等荣誉。刘秀祥出生在贵州大山里，家境贫寒，父亲常年劳作，久病成疾，最终撒手人寰。母亲受不了巨大的打击，精神变得恍恍惚惚。哥哥、姐姐难以承担家庭重任，外出打工，杳无音信。刘秀祥一人担负起照顾母亲的重担，他将田地外租，每年换来250公斤稻谷，假期上山采药卖钱，用来支付母亲的药费和维持日常花销。无论多难，他都不曾放弃读书。凭借顽强的意志力和强大的信念，刘秀祥中考以全县第三名的优异成绩考进县重点中学，学校给他免了学杂费，他才能继续读书。读高中时他边打工边照顾母亲，在学校旁搭建草房，在地上挖坑放锅做饭，不上学的时候他还捡废品挣点零钱。功夫不负有心人，他最终考上了山东临沂师范学院。2008年，他跨越千里，带着母亲去上大学，令无数人感动。毕业后他放弃了大城市岗位对他的邀请，坚持回贵州老家教书。几十年来，为了带好学生，刘秀祥将自己的一大半工资都花在资助学生读书上面，他曾经帮助一个班平均成绩很差的47名同学都考上了大学。他扎根大山教育，无私奉献，尽量让那些曾经辍学

① 资料来源于搜狗百科。

的学生回到校园，希望让山区的学生学业有成，将来参与家乡建设。①

课堂讨论：刘秀祥即使家庭经济困难，但在读书期间，总能调整自己的心态，坚持刻苦学习、勤工俭学、照顾母亲三不误，他从来没有被新的环境变化和所遇到的困难吓倒，他意志坚强，勇往直前，不怨天，不怨地，更不自暴自弃，毕业后他又选择重回贫困的山区教书育人，刘秀祥的故事昭示了他什么样的精神？刘秀祥被人誉为“天下第一孝子”，请问，孝道精神与他工作后对广大学生的用心教育有何种关系？刘秀祥在给学生的励志报告中经常讲述自己初入大学时的不适应，从贫困的家乡到繁华的城市，那种差距让他难忘，因此，他希望学生们能全面提高自己的素养，锻炼胆量，希望这些走出大山的学生到了大学不会再像自己当年那么胆怯。

第一节　大学生活的特点与心理适应

从高中到大学，不仅面临学习环境、学习任务和内容的变化，还面临人际关系的重新建构和新的文化环境的适应，不论你是激动，还是紧张，每个新来的大学生都将有一段调整自己原有认知和行为的适应过程，这就是大学生适应（college adjust or adaptation）。学者们早就对大学生适应问题进行了专题研究，如：1991 年中国台湾学者吴秀碧编制了大学新生困扰量表；1989 年贝克（Baker）编制了著名的大学生生活适应问卷（Student Adaptation to College Question，SACQ），将大学生适应分为学习适应、独立生活适应、社交适应以及归属感四个方面。经验证明，将大学生活的适应问题作为新生入学心理健康教育的入门，有助于新生尽快认识大学生活的特点，缩短适应期，减少适应不良等心理障碍的发生。

一、适应的含义与分类

适应一词源于“生物适应”（adaptation in biology）的概念。朱智贤主编的《心理学大辞典》中是这样定义的：“适应是源于生物学的一个名词，用来表示能增加有机体生存机会的那些身体上和行为上的改变。心理学中用它来表示对环境变化做出的反应。”皮亚杰（J. Piaget，1896—1980）认为，智慧的本质从生物学来说是一种适应，它既可以是一个过程，也可以是一种状态。有机体是在不断运动变化中与环境取得平衡的，它可以概括为两种相辅相成的作用：同化和顺应。适应状态则是这两种作用之间取得平衡的结果。这种平衡不是绝对静止的，某一个水平的平衡会成为另一个水平的平衡运动的开始。如果机体与环境失去平衡，就需要改变行为以重建平衡。这种平衡—不平衡—平衡的动态过程就是适应。上述定义主要从三个方面表述了适应现象的性质与特点，即：第一，心理适应是主体对环境变化所做出的一种反应，没有环境的变化就无所谓适应或不适应。人们生活的环境（自然、心理和社会环境）处于不断地变化之中，因此每个人都存在适应问题，都会产生不断适应新环境的需求。正如心理学家珍妮特（P. Janet，1859—

① 资料来源于搜狐。

1947）认为，人的一生是一系列的适应阶段，而每一阶段都会对个人的长期调节产生影响[①]。适应是人的一种基本需要，适应能力是个体生存与发展的必备能力。第二，心理适应是一个重建平衡的动态变化过程。适应的主要任务就是使主、客体之间的不平衡状态重新恢复平衡。但从个体发展全程来看，平衡是暂时的、相对的，不平衡是经常的、绝对的，因此适应的直接目标是建立平衡，其根本目标是主体自身的发展。第三，心理适应的内部机制是同化与顺应的平衡。同化是指将客体纳入主体已有认知结构或行为模式的过程。顺应则是指调整原有的认知结构或行为模式以适应环境变化的过程。同化和顺应都是对环境做出反应和对自身（认知和行为）进行调节的过程，这个调节过程受到主体自我意识的支配，借助自我监控系统的作用来实现。因此，心理适应实际上是一个自我调节的过程，自我意识的发展水平、应对技巧对适应起着决定性的作用。

良好的适应意味着个体有效追求并达到目的而不违反社会规范和侵犯人际关系。良好的适应促进心理健康，失败的适应则会导致心理障碍。适应是心理健康的一项最基本的标志。适应是个体与环境相互作用的过程。适应可以根据不同的标准划分为不同的类型。根据适应的对象可以将其分为对自然环境的适应和对社会环境的适应；根据适应的内容可以分为生理适应和心理适应；根据适应的程度可以分为浅层适应和深层适应；根据适应过程是否有意识参与可以分为有意识适应和无意识适应；根据适应过程中态度的不同可以分为主动适应和被动适应。

根据适应的态度和行为方式，我们可以将适应大体分为被动适应和主动适应两类进行讨论。被动适应是指个体改变自己的行为或态度来适应外部环境的要求，这是一种基本的、比较被动的适应过程。在这一过程中，个体认同、顺应了环境的消极因素，压抑了自身的积极因素及自身潜能。其作用只是求得一时的内心平衡，其结果是环境改造了个体，而个体未发挥自己对环境的能动作用。如一位普通话讲得不太好的广东籍大学生住在以北方同学为主的宿舍里，他常为自己不标准的普通话而感到自卑。事实上，如果他一方面虚心向别人学习普通话，另一方面主动教北方同学讲粤语，就能变被动为主动。

主动适应是指个体充分发挥自身的主观能动性，积极主动地调整自己与环境不相适应的行为，并尽最大可能改变环境使之适合自己发展的需要，这是一种比较高级、比较主动的适应方式。任何环境中都存在自身发展的有利因素和不利因素，积极适应就是要正确分析自身特点及环境的特点，从两者的关系中找到自己成长的生长点。如有些大学生从偏僻的乡村来到大学学习，不但要克服自卑心态，自强不息，发扬自己在艰苦生活中的经验，还要充分利用高校的丰富资源，勤奋好学，成为深受同学尊重和教师赞赏的优秀学生。

事实上，被动适应和主动适应不仅是相互联系的，也是缺一不可的。在个体发展过程中，生存与发展是密不可分的，首先要能够生存，然后才谈得上发展。生存是发展的基础，发展是生存的目的。但从个体适应能力形成的过程来看，通常是要先学会生存适应，然后才能达到发展适应的水平。我们既要根据环境的要求调整自己，也要积极主动

① 中共北京市委教育工作委员会. 大学生心理素质教程［M］. 北京：北京出版社，2002：309.

发挥自身的潜能，将环境的有利因素和不利因素统一在个体的能动的实践中，使个人获得不断发展。

二、大学生活的特点与适应过程

大学生活的适应问题是大学新生普遍存在的问题，充分了解大学生活的特点将有助于新生缩短适应的时间。

（一）大学生活的特点

大学与高中阶段相比，主要差异表现在以下几个方面。

1. 生活环境的改变。高中时期有部分学生就近上学，在家吃住，生活方面的许多事情由家长料理。上大学后，过上了集体生活，生活独立性大大增强了。高校一般地处繁华的都市，城市的文化环境和各种信息对大学新生必然带来不同程度的影响和冲击。面对来自不同地区、不同家庭背景和具有不同成长经历的同学组成的班集体和宿舍生活，如何相互沟通和重新建构一个新的人际关系是需要一个学习和成长过程的。

2. 管理方式的改变。在中学，学校对学生的管理和学习指导都比较具体，校规严格，学生自由支配的项目和时间不多。相比而言，大学的管理制度较为宽松，大学鼓励学生的个性发展，大学生在学习科目、时间支配、生活安排等方面的自由空间相对较多。

3. 教学方式的改变。大学教育是专业教育和通识教育的结合，一方面，课程门类多，内容深和新，教学节奏快，自学时间增加，课程自选机会增加；另一方面，在一个班级授课的教师多，因而与学生在课后的沟通较少，学习效果及其知识的巩固全靠学生自己的自觉性，从中学到大学，是从被动的“要你学”向主动的“我要学”学习模式的转变。

4. 比较群体的不同。大学生在中学时代，可能都是班上的佼佼者，优越感和自尊感较强，可到了人才聚集的大学，参照群体改变了，大部分同学以前的学习优势逐渐淡化或消失，这种落差往往使不少人产生失落感和自卑感。同时，大学里的各种学生活动更加丰富，文艺体育才干的比试更加突出，非智力因素的发展水平显出更明显的差异。

（二）大学生活的适应过程

大学新生对大学生活的适应过程一般需要1～3个月，或者需要一个学期甚至更长的时间。这一过程可以分为三个阶段①。

第一阶段为兴奋期。这种兴奋源自十年寒窗的默默耕耘，多年的夙愿终于得以实现的结果。进入大学后，新的城市、新的校园和新的同学，理想中的“天堂”，新奇而富有生机的大学生活，都会激发新生强烈的好奇心。兴奋期会持续1个月左右。

第二阶段为消沉期。随着时间的推移和环境的逐渐熟悉，沉静、孤独、困惑开始代替兴奋。离家后的思念，与中学同学分离后的孤独感，自由且没有压力的学习，不再有昔日经常听到的表扬，理想中的“天堂”与体验到的现实之间的差距，使一些人因此而产生了“什么是大学”的困惑。在这个阶段有些大学生开始精神不振，对学习感到索然

① 姚根发．“过渡期”大学新生思想透视分析［J］．长江水利教育，1994（2）：23－26.

无味，对课余活动也缺乏兴趣和激情；有的假装洒脱与超脱，眼神中却透露出心灵的空虚与茫然。失落感体验强烈的学生还会出现补偿行为，如痴迷于与老同学联系或不愿待在学校。

第三阶段为思考定位期。随着学习和实践的深入，经过教师的教诲和与高年级同学的交往，新生初期的各种心理困惑逐渐得到了解决，新生对自我、对环境、对专业，从能力到个性、从优势到不足、从学习到为人都进行了再认识。他们开始思考自己的发展前途，重新调整自己在集体中位置的认识，表现出冷静和理性的思考特征。

（三）大学生适应问题的类型

国内相关研究资料显示，大学生面临的心理适应问题复杂多样，概括起来主要有以下五类。①

1. 独立生活困扰。这是指离开父母和家庭后在集体生活、饮食习惯、钱财管理以及如何处理各种生活事务方面的困惑。如何克服孤独感和思家情绪是新生适应阶段的重要课题。

2. 资源利用困扰。这是指不知如何利用大学各种生活资源或学习资源，或担心有关信息无法获得的焦虑。例如：如何向教师请教，如何利用图书馆的资源，怎样选择选修课，等等。

3. 人际关系困扰。这是指在新的环境中如何结交新的朋友和建立良好的人际关系，如何与异性沟通，如何融入新的班集体，如何摆脱对中学人际关系的依赖感，等等。

4. 学习能力困扰。这是指对大学学习方法、内容和形式的不适应状况。大学教育内容多，进度快，没有人直接督促学生的学习，学生自由支配的时间多。对习惯于被动学习、自学能力不强的大学生来说，就有可能产生学习上的压力与困难。

5. 职业目标困扰。这是指对就读专业的了解、满意度以及对未来职业前途的茫然感。社会对专业人才的需求是不断变化的，并没有永远时髦的热门专业，不少大学新生是听从父母的意愿报考专业的，自己对所学专业的培养目标和就业市场并不熟悉，缺乏职业生涯规划。职业目标困扰感强烈的学生，不能正确认识和评价自己的专业，容易产生失落感。

研究显示，大学生的适应问题呈现出一定的年级差异性。如一年级和三年级大学生在人际关系困扰和资源利用困扰方面没有差异；在职业目标困扰和独立生活困扰方面，三年级的显著高于一年级的；而一年级大学生的学习能力困扰显著高于三年级大学生。

第二节　适应不良及其产生的原因

广义上，适应不良（maladjustment），也即适应失常，泛指个体不能与生活环境保持和谐的困难状况，包括一般适应综合征和适应性障碍两类。

---

① 王才康. 大学新生生活困扰的初步研究［J］. 应用心理学，2002（1）：33－37.

一、一般适应综合征

心理生理学派认为，生物有机体都有一种保持内部环境稳定状态的趋势或特性。当机体处于危险紧张的状况或新环境时，机体的植物神经系统会自动调节做出适当反应，以保持和维护机体内环境的稳态。这一生理过程叫作应激。适应障碍与应激过程密切相关。加拿大生理学家汉斯·塞里（Hans Selye，1907—1982）通过实验发现，无论外界刺激性质如何，机体的反应都是非特异性的，即称为一般适应综合征（general adaptation syndrome，GAS）。[①] 应激反应一般经历三个阶段：警觉反应期、抵抗反应期和衰竭反应期。

第一阶段是警觉反应期。此时，机体对刺激尚未产生适应性，表现为心率加快、血压升高、血糖升高等植物神经系统反应。警觉反应是对应激源的第一个反应。对有机体而言，对任何被判断为应激源的事件都会立即做出防御反应。如果应激源很快过去或个体对刺激的应对游刃有余，心理生理危机就会很快消除，机体又恢复正常状态。

查尔斯·罗伯特·达尔文（Charles Robert Darwin，1809—1882）1859年出版《物种起源》这本划时代的著作，奠定了现代生物学的基石，也影响了现代进化心理学的诞生。在进化心理学看来，心理机制就是一系列进化而来的适应器。

脾气暴躁是人类较为卑劣的天性之一，人要是发脾气就等于在人类进步的阶梯上倒退了一步。

乐观是希望的明灯，它指引着你从危险峡谷中步向坦途，使你得到新的生命、新的希望，支持着你的理想永不泯灭。

——达尔文

第二阶段是抵抗反应期。指个体内部防御力量与应激刺激进行对抗，努力使生理心理恢复平衡的过程。抵抗反应出现在应激源持续时间较长（通常为慢性应激源）或个体应对技术不恰当的情况下。这时，机体会动员和消耗全身的防御资源，以提高对应激的承受力。

第三阶段是衰竭反应期。指在应激源不能消除或机体不能寻找到有效的应对策略，个体抗衡力量逐渐被耗尽时，机体产生心身疾病的状况。在大多数情况下，应激只引起第一、第二阶段的反应变化，并且这些变化是可逆的。每个阶段的时间长短以及进度快慢取决于应激源的能量级数及持续时间、机体应对反应的成功与否等因素。应激本是一种防御性反应，但反应过度却会损害机体自身，导致与应激相关的障碍。这是指一组主

① 赖斯. 健康心理学［M］. 胡佩诚，等译. 北京：中国轻工业出版社，2000：140.

要由心理、社会（环境）因素引起异常心理反应而导致的精神障碍，也称反应性精神障碍①。诱发本类精神障碍的常见原因有：急剧或严重的精神打击、生活事件和持续感到困难的生活处境；与一定的人格特点相关。通常在受刺激后1小时之内发病，表现为有强烈的恐惧体验、盲目的精神运动性兴奋行为；或表现为以情感迟钝为特点的精神运动性抑制。

二、适应性障碍

根据《中国精神障碍分类与诊断标准》（第三版）提出的定义，适应失常是指“因长期存在应激源或困难处境，加上病人有一定的人格缺陷，产生以烦恼、抑郁等情感障碍为主，同时有适应不良的行为障碍或生理功能障碍，并使社会功能受损。病程往往较长，但一般不超过6个月”②。

适应性障碍的诊断标准是：有明显的生活事件作为诱因，尤其是生活环境或社会地位的改变；有理由推断生活事件和患者的人格基础对导致精神障碍均起着重要的作用；以抑郁、焦虑、害怕等情感症状为主，并有适应不良的行为障碍，如退缩、不注意卫生、生活无规律等；或生理功能障碍，如睡眠不好、食欲不振等；可出现情感性精神障碍（但不包括妄想和幻觉）、神经症、应激障碍、躯体形式障碍或品行障碍的各种症状。

三、大学生适应不良的原因

大学生适应不良是环境变化与个体心理素质相互作用的结果，其原因可以从内部与外部两方面来探讨③。

（一）理想与现实的落差，造成心理冲突

每个大学生都有自己的远大理想，对未来充满期待与希望。大学生常常按照理想来规划自己的生活、学习、婚恋和择业。然而现实的复杂性，常常使得理想不能实现，造成心理冲突。这种心理冲突一方面表现为对大学和学习的不满，另一方面表现为目标的缺失。

1. 对大学的不满意。对于刚刚踏入大学的新生来说，现实的大学生活并非想象中的那样诗情画意，学习不是预料中的那样妙趣横生，面对的是“一个书包两只碗，寝室—教室—图书馆”新的“三点一线”式的生活，一种失落的心情油然而生。产生这种失落的主要原因：其一是中学教师为了激发同学们的学习热情，过分渲染大学学习生活的美好；其二是在高中夜以继日的苦读生活中，大学成为所有希望的寄托，新生对大学回报期望值偏高。

---

① 中华医学会精神科分会．中国精神障碍分类与诊断标准［M］．3版．济南：山东科学技术出版社，2001：96.

② 中华医学会精神科分会．中国精神障碍分类与诊断标准［M］．3版．济南：山东科学技术出版社，2001：98.

③ 范国平，钟向阳．大学新生常见心理困扰的类型、原因以及对策［J］．四川心理科学，2002（4）：34－37.

2. 对专业的不满意。有的新生由于没有考上自己“感兴趣的专业”或“热门专业”，或认为自己所学的专业没有前途便开始埋怨自己的专业。对专业的不满意主要还是源自学生自身的原因：其一，不能处理好直接兴趣和间接兴趣的关系。大学教育由专业教育和素质教育两部分组成，大学生完全可以在专业学习的基础上，充分发挥自己的潜能，满足自己的需求，使自己全面发展。其二，缺乏对专业的全面认识，容易对专业产生偏见。其三，学习内在动机不强，学习兴趣骤然下降。

3. 目标的真空状态。考上大学后，不少学生首先想到的是如何让紧张的神经和疲惫的身心得以调整和放松，没有主动确定新的目标，出现目标的“真空”状态。学生往往被动按照学校的安排简单而重复地生活，或者表现为茫然失措，不知道自己喜欢什么、能做什么，所以，大学虽然比高中自由，但许多新生会感叹大学没有高中充实。

（二）自我优势的丧失，产生角色定位偏差

心理学家阿尔弗雷德·阿德勒（Alfred Adler，1870—1937）曾经说过，每次重要的经历都会引起我们对自身做出新的认识和评价。从高中到大学、由大学结束走向工作岗位等环境的变化都会引起大学生对自我重新的认识与定位。大学环境的变化，可能使大学生自我优势丧失，产生角色定位偏差。

1. 社会角色的理想化。考上大学意味着进入享受精英教育的行列，社会角色也随着发生变化。在人们的期望中大学生各方面都是比较优秀的，是全面发展的“理想角色”。大学生自然感到社会对自己期望的变化，自我期望也无形中随之提高了。大学生是充满期望与理想的群体，也是充满自信与渴望成才的群体，但往往对未来生活和学习过于理想化，缺乏充分适应大学生活的心理准备。

2. “优秀生”的多元化。大学生都有很强的自我表现欲望，然而要想保持高中时期的“光环”和理想角色并不容易。高校追求优秀价值的多元化，使得以往以学业作为唯一指标的评价体系发生了变化，不仅看重知识，而且也注重能力。这种评价体系的改变，一方面为大学生自我展现提供了广阔的舞台，另一方面也淡化了学习成绩在评价中的权重。以前学习成绩好的同学不如以前那样备受教师重视了，而学习成绩平平的同学却由于某种突出的才艺或人格魅力受到同学和教师的关注。不少新生由于没有适应这种多元化的优秀生的价值观念，容易出现心理失衡。

3. 自我认知失调。大学作为一个人才精英聚集的场所，不少在中学时代的佼佼者到大学后只能处于中间状态，甚至变得相对落后，一些同学难以接受自己不再优秀的现实，情绪上产生明显的波动。这种反差和心理不平衡状态导致自我认知失调。一些来自农村的学生往往因为语言、服饰、言谈举止的乡土气息而敏感多疑和自卑。有的则脱离实际盲目地与他人攀比，产生怨气和不满。

大学心理适应问题的产生是多因素相互作用的结果。从人格发展的角度来讲，大学生正处于自我同一期的发展阶段，个体发展的主要危机是如何处理自我同一性与角色混乱的矛盾，自我同一性是青年期的大学生最为重要的心理发展的任务。在这个阶段，个体意识分化为理想自我与现实自我，理想自我和现实自我要达到统一，这种统一就是自我同一性。如果对自己的本质、价值观没有形成稳定而一致的认识，任何环境的改变都

会引起个体对自我的重新认识与评价。所以，大学新生的心理适应问题在本质上是大学生面临从高中到大学的环境变化，自我同一性发展的结果。如何将自我与环境整合起来从而达到和谐状态，是大学生人格发展的重要任务。

（三）求同与立异：个性独立与依赖性强的冲突

新时代的大学生群体在个性上呈现出典型的张扬独立的特点，追求个性、与众不同成为新时代的大学生尤其是“95 后”大学生的座右铭，这一特点体现在很多方面：在社会兴趣上，他们关注时事与社会热点，但对于社会理想与现实的差异缺乏理性的分析。在自我认识方面，崇尚自我；在自我外在形象方面，新奇发型、个性服饰和配饰、定制手机壳等无不刻意表现出自己的与众不同。然而，新时代的大学生内心也十分渴望获得他人的认同，用“95 后”的网络语言来说，展现自己的与众不同实质上也是在“求关注”。作为独生子女，他们在被家庭、学校和社会百般呵护的同时也承受着更多的关注与期望，这种高关注与高期望不仅成为这一代青年的心理压力，也增加了他们在自我评价的过程中对外部标准的敏感性。观察表明，有适应性问题的大学新生往往一方面自尊心较强，封闭自己，不愿主动与人交往，但另一方面又感到孤独，渴望得到新的群体的接纳与认同。①

第三节 促进心理适应能力的提高

心理适应能力是指个体根据生活环境的要求，采取合适的应对策略和适应行为，以保持与现实生活和谐相处的一种能力。所谓适应策略是指当环境改变使个体生活遭遇困难或限制时，个体为应对环境要求和维护个体利益所采取的一切途径和方法。所谓适应行为是指有利于个体生存并符合环境要求的行为。提高大学新生对大学学习生活环境的适应能力的途径和方法有以下几个方面。

一、树立“四个会”的发展观

从发展心理学的角度来分析，大学生心理适应的实质是个体内部人格发展与外部环境之间相互作用的必然结果。根据联合国教科文组织提出的关于现代教育的四大培养目标，即学会做事、学会求知、学会与人共处和学会生存，我国学者提出了大学生适应与发展的任务和要求是：学会做人、学会做事、学会与人共处和学会学习。②

（一）学会做人

大学生首先要学会做人，适应与发展的目的在于使人日臻完善，使人格成熟，不断增强自主性、判断力和个人的责任感；使人拥有正确的人生观、价值观，拥有明确的伦理道德观念和是非观念，能够遵守社会公德，使自己的行为符合新时期大学生的行为规范。

---

① 张译涵．心理学视角下“95 后”大学新生的适应性问题［J］．科教导刊，2016（24）：156－157，192.

② 中共北京市委教育工作委员会．大学生心理素质教程［M］．北京：北京出版社，2002：327.

（二）学会做事

大学生要有敬业精神和社会责任感，要有独立的生活管理能力，独立选择、独立决断、独立处理问题的能力，以及应对各种情况和各种环境的工作能力，能够不断积累相关的做事经验，完成工作富有成效。

（三）学会与人共处

在现代社会中，与人和谐相处，既是一种人际交往技能，也是助人成功的一种人际资源。大学生应当对他人有尊重和真诚的态度，能够接纳他人的长处与不足，能够与他人进行良好的沟通，在沟通中建立亲密的合作关系，在相互交流与分享中促进自我和他人的成长与发展。

（四）学会学习

学习是一个终身的任务。大学阶段的学习有许多区别于中学阶段的特点。首先是从基本通识知识向学科专业知识学习的转变，从教师灌输式学习向以学生为主体自学方式的转变；其次是学习场所从单一的课室向图书馆、实验室、实训基地和社会实践的转变；再次是从死记硬背的学习模式向创新思维和应用知识的模式的转变。因此，大学生要学会自学，学会在书本之外的杂志、实验和社会实践中学习新的知识和职业技能，学会运用专业知识分析问题和解决实际问题，提高创新知识和创新技术的能力。

老子（约前571—约前471），本名李耳，字聃，一字伯阳，道家学派创始人，被誉为世界百位历史名人之一。

道常无为而无不为。（《道德经·第三十七章》）

为无为，则无不治。（《道德经·第三章》）

故贵以身为天下，若可寄天下；爱以身为天下，若可托天下。（《道德经·第十三章》）

上善若水，水善利万物而不争。处众人之所恶，故几于道。（《道德经·第八章》）

二、全面发展自我管理能力

1969年，西方学者奇克林（Chickering）提出了大学生“七向量发展理论”，在西方大学教育领域中被广泛认同。根据这一理论，大学生适应发展的主要任务有以下几方面。

（一）发展能力

在大学期间，大学生应增进和发展多方面的能力，包括智力、体力、社交能力等，有能力是建立自信心的基础。

（二）管理情绪

大学生每天面对许多挑战，有些来自学习方面，如考试、写论文，还有些来自人际关系、家庭、生活等方面，从而产生种种积极的或消极的情绪，因而大学生要充分了解自己、认识自己的情绪，并以恰当的方式来处理自己的情绪。

（三）从独立性的养成迈向相互帮助

作为大学生，学习独立生活和自己独立承担责任是十分重要的。同时也要学习如何相互帮助、相互包容，因为每个行为都会影响自己和他人，在有些情况下需要做出个人牺牲和让步以达成共识。

（四）发展成熟的人际关系

与别人建立关系对大学生的生活有很大的影响，建立成熟的人际关系十分重要：一是要容忍和欣赏别人与自己的不同；二是要有能力与别人发展融洽的关系。维持这样一种亲切融洽的关系需要自我认识、自信心及沟通技巧。

（五）确立自己的角色地位

确立自己的角色地位对于大学生来说十分重要，它既影响自我评价、自尊心、自信心的建立，同时也影响他人对自己的满意及接纳程度。从中学到大学，每个大学生都需要重新确立自己在班集体的角色地位。

（六）发展目的

发展目的包括做出计划、定出方向、明确目标，根据目标在以下三个方面定出次序：一是职业上的计划及期望；二是个人兴趣；三是对人际关系及家庭的责任。人生目标的制定往往与大学生自己的价值观及信念有关。

（七）发展整合

大学生的价值信念是引导他们行为的方向，也是他们为人处世的原则。整合的意思是指使自己的行为与价值观保持一致，同时顾及别人的利益，尊重别人的意见。

三、加快新生角色转变

高校领导和教师应高度重视大学新生适应性教育，有计划、有步骤地实施科学有效的措施，促进大学新生尽快适应高校人文环境和育人管理模式，重点可以从以下三个方面入手。

1．加强对大学文化和专业学科的认同教育。通过对新生进行有关学校办学历史、杰出人物、专业发展前景的教育，激发新生对学校文化的认同感和对专业的学习兴趣，树立远大的职业理想。

2．加强专业思想教育。包括对不同专业的教学计划、课程模块、人才培养目标、就业前景、学习管理制度等内容的宣讲。让大学生明确自己在大学期间的主要任务和学习目标，提高学习的自主性和主动性，转变学习成才的方式。

3．加强自我认识和改变竞争比较的标准。从各地出类拔萃的高中生到大学生优秀群体中的普通一员，不少大学新生一时难以适应。可以通过老同学带新同学、同乡会互助等多种方式引导大学新生调整对自我的认识和评价，引导建立多元化的优秀学生的评价标准，例如善于公关、会创造发明、能歌善舞、懂管理、擅长体育都是值得赞扬的能力，并非只有会学习才是唯一值得骄傲的。要引导大学新生正确处理好全面发展和重点发展的矛盾，引导新生克服样样争先进和急功近利的心态，采取“长计划，短安排”策略，坚持朝向自己理想的人生目标迈进。

四、正确处理生活应激事件

大学阶段是大学生的心理走向成熟、人格趋于完善和稳定、确定自我未来的发展目标和职业目标的重要时期。大学生面临的发展任务是多样而繁重的，而且不同年级的大学生的发展重点和遭受的应激事件也各不相同。在1967年，霍尔姆斯（Holmes）等人编制了量表来量化一个人在最近时期所经受的应激事件，这个量表称为社会再适应评定量表（the Social Readjustment Rating Scale，SRRS），包括43项，每项都有相应的生活变化单位分（life change unit，LCU）。如果总分大于300分可确定有重大生活危机，总分低于150分则可以认为是正常的。研究发现，在过去6个月中有重大生活危机者比低生活应激水平者的生理疾病发生率高。[①] 总分在150～199分之间，其以后几个月内的发病率为37%，若在200～299分之间则为51%，而超过300分时其发病可能性达到79%。与霍尔姆斯不同，理查德·拉扎勒斯（Richard Lazarus，1922—2002）认为应激是许多小烦恼的积累。所谓的小烦恼是一些小的负性事件，这些小的负性事件（小应激）每天都在某种程度上对个体的健康带来消极的影响。拉扎勒斯也编制了一个量表来评估日常生活中的应激程度。拉扎勒斯指出，与生活的变迁如离婚、亲人死亡相比，小的应激与疾病的关系甚至大于生活变迁与疾病的关系。值得指出的是，应激事件的可预见性、可控制性及反馈信息对于是否发生应激反应具有重要的意义。大多数情况下，如果能够控制可预见事情的发生并能对所造成的影响有反馈信息，便能大大降低应激事件发生的概率。

不同的学者对大学生生活的压力或应激事件有不同的归纳和偏重，综合来说，大学生产生适应问题的外部原因无外乎学业挫折或失败、与同学或教师关系的不协调、恋爱的失败、职业目标的迷惘和求职受挫、经济问题造成的心理负担以及家庭的重大变故（如父母的离婚和亲人生病或离去）等。这些生活事件，不一定立刻成为应激源，但当这些事件发生的频率达到一定的程度，持续的时间过长，就会使人产生挫折感和心理压力。当这种心理压力超出了我们的心理承受能力时，就会影响我们的身心健康，如出现身体疲劳、睡眠不好、肠胃不适、烦躁、抑郁、焦虑等。所以，大学生要对大学所面临的各种压力来源有一个清楚客观的认识和充分的心理准备，破除大学的理想化和神圣化，树立迎接挑战、正视挫折、不断磨炼和发展的理念。只有树立科学的发展观，才能做到有备无患，才能降低心理的挫败感，采取更为积极主动的行动，更好地适应大学生活。

五、学会积极的应对方式

当环境改变或出现应激事件时，个体就会采取一定的方式对此做出反应。一般认为，应对是指个体为控制、减弱和耐受内部需求在认知和行为方面所做的努力。内部需求反

① 赖斯. 健康心理学［M］. 胡佩诚，等译. 北京：中国轻工业出版社，2000：144.

映了认知评价与情感冲突的结果。应对的目标主要有两个，即改善自身与环境的关系或减轻情感痛苦与烦恼。从应激的角度来分析，应对被认为是任何一种健康的或不健康的、有意识的或无意识的努力。这种努力有助于预防、消除或减弱应激源或用最小的痛苦来耐受应激带来的效应。

经验表明，首先，个体并不总是使用最合适的应对策略。如：有人会否定事实以至于完全歪曲事实，或者为了逃避感到有威胁性的社会处境而可能采取不健康的应对方式。其次，应对策略是用于减少情感上或躯体上的痛苦，而且任何时候处理应激源都要付出一定的代价。个体可能因为具有不良的应对方式与适应不良的行为，使其社会功能受到损害，反复重演而不能自拔；或者个体也可能对自身应对方式的缺陷没有充分的认识，当自己面临适应不良的状况时毫无察觉，或认识后反而进一步出现沮丧、焦虑与绝望，并可能造成恶性循环，使适应不良进一步加剧。因此，培养合理解释、升华等积极的应对方式将有利于提高个体适应环境的能力。

以拉扎勒斯为代表的认知—交互模式理论将应对分为两种类型，即情绪定向的应对和问题定向的应对。①情绪定向的应对反应，指个体试图控制和减弱因应激带来的负性情感（如愤怒、受挫感和恐惧）。所谓情绪反应是指当人遭受到挫折困难时，会伴随着不同程度的紧张、愤怒、焦虑等情绪状态和内心体验，还可能产生特定的行为反应。情绪性反应一般是个体在应激状态或挫折情境中，不自觉的、下意识的反应，有时也可能是自觉的、有意识的反应。情绪定向应对的方式与我们的内在防御机制有关，它以情绪体验和情绪表现为特征。常见的消极的情绪性反应方式有如下几种：攻击、冷漠、退化、固着、幻想、逃避、焦虑、自残等。②问题定向的应对方式，指个体试图制订出具体的行为与努力计划，尽可能直接地解决问题。问题定向应对的方式以压力事件本身为注意对象，分析问题、思考问题的解决途径，是一种理智的反应。

鉴于生活经验的局限性，有些大学生不懂得采取理智性态度。但理智性反应才能使我们在生活的磨炼中成长，正如戴尔·卡耐基（Dale Carnegie，1888—1955）所说："成功者与失败者之间的区别，常在于成功者由错误中获得，并以不同的方式再尝试。"如何面对挫折，在挫折中获得成长与发展？有学者提出了以下自我训练的方法。[①] 首先，要正确认识和对待挫折失败所带来的苦恼。这要求我们对失败要有精神准备和正确认识，当遭受挫折时，不要把注意力放在体验自己的痛苦上，把注意力转移开来，使挫折感的消极影响大大缩小；要积极摆脱痛苦和消极情绪的干扰，待情绪稳定后，集中精力去认识挫折本身。其次，面对挫折，认清问题，冷静分析。当你敢于面对挫折，正视困难挫折时，它就变得不那么有力了；要弄清挫折的程度，有些挫折只不过是局部的暂时性的问题，认清了挫折的局部性和暂时性，就会大大激励我们的信心和斗志；需要对挫折进行全面分析，找出失败的主客观原因，从而提高个人的认识，利用积极因素，克服不利因素，抓住主要矛盾，找到解决问题的策略和方法。再次，积极行动，寻求转机，或静观

① 刘善循. 高效率学习与心理素质训练：如何使您更聪明［M］. 北京：商务印书馆，2000：326－331.

其变。面对困难和挫折，不仅需要有正确的态度，更重要的是积极行动，寻求方法，求得解决。找到问题的原因之后，要积极地创造条件加以改善；需要将毅力和正确方法结合起来，既要具有坚持不懈的毅力，又要具有创造能力和正确的方法，才能收到事半功倍的效果；当我们经过努力还不能实现目标时，就不妨换个方向，改变目标，再做尝试，可能会获得新的发展机遇，从现有的条件中找到更适合自己的发展方向，与环境更好地协调起来。

第四节　规划自己的职业生涯

大学是一种以专业学科分化为基础的职业教育，其培养目标是为社会各个行业输送具有专业知识和技能的职业化人才。大学生的学习目标也不再是为了考个好的成绩，而是为了将自己培养成为一个合格的职业化人才。但是，如何才能成为一个具有职业知识和技能的专业人才？自己的兴趣和个性是否适合所学的专业和学科？是否适合从事这个职业？自己是否打算一辈子忠诚于这个职业，还是会考虑更换职业或继续深造？自己对就业或创业的期待是什么？这些问题都是大学生应该思考和规划的人生重要课题。

一、职业生涯的概念与特性

人生有涯，学海无涯，职业生涯发展是指一个人在一生中所选择和从事的一种或多种职业工作的全过程。职业生涯发展具有如下基本特性。

1. 个人独特性。每个人都有自己独特的身体条件、性格、气质和兴趣特点，有不同的知识结构与能力倾向，有不同的家庭职业背景，有自己的职业理想和职业选择倾向，也有为实现自己的职业理想所付出的努力，从而有着与别人相区别的和独特的职业生涯。

2. 发展阶段性。职业生涯并不是一成不变、一定终身的，每个人的职业生涯都是一种发展、演进的动态过程，一般会经历职业准备期、职业选择期、职业适应期、职业稳定期、职业生涯巅峰期、职业衰退与结束期。职业生涯贯穿于人的一生，所谓“老骥伏枥，志在千里”，“活到老，学到老”。一些人在一生中更换过许多职业，而有些人一生中却坚持着同一种职业，不论如何，学会接受职业生涯发展阶段的变化与不变也是人生的重要课题。

3. 整合性。职业生涯的规划和实现程度影响人生发展的各个层面和发展阶段，甚至整合着人生的诸多因素。例如：职业的选择和发展影响其受教育学习机会的多少，影响婚姻选择和家庭生活质量，决定社会交往圈的类型和层次等，而非仅局限于工作或职位领域。

二、个人与职业的心理匹配

世界上的所有职业都是适应社会的需求而发展起来的，从这种意义上说，职业无好坏之分，只有是否适合自己的性格、兴趣、身体条件、知识与能力的问题。如何找到一个适合自己的职业？许多职业心理学家提出了一些匹配理论，并且形成了一些可操作的评价工具。

（一）人格特性与职业因素匹配

人格特性与职业因素匹配理论也称“特性—因素匹配理论”，是指依据个人的人格特征及能力特点来寻找具有与之对应需求的职业。该理论由美国波士顿大学教授帕森斯创立。这一理论认为，每个人都有自己独特的人格特性与能力模式，而这种人格特性和能力模式将与某种职业工作岗位的要求具有较大的相关性。在个人进行职业选择，以及企事业机构挑选职业人才时，均应尽量做到人格特性与职业要求相匹配，这种匹配分析包括以下三个方面。

1. 个体特性评价。指对职业选择者的各种生理、心理条件以及社会背景进行的评估。具体包括常规的身体检查、职业能力测试、兴趣测验、人格测验、学业成绩、父母职业、家庭经济收入和家庭文化背景等多方面情况的综合评价。

2. 职业因素分析。指职业岗位对人的相关特质要求的分析。包括职业职位、职务的工作内容，工作岗位对人的生理、心理和文化等条件的要求。

3. 匹配性分析。指将对个体的特性评价与对职业的因素分析结果进行匹配性对照，如果匹配性好，说明本职业或岗位适合本择业者；如果匹配性不好，则说明择业者不能胜任这个职业或岗位。

（二）人格类型与职业类型匹配

人格类型理论由美国职业指导专家霍兰德于20世纪60年代创立。霍兰德根据人格心理学理论，结合自己从事职业咨询的经验，认为职业选择其实就是个体人格的反映和延伸。霍兰德假设：社会职业类型和人格可以分成实际型（包括技能型和技术型职业）、研究型（包括研究员、教师和工程师）、艺术型、社会型（包括行政与社会工作）、企业型与传统型（包括秘书、会计等）六种类型。每一特定类型人格的人，对相应职业类型中的工作或学习内容更为感兴趣。每个人也总是更愿意寻求能充分施展其能力与价值观的职业环境，个人的职业行为取决于其人格类型和所处的环境特征之间的相互作用。

（三）荣格的心理类型理论

基于卡尔·古斯塔夫·荣格（Carl Gustav Jung，1875—1961）心理类型学说的“迈尔斯－布里格斯类型指标”（Myer-Briggs Type Indicator，MBTI）理论认为，可以根据个体感知事物方式的倾向性，将人的性格分成外向—内向、感觉—直觉、思维—情感、判断—知觉四个维度和内向感觉思维判断型（ISTJ）、外向感觉思维知觉型（ESTP）等16种类型。根据MBTI编制的测验量表，已经在职业指导领域被广泛应用。

三、大学生择业心理问题的调适

一般地说，影响大学生择业心理的因素可分为主观因素和环境因素两大类。主观因素包括个人的人生观、价值观、职业兴趣、个人性格、身体条件、性别、学历、专业和所掌握的职业技能等；环境因素包括当下的经济环境、人力资源政策导向、行业发展状况、社会习俗、学校教育、父母态度与家庭成员职业类型等，这些因素相互关联，共同作用。

健康的择业心理是择业成功的关键，如何面对就业市场的挑战和自身的心理问题，培养良好的择业心理，是大学生要思考的问题。

（一）择业自卑心理的调适

择业自卑心理是指在择业过程中大学毕业生因为自我评价过低，自我效能感低，不敢去挑战有一定难度的工作，缩手缩脚，优柔寡断，不能向用人单位充分展示自我，从而错失就业良机。自卑感的产生有来自身体缺陷、所患疾病、家庭因素、学业不精、表达能力弱、内向胆怯等多个方面的原因，但关键与自我认知偏差和自我消极暗示有关。自卑心理常会成为大学毕业生走向社会的最大心理障碍。怎样消除择业自卑心理呢？首先，要客观正确评价自己，纠正过低的自我评价，学会接受自己和欣赏自己，多看自己的长处和独特的闪光点，即使是微不足道的优点也不要忽略。其次，要经常对自己进行积极的心理暗示，例如："我就不信做不好！"树立"天生我材必有用"，"此处不留人，自有留人处"之类的信念。再次，不要怕择业失败，因为择业失败并不表示你不如别人，可能只是说明别人更适合这份工作，而你则可能更适合其他工作。择业失败反而有助于自己分析失败的原因，是自己准备不够，或是需求方要求太高。认真分析，才能心中有数，调整自己，争取新的机会。

（二）择业焦虑心理的调适

择业焦虑是指大学毕业生因为即将走入社会，对多种职业去向选择或对就业前景困惑迷惘而产生的紧张不安的情绪。在市场经济社会中，个人择业的自由度变得越来越宽松，继续深造，还是选择创业或先就业？去就业，还是选择出国留学？是选择结婚生子，还是搞好工作事业优先？事实上，选择自由度越大，择业者就越焦虑不安，心理压力也就越大。如何做出正确的择业选择，常令一些涉世不深、缺乏社会经验的大学毕业生感到无所适从。如何调适这种择业焦虑的心理？关键在于：首先，既要有自己的远大的职业理想，又要脚踏实地，愿意从基层做起；既不能职业期望过高，不切合实际，也不能急于求成，更不管自己是否真心喜欢。其次，既不要幻想无须付出努力就能得到称心如意的工作，又不要工于心计，钻营走偏门，而要老老实实做好就业准备，认真应对每一场考试和面试。再次，既要从思想、知识和能力等诸多方面做好择业准备，等待良机，又要打破事事求稳、求顺的思想，树立市场合理有序竞争的新观念。有竞争必定有风险和失败，确立了参与竞争的目标，就不怕失败挫折。最后，客观地分析评估自己的竞争力和优势，合理地设计求职目标，增强求职的勇气，也有助于减轻择业焦虑的程度。

（三）好高骛远心理的调适

好高骛远是指大学毕业生对就职单位、就业岗位、工薪待遇等有不切实际的追求和过高过远目标的心态。产生这种心态的主要原因有：一是过高地估计自己的学历、学位的价值，或过高地估计自己的知识与能力，过高地估计自己将在岗位上所能起到的作用；二是与其他同学的就业情况进行攀比，或出于虚荣心，或出于嫉妒，害怕比别人差，希望找到比同学待遇优厚的工作来获得心理平衡。好高骛远的心态往往导致毕业生眼高手低，如何调适好高骛远的心态，关键在于：一要正确评估自己的实际工作能力，既要有敢于接受新的工作任务挑战的自我效能感，也要清晰地认识到自己还缺乏足够的实际工作经验，需要谦虚谨慎，勤奋工作，脚踏实地，诚实做人；二要善于将远大的理想具体到目前较小的工作目标，将大的事业抱负付之于细小的点滴行动；三要既学会审时度势，适当调整自己的生涯规划，但又要坚持主见，持之以恒，不要人云亦云，坚定走自己的路，但“君子不器”，也应该像孔子所说的那样：“见贤思齐焉，见不贤而内自省也。”（《论语·里仁》）

（四）择业挫折心理的调适

择业挫折是指大学生求职的需求不能满足、行动受到阻碍、目标未能达到的失落性心理状态。当一个人遭遇挫折后就可能陷入苦闷、焦虑、失望、悔恨、愤怒和怀才不遇等多种复杂的情绪体验之中。挫折本身当然不是好事，但生涯发展、人生辉煌的“好事多磨”恰恰“磨”在这些挫折上。产生就业挫折的常见原因既有源于大学生自身素质和条件等内因，也有市场需求和人才激烈竞争等社会环境的外因。例如与前者有关的因素有：毕业生的就业期望过高，自身的学业不精，技能不强，就业竞争力弱，身体素质差；与后者有关的因素有：市场对人才要求的过度消费，人力资源供大于求，就业竞争激烈。此外，还有当大学毕业生的就业意愿与父母的愿望强烈不一致时，也会导致毕业生就业心理上的挫折感。择业挫折心理的调适要点有：一是要正确认识和接受就业挫折，每一个毕业生对就业挫折都应有充分的心理准备。应该看到择业就业是毕业生与用人单位双向选择的结果，因此，择业就业不成功，并不一定意味着就业者不行，或许只是提示这份工作不适合于你而已。二是针对造成挫折的原因，具体分析，找到适合的解决办法。例如，如果自己的表达能力不强，那就要提高自己的说、写的能力，逐渐提高适应岗位需要的知识能力，或者调整自己的生涯规划。三是及时纾解挫折情绪。例如，可以采用写日记、叙述等适合当事人的方法，将自己受挫后的负性情绪写下来，或者向心理辅导教师或辅导员表达出来，学习提高应对挫折和压力的能力。

心理测验

表2－1　大学生活中的小应激事件量表[①]

指导语：以下是一些大学生日常生活中常见的事件，如果一项事件“几乎从不”引起你的不愉快，计0分；如果“有时会”引起你的不愉快，计5分；如果“经常会”引起你的不愉快，则计10分

学校周围的停车问题	别人对自己的看法	莽撞的骑车人
室友的欺侮	图书馆里太吵闹	做饭
室友太吵	睡眠太少	考试
购物	时间太少	决定穿什么
钱太少	天黑以后的安全问题	每天早上需整理头发

① 石林. 健康心理学［M］. 北京：北京师范大学出版社，2001：83－84.

续上表

家务	洗衣服	早晨起床
所需资料图书馆没有	写文章	恋爱关系紧张
工作中的关系	自己的体重	吵闹的邻居
没时间锻炼	同家人争吵	其他的驾车人
拥挤	与室友冲突	教师讲课太枯燥
需要找教师时找不到	想家	孤独
没有自己的信件	持续的学习压力	准时上课
教师难以理解	别的同学不友好	没有足够的密友
没有足够的时间同朋友谈话	与异性约会太少	担心自己外在形象
室温不适	缺乏计划性	饭菜质量问题
将来的打算	亲热太少	

解释：如果你的总分达到了70分或更高，则表明你比大多数大学生的分高了，生活事件已成为你的应激源

表2－2　大学新生适应量表（FARS）

指导语：大学新生适应量表主要用于评定大学新生心理适应状况，请根据自己的实际情况在选择的项目上画圈。如果你的情况与项目完全不符合得1分，比较不符合得2分，比较符合得3分，完全符合得4分

选项	完全不符合	比较不符合	比较符合	完全符合
1. 我觉得自己一定可以顺利取得大学文凭				
2. 我相信自己有充分的技巧撰写读书报告或研究报告				
3. 对选课的事，我感到不知所措				
4. 我相信自己有充分的能力做好大学的课堂笔记				
5. 大学的上课方式和高中不同，让我不知所措				
6. 我不能确定自己读大学的目标所在				
7. 考上这个系，我对未来的职业生涯方向感到茫然				
8. 我不能确定自己将来从事什么职业				
9. 考上这个系，与我未来的职业目标有冲突				
10. 对于我所在的系学习什么，我非常了解				
11. 我对自己目前就读的系感到不满意				
12. 上大学好像来到一个陌生的大城市，让我不知如何是好				

续上表

选项	完全不符合	比较不符合	比较符合	完全符合
13. 我担心大学里的人比较疏远冷漠，不容易交到亲近的朋友				
14. 我不知道是否容易从教师那里获取所需的资料和信息				
15. 我不知道是否容易从学校有关部门获取所需的资料和信息				
16. 我不知道大学生生活会是怎样的情况				
17. 我担心自己不善于安排四年的大学学习生活				
18. 我觉得上了大学以后，父母会让我完全地独立自主				
19. 我担心父母会干涉我要参加的大学生活动				
20. 我不知道自己是否习惯宿舍的团体生活				
21. 我担心自己会很想家				
22. 我担心父母会干涉我大学期间的异性交往				
23. 我担心在大学里没有人提醒和督促我读书和完成作业				
24. 我担心在大学里没有人可以依靠				
25. 我害怕成为大学生后，必须像成人一样负起许多责任				
26. 我不知道大学里同学的交往方式是否与以前的不同				
27. 我不知道大学里要怎样才能交新朋友				
28. 我不知道在大学里能否结交到知心朋友				
29. 在大学的一些社交场合中，我不知道如何和陌生人交谈				
30. 大学新班级里，我不知道如何和异性朋友自由自在地交谈				
31. 我不知道自己是否能对班上有归属感				
32. 我不知道怎样去向教师请教或与他们交谈				
33. 我不清楚大学里有什么设备可以让我使用				
34. 我不知道大学里是否有我喜欢参加的社团				
35. 我担心在遇到困难或问题时，大学里没有适当的人或部门可帮助我				
36. 我不知道如何利用图书馆的资源				
37. 我担心大学里有学生可利用的设备而我却不知道				

说明：大学新生适应量表由中国台湾学者吴秀碧编制。本量表将大学新生普遍存在的适应问题分为人际关系、学习方法、职业目标、独立生活和资源利用等方面的困扰，共37道题，按4级评分。量表总分越高，说明适应的困扰越大

拓展训练

一、活动的主题与目的

活动主题：我的班级，我的家。

活动目的：促进新生适应能力的提升与营造和谐的班级氛围。

二、活动的理论依据

和谐的班集体是大学生学习和生活的重要心理环境，新生班级建设得好，不仅可以缩短新生对大学生活的适应期，而且对大学生的心理发展和心理健康也带来重要的影响。班级团体虽具有组织、分工等社会团体的一般形式，但对大学生影响更大的是其所形成的环境压力（environmental press）或班级气氛（classroom climate）。生活在这个团体里的大学生，不论个体是否意识到或是否愿意，都不可避免地要受到这种团体力量的影响。如班风对个人的学习态度和职业价值观就具有较大的影响。所谓班级团体辅导就是以班级为单位，面向全体学生开展心理健康教育的一种重要形式，它着眼于发展性辅导目标，以学生成长中的经验为载体，以学生自我探索为主线，以集体活动为形式，通过学生的参与、体验、分享和感悟，帮助学生认识自己，接纳自己，开发潜能，获得自助。新生适应性班级团体辅导主要适用于解决：新生独立生活的各种困扰、资源利用困扰、人际关系困扰、学习能力困扰、职业生涯设计困扰等新生常见问题。

三、活动的内容与方法

1. 时间安排。整个活动可分为6个单元进行，每次活动按照“热身—活动—反思—分享—总结”的流程进行，每周一次，每次2小时，需要一个能够容纳30人的团体活动室。

2. 活动领导。班级团体辅导教练一般由心理健康教育的教师担任，另邀请5名朋辈辅导员担任助理。将班级学生分成若干个小组，每个小组安排一名助理担任协同领导者。

3. 活动环节与程序。新生班级团体辅导活动主要围绕协助处理新生面临的适应发展课题和建立和谐的班级人际关系的内容来进行，见表2－3。

表2－3　大学新生适应的班级团体辅导设计方案

主题	名称	活动内容	活动形式	材料
第一单元 建立小组	千里相会	①建立人际关系 ②促进彼此交流 ③明确承诺义务	大风吹、轻柔体操、微笑握手、理财高手、名字故事、个性名片、建立小组、承诺书	相机、协议书、胸卡、小纸片、彩笔
第二单元 熟悉资源	亲近校园	①团队协调与合作 ②适应宿舍的生活 ③加强异性间交往	越野寻标、团体游戏（生日线、四足蜈蚣、同心协力、转呼啦圈、圆圈放心凳）	相机、呼啦圈、秒表、地图、标点图等

续上表

主题	名称	活动内容	活动形式	材料
第三单元 人际适应	我爱我家	①熟悉学校的环境 ②增强学校归属感 ③了解发展的资源 ④增加团队的合作	猜猜我是谁、我的核桃、我是一个独特的人、解开千千结、夹气球、宿舍关系调查	核桃、气球、独特的人练习表、宿舍关系调查表、音乐库
第四单元 学习提升	学海无涯	①调整学习认知 ②明确学习动机 ③改善学习方法 ④调控学习焦虑	进化论、情境讨论、中学与大学的不同、摸鼻子、学习动机分析、我过去的学习、大学生学习策略调查	练习表格和调查表格以及讨论材料
第五单元 职业规划	我的大学	①了解大学规律 ②明确大学期望 ③树立科学目标	“人·猎人·熊”、我的大学梦、我的一天、职业兴趣测试、时间隧道、发展清单、成功秘诀	练习表格和调查表
第六单元 成长分享	把根留住	①培训分享总结 ②队员相互祝福 ③处理未完事件	赞美心、笑迎未来、兔子舞、我的收获、写给自己的一封信、适应就是智慧、大团圆	音乐库、心形卡、白纸、彩笔、信封等

四、注意事项

1. 活动之前，主持人和学生朋辈辅导员要熟悉整个方案，并加强沟通与合作，确保活动有序进行。

2. 必要时班级团体辅导活动应与个体辅导结合起来，即对在班级团体辅导活动中发现的适应不良个案进行个别辅导。

拓展阅读

弗兰克：《活出意义来》，赵可式、沈锦惠译，生活·读书·新知三联书店，1998年。

教学资源清单

使用说明：建议每位学习者在教师课堂讲授本章教材之前，先通过手机扫码的方式链接到教学资源平台，自学和练习相应的教学内容，以便在课堂上能够与教师更深入和更有效率地进行教与学的研讨，见表2－4。

表2－4　教学资源清单

编号	类型	主题	扫码链接
2－1	心理观察	大学生创业形势分析	
2－2	心理微课	霍兰德职业类型理论	
2－3	专题新闻	大学生挂科买后悔药	
2－4	教学影视	《三傻大闹宝莱坞》	
2－5（1）	心理漫画	《大学从新开始》	
2－5（2）		《旗开得胜》	
2－6	学唱歌曲	《努力适应这个世界》	
2－7	心理故事	大学生采煤队（大学生应该具有的就业观）	
2－8	知识拓展	大学里要有自己的小责任和小精彩	
2－9	心理体验	风雨桥	

续上表

编号	类型	主题	扫码链接
2－10	PPT 课件	大学生活的心理适应与生涯发展	
2－11（1）	录课视频	第一节：大学生活的特点与心理适应（陈玉霏）	
2－11（2）		第二节：适应不良及其产生的原因（陈玉霏）	
2－11（3）		第三节：促进心理适应能力的提高（陈玉霏）	

第三章
大学生的自我意识与人格完善

导读

教学目标：了解自我意识的含义与结构、自我意识的终身发展过程；认识大学生自我意识的特点与常见的自我偏差问题；学习完善健康的自我意识的方法，促进大学生自我效能感的提高；了解人格的基本概念和人格理论、影响人格发展的因素，熟悉大学生人格的基本特点，知晓人格障碍的类型，掌握健康人格的标准和培养健康人格的方法。

关键概念：自我意识（self-consciousness）、自信（self-confidence）、自卑（inferiority）、自我效能感（sense of self-efficacy）、人格（personality）、气质（temperament）、人格障碍（personality disorder）、人格类型（personality type）、人格特质（personality trait）、人格发展（personality development）、自我实现（self-actualization）。

案例

在“炉火”中绽放青春①

37 岁的唐笑宇是邯宝炼钢厂特档技术主管、转炉车间副主任。2008 年，他从北京科技大学冶金工程专业毕业后，一直扎根生产一线。从原料变成优质钢水需经过多道工艺淬炼，要成长为优秀钢铁青年，同样要淬炼过硬的本领。唐笑宇始终不忘要做全厂最好的炼钢工的初心，不断进行炼钢工艺操作和质量提升等方面的技术攻关。面对钢铁行业低消耗、低排放的发展方向，唐笑宇提出“留渣法冶炼”，终于摸索出了 260 吨转炉留渣冶炼方法，打破了转炉冶炼的脱磷瓶颈。仅此一项技术改革，每年可为企业降本增效 1 500 余万元。2018 年，在第 12 届世界模拟炼钢挑战赛总决赛上，唐笑宇从 50 多个国家 1 515 名选手中脱颖而出，夺得职业组冠军，为我国钢铁工人争得了荣誉。在 2022 年又光荣当选党的二十大代表。从一名普通大学生到一名炼钢一线掌握顶尖技术的炼钢工，唐笑宇先后获得了“全国劳动模范”“全国优秀共产党员”“中国青年五四奖章”“河北工匠”等 10 多项国家和省级荣誉，他坚持扎根于生产第一线，当先锋、做表率、练本领、攻难题，把报国理想写在炼钢炉台上。

---

① 资料来源于中国共产党新闻网。

课堂讨论： 唐笑宇大学毕业后就一直扎根于炼钢生产第一线不动摇，这一选择与他自己对自我的认识、对行业发展方向的认识，与他热爱事业、要做最好的炼钢工的初心分不开。他没有选择去做更加舒适的干部工作，而是迎难而上，在普通的岗位上做出了不平凡的成绩，是因为他心中还有为祖国炼出更多高端钢、精品钢、争气钢的理想。唐笑宇的故事给那些对自我的认识过高或过低，就业时挑三拣四的大学毕业生有何启示？

第一节 大学生自我意识的发展特点

人与动物都有环境意识，但只有人具有自我意识。老子说："知人者智，自知者明。胜人者有力，自胜者强。"（《道德经·第三十三章》）可见，自己了解自己是聪明人的一个特质，而能战胜自己弱点的人才是真正的强大。了解自己和战胜自己都是有关人自我意识的发展问题。

一、自我意识的概念

自我意识是个体对自己的身心状况，以及自己与他人和周围世界关系的认识，它是人格结构的核心部分。自我意识是一个具有多维度、多层次的复杂心理系统。从形式上看，自我意识表现为认知的、情感的、意志的三种形式，分别称为自我认识、自我体验和自我调控。自我认识是自我意识的认知成分，集中反映了个体自我认识乃至自我意识的发展水平，也是自我体验和自我调控的前提。自我体验是自我意识的情感部分，在自我认识的基础上产生，反映个体对自己与他人关系所持的态度。自我调控是自我意识的意志成分，指个体对自己行为与心理活动进行调节的过程。自我体验和自我调控强化自我认识，扩展自我认识的深度和广度。自我意识的具体内容见图 3－1。

自我认识
- 认知—自我认识—自我感觉、自我观察、自我观念、自我分析和自我评价等
- 情感—自我体验—自我感受、自尊、自信、自卑、自我效能感等
- 意志—自我调控—自我监督、自我控制、自我教育、自我追求、自我完善等

图 3－1 自我意识的具体内容

自我意识的结构和形态可以按照不同的标准进行表述。从自我意识指向的对象和内容上看，自我意识结构可分为生理自我、社会自我和心理自我三个维度或方面。生理自我是指个人对自己的生理特征的认识，包括个体对自己的身材、外貌、体质、体能等方面的理解和概观。社会自我是指个人对自己的社会属性的意识，包括对自己在各种社会关系中的角色、地位、权利、人际距离等内容的信念与观点。心理自我是个人对自己心理属性的觉知，包括个人对自己的人格特征、心理状态、心理过程、需要动机以及行为表现等方面的认知与体验。显然，自我意识统合个体的知、情、意、行并对个体的成长和社会活动产生影响。

威廉·詹姆斯（William James，1842—1910），美国机能主义心理学派创始人，美国最早的实验心理学家。詹姆斯实用主义心理学受达尔文进化论的影响。他认为，意识像一切其他机体机能一样，总是为了引导有机体达到生存的目的而发展出来的。

詹姆斯曾患抑郁症，他一度相信，人生一切是注定的。后来因读到法国哲学家雷诺维叶所写的有关自由意志的一篇文章，相信人的自由意志可以让自己选择不同的思想和行为，最后他用意志和信仰治好了自己的病。

从自我意识的表现形态来看，弗洛伊德认为，本我（id，或称为兽我）、自我（ego）和超我（superego）三部分共同组成人的人格和自我意识。本我由潜意识中的本能冲动与欲望构成，活动遵循“快乐原则”；自我是调适本我与外部世界之间关系的意识，遵循“现实原则”；超我是由“道德化的自我”和“理想的自我”构成的，遵循“理想原则”。本我、自我和超我三者之间始终处于满足与抑制、冲突与协调的矛盾运动之中。当三者关系不协调、不平衡时会导致心理异常。美国社会学家查尔斯·霍顿·库利（Charles Horton Cooley，1864—1929）还提出了“镜中自我”（looking-glass self，或反射的自我）的概念，他认为，一个人对自己的认识是对其他人关于自己看法的反映。人们总是在别人对自己的评价之中形成自我的观念。他人对自己的评价和态度就是反映自我的一面“镜子”，个体通过这面“镜子”认识了自己。

二、自我意识的发生与发展

（一）自我意识的发展

自我意识不是生来就有的，而是在成长过程中个体与周围的人和环境相互作用才逐渐形成的，这一过程即个体由一个自然的人向社会人发展的社会化过程。美国著名精神病医师、新精神分析派的代表人物埃里克森（E. H. Erikson，1902—1994）教授认为，人的自我意识发展持续一生，他将这一过程划分为八个阶段，认为这些各具特征的阶段性的发展顺序既受遗传因素左右，又受个体所处的社会环境影响。在这八个阶段自我意识发展的主要任务和特点分别是：①婴儿期（0～2岁）。自我意识的发展特点是“基本信任和不信任的心理冲突”，当孩子哭或饿时，父母是否应答出现是孩子建立信任感和希望品质的关键因素。②儿童期（2～4岁）。自我意识的发展特点是“自主与害羞和怀疑的冲突”，父母对孩子的保护或惩罚是否得当，对孩子自主感和自我控制能力的形成和意志品质都具有很大的影响。③学龄初期（4～7岁）。自我意识的发展特点是“主动对内疚的冲突”，父母的鼓励或讥笑对孩子未来的责任感、创造力和追求目的的品质影响很大。④学龄期（7～12岁）。自我意识的发展特点是“勤奋对自卑的冲突”，孩子通过完成学校学业的过程和取得的成绩获得自己自信或自卑的自我评价和能力品质。⑤青春期（12～18岁）。自我意识的发展特点是“自我同一性和角色混乱的冲突”，在性的逐渐成熟和本能冲动，以及面临新的社会要求和社会冲突的张力下，青少年需要重新建立一个新的同一感或社会角色形象。⑥成年早期（18 ～25 岁）。自我意识发展的特点是“亲密对孤独的冲突”，只有建立了牢固自信的自我同一性的个体，才敢冒着与他人发生亲密关系或爱的关系的风险。⑦成年期（25 ～50 岁）。自我意识发展的特点是“生育对自我专注的冲突”，自我同一的人不仅要生育后代，更要关心他人和社会，而不是只一心关注自我。⑧成熟期（50 岁以上）。自我意识发展的任务是“自我调整与绝望期的冲突”，是否能接受自我和承认现实，能以超然的态度对待生活和死亡，同时还决定了个人最后的幸福感。埃里克森认为，在自我意识发展的每一个阶段，都会产生一定的心理品质，如果各个阶段都保持积极品质的发展，那么就会逐渐建立起健全的人格，否则就会产生心理发展的危机，出现情绪障碍，导致不健全的人格。

（二）自我意识的发展模式

个体自我意识的发展呈现一种螺旋式上升的趋势，其发展模式为：自我分化、自我矛盾、自我统一。个体经由每次的自我分化、矛盾和在一定条件下的统一，自我意识便不断向前发展。①自我分化：个体进入青春期后，幼时朦胧的“我”的状况被打破，明显地出现两个“我”，即主我（I）与客我（me），前者是处于主动观察地位的主体我，后者是处于被观察地位的对象我。②自我矛盾：从这个自我意识发展的逻辑起点开始，自我内心活动变得逐渐复杂，自我观察、自我沉思明显增多。自我矛盾随着自我的分化不断加深，主我在认识和评价客我时，发觉现实自我与理想自我之间、现实自我与想象自我之间往往有较大的差距，于是出现内心的冲突和不安，甚至是痛苦。自我矛盾既是推动自我发展的内在动力，也可能是导致心理疾病的重要原因。研究发现，自我矛盾的积极一面可以有效调节社会生活中与自我不一致的历史经验。自我矛盾水平中等和较高的个体的调节能力比自我矛盾水平较低的个体的调节能力低，并且他人对于自我概念清晰但具有一定自我矛盾的人表现出的态度最为积极，而对于自我矛盾水平较高和较低的个体均表现出不欢迎的态度。自我矛盾的消极一面是过高的自我矛盾暗示了个体对环境适应不良，易受环境轻微线索的干扰从而轻易激活自我矛盾状态。③自我统一：自我矛盾的产生虽然给个体带来了不安与焦虑，但正是这种矛盾和冲突激发了个体奋发进取的积极性，促使个体去正确地认识自己，实事求是地修正理想自我中某些不切实际的过高的标准，并且学习有效地控制自我，改善现实自我，使理想自我与现实自我互相趋近，求得自我的和谐统一。这种自我认识、自我体验和自我调控的和谐统一的过程就是个体不断个性化和人格成熟的过程。

（三）大学生自我意识发展的特点

我国大学生的年龄在 18 ～23 岁之间，此时他们已进入成年早期。虽然已经具备相对的稳定性，但从大学生的自我意识与理想自我和社会的适应性关系来看，大学生的自我意识仍处于快速的发展之中。

1. 自我评价的标准得到更新发展。与中学阶段相比，用单一的学业成绩评价自我的标准在进入大学后变得复杂多元起来，在大学新生创新创业、文娱体育、社会交往、形象才艺等方面的竞争变得更为突出。在中年级的大学生，随着专业教育的熏陶，职业意识开始形成，对专业知识和专业技能掌握的熟练程度以及参与科学研究、论文发表、教师的肯定、获得的各种比赛荣誉成为新的自我评价维度；在高年级的大学生，进入一个令人羡慕的行业，找到一份好的工作，有一份体面的收入，或创业成功，或考上研究生，或获得出国深造的机会等又成为毕业生评价自我是否实现的新标准。当然也有大学生会将是否在大学中找到一个知己，赚到很多的钱，获得更多的证书，获得更多的奖学金，当上更高级别的学生干部，甚至是将更广的人脉关系当作自我评价的标准。大学生的自我意识一方面具有较强的自尊、自信、骄傲自负和不愿意随波逐流的独立性；但另一方面，大学生又害怕孤独，害怕不被同学认可和不被团体接受。

2. 积极的和消极的自我体验并存。自我体验是伴随自我认识而产生的内心情感反应，自我体验可以分为积极肯定的和消极否定的自我体验。如自信与自卑、成功感与失败感、自豪感与羞耻感、自我满足与自我责备等。大学生的自我体验不仅非常丰富，而且在取得许多进步的积极体验的同时也有多种在与他人比较中感到失败、挫折和沮丧的消极体验。观察表明，一方面大学生对尊重的需求增强，竞争意识增强，对人际关系的敏感性增强；另一方面，冲突及其与敌意相关的情绪反应较为强烈，容易出现攻击和报复他人的行为。对于刚刚步入成人行列，靠自己实力考进大学的青年大学生来说，自信心和自我效能感都较为强烈，也具有较高的自我悦纳程度。所谓自我悦纳就是一个人能够愉快地接受自己的生理自我、心理自我和社会自我。大学生乐于用名人的励志格言或偶像崇拜来勉励自己，并乐于争取更多的荣誉；但通过与优秀的同学相比，大学生不难发现自己的不足与发展短板，容易产生自卑、自我封闭和社交焦虑等消极的情绪体验。

3. 自我调控能力增强但自我约束尚不成熟。随着年龄的增长和人格的逐渐成熟，大学生自我调控的成人意识和生活计划的能力也逐渐增强。大多数大学生能够按照学校的要求安排好自己的学习和生活，处理好人际关系和与异性之间的情感问题，规划好自己的生涯发展，一般不需要家长和教师的监督。大学生通常将成功与自我实现作为大学阶段重点追求的理想目标，渴望向社会显示自己存在的价值，并由此产生了自我设计、自我发展的强烈意向与实践行为。然而，大多数大学生在经济上尚不独立，或主要依赖父母和家人给予的经济支持，或通过借贷，同时又是初次远离家庭求学，加上校园丰富的文化活动和网络上及社会上的多种诱惑刺激，大学生很容易出现放任自流、拖延懒惰的毛病，甚至整天沉浸在电子游戏、谈情说爱、物质享受之中，在时间控制、金钱消费等方面还缺乏强大的自我约束能力。

第二节　自我评价的偏差、原因及其调适方法

自我评价是指个体对自己思想、愿望、行为和个性特点、优点和缺点的肯定性或否定性的评价。自我评价是自我意识的核心要素，也是自我教育，促进自我发展、自我完善、自我实现的必要条件，也直接影响着个体在实际生活情境中的人际交往等行为表现、情绪体验和社会适应性问题。大学生常见的自我评价的偏差情况和原因分析如下。

一、自我评价过高

（一）自我评价过高的表现

自我评价过高是指个体对自己的身体状况、认识、知识和能力的评价超出其实际水平的自我感知状况。自我评价过高的个体，自我感觉特好，常表现为夸夸其谈，凡事都爱发表各种“高见”，但认识问题较为偏激；优越感强，爱在公众面前自我表现，自以为是，骄傲自满，夸大自己的某些优点或过高地估计自己的某些能力，例如：自己比别人聪明，能力比别人强；与人相处时常以自我为中心，自尊心、虚荣心和好胜心特强，固执己见，缺乏自我反思和自我批判，拒绝接受批评，受到质疑时好争论，但评价别人时又求全责备，好斗，甚至容易出现狂躁和冲动攻击行为。自我评价过高的人容易引发人际冲突，缺少知心朋友，严重者还可能发展为偏执人格、产生自我膨胀和躁狂情绪。自尊心过强是自我评价偏高的主要表现之一。自尊心过强很容易滋生嫉妒之心。所谓嫉妒心，是对才能、成就、地位或境遇比自己好的人存有怨恨的心态。大学生的嫉妒心理常表现为以下方面：一是嫉妒别人在政治、思想上的进步；二是嫉妒别人在学习上获得更好的成绩；三是嫉妒别人有某一方面的专长；四是嫉妒别人生活上的优裕；五是嫉妒别人在社交上的活跃，成为社交的中心人物；六是嫉妒别人在相貌或身材上的出众；七是嫉妒别人在恋爱上的甜蜜。嫉妒会破坏个体的内心平静，产生愤愤不平等消极心态。

（二）自我评价过高的原因

1. 与额叶大脑皮层功能减弱有关。人的额叶皮层及其功能是人类区别于其他灵长类动物的重要特质，涉及人的注意力、记忆、推理等重要思维功能。研究表明，自我评价与大脑额叶功能是否启动现实检验功能密切相关，自我评价中肯的个体的这一部分脑功能活动活跃，而自我评价过高的人这一部分的皮层结构变薄和功能减弱。观察表明，通常 65 ～82 岁的老年人的自我评价过高就可能与额叶皮层的萎缩和功能减退有关。

2. 与家庭环境和父母教养方式有关。观察表明，来自家庭经济条件良好、父母政治社会地位较高的家庭的大学生常能感受到家庭在经济和社会资源等方面给予的大力支持，因此容易产生自我感觉良好、自我评价较高的自我意识。如父母不对子女进行长期合适的关于如何谦虚谨慎做人的警示教育，孩子就容易滋生歧视他人的过分优越感。

3. 与既往成长经历有关。不难理解，那些曾经在既往人生经历中具有较多的成功经验，并受到父母和社会各种肯定赞誉的个体，容易导致过高估计自己的能力和学习水平，在完成新的任务时往往对困难估计不足，甚至盲目自大和自信，容易表现出冲动和敢于冒险的行为倾向。自我评价过高的人往往缺乏受挫和失败的社会经历，缺乏对他人、人生和社会的深刻认识。

（三）自我评价过高的调适

1. 学会正确的比较方法。比较是人们常用的思维方式，但只有坚持正确的比较方法才能得出正确的结论，帮助个体正确认识自我。我们可以采用纵向比较法，即将现在的自己与以往的自己进行比较，看看自己在哪些方面有所进步；也可以采用“见贤思齐焉，见不贤而内自省”的横向比较法，通过比较变得更加谦虚谨慎。任何比较都会有价值观的渗入，持不同的价值观会有不同的比较结果，全面的比较可以是多层次、多角度的，或以不同的价值观进行评价的换位思考。比较也不能只是想象的，而应在多种社会实践活动中去检视自己。

2. 自我优缺点的翻转练习。将一张白纸左右进行对折，在纸张的左边列出自认为的优点和特质，在纸张的右边列出自认为的不足和缺点，再与心理咨询师一道分析这些优缺点。事实上，经验表明，自大的人自以为是地将他人并不喜欢的特质当成了自己的优势和长处，而自卑的人则常将别人喜欢的人格特质当成缺点而自责。心理咨询师可以引导当事人做如下翻转练习：将当事人自认为是缺点的“老实”翻转为“诚实”的品格，将其自认为是优点的“擅于言谈”翻转为“夸夸其谈”的缺点，等等。

3. 积极利用他人反馈认识自我。自我评价过高的个体如果能够在人际交往和学习工作中积极主动地利用他人对自己评价的反馈信息纠正或补充自我认识，将有助于避免自我认知的偏差。首先，要学习处理好自知与知人的关系。老子曰：“知人者智，自知者明。胜人者有力，自胜者强。”可见只有知己知人，内外明智，才是真正的聪慧强大。其次，要学习处理好自尊与尊人的关系。自尊心过强的人容易自以为是，认为自己什么都比别人强，不愿倾听和尊重别人的意见。事实上，自尊和尊重他人是相辅相成的，只有尊重他人的人，才会受到别人的尊重，才有自尊。

4. 学会换位思考。无论是自负，还是嫉妒心强的人都应该学会换位思考或进行“角色置换”的练习，试想如果我是一个听众，我乐意听一个自负的人自顾自地夸夸其谈吗？我愿意与这样的人做朋友吗？你会相信他所说的所谓的道理吗？如果你真的什么都比别人强，别人还会喜欢你吗？事实上，嫉妒只会给你带来同学的疏远，失去友谊。

二、自我评价过低

（一）自我评价过低的表现

自我评价过低，俗称自卑，是指个体对自己的身体状况、认识、知识和能力进行自我贬抑的心理状况。自我评价过低的人常表现出对自己的身材相貌、身体素质、知识和能力水平，以及所取得的学业等成绩不满意，往往夸大自己的错误和缺点，看不到自己的优势和长处，认为自己处处不如别人，自怨自艾、自愧无能；在行为上常表现为寡言少语，行为退缩，自我效能感低，害怕失败，行动时前思后想，决策时犹豫不决，缺少决断的勇气；在公众场合表现为拘谨、不善于自我表达，常孤独、自闭、不愿意参加集体活动，对别人的话语敏感多疑，常认为别人的话语有弦外之音或针对自己，常将对自身的不满、自责等负面情绪投射到别人身上，认为是“别人瞧不起我”或“别人轻视我”，表现出过强的戒备、敌意、不友善的态度。自卑的人会对自己诸多方面不满意，但内心并不想向优秀的人学习模仿，也并不会因自觉低能而表现得谦虚好学，相反，可能表现出鄙视别人，通过逃避社交来掩饰自己的不足和缺点，维护自己的面子。

（二）自我评价过低的原因

1. 内隐的自卑本是人类的普遍现象，但有些人总是选择性关注自我的不足。心理学家阿德勒认为，自卑感在人类中普遍存在，因为自卑感起源于婴儿时期对成人抚育的依赖与无助感，且随着后来对需要满足的追求力不从心而加重。他认为人生来便有不同程度的缺陷，这种缺陷也会产生自卑情结，但人会不甘心沉溺于这种自卑，反而为了克服或超越这种自卑，会产生一种向上的原动力，刺激个体不断设定目标去行动，通过获得优越感来弥补自卑对自我的破坏作用。例如，在身体方面有限制的人会在心智发展上寻求补偿，而缺乏社交能力的人则会在体能活动上寻找发展，可见适度的自卑感有助于促进个体奋发努力的补偿行为。有研究者使用内隐联想范式来考察大学生的内隐自卑水平，发现有相当多的大学生存在显著的内隐自卑。

2. 与既往经历与家庭环境有关。自卑心理通常和童年的经历有较大的关系。例如，生长在家庭结构残缺、家庭功能不全、家庭经济十分贫困等背景下的孩子容易产生不如其他人幸福的自卑；而在父母打骂、指责、否定等不良的家庭教养方式中成长的孩子也常缺乏自信；大学生在中小学阶段和既往的学习、交往、恋爱等方面的挫折经历也会造成当事人的自卑心理。

3. 身材相貌和健康因素的影响。有些大学生不仅不能悦纳自己天生的身材容貌，而且偏执地认为身高相貌是自己一切挫折和失败的不可变、不可控的因素；有些大学生则常借自己罹患某些疾病的事实，过分夸大这些疾病对于自己学习和成功的负面影响，他们宁愿接受是身体不健康的原因导致自卑的解释，也不愿承认是自卑导致他学习不努力。

4. 不正确的与他人比较，自我期望水平过高心理。自卑者常常将自己的缺点与他人的优点进行比较，或者夸大自己的不足，仰视别人的优点；有自卑情结的人往往还有过高的“理想自我”的愿景，因而对现实中的自我很不满意。但事实上，他们又不愿意为此付出应有的努力，呈现出眼高手低的现象。

（三）自卑心理的调适

1. 悦纳自我。悦纳自我就是对自己的出身、性别、爱好、身材相貌、性格等各个方面的优缺点和过去经历的接纳。接受自己的过去就意味着对待失败和挫折要学会正确归因，接受自己的失败或挫折，但不自责贬低自己，丧失自信心。悦纳自己也意味着在欣赏自己的优点和长处的同时，还要接受自己的不足。但是，悦纳自己不代表安于现状，而是能学会用正确、积极的心态去面对和接受自己的不足和短处，并能寻找到实现自我的方式。悦纳自己也意味着能肯定自己独一无二的存在价值。亚里士多德说过：世界上没有两片完全一样的树叶。同样，世界上也没有两个一模一样的人，我们没有必要按照别人的道路要求自己，做好自己，不辜负自己就够了。生活就是不断地体验和创造，人生重要的意义不在于拥有和结果，而是经历的过程。

2. 建立属于自己的成长坐标。设立合理的人生目标。具有目标指向是人类行为的重要特点之一，目标能够诱发人的动机，强化人的行为，驱动人维持行为的方向，所以相比之下，有目标指向的行为更有成就感。确立正确的自我发展或自我实现的目标，关键是要按照社会的需要和个人的特点来进行合理设计。古诗云：“天生我材必有用。”不必苛求自己去做一个十全十美的人，也不必过分强制自己事事胜过别人。只有你觉得自己和别人一样重要，你才能做到不骄不躁、不亢不卑，悦纳别人，不嫉妒、不疑惧。积极心理学坚信：每个人的生命中都蕴藏着积极的、美好的人性品质和积极的心理品质，这是人的生命变得更加美好幸福的内在基础和动力，我们每一个人都应该最大限度地发掘自己的潜力，并以此努力获得幸福美好的生活。

3. 学习循序渐进地表现自己。自卑感往往是在表现自己的过程中，由于受到挫折，对自己的能力发生怀疑而造成的。自卑者不妨多做一些力所能及、把握较大的事情，有了更多的小成功后便会收获一份喜悦和对自信心的强化，而自信心的恢复是克服自卑的关键。当然，自信心的恢复需要一个过程，切不可着急。应从一连串小小的进步开始，循序渐进地锻炼自己的能力，通过不断的小的成功来表现自己和确立自信，消除对自己能力的怀疑。

4. 寻找东边不亮西边亮的补偿。补偿法是指通过个人的努力奋斗，以某方面的成就来补偿在另一些方面的缺陷。例如身体残疾受限，可以通过发展心智才艺来补偿。而所谓“勤能补拙”就是通过比别人付出更多，来补偿自己在才智方面的落后。数学家华罗庚说：“勤能补拙是良训，一分辛苦一分才。”每个人都有自己的长处和短处，要学会取长补短。亚历山大、拿破仑他们生来身材矮小，但他们并不因此而自卑，而能看到自己在军事上的才能，经过不懈的努力，最终都取得了举世瞩目的成就。因此，只要找到正确的补偿目标，就能克服自身的缺陷或者从另一方面得到心理补偿。

三、逆反心理

（一）逆反心理的主要表现

逆反心理，是指凡是别人赞同的人或事或观点，他就反对；而凡是别人反对的，他就赞同支持的心理定式。具有逆反心理的个体常表现出：个性张扬、刚愎自用的个性特点，面对父母、教育者、权威者或他人的观点、劝导或行为要求表现出习惯性的反感、厌恶、抵触的反向思维的定式，并习惯用个案来“抬杠”或挑战对方。对别人的批评常常会产生反感和愤怒。对政府和教材上提倡学习的先进人物和感人事迹的真实性无端产生怀疑、否定、排斥和嘲笑。对社会上那些敢于对抗主流文化、不从众的人物表达崇拜和情感认同。逆反心理强的人对思想政治教育、校纪校规、父母教育等具有规范性要求的事情态度冷淡、厌烦或消极对抗，或通过故意做出违纪的越轨行为来彰显自我，挑战权威，引起其他人对自己的关注，甚至认为违规犯禁和冒险是一种极大的快乐。

（二）逆反心理产生的原因

1. 独立意识发展过程中的不稳定性。进入青春期，随着成人感的增强，人的自我意识从早期的唯命是从，向前发展到成熟的独立意识是一个必然的过程。在这一发展过程中，从单向直线的思维发展到多向发散的思维，从顺向思维到逆反思维，从随波逐流的盲从思维到自我独立的思维是一种进步，这种独立意识的发展就是以逆反和挑战权威话语和主流文化规范为标志的，但这种意识状况是一个从顺从到独立的不稳定过渡期，因为随着生活经验的增多和认识的深入，逆反心理是可以渐渐消除的。

2. 青年人强烈的自尊和被理解的需要。通过高考进入大学的青年人有较强的自尊感和初为成人的独立意识。他们的想法、情绪和行为渴望得到父母和他人的理解，但事实上，或由于代沟等原因，人与人之间常缺少有效的沟通和真正的被理解。逆反心理及其逆反行为将有助于彰显青年人与父母、教师和他人不同的独立意识，青年人也常将父母、教师和他人对自己的教导、劝说和告诫看成是认为自己幼稚的潜台词，因此很容易产生反感和对抗情绪。

3. 认知的片面性和情绪的偏激性。青年期的逻辑思维发展迅速，受教育内容和专业学科的限制，仍处于不严谨和不成熟的发展阶段，非此即彼、黑白分明等非理性思维还大行其道，一分为二的辩证思维和系统思维仍未充分掌握，基于非理性认识的情绪和归因则通常表现为较强的偏激性。

4. 教育与社会环境因素。逆反心理也往往是青年人对抗家庭、学校和社会环境中一切不满意的人或事的一种心理反应。例如：离异的家庭、不和睦的家庭关系，陈旧落后的学校教育教学方法，经常批评学生的教师，教师行为不良、学术造假等不良的社会环境等因素都可能成为青年学生产生抵触情绪和逆反心理的诱因。

（三）逆反心理的调适

1. 对逆反心理的因势利导，将逆反心理转变为批判思维。从某种意义上说，逆反心理在一定程度上反映了青年学生独立意识、怀疑和批判意识的发展，在不同语境下具有不同的意义，有些具有一定的积极意义，对此可以加以引导。例如，对一些陈旧落后的教育教学观念和说教、对一些现象的刻板的理论解释的逆反心理，有助于大学生怀疑与批评思维的发展和刺激创新意识的启动；对社会上的不正之风和社会治理之弊有意见而引起的逆反心理，有助于促进大学生的社会正义感和社会责任的启蒙。

2. 学习全面系统和辩证看问题的方法。逆反心理定式的人常有社会经验不足、阅历不深，思维片面、偏激、偏执的特点，应引导他们培养观察分析社会现象的系统思维、历史思维和辩证思维，启发他们从历史、政治、经济、文化等多个方面全面观察和辩证分析社会事件的能力。

3. 通过参加社会实践检视自己的观点。社会经验在人类的认知、心理发展中具有重要的意义。所谓经验体系包括经验的获得、经验整理、经验的“心象表征”及经验启动这几方面。经验体系的每一个过程都为个体的自我评价和体验提供着内在的依据。观察表明，理论和言语上的争论和说理并不能有效地改变逆反者的心理定式，事实上，鼓励青年人多参加社会实践活动，获得自己的经验，并通过经验的分享、经验评价和经验的整理总结得出新的认识的方法较为可行。

4. 学习正确的归因方式。一般而言，逆反心理者看到的社会现象虽然是客观的，但问题在于如何分析看待这些现象产生的原因，他们往往缺乏正确的方法。例如，可以将一个人挫折失败归因为当事人自己内在的（如性格）和可控的因素（如自己努力不足），也可以归因为外部的因素（如社会上的某些潜规则）和不可控的因素（如社会竞争），但逆反心理者习惯于采取与众不同的归因模式。事实上，几乎任何社会事件的发生总有内因和外因的联合作用，我们应该结合具体情况，采取内因和外因相结合的归因平衡模式，对成败原因有一个合理的认识。

第三节　大学生的人格发展

一、人格的基本特点与影响因素

（一）人格的基本特点

人格，也称个性，通常是指一个人所具有的与他人相区别的独特而稳定的心理行为模式，是具有一定倾向性和稳定性的心理特征的总和。简而言之，是指一个人所具有个性的整体的精神面貌。人格具有如下基本特性：①独特性，即人格是在遗传、环境和教育等因素相互作用下逐渐形成的，人格是民族共性与个体差别性相融合，是生物性与社会性相互作用而形成的具有个性的心理行为特征。②整体性，即人格是认知、情感和行为等多种心理特质结合起来的心理反应体系。③稳定性，即人格一旦形成就具有相对的连续性和不变性，但随着环境的变化，人格也是可以塑造变化的。④统合性，即人格是由多种成分构成的一个有机整体，具有内在统一的一致性，受自我意识的调控。⑤功能性，反过来，人格对于个体的学习工作、人际交往等社会活动和对环境的适应性具有一定整体反应功能，人格决定一个人的生活方式，甚至影响一个人的命运。

（二）影响人格发展的因素

影响人格形成和发展的因素众多，包括先天的和后天的、生物的和社会文化的因素的综合作用。

1. 遗传生物因素。通过对同卵双生子和异卵双生子的比较研究发现，遗传因素对智力、气质的影响较为明显；而在价值观、信念、品德等特征上后天环境的因素影响更重要。同卵双生子对社会、集体和他人的态度方面的相关性，以及人格的情绪特征方面的相关性均高于异卵双生子，而在意志特征、品德方面，两者之间也没有显著的差别。可见，遗传生物因素对人格特征各方面的影响程度是不同的。

2. 家庭教育因素。家庭结构、家庭功能对一个人人格的形成和发展具有重要和深远的影响。首先是父母教养方式的影响。父母教养方式一般可以分为三类：第一类是权威型教养方式，这类父母在对孩子的教育中过于支配、控制或照顾孩子的一切，成长在这种教养方式环境下的孩子容易形成消极、被动、依赖、服从、懦弱，做事缺乏主动性，不诚实的人格特征。第二类是放纵型教养方式，这类父母对孩子过于溺爱，导致孩子多表现为任性、幼稚、自私、野蛮、无礼、独立性差、唯我独尊、蛮横胡闹等。第三类是民主型教养方式，父母与孩子在家庭中处于平等和谐的关系中，父母尊重孩子，给孩子一定的自主权，并给予孩子积极正确的指导，在这种家庭氛围下成长的孩子活泼、快乐、直爽、自立、彬彬有礼、善于交往、富于合作精神。有研究表明，孩子的神经质与父亲惩罚严厉、过分干涉、拒绝否认以及与母亲过分干涉、过度保护、惩罚严厉、偏爱呈显著正相关，而与父亲的情感温暖与理解呈显著负相关。内外向与父母亲的情感温暖与理解呈显著的正相关。父母经常采用理解、给予情感温暖的教养方式教育孩子，有利于孩子发展成为外向、活泼、情绪稳定等的个性特征；父亲经常性地拒绝否认孩子的一些合理性要求，母亲经常性地过分干涉孩子的生活与学习且遇事又过度保护孩子，容易使孩子形成缺乏同情心、残暴、执拗和反社会倾向的个性特征；父亲如果过分干涉孩子的生活与学习，容易使孩子的情绪不稳定化，产生对成人的依赖、对他人的不安全感和对他物不确定性的恐惧感，如果这种负性情绪固化，将发展为不良的人格特质。虽然父母的教养方式（权威、专制、纵容）对直接攻击的独特效应不显著，但却对间接攻击有独特效应。

其次是家庭成员的性格和所形成的家庭氛围，对孩子人格的形成具有潜移默化的作用。长期生活在家庭成员关系不和、争吵、猜疑，或缺乏民主气氛家庭中的孩子，常常出现好斗、固执、说谎或孤僻、胆怯等性格特征；而民主、宁静、愉快的家庭氛围，则有助于孩子形成活泼、热情、诚实、有礼的性格特征。

最后是孩子的出生顺序与家庭角色对人格形成也具有一定的影响。孩子们在兄弟姐妹中的排行不同，不仅受到父母的期待和关注有所不同，而且决定了他们在家庭中扮演不同的角色。观察他们的性格特征，长子往往具有责任心和成就动机、关心他人等，次生子往往依赖性较强、缺乏自信心、偏保守等，最小的孩子则多敢说敢干，开放自由。

3. 学校教育因素。学校是一种有目的、有计划地向学生施加教育影响的教育场所，也是同龄群体会聚交流的场所。教师和同伴对学生人格具有很大的影响。首先是教师的人格特征、行为模式与思维方式对学生所产生的影响。有研究发现，在性情冷酷、刻板、专横的教师所管辖的班集体中，学生的欺骗行为增多；在友好、民主的教师管理下，学生的欺骗行为较少。其次是良好的校风和学风，有助于学生形成勤奋好学、讲礼貌、守纪律等优良性格。班风正，可使学生情绪稳定、学习积极，促使学生形成具有集体荣誉感和义务感、团结、互助、自尊、自信等良好的性格特征。

4. 社会文化因素。社会文化具有塑造人格的功能，并且因为社会文化因素的作用而使得同一社会的个体在人格上具有一定程度的共性，例如，民族性格和集体无意识就是社会文化因素塑造作用的结果，而民族性格和集体无意识对维系一个文化传统和社会稳定又具有重要的功能。社会文化对人格的影响程度因文化而异，一般而言，社会对个体顺应文化的要求越严格，其影响力就越大；影响力的强弱也视其要求规范行为的社会意义的大小而异，对于不太具有社会意义的行为，社会允许较大的自由度，而对于社会功能十分重要的行为，就不允许有太大的变异，社会文化的制约作用也就越大。

二、大学生的人格特征

大学生群体与社会上同龄青年群体的人格相比，也呈现出一定的特点；而中国大学生与外国的大学生相比，由于社会文化背景和社会化过程的差异，人格发展也呈现出不同的特质。

（一）中国大学生的人格状况

有学者使用修订过的“加利福尼亚心理调查表”（California Psychological Inventory，CPI）对北京大学、清华大学、北京师范大学等16所高校的1 100名大学生进行了调查，结果显示：

1. 中国大学生在谦让、克己、忍耐、谨慎、负责等人格特征方面突出，说明他们与现实社会有良好的适应性，能较好地处理社会、他人和自我的关系。

2. 中国大学生在处理人际关系时通常会首先考虑社会和他人，但也绝不是一味地追求社会的认同。

3. 中国大学生在支配性与冲动特点方面表现不突出；在社交方面倾向于积极进取；他们具有稳健、从众的人格特点，具有良好的社会化程度。虽然在聪慧、敏感等与智力有关的人格特征方面表现较好，但他们的“独立成就”和灵活性的得分较低。

4. 不同学科的大学生的人格特征以及性别差异，均有各自相对的独特性。文科大学生中男女生的人格特征表现为综合型，无论在支配、冲动、自信、外向等方面，还是在谦让、克己、忍耐、谨慎等方面均兼而有之。不过男生在冲动、自信、外向方面的特性较多；女生在独立性、敏锐等方面较弱。理科大学男生与文科大学男生相似，但理科大学女生在谦让、克己、忍耐、谨慎、内向等方面较突出。工科大学男生在支配、冲动、自信、外向等方面较突出，但工科大学和理科大学的男生在独立性、聪慧、敏锐等方面与女生无明显性别差异。农科大学男生的人格特征在中庸、从众等方面较突出，在支配、冲动、自信、外向等方面比女生强；女生则在谦让、克己等方面较突出，而在聪慧、敏锐方面弱于男生。医科大学生中男女生的人格特征基本一致，他们在支配、冲动、自信、外向等方面相对较弱。

5. 在男生和女生的人格差异上，男生的情绪稳定性优于女生，在面对压力和紧急状况时比女生更沉着冷静；女生的宜人性、外向性和严谨性会比男生高，更易于与他人建立良好的关系，更活跃、开朗，更有条理性和责任心。

6. 当代大学生在人格方面存在的一些问题。有研究指出，当代大学生的人格整体表现出活泼、充实、满足、自信、乐观等良好的特质，但也有一部分大学生表现出不良的人格问题。其一是智商与情商发展不平衡。思想稚嫩、不成熟，缺乏科学的理性思维，考虑问题片面不周全，为人处世缺乏灵活性和实际经验。其二是以自我为中心。凡事以自我为中心，较少考虑到周围人的感受和心理，自我实现的价值观念很强烈，但好高骛远，缺乏深层次的思考和高层次的理想追求，在行动上有明显的盲目性、冲动性和不稳定性。其三是家庭和社会责任意识不强。对父母、对家庭、对工作事业、对国家与人类社会所肩负的历史使命和社会责任意识淡薄，急功近利，奉献精神不足。其四是意志不坚，韧性不强，忍耐性不足。在对待学习困难、就业挑战、交友失意失恋等挫折上表现出明显的心理脆弱性。

（二）中国大学生与外国大学生人格特征的比较

有学者用爱德华斯量表调查了 2 876 名中国台湾大学生的人格心理情况，并与美国大学生和印度大学生的情况进行比较，结果显示：

1. 与美国大学生相比，中国台湾大学生在成就、顺从、秩序、求助、谦逊、慈善和坚毅等方面的得分高于美国大学生，而在自我表现、省察、支配、变异、异性爱和攻击性等方面的得分较低，在自主和交往等方面几乎和美国大学生一样。与印度大学生相比，中国台湾大学生在秩序、交往和求助等方面得分较高，在自我表现、谦逊、异性爱和攻击性等方面较低，而在成就、顺从、自主、省察、支配、慈善和坚毅等方面两者几乎一致。中国台湾大学生与印度大学生的人格特征，相比美国大学生有更多一致的地方，这可能是因为中国和印度都是东方国家并有着许多社会文化相似性。

2. 中国台湾大学生的人格特征与中国的社会结构和传统文化有着千丝万缕的联系，其中，中国人在社会化过程中依赖、从众、谦逊、自我克制、自我满足等训练形成了其人格结构中的集体倾向、他人倾向、关系倾向、权威主义倾向和服从性、抑制性、脆弱性。随着我国社会的改革开放，各种异国文化的进入，中国大学生的人格特征也有了新的变化，主要表现在个人自我倾向、竞争倾向、平等倾向、自主性和表现性等方面有逐渐增强的趋势。

三、人格障碍的类型与表现

人格是个体社会化的结果。所谓人格障碍是指因为多种原因造成的个体的人格正常发展过程出现偏差所导致个体性格、认知方式和行为模式明显偏离社会常态的一种异常状况。如果人格障碍是由脑病、脑外伤等躯体疾病所致，或继发于各种精神障碍的情形，一般称为人格改变。《中国精神障碍分类与诊断标准》（第三版）及美国《心理障碍的诊断和统计手册》（第四版）指出，可以将人格障碍分为三大类：第一类以行为怪僻、奇异为特点，包括偏执型、分裂样型人格障碍；第二类以情感强烈、不稳定为特点，包括冲动型、表演型、反社会型、攻击型人格障碍；第三类以紧张、退缩为特点，包括回避型、依赖型和强迫型人格障碍。人格障碍者偏离主流文化的行为大多从青少年时期就开始显露，并缓慢长期持续发展至终身；人格障碍者的行为偏离大多涉及个体行为认知、情感、冲动控制、人际关系的多个方面，并具有稳定和长期的特点；患者对自己的人格缺陷和偏离行为大多无清晰的自知力，即使当事人感到痛苦，但很少有主动求医的动机；药物和心理辅导对于人格障碍者的治疗效果也十分有限；人格障碍者出现自杀和其他违纪越轨行为较多见。

（一）偏执型人格障碍

偏执型人格障碍以无端猜疑和固执己见为特点，异常表现多始于成年早期。对挫折和遭遇过度敏感，对侮辱和伤害不能宽容，且长期耿耿于怀；多疑，容易将别人的中性或友好行为误解为敌意或轻视；思想、行为固执死板。常有病理型嫉妒，即无根据、怀疑恋人或伴侣不忠，具有过分自负和自我中心的倾向，无端夸大自己在家庭和社会上的重要性，把由于自己的错误或不慎产生的后果归咎于他人，从来不信任别人的动机和善意，认为别人存心不良，总感觉自己受到别人的压制和迫害，因人际关系紧张而常上告、上访和诉讼他人，而且不达目的不肯罢休。这种性格的人与家人不能和睦，在外也不能与朋友、同事和谐相处，对人抱有敌意和过分警惕，别人只能对他敬而远之。

（二）分裂样型人格障碍

分裂样型人格障碍以观念、行为和打扮装饰奇特、情感冷漠及人际关系明显障碍为特点。性格明显内向、孤独、被动和退缩，与家庭和社会疏远。行为怪僻而偏执，表情呆板，情感冷淡，不通人情，不能自然表达对他人的关心、体贴或愤怒。有明显的社会化缺陷，缺乏亲密的信任的人际关系，几乎没有朋友，不参加任何社会活动，缺乏愉悦感，对别人的批评或鼓励毫无感觉。具有强烈的自我向性思维，但一般还能认知现实；有繁多的白日梦和幻想，但一般与实际不脱节。他们在表达攻击和仇恨上也显得无力；在面对紧张和遇到灾难时，又反而表现得超然和满不在乎。

（三）反社会型人格障碍

反社会型人格障碍有行为不符合社会规范，经常违法乱纪，对人冷酷无情、仇视、易激惹、情绪暴躁、行为冲动的特点，缺乏同情心、缺乏责任感、缺乏羞耻心、缺乏愧疚悔改之心，也不会从中吸取经验教训，常把责任归罪于他人。往往在童年或少年期就出现品行问题，有长期和严重的不负责任的行为，无视社会规范和义务，常侵害公众利益，工作责任心差，经常旷课或旷工，无计划地频繁变换工作；经常说谎和欺骗他人，偷窃，有暴力行为倾向，常反复挑起或参与斗殴。对挫折的耐受性低，对他人漠不关心，不愿承担经济义务，不赡养父母和子女，不能维持与他人的长久的关系，包括夫妻关系；常有虐待动物的行为。

（四）冲动型人格障碍

冲动型人格障碍以情感爆发、伴有明显行为冲动为特征，易与他人发生争吵和冲突，有突发的愤怒和暴力倾向，对导致的冲动行为不能自控，故又称为攻击型人格障碍。对事物的计划和预见能力明显受损，不能坚持任何没有即刻奖励的行为，具有不稳定的和反复无常的心境，容易产生人际关系紧张或不稳定的情感危机。易发生自杀、自伤行为。本障碍患者中男性明显多于女性。

（五）表演型人格障碍

表演型，又称癔症型人格障碍，以过分的感情用事或夸张的言行吸引他人的注意为主要特点。这种人富于自我表演性、戏剧性和夸张性地表达情绪，但情感表现肤浅和易变；爱慕虚荣，追求刺激和以自我为中心、自我放纵的活动；善变，爱挑逗；依赖性强，易受暗示，过分关心自己躯体的性感；常需别人的保证与支持；有时也善于玩弄或威胁他人。

（六）强迫型人格障碍

强迫型人格障碍以过分的谨小慎微、严格要求、完美主义及内心的不安全感为特征。有强烈的自我控制和自我束缚感。过分注意自己的行为是否正确、举止是否适当，行为死板、缺乏灵活性。自己给自己过多的清规戒律，极度地墨守成规，对任何事情都谨小慎微，顾虑多端，怕犯错误。有时给别人一种工作态度十分认真的错觉，他们还常要求家人或别人按照他认定的方式行事，本障碍患者中男性多于女性，约 70% 的强迫症患者有强迫型人格障碍。

（七）焦虑型人格障碍

焦虑型人格障碍以一贯感到紧张、提心吊胆、不安全感强烈为特征，总是需要被人喜欢和接纳，对拒绝和批评过分敏感，除非得到保证被他人所接受和不会受到批评，否则拒绝与他人建立较深的人际关系。习惯性夸大日常处境中的潜在危险，而有回避某些活动的倾向，但无恐惧性回避。因常处于“不稳定”和“不安全”的焦虑情绪中，所以患者对自己的生活方式和活动范围有诸多自我限制。

（八）依赖型人格障碍

依赖型人格障碍在情感、决策和生活上极度地依赖他人。即使有较好的工作能力，但由于缺乏自信，自觉难以独立自主，不时地需要家人或别人的帮助。行为缺乏果断性，也缺乏自主的判断力，总是依靠别人为自己做出决策或指出方向。过分服从于他人的意志，感到自己无助、无能或缺乏阅历；经常把危机和责任推给别人，以应对逆境。

（九）其他类型的人格障碍

1. 被动攻击型人格障碍。虽然对领导或他人的仇视情感与攻击倾向十分强烈，但又不敢直接表露于外，虽然牢骚满腹，但表面又很依赖权威。对他人表面上唯唯诺诺，背地里却不予合作。以被动的方式表现其内心的攻击倾向，例如：故意晚到、故意不回电话和回信，故意拆台使工作无法进行，顽固执拗，不听调动，拖延时间，暗地里破坏和阻挠任务的完成。

2. 自恋型人格障碍。过分地自我关心、自我中心和自夸自尊。对无限的成功、权利、荣誉、美丽或理想爱情有非分的幻想。期待别人的欣赏，总希望有人特别对待自己，不能接受别人的建议和批评。以极端的眼光看人，喜欢指使他人，认为自己应享有他人没有的特权；缺乏同情心，很难理解别人的苦处和难处，有较强的嫉妒心。

3. 边缘型人格障碍。性格和行为举止怪异且不合群，但严重程度稍轻，社会功能受到一定的影响。

第四节 健康人格的标准与培养方法

健康的人格是大学生心理健康的基础，培养健康的人格应成为大学生修身养性的终身追求。

一、不同学术流派的健康人格标准

古今中外，不同的心理学派根据自己对人格的理解，对什么是健康的人格提出了自己的界定标准。

（一）孔子“君子儒”的人格标准

孔子是中国儒家的创始人，也是万世称颂的教育家，他教育弟子“女为君子儒，无为小人儒”（《论语·雍也》），一生“学而不厌，诲人不倦”（《论语·述而》），他教育弟子的纲领是：“予以四教：文，行，忠，信。”（《论语·述而》）可见，培养一个全面发展的“君子儒”是孔子一生孜孜不倦的追求目标。如果说人格是生活中行为反应的总和的话，那么，君子儒的理想人格就表现在生活的多个方面。

孔子（前551—前479），字仲尼，春秋时期的思想家、教育家和儒家学派创始人。

颜渊感叹孔子学说的高深精妙，说："仰之弥高，钻之弥坚。"（《论语·子罕》）

"君子义以为质，礼以行之，孙以出之，信以成之。君子哉！"（《论语·卫灵公》）

子张问孔子怎样才能做到"仁"，孔子答："能行五者于天下，为仁矣。"这五种美德是"恭、宽、信、敏、惠"。（《论语·阳货》）

1．君子的外显行为。孔子说："刚毅木讷，近仁。"（《论语·子路》）"君子义以为质，礼以行之，孙以出之，信以成之。君子哉！"（《论语·卫灵公》）孔子又说："能行五者于天下，为仁矣。"这五种美德是"恭、宽、信、敏、惠"（《论语·阳货》）。当弟子向孔子请教何为"五美"时，孔子又说道："君子惠而不费，劳而不怨，欲而不贪，泰而不骄，威而不猛。"（《论语·尧曰》）儒家理想人格标准充分体现了中庸之道在美德上的要求。

2．君子的言行特点。孔子认为"文质彬彬，然后君子"（《论语·雍也》），君子能处理好朴质和文采、行为和表达的关系；"仁者其言也讱"（讱，谨慎，《论语·颜渊》）；"君子名之必可言也，言之必可行也。君子于其言，无所苟而已矣"（《论语·子路》）；"君子耻其言而过其行"（《论语·宪问》）；"君子欲讷于言而敏于行"（《论语·里仁》）；"先行其言而后从之"（《论语·为政》）。孔子赞扬鲁国大夫孟子诚实，有一次鲁军败退时孟子在殿后，事后他并没有借机夸大自己的功劳，而是诚实地说："非敢后也，马不进也。"（《论语·雍也》）成功与失败后的归因最能反映一个人的品格。

3．君子的情绪情感特质。"仁者静。"（《论语·雍也》）"君子坦荡荡，小人长戚戚。"（《论语·述而》）"君子泰而不骄，小人骄而不泰。"（《论语·子路》）孔子平时闲居时的心境是：穿戴整齐，神色愉悦，所谓"申申如也，夭夭如也"。"子温而厉，威而不猛，恭而安。"（《论语·述而》）"知者不惑，仁者不忧，勇者不惧。"（《论语·子罕》）"君子不忧不惧。"（《论语·颜渊》）

4．君子处世为人的方式。君子应该是"毋意，毋必，毋固，毋我"（《论语·子罕》）。"君子贞而不谅。"（《论语·卫灵公》）从与他人的关系来看，"君子周而不比，小人比而不周"。"君子和而不同，小人同而不和。"（《论语·子路》）"君子矜而不争，群而不党。"（《论语·卫灵公》）孔子非常重视与志同道合的朋友交往及其对人格塑造的影响，认为君子首先应该选择正直的、诚实的和见闻广博的好朋友，避免交上那些逢迎谄媚、当面恭维背后毁谤和花言巧语的坏朋友。君子应以"乐道人之善，乐多贤友"（《论语·季氏》），君子与朋友交往的方式是"以文会友"（《论语·颜渊》），君子交往的目的是"以友辅仁"（《论语·颜渊》）。从其对待竞争的态度也可以评价君子的人格：

“君子无所争。必也射乎，揖让而升，下而饮。其争也君子。”（《论语·八佾》）并且将“戒斗”列为君子三戒之一（《论语·季氏》）。

5. 君子对知识的态度。“博学而笃志，切问而近思，仁在其中矣。”（《论语·子张》）在儒家看来，好学、博学是君子的必要素质。“知之为知之，不知为不知，是知也。”（《论语·为政》）“君子博学于文，约之以礼。”（《论语·雍也》）君子应该多才多艺，所谓“君子不器”（《论语·为政》）是指君子不应该像器具一样只能专用，而不能与其他用途相通。君子的人格是靠学习修养而雕塑出来的，只有好的本性而不学习，是成不了真正的君子儒的。孔子说：“好仁不好学，其蔽也愚（被人愚弄）；好知不好学，其蔽也荡（容易放纵）；好信不好学，其蔽也贼（容易伤害自己）；好直不好学，其蔽也绞（说话尖刻）；好勇不好学，其蔽也乱（造成祸端）；好刚不好学，其蔽也狂（狂妄）。”（《论语·阳货》）

6. 君子的是非观。“唯仁者能好人，能恶人。”（《论语·里仁》）君子“有恶。恶称人之恶者，恶居下流而讪上者，恶勇而无礼者，恶果敢而窒者”（《论语·阳货》）。子贡又补充道：“恶徼以为知者，恶不孙以为勇者，恶讦以为直者”（《论语·阳货》）。孔子的仁是有原则的，不赞成“以德报怨”（《论语·宪问》），而主张“以直报怨，以德报德”（《论语·宪问》），甚至将那些“老好人”谴责为“德之贼”（《论语·阳货》），认为“君子有三变：望之俨然，即之也温，听其言也厉”（《论语·子张》）。孔子讨厌背后议论别人的短处，有一次孔子听到子贡在说别人的短处，孔子就质问他：你就做到贤德了吗？孔子认为，君子既不应随意臆度他人的欺诈，但也应具备及时察觉的机警（《论语·宪问》）。

7. 君子对待他人的情感。孔子主张“仁者，爱人”（《论语·学而》），“四海之内，皆兄弟也”（《论语·颜渊》），“泛爱众，而亲仁”（《论语·学而》），“君子成人之美，不成人之恶”（《论语·颜渊》）。当然，儒家的爱不是无原则的溺爱，而是主张在勤奋的劳动中成长，孔子说：“爱之能勿劳乎？”认为对人的忠诚并非是一味附和，而是该教诲的时候应及时指出。当子路请教如何事君时，孔子说：不要欺骗他，而应当当面直谏，所谓“勿欺也，而犯之”（《论语·宪问》）。

8. 君子对待金钱利益的态度。金钱与利益自古以来就被认为是考察一个人人格的尺度。儒家的标准是“君子怀德，小人怀土；君子怀刑，小人怀惠”（《论语·里仁》）。从贫富时的态度和行为来看，君子应该“贫而无谄，富而无骄”；而最高境界是“未若贫而乐，富而好礼者也”（《论语·学而》）。孔子认为，“贫而无怨难，富而无骄易”（《论语·宪问》）。在困难面前，“仁者先难而后获”（《论语·雍也》）。在享受和利益面前，“先事后得”（《论语·颜渊》）。孔子鄙视“不义而富且贵”（《论语·述而》）的人。

孔子的人格标准是中国传统文化中宝贵的思想财富，是中国文化教育中提倡的理想人格的标准，至今仍具有很强的时代价值和现实意义。

（二）人格结构学说

弗洛伊德的精神分析理论认为，人格是由自我、本我和超我三部分组成的一个整体结构。自我是指协调本我和超我关系的人格部分，自我遵循“现实原则”，根据现实的可能性，在本我和超我之间进行协调，以便实现和满足个体的需求。本我存在于潜意识的深处，是人格中最原始的部分，本我遵循“快乐原则”，代表人的生物性、非理性和破坏性的本能冲动，包括性本能和攻击本能（后来他又将其概括为生本能和死本能），本能构成了人格中的内驱力。超我是指人格中由后天社会化过程中形成的伦理道德部分，超我遵循“道德原则”，按社会期望与规范要求对个体的动机行为进行监督管制和调节。该学说认为，三种人格成分相互联系，相互作用，处于动态中，若三者彼此之间交互调节、和谐运作，那么人格健全；若三者失去平衡，长期冲突，则会导致人格异常或变态。

（三）人格类型学说

荣格的分析心理学理论认为，人格是由意识、个人潜意识和集体潜意识组成的。个人潜意识，又称情结，是指一切在个人经历中曾经被意识到但被压抑或被遗忘的东西，或是没有形成意识印象的阈下知觉的东西。集体潜意识，又称种族潜意识，是指在生物进化和文化历史发展过程中所获得的心理上的沉积物，包括由种族先天遗传的世代积累的共同经验在人脑结构中的遗传痕迹。荣格将人格分为内向和外向两种类型。外向型的人的心理能量经常指向外部世界，敏感、好社交、自信、乐观、勇于进取，容易适应环境，但做事较轻率，喜欢标新立异。内向型的人的心理能量经常指向自己的内心世界，好沉思、善内省、爱安静、缺自信、不善交朋友、孤僻、害羞。荣格认为，人格类型表现于意识行为和潜意识中，即凡在意识中便是外向的，在潜意识中便是内倾的。荣格又将感觉、思维、情感和知觉四种心理机能与两种倾向相组合，提出了八种人格功能类型，即外倾感觉型、外倾直觉型、外倾思维型、外倾情感型、内倾感觉型、内倾直觉型、内倾思维型、内倾情感型。

（四）人格特质理论

美国心理学家高尔顿·奥尔波特（Gordon W. Allport，1897—1967）的人格特质理论（theory of personality trait）认为，特质（trait）是决定个体行为的基本特性，是人格的有效组成元素。所谓特质是指个体所具有的某种神经特性，换而言之，是具有使许多刺激在机能上等值，并发动等值形式的（意义恒定的）适应和表现行为的神经心理结构。该理论认为，每个人属于一定的人格类型，而人格类型是由一组特质所决定的。特质为人类所共有，不同强度的特质可能有不同情况的组合，由此形成了每个人独特的个性。人的行为主要是由个人所具有的强度不同、种类广泛、稳定的人格特质所调节的。特质组成了一个人的人格结构。奥尔波特将人格特质分为共同特质和个体特质两种。共同特质是指全社会成员都具有的特质，而个体特质是指个体所具有的特殊的特质。世界上没有两个具有相同特质结构的人，只有研究个体特质才能了解某一个体。而且并非所有的个人特质都对人格起同样的作用，因此他将特质又区分为首要特质（或枢纽特质）、中心特质（或核心特质）和次要特质。首要特质是指个人生活中具有渗透性和占优势的特质，几乎渗透和影响个体活动的所有方面。中心特质是指具有相当概括性的重要特征。次要特质是指一些不甚明显、一致性和概括性都较差的人格特质。美国心理学家卡特尔（R. B. Cattell，1905—1998）继承和发展了奥尔波特的特质理论，又将特质划分为表面特质和根源特质。他认为，表面特质是表面可观察到的行为；而根源特质则隐藏其后，是制约表面特质的潜在基础和人格的基本因素。一个表面特质都是由一个或多个根源特质引起的，而一个根源特质也可以影响几个表面特质。根源特质普遍存在于每个人身上，但各个根源特质在每个人身上的强度是不同的。根源特质必须通过表面特质的中介，通过因素分析的方法才能发现。卡特尔运用因素分析法，最终归纳出 16 种根源特质，并据此编制了著名的 16 种人格因素问卷，这个人格测评的工具已广泛应用于心理学界、教育界和职业选择等领域。

奥尔波特以心理健康水平较高的杰出人士作为研究对象，从他们身上概括出成熟、健全人格的几个特征：①有自我广延发展的能力。人格健全的人主动积极地参加各类社会活动，自觉发展自己的各种潜能，兴趣爱好广泛，对环境变化和工作变化适应能力强。②与他人关系融洽。人格健全的人具备对别人表达温暖、同情、理解和爱的能力，能与别人发展亲密的关系，但没有占有感，无嫉妒心，能容忍自己与别人在价值与信念上的不一致。③情绪上有安全感和自我认可。人格健全的人在内心可以接纳自己的一切，能耐受挫折、恐惧和不安全的情绪冲击，经得起不幸的遭遇，并且对自己也具有积极的意象。④认知具有现实性。人格健全的人能够准确、客观地知觉现实，并且能实事求是地接受现实。⑤具有自我客体化的表现。人格健全的人对自己的优点和缺点都十分清楚和准确，理解真正的自我与理想自我之间的差别，也知道自己看待自己与别人看待自己之间的差别。⑥有一致的人生哲学。人格健全的人形成了个人专有的技能和能力，能着眼于未来，有长期的奋斗目标和工作计划，对工作有使命感，而且全身心地投入本职工作，努力使自己在某项工作中做出突出的成绩。他们有一种一致的定向，为一定的目标而生活，有一种主导的愿景和价值观。

（五）行为主义人格理论

行为主义心理学创始人约翰·布鲁德斯·华生（John Broadus Watson，1878—1958）认为，心理学研究的唯一对象应该是可以观察的有机体的外部行为，而不是看不见的脑内意识。因此，他认为人格只能理解为是一个人占支配地位的习惯动作的总和，而占支配地位的习惯系统则是由一些各自独立的习惯所构成的。换而言之，人格就是通过对个体行为实际观察而发现的行为习惯系统。于是，可以认为，人与人之间的差异是由占主导地位的行为习惯系统的不同所造成的。因此，人们也正是根据容易被观察的、占优势的行为习惯来判断一个人的人格类型的。华生还认为，在人的一生中，幼年和少年时期是各种习惯系统形成、变化和成熟最快的时期，到十三四岁时，其习惯系统已基本成型。三十岁以后，人格习惯模式变得相对固定。但人格是可以改变的，彻底改变人格的唯一途径就是通过改变个体所处的环境来重塑个体新的习惯系统，环境改变越彻底，人格也就改变得越多。华生又认为，所谓变态人格，实际上就是行为习惯的扭曲或紊乱，是一种非适应性行为，只要找出导致这种紊乱行为的原始刺激，就可以建立适宜的习惯反应系统。

新行为主义心理学代表人物斯金纳（B. F. Skinner，1904—1990）根据他提出的“操作性条件反射理论”主张采用积极地强化期望行为的方法来塑造人格。他强调，儿童很容易模仿学习他们所见到的受到强化的行为，“榜样的作用”在人格教育方面具有很大的价值。米勒（N. E. Miller）、多拉德（J. Dollard，1900—1980）和班杜拉（A. Bandura，

1925—2021）等学者也致力于用学习理论解释人格的形成，认为人格的形成是从满足需要开始的，人们在以不同的行为方式达到满足自己需要的过程中形成了具有个性的行为。推动个体为满足基本需要而做出行为的刺激称为内驱力。任何一种内驱力的消除或降低都可以构成强化；在强化的刺激下，机体将做出外显的或内隐的行为调整。经过长期的强化训练，可以塑造出个体某种习惯化的行为方式，人格也由此形成。

（六）人本主义人格理论

人本主义理论认为，人具有自由意志，既不完全受本能的控制，也不是环境的牺牲品。人是一个有情感、有思维，可以安排和支配自己行为的能动的主体，人具有一种自我发展的潜能，成为一个完善成熟的个体的趋向，成为有目标、有创造性、和谐、快乐、充满爱心的人。马斯洛认为，需求推动人的成长与发展，而需求有高低层次之分。人的需求可以归纳为生理需求、安全保障、爱与归属、受到尊重和自我实现五种需求。马斯洛还认为，个体追求自我实现的过程亦即人格形成与发展的历程，是人生追求的最高境界。罗杰斯认为，一切机体和人类生命都有用机体的全部能量来进行自我扩展、延伸、发展和成熟的趋向，而人具有理解自己、不断趋向成熟、产生积极建设性变化、追求自我实现的巨大潜能，这种潜能使人得以发展和进行自我塑造。个体对一切经验的评价都是以是否有利于“自我实现倾向”为参照系，以是否有利于有机体的维持和改善为标准的，有利的就接受，不利的则拒绝。作为一种反馈系统，它使个体能调节自己的经验，朝向自我实现化倾向，达到维持、增长、完善和发挥生命潜力的目的，在这一过程中，人格得到发展或改变。

罗杰斯提出的“机能健全人”的标准有：①能接受一切经验。机能健全的人对任何经验都持开放的态度，认为一切经验都不可怕。他们不拒绝失败的经验，一切经验将正确地被符号化，并用以充实意识，因而他们的人格更广泛、更充实、更灵活。②自我与经验和谐一致。机能健全的人的自我结构与经验相协调，并且能够不断地变化，以便同化新经验。机体在评定事物的价值时，总是以自己的经验为根据，不太容易受外界力量所左右。③积极发挥个性因素在行为中的作用。机能健全的人较多地依赖对情境的感受，常常根据直觉来行动，他们的行为既受理性因素引导，也受无意识的情绪因素制约。④有自由感。机能健全的人能够接受一切经验，他们的生活充实，信任自己，因而有选择如何行动的自由。他们相信自己能够掌握自己的命运，在自己的生活中有很多选择的余地，对如何实现自己希望的一切具有较高的自我效能感。⑤具有较高的创造性活力。机能健全的人表现出活跃的创新思维和创新性的活动取向，强调在创造性活动中实现自我的价值。⑥能与他人和睦相处。机能健全的人乐意给他人以无条件的关怀，同情他人，能与其他人保持和谐的关系，也容易受到他人的接受和欢迎。

马斯洛提出的“自我实现”的人格标准有：①能对现实采取客观的态度。能理解并接受自然、他人和自己。态度自然、单纯和坦率。思维和行动能以问题为中心，而不是以自我为中心。②有独处和独立的需要；自主而不依赖环境；能欣赏生活，有持续的新鲜感；经常产生高峰体验；关心社会，同情和帮助别人。③能发展与他人的深刻关系。有民主作风，待人平等，虚心学习。能区分手段和目的，认为目的比手段更重要。富有哲理和幽默感；富有创造精神；持非奉承的态度，能坚持自己的正确观点。④有自我实现的效能感。自我实现是指一个人力求变成他能变成的样子。虽然自我实现者也并非没有缺点和不足，但他们更能敏锐地察觉和自觉克服自己的弱点，朝向自我实现的目标前进。

二、培养健康人格的途径与方法

（一）知识就是力量：用知识充实自己的人格

儒家认为“性相近也，习相远也”（《论语·阳货》）。后天的学习对于人格的塑造具有决定性的作用。人性并不是环境的牺牲品，发展理想的君子人格必须做到知、情、意的统一，即“志于道，据于德，依于仁，游于艺”（《论语·述而》）。这就是说人格的发展受志向、道德和价值观、仁爱的情怀等主观意向的影响，并由学习行为而养成。健全的人格首先是具有理智的或理性的思维。大学生的健康人格应该是建立在充分学习科学和人文知识等理性认识的基础之上的。全面的科学知识有助于个体正确评价自我，培养全面系统辩证观察与分析问题的心智，避免产生极端偏执的认识，提升自信心和创新创造能力，促进自我实现。孔子主张以“多闻，择其善者而从之，多见而识之”（《论语·述而》），“博学而笃志，切问而近思”（《论语·子张》）的方法来塑造人格。对于大学生来说，用知识不断充实自己就意味着要坚持自觉自为的学习，持之以恒地读书，甘心寂寞待在图书馆和实验室，需要知道什么就学习什么，缺什么就补什么，保持对知识的渴望和读书的好习惯。孔子曰：“知之者不如好之者，好之者不如乐之者。”这是指学习境界的三个层次，当一个人将学习作为一种快乐的事情时，乐学就已经成为一种人格的特质了。

（二）习以成性：从生活小事做起

人格既然可以看成是日常生活中习惯行为的总和，那么，人格的培养就必须从日常生活中的小事开始做起，所谓“道不远人，人之为道而远人，不可以为道”（《中庸》）。优秀的人品不是天上掉下来的，而是逐渐养成的。大学生要克服好高骛远、眼高手低的心理倾向，坚持从每堂课的学习，每天的生活点滴习惯，每次与人打交道等生活小事做起，要求自己用理想的自我标准来塑造自己的人格，所谓“积土而为山，积水而为海”（《荀子·劝学篇》），“勿以善小而不为，勿以恶小而为之”（《三国志·蜀书》）。每天做一点，就进步一点，而每天念叨一次、幻想一次，除了带来不断的自责之外，永远不会改变什么。

（三）榜样的力量：择其善者而从之

儒家认为，求学虽不必有常师，但人格培养是需要有榜样示范的，这样才不至于使说教流于空洞。孔子不仅描述了自己的成长经历：“吾十有五而志于学，三十而立，四十而不惑，五十而知天命，六十而耳顺，七十而从心所欲，不逾矩。”（《论语·为政》）还常借赞扬优秀人物或自己弟子的品行来示范君子儒应该具有的人格特质。如赞扬郑国的贤相子产有君子的四种美德；称赞齐国的大夫晏平仲“善与人交，久而敬之”；欣赏卫国大夫孔文子“敏而好学，不耻下问”；表扬弟子颜回“好学，不迁怒，不贰过”，安贫乐道等。曾子也称赞颜渊“以能问于不能，以多问于寡”（《论语·泰伯》）的谦虚态度。当子路问孔子怎样才算一个完美的人时，孔子列举了鲁国的几个优秀的人物来作示范：

像臧武仲那样聪明，像孟公绰那样清心寡欲，像卞勇子那样勇敢，像冉求那样多才多艺，再加上礼乐的修养，也就可以说是完美无缺的人了。（《论语·宪问》）孔子还提出了向同伴学习的原则："三人行，必有我师焉。择其善者而从之，其不善者而改之。"（《论语·述而》）孔子十分赞赏"见善如不及，见不善如探汤"（《论语·季氏》）这样的人。孔子也很注重邻居对人格形成的影响，所谓"里仁为美，择不处仁，焉得知?"（《论语·里仁》）

（四）一日三省：君子求诸己①

人格修养要有良好的自我察觉能力作为保障。如果说模仿是从外部塑造人格的方法，那么内省是培养人格的内在方法，是人自主选择成长的途径。孔子提出："见贤思齐焉，见不贤而内自省也。"（《论语·里仁》）具体来说，君子要从九个方面常进行反思："视思明，听思聪，色思温，貌思恭，言思忠，事思敬，疑思问，忿思难，见得思义。"（《论语·季氏》）

世人通常都很在乎别人对自己的看法，为别人的误解而生气。孔子告诫弟子们，修身养性是为了提高自己，而不是为了给别人看。那些注重外表、巧言令色的人是难以有仁德的。真正的君子要做到"人不知而不愠"，"不患人之不己知，患不知人也"（《论语·学而》）。君子不要担心别人不了解自己，要愁的是自己还不了解别人。"不患人之不己知，患其不能也。"（《论语·宪问》）"不患无位，患所以立。不患莫己知，求为可知也。"（《论语·里仁》）"君子求诸己，小人求诸人。"（《论语·卫灵公》）曾子就是一个承老师思想真谛的自觉修养的榜样，他说："吾日三省吾身：为人谋而不忠乎？与朋友交而不信乎？传不习乎?"（《论语·学而》）"躬自厚而薄责于人，则远怨矣。"（《论语·卫灵公》）

（五）推己及人：己所不欲，勿施于人②

儒家修己的目的最终是入世和推及他人，孔子说"修己以敬""修己以安人""修己以安百姓"（《论语·宪问》）。以人际关系为例，仁德则必有好的结果，即"德不孤，必有邻"（《论语·里仁》）。人际关系和谐是自我实现者的重要人格特质。如何处理人际关系？孔子主张用"推己及人"的方法。孔子曰："我不欲人之加诸我也，吾亦欲无加诸人。"（《论语·公冶长》）"仁者，己欲立而立人，己欲达而达人。"（《论语·雍也》）子贡请教孔子是否有一句终身可以奉行的话，孔子曰："其恕乎！己所不欲，勿施于人。"（《论语·卫灵公》）自从印度诗人泰戈尔将孔子的这一理念介绍到西方之后，这一思想就被当作处理人际关系的"黄金规则"而迅速在全世界广泛传播。

拓展训练

一、活动的主题和目的

活动主题：如何让自己更完美。

---

①② 《论语·卫灵公》。

活动目的：学习如何建构一个成熟的人格。

二、活动的理论依据

人格是个体在其生活历程中对人、对事、对己、对环境适应时所显示出的独特个性，它是由个体在遗传、环境、学习等因素交互作用下表现于需求、动机、兴趣、能力、性向、态度、气质、价值观念、生活习惯、行动等身心多方面的特质所组成的。

人格是一个可以发展的心理品质。人格的异常是最顽固的心理障碍，健康的人格是人成功的必要条件，因此，发展健康人格是成长心理学的主题之一。

本训练的中心是要回答——人究竟能够变成什么样子，而不仅仅是注意他过去和现在是什么样子。奥尔波特认为，让当事人仅仅摆脱神经症、精神病还是远远不够和不充分的，个体还必须进一步前进，实现自己的潜能，进展到更高的心理水平。

三、活动内容与方式

第一个环节：提出问题，复习奥尔波特的人格理论。主持人引出问题：为什么我们中的不少人的物质生活条件不差，社会境遇也不错，但却无精打采，心境不佳，无所事事；还有人生活舒适，没有忧愁，但却体验不到快乐？又为什么与此相反，另外一些人虽然并不富裕，却朝气蓬勃，对事业充满热情？奥尔波特认为，这一切源于人格的成熟与否。那么，请每个成员对照奥尔波特提出的成熟人格的六条标准，反思自己的心理和行为特征：①有自我广延发展的能力，掌握一定的工作技能，而且能全神贯注、以热情和献身的方式运用它们。②有与他人热情交往的能力，具有同情别人和爱别人的能力和行动。③既不是情绪的俘虏，也不掩盖自己的情绪，能控制自己的情绪不至于破坏人与人之间的关系。④认知具有现实性，能客观地看待周围的世界，按现实的本来面貌承认现实。⑤具有自我客观化的表现，对自我认识有较高的理解水平，而且符合实际。⑥有一致的人生观，拥有坚定的价值观，有向前看的目的感、完成任务的使命感并具有持续性。

第二个环节：分享学习榜样人物的故事。各成员列举自己最欣赏或作为榜样的某个杰出人物的故事，谈谈你对这位榜样人物的人格特质的理解，阐述这些人格特质与他事业成功的关联性；可以围绕“人格是否决定命运”的话题进行小组讨论。

第三个环节：制订实践计划。对照奥尔波特提出的“成熟、健全人”的标准，结合自己欣赏和作为榜样人物的人格特点，制订一个“我想成为一个什么样的人”的实践计划。计划的内容一定要具体，可操作，可检查评价。如：①我要通过什么途径和方法发展一种新的兴趣？②我将采取怎样的方法有建设性地实施对自己情绪的控制？③我要通过怎样的训练方法才能发展一种新的工作技能？等等。每个成员既要分享自己的计划，也要评价其他成员的计划。

第四个环节：践行方案与经验分享。每月末或学期末各成员与其他人分析自己践行计划的情况和心得体会，教师或心理咨询师加以点评，鼓励成员将践行中积累的经验向生活中拓展。

心理测验

一般自我效能感测试

一般自我效能感测试量表（General Self-Efficacy Scale，GSES）最早由德国柏林自由大学的著名健康心理学家拉尔夫·施瓦泽（Ralf Schwarzer）教授和他的同事于1981年编制完成。它主要测试个体对自己行为的控制和主导性，反映了个体能够采取适当的行动面临环境挑战的信念。该量表由10个项目组成，采用李克特4点量表形式，针对每个项目，被试根据自己的实际情况作答。回答“完全不正确”计1分，“有点正确”计2分，“多数正确”计3分，“完全正确”计4分（见表3－1）。

指导语：表3－1中句子是关于个人平时对自己的一些看法，请你根据自己的实际感受，在句子右面合适的选项上打“√”。答案没有对错之分，对每一个句子无须多考虑。

表3－1　一般自我效能感问卷

题目内容	完全不正确	有点正确	多数正确	完全正确
1. 如果我尽力去做的话，我总是能够解决问题的				
2. 即使别人反对我，我仍有办法取得我所要的				
3. 对我来说，坚持理想和达成目标是轻而易举的				
4. 我自信能有效地应对任何突如其来的情况				
5. 以我的才智，定能应对意料之外的情况				
6. 如果我付出必要的努力，一定能解决大多数的难题				
7. 我能冷静地面对困难，因为我相信自己处理问题的能力				
8. 面对一个难题时，我通常能找到几个解决方法				
9. 有麻烦的时候，我通常能找到一些应对的方法				
10. 无论什么事在我身上发生，我都能应付自如				
结果评价：将各项得分相加，总分越高，自我效能感越强				

拓展阅读

弗洛伦斯·妮蒂雅：《性格解析》，江雅苓译，经济日报出版社，1998年。

教学资源清单

使用说明：建议每位学习者在教师课堂讲授本章教材之前，先通过手机扫码的方式链接到教学资源平台，自学和练习相应的教学内容，以便在课堂上能够与教师更深入和更有效率地进行教与学的研讨，见表3－2。

表3－2　教学资源清单

编号	类型	主题	扫码链接
3－1	心理观察	人格障碍与犯罪案例分析	
3－2	心理微课	自卑：如何从心理束缚下解脱出来（徐文明）	
3－3	专题新闻	野孩现象给心理学的启示	
3－4	教学影评	《阿甘正传》	
3－5（1）	心理漫画	《坚信自己》	
3－5（2）	心理漫画	《见风使舵——多面性》	
3－5（3）	心理漫画	《另一个我》	
3－6	学唱歌曲	《突然的自我》	
3－7	心理故事	多起中国留学生海外自杀案	
3－8	知识拓展	保持童心的快乐	
3－9	心理体验	中空五连通	

续上表

编号	类型	主题	扫码链接
3－10（1）	PPT 课件	大学生的自我意识与人格完善 1（马利军）	
3－10（2）		大学生的自我意识与人格完善 2（马利军）	
3－11（1）	录课视频	第一、二节（马利军）	
3－11（2）		第三、四节（马利军）	

第四章
大学生身心健康与意志培养

导读

教学目标： 了解大学生身心发展的规律与特点，了解身心关系的生理心理机制，了解大学生常见的身心问题和心身疾病，认识意志品质对身心问题和心身疾病的影响；学习提高耐受挫折能力的方法，掌握心身放松的方法。

关键概念： 意志（will）、身心问题（body-mind disorder）、身心关系（body-mind relation）、睡眠障碍（sleep disorder）、放松训练（relaxation training）。

案例

轮椅上的当代保尔①

张海迪小时候因患脊髓血管瘤导致高位截瘫，一直只能靠轮椅行动。但她在残酷的命运挑战面前没有沮丧，没有沉沦，而是以顽强的毅力与疾病做斗争，还攻读了本科和硕士研究生的课程。1983 年，张海迪开始从事文学创作，她怀着“活着就要做个对社会有益的人”的信念，以保尔·柯察金为榜样，表示即使自己是一颗流星，也要把光留给人间。1993 年，她通过了吉林大学哲学系的研究生课程考试，通过论文答辩，获得硕士学位。2013 年，因其在文学创作领域的杰出成就和为推动中国残疾人事业进步所做贡献，被英国约克大学授予荣誉博士学位。她先后获得了“八十年代新雷锋”“当代保尔”等荣誉称号，中共中央还发出《向张海迪同志学习的决定》，表彰她积极进取、无私奉献的精神，她以自己的言行，回答了亿万青年非常关心的人生观、价值观问题。她先后担任了中国残联第七届主席团主席、第十一届全国政协常委、中国作家协会全国委员会委员、北京冬残奥会中国体育代表团团长等职。1997 年，她还被日本 NHK 电视台评为“世界五大杰出残疾人”。2000 年，被授予“全国劳动模范”和“三八红旗手”称号。2019 年，被授予“最美奋斗者”荣誉称号。

课堂讨论： 不仅身残志坚，而且关心全体残疾人事业、关心妇女命运是张海迪的最大特点，她说“即使翅膀断了心也要飞翔”，“在人生的道路上，谁都会遇到困难和挫折，就看你能不能战胜它。战胜了，你就是英雄，就是生活的强者”。腿虽然残疾了，但

① 资料来源于搜狗百科。

她充分发挥了自己的文学创作才能，正是这支会说话的笔，让她倾诉，与疾病抗争。笔者认为她不仅活着，而且在写作中放飞了心灵。张海迪的故事给你带来了哪些震撼与启发？

毛泽东一生都十分重视和爱好体育运动，尤其在青年求学期间，他除了常年坚持洗冷水浴、游泳、爬山，还专门撰写发表了《体育之研究》一文。他认为："体育一道，配德育与智育，而德智皆寄于体。无体是无德智也。"体育具有"强筋骨、增知识、调感情、强意志"，使人"身心并完"的作用。他还指出"欲文明其精神，先自野蛮其体魄"。

第一节　大学生身心发展的规律与特点

个体从受精卵到身体成熟的生长发育是一个长达二十几年的连续发展的过程。在身心此消彼长的发展过程中，个体逐渐形成对自我身心关系的认识，由于成长过程中的身体和心理发展并非同步，因而会给个体带来成长过程中的内心冲突或困惑。进入大学阶段后，个体开始统合自我的身体和心理的关系，以达到自我同一性的认知，大学阶段是自我身心统合发展的关键时期。

一、大学生身体发育的特点

个体身体的生长速度在 11 ～17 岁之间进入第二次生长快速期，到 18 ～25 岁时发育逐渐缓慢直至停止生长，因此大学生的身体处于逐渐成熟的时期，而心理也伴随着身体的成熟而趋于稳定。

（一）青年身体形态发育的特点

青年的身体形态发育一般是经过青年初期的发展，向青年中期过渡，从生长的发育期进入生长的稳定期，身体各部分的长度、宽度和围度的生长发育基本完成，身体内部各系统、各器官也渐趋成熟和健全。此时，男女青年在体形上出现了明显差异。这时期男生身体一般变得魁梧起来，须毛丛生，喉结突出，发音低沉，肢体粗壮，肩部增宽，胸廓厚实。此时，女生身材变得窈窕，嗓音清丽，乳房发育，肢体柔软而丰盈。男女青年体形上的这种差异显示着两性的身体发育进一步趋向成熟。

（二）青年身体机能发育的特点

青年的身体机能也随着年龄的增长日趋成熟和稳定，为担负繁重的体力和脑力劳动，适应各种环境变化做好了生理准备。青年期的脉搏频率变化随年龄的增长而逐渐下降，肺活量在18岁后随年龄的增加而继续加大，心脏功能达到成人水平。神经系统是人体机能的重要调节机构，青年正处于脑细胞建立联系的上升期，经过教育训练，特别是专业课的学习，皮层细胞活动的数量迅速增加，联络神经纤维大量发挥作用，使第二信号系统最高调节能力迅速增强。青年大脑皮层的发育，在一定程度上呈现出一种类似“飞跃”的状态，已达到基本成熟水平，奠定了思维发展的物质基础。

值得重视的是，青年时期的性发育和成熟是影响青年对自我认识的一个重要因素。人类和高等动物的生殖系统发育最晚，人类生殖系统与其他系统发育上的时间差异，为个体认识自己、他人和社会，形成兴趣、态度、理想、信念和掌握道德标准等重要的社会行为，即实现个体的社会化提供了时间。青春期的发育是以性成熟为主的发育，其特征主要表现为性腺分泌量增多、第一性征的发育和第二性征出现等几个方面。个体从性本能的启动到完全性机能成熟需要四五年的时间，虽然个体之间有性早熟与晚熟的差异，但从性发育到成熟的顺序却是一致的。

二、大学生对身心关系的认知

身心关系即为心理与生理的关系。人的生理是心理活动的物质基础，“健全的精神寓于健全的身体”，就是说心对身、心理对生理具有一种依赖关系；同时心理状态对生理的机能又具有能动的作用。中医认为，心动则五脏六腑皆摇，人的情绪等心理活动对五脏六腑的功能具有巨大的影响，所谓“喜伤心、怒伤肝、忧伤肺、思伤脾、恐伤肾、惊伤胆”。

（一）大学生对自我身体形态的认知

当身体的发育和成长逐步完成和定型之后，个体本能地会产生对自身身体形态和身体状况的自我认识，它包括两个方面的认识：一是对自己的体形、仪态、体力方面的综合看法；二是对智力、情感以及人格等方面的看法。这两个方面是相互关联的。从心理发展的历程来看，个体对生理自我的意识要比心理自我的意识形成更早。

沃伦（H. Wallon）认为，人在出生后6个月左右开始对自己的镜中形象感兴趣。他把这一阶段称为“第一镜像阶段”。从青年期开始，在自我意识中形成的身体形态和仪态的认识，称为“第二镜像阶段”。青春期的青年，不论是出于自我欣赏还是自我反感，都会在镜子面前耗去大量的时光。个体在镜子里发现了自己身体显著的变化，同时内心交织着自我评价的情绪体验，这种情绪状态，一直持续到获得恰当的自我认识为止。在青年对身体形态的自我评价中，影响其情绪的决定因素是自我评定的价值标准。有学者把人体体形划分为内成型（多脂肪的胖人）、中间型（身材匀称、肌肉发达的人）和外成型（骨瘦如柴的人）三种。不同时代和不同价值观的人对这三种体形，以及与体形相关的个性和智能可能会有完全不同的评价。美国心理学家乌伊尔森曾经在大学生中进行了一个关于身材与社会地位关系的实验研究。他向不同班级的大学生介绍了一个他称作“英格雷特先生”的男子。在一个班里，把“英格雷特先生”称作是从英国剑桥来的青年；在另一个班里，他被称作是实验员；在第三个班里，他被称作是心理学教员；在第四个班里，他被称作剑桥大学的副教授“英格雷特博士”；而在最后一个班里，他被称作剑桥大学的“英格雷特教授”。当这位被介绍为“英格雷特先生”的男子离开之后，乌伊尔森首先让学生们估量“英格雷特先生”的身高，而答案显示随着“英格雷特先生”的地位和工作职称的提高，他的身高也随着提高。最后一个班估计他的身高，要比第一个班高出13厘米。这个有趣的实验说明，一个人的社会地位越高，人们倾向于将他的身材估计得越高大。

观察表明，大学生普遍非常关心自己的身体形象，喜欢受到赞美和好评。但由于身体发育速度因人而异，有的青年可能因为身材不高而焦虑，有的因为脸上长粉刺或肥胖而不愿见人或参加体育课。随着年龄的增长，到了青年中期，个体为身材相貌而担忧的情绪逐渐减少，认为智能、情操、品格等因素在成长中起着更重要的作用，也能较客观地接受和评价自己的身材和相貌等身体特征，评价标准和评价水平也逐步稳定和客观。

（二）大学生的性生理及其性心理

青年个体的性器官和性机能的成熟，也引起了一系列的性心理变化，尤其是个体对自己的性器官和性功能的认知，不仅标志着其心理的成熟水平，而且对心理健康和行为产生很大的影响。事实上，由于大学生对性器官和性生理的认识偏差而引发的心理问题或性变态并非少见，这表明在当代大学生中进行性健康教育的重要性和必要性。

1. 大学生性生理成熟的低龄化。研究表明，我国青年性生理成熟的年龄呈现低龄化的发展趋势。男生首次遗精的平均年龄较改革开放初期大约提前了约0.25岁，女生月经初潮的平均年龄提前了大约0.08岁。男生开始长胡须的平均年龄为15.31岁，较前提前了约0.06岁；女生乳房发育的平均年龄为13.33岁，较前提前了约0.44岁。男生开始长腋毛的平均年龄为14.58岁，较前提前了约0.21岁；女生长阴毛的平均年龄为13.67岁，较前提前了约0.10岁。可见，青年第二性征的出现与性生理成熟的提前现象相一致，且男生提前的时间多于女生。

由于性生理成熟的低龄化，加之当代社会各种性文化、性信息获取途径的多样化，家庭、社会、学校对学生获取性信息的方式、方法也持更为开放的态度，因而，现在的青年人获得了比以前的同龄人更多的性信息刺激，从而促进了性腺激素的分泌和性意识唤起的提前，性心理的早熟也会反过来促进性生理的发展提速。

2. 个体对体相和性征的认知。体相是指个体对自己身体意象的简称，青年人对自己的身高、身材、相貌和第二性征尤其敏感和注意。调查发现，现代大学生能较坦率地谈论自己的隐私问题，但对自己的体相和性征仍然存在着一些焦虑和烦恼。由于受各式各样的社会信息和世俗观念的影响，男生反映较高比例的性征问题包括遗精、早泄、男性性征、体毛、男子气等；女生反映较高比例的问题包括体毛、怀孕、内分泌紊乱、乳房大小、阴道炎、月经不调等。分析表明，大学生的一些自我体相和性征的困惑不仅与其道听途说、一知半解的性知识有关，而且与一些从众、超价的性文化观念有关。有些单位在人才招聘时对求职者还存在以貌取人或强调身高的现象，进一步强化了大学生因为择业求职而担心身高、相貌等体相的烦恼。调查显示，男大学生居前三位的烦恼依次是个子矮小、性感程度差和少年白发；女大学生居前三位的烦恼依次是肥胖、个子矮小和性感程度差。

第二节　大学生常见心身问题与疾病

人是心身统一的有机整体，心理健康与生理健康相互依存、相互促进。大学生的身体发育与心理的成熟也存在着密切的联系。身体发育的障碍或缺陷可能会影响他们的心理健康；反之，心理发展中的障碍或问题也常导致身体机能上出现问题，甚至产生病变。

一、体源性心理问题

大学生对自己身体的认识和评价在一定程度上影响着他们的心理和行为，身体上的问题或疾患，可能会使他们陷入焦虑与痛苦之中，影响了心理的健康发展。大学生常见的体源性心理障碍主要有以下几种。

（一）体源性自卑感

1. 症状表现。大学生对自我身体形态和容貌的不合理认识和评价会导致自卑心理的产生。常见的体源性自卑认识有：①我这么矮，肯定会被人瞧不起。②我长得不漂亮，肯定没人喜欢我。③我脸上长了青春痘，别人会取笑我。④我太胖，身材不好看。⑤我太瘦，别人肯定会欺负我。

体源性自卑感源于个体对现实自我与理想自我之间的差距的认知，主要表现为：与他人不恰当的比较，感觉自己样样都不如别人；面对要做的事总是怀疑自己的体能或身材和容貌会影响目标的实现，往往把自己的成功归因于机遇，而把失败与挫折归因于身体条件的不足。他们常常认为自己的所谓优点和长处是无足轻重的、暂时的、其他人也很快会具备的；而别人的优点和长处却是实在的、重要的、自己所难以达到的。这样的人，往往既自卑又很自尊，敏感多疑，易受伤害；容易情绪压抑，心境烦乱；行动上缺乏勇气，胆小怕事，优柔寡断，常常错失良机，事后又懊悔不已，长吁短叹。

2. 心理调适策略。当一个大学生出现体源性自卑时，应该如何调适？首先，我们不应将自卑看成是有害无益的东西。心理学家阿德勒就认为，其实每个人都有不同程度的自卑，自卑既可以成为激励个体奋发努力补偿不足的内驱力，也可能导致一些人闭关自守，成为无所作为的借口。关键在于你愿意选择什么。其次，要培养自我接纳的良好心态，辩证地看待自己的身体。充分肯定自我身体的价值：每个人能诞生在世界上本身就是独一无二的，我存在，故我有我的价值。每一个人的优点和缺点都是自己的特点，而每一种特点都是自己独有的。最后，我们能以某方面的成就来补偿自身的不足与缺陷。正如盲人尤明、聋者尤聪的生理补偿现象一样，心理上同样存在着补偿现象。勤能补拙，取长可以补短，例如，个子矮可以使自己志气不短，文化水平和工作水平变高，挺起胸膛做人更是可以做到的事。心地善良、作风正派、学问渊博、气质优雅的精神面貌，足以弥补身材不高或某种生理上缺陷的不足。贝多芬只有 1.63 米的身高，但并没有影响他成为一代乐圣；康德只有 1.52 米的身高，也没有影响他成为一代哲学大师。同样，亚历山大、拿破仑也是生来身材矮小，但他们并不因此而自卑，而能看到自己的长处并立志在军事上取得成就，最终他们都获得了人们的赞赏。由此可见，身材或生理缺陷并不是真正的问题，而是个体对这些不足和缺陷的执着，一个人也许不能选择自己的身材相貌，但可以选择对待身体的态度。

（二）体源性人际交往障碍

1. 症状表现。体源性人际交往障碍是指那些因为对自己的身材、相貌不自信而不愿意或恐惧人际交往的心理行为状况。主要表现为：①个体对生理自我整体或局部器官的不满意，而且偏执和夸大地认为这些身体意象严重地影响了自己的人际交往，临床上常见的这些不满意的身体特征包括身材的高矮、相貌的美丑、牙齿的排列形状、皮肤颜色、体形的胖瘦、鼻梁的高低、眼睛的大小等。②常为这些器官的意象不满意而在美容或整形方面花费较多的精力。③性格内向，社会行为退缩，不愿意参加集体活动和不愿意与人交往，严重的可能导致社交焦虑或社交恐惧。

2. 心理调适策略。以班集体的形式开展团体训练。早在 1946 年，心理学家勒温（K. Z. Lewin，1890—1947）就已经发现团体训练是解决人际交往问题的一种有效途径。此后，团体训练在美国各地蓬勃发展，被应用于调适各种原因导致的人际交往障碍。近年来，我国一些高校也广泛地开展了各种形式的团体训练活动，并且取得了显著的效果。

针对大学生体源性人际交往失调的团体训练可以设计一些有助于加强学生之间交流和互动的活动项目，例如：学习在短时间内迅速记住队员的名字，如何通过成员间的协作表现团队的和谐，完成团队目标，尝试体验帮助与被帮助、依赖与被依赖、信任与被信任的人际关系，促进大学生人际交往的信心。

纠正对自我体相的非理性认知。有体源性交往焦虑的大学生往往存在一些非理性的“读心术”，例如，身材矮小的人总以为别人会用一种轻视的目光看自己，出于自我价值的保护本能，而不愿与人交往，但其实事情并非如此。要克服这种先入为主的猜想，最好的方式莫过于通过改变与人交往方式的实践来证明。如果你为集体或他人付出一点点义务劳动，如果你学会助人为乐，如果你主动开口赞美别人一句话，如果你以真诚、友善、诚恳的态度请教别人一次，你将发现其实你同样会得到他人的肯定和赞扬。

学会转换思维，扬长避短。例如，一个人不可能改变身材的矮小，但可以通过体育锻炼使自己强健；虽然不可能改变自己的容貌，但却可以养成优雅的气质和风度；不能使自己身材高大，却可以使自己知识水平提高，口才和文笔更好。事实上，随着人际交往时间的推移，身体相貌等外在因素所起到的第一印象效应会逐渐减弱，而人品、才能、气质、真诚、性格、修养等内在因素才是影响人际交往的决定性因素。

（三）体源性消极心境

1. 症状表现。体源性消极心境是指因为个体罹患某种疾病而导致的一种抑郁、悲观的消极心境。大学生所患的各类疾病与一般成年人并无特别不同，如同感冒、消化道疾病、外伤、乙型肝炎、肺结核都是较为常见的。一般来说，消极心境与所患的疾病种类和严重程度相关，如果是感冒、外伤等急性疾病所引起的消极情绪大多是一过性的，而如果所患疾病为慢性疾病或传染性疾病的话，就容易引发消极性心境，特别是在缺乏良好的家庭和社会支持的情况下更易发生，这些情况所致的体源性消极心境对大学生的生活学习都有不良的影响。

2. 心理调适策略。积极配合疾病治疗，适量运动。中医说："病为本，工为标。"其意思是说，在人类的疾病治疗中，患者积极主动地参与治疗，改变不良的生活方式才是根本，而医生只是助人自助的帮手而已。既然体源性焦虑源于身体疾病，那么，尽快治愈疾病，促进身体康复才是治本之举。与其抱怨命运，不如主动行动起来，参加适量的文体活动，强身健体，提高对疾病的抵抗能力。还可以通过欣赏音乐、阅读书籍、绘画、游戏等活动，宣泄郁积的消极情绪，调适自己的心情，转移自己对躯体问题的过多注意力。

学习身体放松方法。选择一个安静的环境，采取舒适的坐姿或睡姿，进行均匀、缓慢的腹式深呼吸；再依序进行肌肉放松训练，放松肌肉的顺序依次为脚趾、小腿、大腿、臀部、腹部、胸部、背部、肩部、颈部、头部。放松的具体方法是：将意念集中在准备放松的肌肉部位，默念"放松—放松"数遍，体验放松部位的温暖感、沉重感、不能运动感。每天坚持练习两次，每次约 30 分钟。

学习积极自我暗示方法。每天起床后面对镜子练习微笑 5 分钟，让脸上的笑肌舒展开来。然后写下一些自己喜欢的励志座右铭，贴在床头、洗手间、书桌、书包等显眼的地方或抄录在小本子上，随身携带。事实上，当某些励志的名言内化成为一个人的信念的时候，就可能成为鼓舞积极行动的内驱力。

（四）大学生的性体相焦虑

1. 症状表现。性体相焦虑是指个体对自己的性器官和性功能、第二性征不满意而产生的焦虑情绪。随着个体身体机能的发育成熟，青年人会对自己的性器官和第二性征的大小和形态、性功能的状况有更多的观察和注意。因为受社会俗信和各种相关信息的影响，一些青年人对性器官、第二性征和性功能存在着不少的认识误区，从而引发有关性体相精神病患者的焦虑不安。不少男女青年还常为自己脸上的"青春痘"而烦恼不安，有人甚至错误地认为"青春痘"暴露了自己的性激素水平，面对异性时尤其感到难堪。还有些青年为自己的性功能是否正常表示担忧，如男生常担心自己是否会阳痿、早泄，或手淫是否会引起"肾虚"、影响性功能而忧心忡忡。

2. 心理调适策略。学习性科学知识很有必要。性体相精神病患者焦虑与性知识缺乏、存在认识误区密切相关。例如身高、体重与性器官大小和性能力之间并没有直接的关系。中医认为，肥人多湿，瘦人多火，肥胖的人反而容易导致生育能力和性能力下降，高大也并非威猛。又如男性的阴茎大小和长短与性生活质量也无必然关系。男青年完全没必要为那些道听途说而烦恼。用不正规的标准来比照自己的生殖器官的大小是完全荒诞的，建议有性体相焦虑的青年到男科咨询专科医生。作为自己身体的一部分，我们应该了解男女生殖器官的基本结构与生理机能，了解月经与遗精的原理，了解性器官和性生理的正常指标。

树立正确的性审美观。什么是健康的性感，什么是性的美丽，性的审美观对男女青年的性体相焦虑具有十分重要的影响。

（五）经期综合征

1. 症状表现。女性月经本是一种正常的生理现象。大部分女生在月经来潮前后并无太大的身体和情绪反应，能坚持正常的学习；但有一部分女生则可能出现月经前乳房胀痛，经期头昏、头痛，乏力、腰痛，下腹部疼痛，情绪波动，烦躁不安，易激怒或抑郁，手足或颜面部轻度浮肿，失眠、心悸等一系列心身症状，可称为经期综合征。有调查表明，高校女生经期综合征的发生率较高，并严重影响其学习与生活质量。调查显示，未接受健康教育的女生的发病率明显高于接受过健康教育者。有经期综合征的女生约有70%的症状起始于经前期，有些症状高峰则出现在月经中期。

2. 心理调适策略。加强女性生理保健知识的学习，消除对月经的歪曲认知。有些女生受俗信等错误观念的影响，对月经有一种厌恶的排斥心理，把来月经称为“倒霉”；有些女生对月经则有害羞、紧张、担忧、抑郁等消极情绪；有些女生则认为月经期间不能洗澡；等等。这些对月经的不正确的认知、文化暗示和消极态度，反过来又不同程度地诱发月经紊乱，或加剧痛经等躯体不适。

劳逸结合，均衡饮食，放松心情。经期综合征与家庭教育和文化暗示、精神过度紧张、大脑皮层失调有关。女生月经期要注意劳逸结合，避免长时间脑力劳动和学习任务过重，适量参加课外文体活动，放松身心。注意坚持体育锻炼，增强体质；注意饮食质量，保证营养，平衡饮食结构。

二、大学生的心身疾病

心身疾病（psychosomatic disease），又称与心理因素相关的生理障碍（physiological disorders related to psychological factors），是一组与心理社会因素有关的以进食、睡眠及性行为异常为主的心理障碍。根据心身反应的轻重程度，广义上可以将心身疾病分为三个层次，即心身反应—心身障碍—心身疾病。心身反应是指在应激刺激下，个体出现情绪变化和功能性的躯体反应。心身障碍是在应激刺激下症状出现较为持久而广泛弥散，可出现部分躯体功能障碍。心身疾病则是指在长期的应激刺激作用下，躯体出现特定的器质性的病理改变。

（一）大学生常见的心身障碍

按照《中国精神障碍分类与诊断标准》（第三版），大学生常见的与心理因素相关的生理障碍主要有以下两点。

1. 进食障碍（eating disorder，ED）。它是以进食行为异常为显著特征的一组综合征。这组疾病主要包括神经性厌食、神经性贪食、神经性呕吐、偏食等。

神经性厌食是指个体有意限制饮食，使体重明显低于正常标准，为此采取过度运动、引吐、导泻等方法减轻体重的一种心理障碍。多见于女性。主要表现为具有病理性的体象观念扭曲，即一种持续存在的异乎寻常地害怕发胖的超价观念，并且给自己制订一个过低的体重界限，即使已经明显消瘦，营养不良，仍自认为太胖。患者用节食等各种方法有意地造成体重过低，拒绝保持最低的标准体重；常伴有内分泌紊乱、闭经、性冷淡等性功能障碍，有些患者可有间歇发作的暴饮暴食现象。

神经性贪食则是指具有反复发作的不可抗拒的摄食欲望，以及多食或暴食行为，明知不对却无法控制，进食后又因担心发胖而采用引吐、滥用泻药等各种方法以消除暴饮暴食引起发胖的一种心理障碍。因为滥用泻药可能造成低血钾、低血钠、代谢性酸碱中毒等水电解质紊乱，以及心律失常、胃肠道损害等。患者往往过分关注自己的体重和体形，情绪低落，多见于女性。此症可与神经性厌食交替出现，多数患者是神经性厌食的延续者，发病年龄较神经性厌食者稍晚。

神经性呕吐是指一组以自发或故意诱发反复呕吐为特征的心理障碍，呕吐物为刚吃进的食物，呕吐常与心理社会因素有关。有害怕发胖的想法，但体重并无明显减轻。

偏食是指因为各种信念、认知、情绪和既往某种体验而导致的食物偏好或拒绝与讨厌某些食物的行为。

由于各类进食障碍者常否认心理社会因素与病患的关系，起初多就诊于综合医院的消化科、内分泌科、妇科、中医科等，或因合并有抑郁和强迫等精神症状，可被精神科当作“抑郁症”或“强迫症”来处置，因此，本病常被延误诊治。

2. 非器质性睡眠障碍。它是指由各种心理社会因素引起的非器质性睡眠与觉醒障碍，包括失眠症、嗜睡症、夜惊、多梦等。

失眠是睡眠障碍最常见的症状，失眠是指患者对睡眠时间或睡眠质量不满足并影响白天社会功能的一种主观体验。主要包括如下症状：难以入睡，即睡眠潜伏期超过 30 分钟；睡眠维持障碍，夜间觉醒次数不少于 2 次或凌晨早醒；睡眠质量下降，睡眠浅、多梦；总睡眠时间通常少于 6 小时；次晨感到头昏、精神不振、嗜睡、乏力等。根据病程长短，可以将失眠分为急性失眠（病程小于 4 周）、亚急性失眠（病程大于 4 周，小于 6 个月）、慢性失眠（病程大于 6 个月）三类。

调查表明，我国大学生睡眠问题发生率约为 18.1%，女生发生睡眠障碍的比例较大。睡眠障碍主要表现为睡眠浅、多梦、入睡困难、早醒和睡眠过多等症状。睡前上网、看电视、聊天、抽烟喝酒等兴奋性活动都是影响大学生睡眠质量的不良习惯。约有 57% 的大学生在晚上 12 点后才就寝，因睡眠不足导致的亚健康占相当大的比例。

（二）大学生心身疾病的心理成因

影响大学生心身疾病的心理社会因素主要有以下几个方面。

1. 情绪因素。情绪变化与心身疾病的发生有着极为密切的关系。中医古籍《黄帝内经》上早就有“怒伤肝”“喜伤心”“思伤脾”“恐伤肾”“忧伤肺”“心动则五脏六腑皆摇”的观点，认为情绪是人类内伤疾病的主要病因。现代医学的研究显示，脑干神经元会释放出某些传递神经冲动的化学物质（即神经递质），它们调整着整个脑的活动。其中去甲肾上腺素就是这样一种与情绪密切相关的单胺类物质。如果一个人焦躁不安或怒气冲冲，大脑就会不断地制造出去甲肾上腺素。适量的去甲肾上腺素是人精力与活力的源泉，但过量会产生毒性。由此可见，强烈、持久的精神紧张刺激，会使人产生应激反应，对个体健康极为不利。

2. 应激刺激因素。在大学生活中，存在着许多可能引起个体紧张状态的刺激或称为应激源，包括新的生活环境、新的学习方式、考试失利、陌生的人际关系和人际冲突、家庭变故、失恋、意外事故等。处于持续紧张状态或经常遭受应激刺激的个体，机体将出现全身性的生理心理应激反应，继而在躯体某些薄弱环节——易感器官上出现器质性病变，导致免疫系统功能下降，感染传染病的可能性增加；同时焦虑的或抑郁的情绪反应，又会加快心身疾病的发展，形成不良情绪与心身疾病加剧的恶性循环。

3. 人格因素。人格是指个体具有一定倾向性的各种心理品质的总和。心身医学提出的“疾病的人格特征理论”认为，某些心身疾病与某些人格特质具有一定的相关性。比如：类风湿性关节炎患者表现出文静、敏感、整齐、时间观念强的神经质倾向；高血压患者常有过高的企望，因不能获得满足而急躁，并产生持久的心理冲突。鲁斯（Ruessch）认为，幼稚人格是造成心身疾病的核心内因。如果一个人到读大学时仍具有幼稚人格，就不能像正常成年人那样把愿望、情感投向外界的客观事物，而是向内通过器官的生理病理反应来表达自己的不满、怨恨，从而形成心身疾病。

4. 文化与认知因素。神经性厌食和神经性呕吐症都受当下社会文化中流行的审美观的影响，如过分夸大身材和相貌因素对人前途的影响、认为女生以瘦为美等。又如非器质性失眠患者常有对睡眠重要性的超价观念，并有将挫折失败全都归因于失眠的认知倾向。

（三）大学生心身疾病的自我调节

1. 减少应激刺激，纠正非理性认识。心身疾病与个体遭受的应激刺激有关，因此，个体应了解引起心身疾病的不良心理社会因素，减少社会应酬，避免与不良刺激接触，选择适宜的居住环境和人文环境，减少参加具有挑战性的竞赛活动。针对患者以瘦为美，或者将睡眠看得无比重要等非理性认知要予以矫治，树立正确的自然就是美的健美观和顺其自然的睡眠观。

2. 学习新的行为反应方式。根据行为主义的学习原理，协助患者学习控制过度饮食等不良行为，学习新的适应性反应方式，如只在规定的时间和地点进食；纠正、克服或消除病态的反应，如暴食之后的催吐行为。在生物反馈仪把躯体生理信息转变成易于理解的信号或计数的条件下，帮助患者学习改变自己的行为或矫正内脏的病理反应，促使脏器正常生理功能的恢复。指导患者学习意念放松、肌肉放松、深呼吸等放松方法，帮助患者减轻失眠前的焦虑。

3. 培养健康的兴趣爱好，学习释放压力的健康方式。通过体育、阅读、休闲等兴趣爱好活动，建立有张有弛的生活方式，学习压力管理和情绪宣泄的正确方法，减少或避免心理问题向躯体的转化。

4. 药物治疗加心理辅导。心身疾病多伴有焦虑、抑郁等情绪反应和植物神经功能失调、失眠等症状，适当使用药物治疗很有必要。药理效应及其相关的心理暗示作用都有助于加速身体的康复。在药物治疗的同时，要针对心身疾病患者存在的非理性认知进行心理辅导，能及早帮助和指导患者恢复失衡的心理，及早调整患者的功能性失调，阻断病情向躯体疾病方向转化。经验表明，药物治疗加心理辅导比单一的心理咨询或药物治疗的效果更好，也更持久。

第三节　大学生意志培养的途径与方法

意志（will）是指自觉地确定目的，并根据目的调节支配自身的行动，克服困难去实现预定目标的心理过程，是人主观能动性的集中表现。在大学生心身健康的统合发展过程中，身体健康与意志品质并非呈现为线性的关系，因为意志坚强，即使身体残疾也可以非常自信；而如果意志涣散，即使身体健壮，行为也会懒散。因此，强调意志力的培养对于大学生的成长具有很强的现实意义。

一、加强意志品质培养的意义

爱因斯坦曾说过："优秀的性格和钢铁般的意志，比智慧和博学更为重要。"意志品质对于大学生顺利完成学业、创新创业和成就事业都是非常重要的非智力因素。然而，观察显示，高校中有不少学生意志品质薄弱。在学业方面，在没有教师和家长监督的情况下，表现出学习主动性差，自我管理不严、逃课睡懒觉、贪玩懒散、玩手机和电子游戏自制力低，做事拖延，甚至出现学业荒废、多科不及格等学业危机。对于该做的事，"当做不做"；对于不该做的事，"当止不止"，手机网络依赖等都是意志品质薄弱的典型表现。大学生虽有理想和热情，但在遇到挫折和困难时，常显得毅力不足，任务完成得虎头蛇尾，缺乏持之以恒的坚持性；在处理人际冲突时，缺乏足够的忍耐力和自制力，表现出冲动性的失控行为。大学生自我独立的意识明显增强，反抗权威，不愿依从文化传统，乐于标新立异，但大多数人还无法做到经济上的真正独立，社会经验不足，对生活中的许多实际问题尚无法有效驾驭，因此，对父母和学校教师的依赖性仍然明显。大学生做事做决定常带有轻率、冲动的特点，情绪色彩较重，容易导致事后后悔的现象。爱挑战有难度的任务，但承受挫折的韧性较弱。一旦遭受挫折，容易表现出自卑、孤独、焦虑、困惑、一蹶不振，甚至出现自杀等心理危机。总之，大学生的意志品质已比中学阶段有了明显提高，但意志品质的发展还呈现出个体差异性和发展不平衡性。

加强大学生意志品质的培养是十分必要的。首先，意志品质是心理素质的核心要素。实践证明，人的意志、情绪、动机等非智力心理特征对一个学生的智力发展和科学知识的接受与运用能起到动力和控制的作用，对大学生的人生发展有很大的影响。意志品质是集中和统领各类心理素质的核心，只有在坚忍不拔的毅力之下，智力和其他非智力因素才能发挥更大的潜力，才能不怕挫折，克服困难，充分发挥人的主动性、积极性和创造性。其次，良好的意志品质是大学生顺利完成学业的重要保证。丰富多彩的大学生活给学生提供了广阔的发展空间，甚至令人眼花缭乱，如果没有意志的调解和坚定正确的定向，结果可能是什么都学不好。可见，决定学习进步和成绩的并不是智力，而更重要的是坚定的意志力。再次，坚强的意志是成就事业的加油站。自古以来就有"功亏一篑"的教训，而胜利往往就在坚持到最后的努力之中，所以古人强调切记"行百里者半九十"。这就是说，在困难面前只有那些能顽强坚持到底的人，才能取得许多人无法企及的最后胜利。当代青年在一生中还可能会面临多次的失业考验和创业风险，如果没有坚强的意志，很难想象往后如何经受住人生道路上的无数艰难险阻和各种诱惑。

二、意志品质培养的途径与方法

优良的意志品质并不是与生俱来的，需要在后天教育和实践活动中有目的地加以培养和锻炼才能逐渐形成。

（一）确立行动目标，追寻生活意义

自觉的目的性是意志行动的重要特征，意志品质的提高必须建立在正确而合理的行动目的的基础上。为此，大学生要加强科学的世界观和正确的人生观的修养，树立崇高的人生目标，确立正确的人生价值，用意义而不是用财富来理解人生的价值，学会明辨是非，知善恶荣辱，确立有意义的生活目标。

人的行为背后总有一种力量的支撑，那就是自我的价值与生活的意义。如果丧失了自我的价值感与生活的意义感，行为将陷入消极被动。许多人可能都有过所谓无聊的体验：内心空虚，却不知道如何去充实；感到生活没意思，却不知去哪里追寻生活的意义；内心有渴望，但又不知道具体渴望什么；感到不满意却又不想行动；感觉很忙，却又不知道在忙些什么。事实上，这些人正是因为没有明确的目标，盲目行动，最后才会觉得没有什么价值，常被无力感与无价值感包围着。暂时的和轻度的无聊心理是正常的，但长期地被这种无聊的心态所左右就不健康了。空虚，是因为没有目标或目标太低，远远不能满足其心理需要。没有目标的牵引，生活就缺乏动力；没有对目标价值的深刻认识，生活就缺乏意义。于是，活着就变成了混日子。幻想，是因为目标太高或目标太多或不专一，这种超过能力、不切实际的目标常常导致行为受挫，个人就转而躲在自己编织的白日梦里，以逃避现实的方法使内心得到满足。被动，是因为所追求的目标不是自己由衷向往或自觉认同的。他觉得学习是为别人而学，体验不到学习的乐趣，因而学习也没有积极性和主动性，没有自我实现的成就感。由此可见，克服无聊心态的关键是确立一个合适的人生目标。心中树立一个有价值的目标，才能避免空虚，感受生活的意义；积极行动去追求目标的实现，才能从幻想中挣脱出来，感到生活的充实；做自己想做、喜欢做的事，才能变被动为主动，感受生活的美好。

戴尔·卡耐基曾说过：如果想要快乐，就为自己立一个目标，使它支配自己的思想，释放自己的活力，鼓舞自己的希望。有了目标，自我就有了方向，意志行为就有了动力，生活就有了意义。那么，如何确立适合自己的目标呢？一要认识自己。只有了解自己的能力，明白自己的兴趣所在，才能据此确立符合自身实际的发展目标。避免仅仅根据社会需要或自己愿望来确定人生目标。二要了解社会。个人生活在一定的社会群体中，社会环境与社会对人才的需求对个人具有制约作用，个人需要只有与社会需要相一致时，个人才能发挥作用，实现价值。所以在了解自己的前提下，还必须了解社会需求才能确立适合的目标。例如，我国著名的数学家陈景润在中学时代，在一位数学教师的启迪下，立志要摘取哥德巴赫猜想这颗数学皇冠上的明珠，为中国人争光。在以后的十几年中，他不顾各种社会事件的冲击和生活条件的简陋，夜以继日地进行推导、演算，终于取得了重大突破，得到了世界数学界的认可。

（二）加强挫折教育，提高抗挫能力

意志坚强的人面临困难或挫折能够在既定目标的指引下，自觉调整和支配自己的行动，竭尽全力克服困难，战胜挫折，实现目标；而意志薄弱的人遇到困难和挫折时，就怨天尤人、畏缩不前，最终放弃目标和理想，或者在目标面前心存侥幸，轻率冒险，结果只能被困难和挫折所压倒。因此，加强挫折教育，对于大学生的成才非常重要。首先，

大学生们要认识到挫折的普遍存在性。挫折是普遍存在的，随时随地都可能发生，它是人类生活的常态而不是意外。“自古雄才多磨难，从来纨绔少伟男。”古今中外，没有不经历痛苦、磨难、挫折就成就事业的人。因此，大学生应做好面对挫折的充分的心理准备，一旦遇到挫折，就不会惊慌失措、痛苦绝望，而能够正视现实，敢于面对挫折的挑战。其次，正确认识挫折的两面性。挫折既具有给人打击、使人痛苦的消极面，也具有激发奋进、使人得到锻炼的积极面。因此，大学生应积极主动地面对挫折，不要惧怕失败，要善于从失败中总结经验教训，化消极因素为积极因素，促进挫折向积极方向转化，不断提高自己解决困难、战胜挫折的能力。最后，掌握应对挫折的自我心理调适方法。挫折的承受力不仅与个体所拥有的人际关系和社会支持系统有关，而且与个体是否掌握自我心理调适方法有关。大学生要学习积极的应对方式和深呼吸放松等心理调节技术，学习自我化解焦虑、紧张等不良情绪的有效方法。

（三）树立责任意识，养成坚强意志

意志除了来自伟大的目标，还与责任有关。奥斯特洛夫斯基说过：“人的生命似洪水在奔腾，不遇着岛屿和暗礁，难以激起美丽的浪花。”感动中国人物之一的洪战辉在家庭经济极其困难的情况下，勇于承担起家庭责任，克服重重困难，边上学边打工，抚养非血亲的妹妹，完成了自己的学业。他的动力来自于他高度的家庭责任感，责任坚定了他的意志，谱写了他美丽的人生之歌。环顾历史上的各种伟大人物、科学家、劳动模范和道德模范，他们之所以能克服许多常人难以想象的艰难险阻，就在于他们有一种对祖国、对事业、对科学的高度的社会责任感，正是这种责任感促使他们选择了迎难而上，不知疲倦，鞠躬尽瘁，献身科学和伟大的事业。

大学生只有真正弄明白为什么而学，明白自己的专业与社会责任的关系，并且愿意承担相应的社会责任，才能激发出持之以恒勤奋学习的坚强意志。

（四）在体育课中锻炼自己的意志品质

国家体育总局统计的全国国民体质健康监测结果显示，近几年大学生体质出现以下几个突出问题：一是体能素质下降明显；二是肺活量水平进一步下降；三是学生近视眼患病率居高不下；四是营养过剩与运动量不足严重威胁着学生的身心健康。同时，身体素质的下降也影响着大学生坚强意志品质的培养。因此，高校应加强大学生的体育教育，在身体素质的提升过程中，锻炼大学生坚强的意志品质。体育教学是培养大学生良好意志品质的有效途径。例如，很多体育运动项目设置了激烈的对抗环境、竞赛规则、时间限制或障碍物等，需要参与者有顽强的拼搏精神、勇气、肌肉力量、耐力和竞争意识，才能完成训练任务或取得胜利。从这种意义上说，体育课就是检验意志品质的实验课和提高意志品质的训练课。体育课的多种训练项目不仅可以让参与者体验成功，也可使其体验挫折与失败，还可以改善身体形象和促进体魄健壮。大学生应该将体育课当成培养自己意志力，促进身心健康，树立自信的锻炼机会，而不只是满足于学会一种运动技能。

（五）在实践中锻炼意志品质

意志品质只有在意志行动过程中才能逐渐形成，并且必须通过反复的社会实践来磨炼，在社会实践中表现出其力量。一般来说，意志行动受意志支配和控制，其心理过程可以分为做出决定和执行决定两个阶段。做出决定的阶段包括行动动机的取舍、行动目的的确定、行动方法和手段的选择这几个要素。做出决定是在复杂的情境中做出决策的过程，它考验和锻炼人的自觉性、果断性等意志品质。执行决定阶段则是将决定付诸实际行动的过程。在执行决定的过程中，可能会遇到体力消耗、智力紧张、消极情绪，以及已放弃的动机的诱惑力、未考虑周全而引起的思想矛盾、原有的不良习惯、行动中出现的意外情况等重重困难，因此需要更大的耐力、坚忍力和高度的自制力才能坚持正确的决定，达到既定的目标。因此，意志力的提高不是坐而论道就可以获得的，只有通过亲身参与多种社会实践，体验其中的甘苦，才能逐渐培养出坚强的意志品质。锻炼意志品质的社会实践并不远离大学生活的细节，例如遵守各项校纪校规就是锤炼意志的好方法。校纪校规是对一个大学生该做的事和不容许的事的限制，如果一个人能做到自觉地遵守各项纪律，良好的意志品质就已经实际形成了。

（六）在欲望调控中实现意志的自由

人的意志是自由的，即人可以按照他的意愿自主地、能动地确定目的，发动或制止某个行动，选择行为的方式。从这种意义上说，人的伟大之处就在于能充分运用这种意志的自由和体验这种自由所带来的快乐。然而，人的意志自由是相对的和有条件的，人的一切行动都必须服从客观规律，依赖人对客观规律的认识。正如恩格斯所指出的：“自由不在于幻想中摆脱自然规律而独立，而在于认识这些规律，从而能够有计划地使自然规律为一定的目的服务。因此，意志自由只是借助于对事物的认识来作出决定的那种能力。”① 如果一个人不切实际地追求无法满足的欲望，就必然会在现实中碰壁。临床观察表明，许多心理疾病患者的共同特点是：不仅欲望过多或欲望过强，而且想得多、做得少，这样欲望当然得不到满足，随之而来的就是严重的挫折感和无尽的烦恼。

人的欲望与生俱来，并随着生命的成长而发展，不断地驱使人们去忙碌和追求。人不可能没有欲望，适度的欲望是推动个体寻求发展，挖掘自身潜力的动力。人不会没有欲望，只是欲望的内容和程度存在差别。欲望过低，志小易足，则会故步自封、不思进取；欲望太强，则会把人推进苦恼的漩涡，使人精疲力竭。人的欲望实在太多太多，而实际能完全满足的欲望又太少太少。欲望越强烈，目标越迫切，遭受挫折后产生的烦恼就越严重。过强的欲望，常起因于不合理的攀比。实际上，每个人都可能是“比上不足，比下有余”，而欲望强的人只习惯于“比上”而不愿意“比下”，也总是习惯不去珍惜自己已经得到的，而去盘算想要却没能得到的，于是，对未能得到的“亏欠”耿耿于怀，烦恼由此而来。“人生有涯，欲望无穷。”在欲望面前，大学生要学会发挥意志选择和调控的积极力量，培养自己淡泊名利、宁静致远的心态，在学习和社会实践中实现树立的远大理想。

---

① 马克思，恩格斯. 马克思恩格斯选集：第三卷［M］. 中共中央马克思恩格斯列宁斯大林著作编译局，译. 北京：人民出版社，1972：153－154.

心理测验

身体自尊量表

身体自尊量表（Body Esteem Scale，BES）①，由弗兰佐（Franzoi）和希尔兹（Shields）于1984年编制。本量表中的35个条目既有对身体不同部位的满意评价，又有对身体能力、身体感觉、身体外形的评价。对于不同性别各有3个不同的测评维度，其中，男性身体自尊量表包括身体吸引力（physical attractiveness）、上肢力量（upper body strength）和身体状况（physical condition）三个维度，女性包括性吸引力（sexual attractiveness）、关心体重（weight concern）和身体状况（physical condition）三个维度。经过检验，该量表具有较好的信度和效度，各分量表具有相当的内部一致性。

本量表各项目为5级计分制，见表4－1。评分方法是：将各条目分值相加之后求平均分，分数越高，表明被试对自己的身体自尊越高。该量表适用对象比较广泛。

指导语：根据对自己的看法，凭直觉判断表4－1中每个句子所描述的内容符合你的实际情况的程度，其中1代表完全不满意，5代表十分满意，请你在选择的答案上打"√"，答案无所谓对错，每道题只能选一个答案。

表4－1　身体自尊量表

项目	完全不满意	不太满意	无所谓	基本满意	十分满意
1. 身体气味	1	2	3	4	5
2. 食欲	1	2	3	4	5
3. 鼻子	1	2	3	4	5
4. 身体干劲	1	2	3	4	5
5. 柔韧性	1	2	3	4	5
6. 嘴唇	1	2	3	4	5
7. 肌肉力量	1	2	3	4	5
8. 腰部	1	2	3	4	5
9. 精力状况	1	2	3	4	5
10. 大腿	1	2	3	4	5
11. 耳朵	1	2	3	4	5
12. 二头肌	1	2	3	4	5
13. 下颌	1	2	3	4	5

① FRANZOI S L，SHIELDS S A. The body esteem scale：multidimensional structure and sex differences in a college population［J］. Journal of personality assessment，1984，48（2）：173－178.

续上表

项目	完全不满意	不太满意	无所谓	基本满意	十分满意
14. 体格	1	2	3	4	5
15. 身体协调性	1	2	3	4	5
16. 臀部	1	2	3	4	5
17. 灵敏性	1	2	3	4	5
18. 肩膀的宽度	1	2	3	4	5
19. 胳膊	1	2	3	4	5
20. 胸	1	2	3	4	5
21. 眼睛的外观	1	2	3	4	5
22. 颊部/骨	1	2	3	4	5
23. 髋部	1	2	3	4	5
24. 腿	1	2	3	4	5
25. 体形	1	2	3	4	5
26. 性驱力	1	2	3	4	5
27. 足	1	2	3	4	5
28. 性器官	1	2	3	4	5
29. 腹部外观形态	1	2	3	4	5
30. 健康	1	2	3	4	5
31. 性活动	1	2	3	4	5
32. 体毛	1	2	3	4	5
33. 身体状况	1	2	3	4	5
34. 脸	1	2	3	4	5
35. 体重	1	2	3	4	5

①身体质量指数（BMI）＝体重（kg）÷身高^2（m^2）。

②成人的BMI标准：低于18.5，提示体重过轻；18.5～23.9提示正常；24～27提示偏胖；28～32提示肥胖；高于32提示非常肥胖。

研究表明，身体质量指数超过24时，患高血压、糖尿病、冠心病和血脂异常等疾病的概率会显著增加。

拓展训练1

一、活动的主题与目的

活动主题：我舞故我在。

活动目的：以团体心理舞动的方式，促进大学生身心的自我认识和自我统合，提高自信心，建立新的自我认同和身心统合模式。

二、活动的理论依据

自我同一与统合发展是青年时期心理发展的重要内容，而自我统合的核心是身心的统合。艾里克森的自我同一性理论认为，自我同一性，也称为自我认同、自我统合，是指个体寻求内在（心理、精神）和外在（身体）的合一及连续的能力。随着大学生身心的发展变化，他们更加关注自我，思考“自我”的问题。一般认为，人的自我发展须经历若干阶段：自我认识—自我接纳—自我统合—自我改变。其中，自我接纳和自我统合是自我认识和自我改变的中间环节。大学生的自我接纳和自我统合是否正常直接关系到他们未来能否适应社会、参与社会竞争的能力高低和心理健康的状况。如果大学生不能确立良好的自我同一性或自我统合过程，就会出现依赖、自卑、退缩或摇摆不定的心理不健康状态。

大学生的自我身心统合主要表现为六个方面的自我认同问题：①我是一个什么样的人？②我有何身体特征？③父母如何期望我？④以往成败经验如何？⑤现在有何问题？⑥希望将来如何？这六个方面的自我问题可归结为“我是谁”与“我将走向何方”两大问题。

团体舞动是一种在创设的团体情境中，通过团体舞蹈的形式，促使个体在身体舞动并与他人配合交往的过程中，从自己身体的变化与他人的反应中来观察、学习、体验和认识自我，探讨自我，接纳自我，学习改变自我，主动调整和改善与他人的关系，学习新的态度和行为方式，从而达到社会适应良好的成长目标。团体心理舞蹈为参与者提供了一种良好的自我心身统合平台，使参与者在一种信任的、温暖的、支持的团体气氛中，通过身体的舞蹈进行身心的对话和交流，在与同伴的舞蹈配合中，以他人为镜，反省自己，深化认识，同时也为同伴提供社会支持的力量。

团体舞动训练与一般的表演性舞蹈不同，它没有事先的动作导演和排练，只是围绕一个心理主题，在指导者的引导下，借助一些简单的道具，现场即兴发挥，同伴互相支持配合完成。

三、活动的内容与方法

（一）暖身与问题导出

1．暖身活动：通过“破冰”活动使成员之间相互认识、形成良好的团队氛围后，指导者组织参与者学习团体心理活动的目标与规则，说明团体舞动活动的特点与要求。

2．导出问题：参加成员围坐成一个圆圈，要求每个人用一种与众不同的个性化的语言进行自我介绍，着重介绍自己的身体（长相、身材、高矮、胖瘦），并根据自我描述给自己取一个“身体绰号”，作为自己在团队中使用的昵称。

3．讨论与讲评：成员在给自己取绰号的过程中，就是一个身体自我认识的缩影，绰号大体可分为两类，一类是自我满意的，如“英俊潇洒”等；另一类是自我不满意的，如“面条”“秤砣”等，为什么我们对自己身体的认识会有这么大差异呢？请各位参与者分享自己取绰号的体会和缘由，然后请大家讨论，由主持人进行讲评。

（二）敞开心灵，舞动身体

1. 自我身体的自由表达，探索自我心灵与身体的关系。在音乐的背景下，鼓励学员伸展全身肢体，通过肢体动作来表现自己当下的内心感受和情绪，初步体验内心活动与身体语言表现的关系，让肢体动作成为表达内心的语言，学习觉察自己身体语言投射的心理信息，在舞动中进行身体感官知觉（视、听、味、嗅、触）的体验与表达，觉察个人身体感官知觉的敏感度，并发掘自己潜在的艺术表现力。

2. 身体律动体验。引导学员伴随音乐节奏进行身体的律动，体验身体动作的韵律与力量，感受身体情感表达的丰富性和复杂性，感受内心情绪和理念在身体上的逐渐扩展和流动。引导学员在舞蹈中探索肢体动作和力量的关系、肢体动作和空间的关系、肢体动作和速度的关系、肢体动作在环境中的适应性；鼓励创新肢体动作表达方式。了解自我身体的语言与人际互动的关系。

3. 临时指定一个生活主题，要求参与者邀请其他人一道进行即兴表演。表演中不准交谈说话，只容许用肢体语言传递认知和情感信息。学习用肢体语言将自己的情绪和心理活动告知他人，学习理解他人的身体语言，学习通过用舞动的肢体动作交谈和对话，自由扮演各种角色，学习表达温暖、共情和获得社会支持的力量。

（三）讨论与反思

舞动结束，参与者一起分享自己的体验和感想。讨论要点建议包括：结合自我成长的经历，分析自己成长过程中自我统合的矛盾，描述“心理的自我”对“生理的自我”的认同度及其两个自我不统合时的体验，重点可以讨论如下问题：①对自己身体最满意的是什么？②对自己身体最不满意的又是什么？③自己怎样评估自己的身体（长相、身材、高矮、轻重、胖瘦）？④什么时候觉得自己像一个大人了？⑤自己觉得像一个男子汉或淑女吗？⑥内在和外在的自我是统合的吗？⑦父母和朋友是怎样评价你的？这些评价对你有什么影响？⑧用三个词描述你的身体。⑨用三个词描述你的个性特征。

四、注意事项

1. 本拓展训练具有肢体舞动与口头交流相结合的特点，在肢体活动体验环节一定要鼓励成员全身心投入和保持肢体的开放性，可以借助于交谊舞、瑜伽等进行热身。

2. 舞动无所谓正确与否，只要自由表达即可，指导者和参与者对其他成员的舞动进行表扬要用掌声及时予以鼓励，避免随意批评和价值评价。

3. 训练场地如能选择在舞蹈室进行则效果更为理想，玻璃镜有助于成员对自己身体语言的察觉，参与训练的成员应衣着宽松，穿棉质袜子。

拓展训练2

渐进式肌肉放松训练

训练目的：通过渐进式肌肉放松训练，有效地减轻学习或考试焦虑，缓解心理压力，促进睡眠质量。

指导者发出的指示语（或学生的自我暗示语）依次顺序是：

准备：训练时可以自由选择坐姿，但一定要让头与背部有椅子的靠背支撑，或可以采取仰面睡姿，手臂放在身体两侧；取走眼镜、手表、领带等妨碍身体放松的服饰，轻轻地合上双眼。请按下列步骤依序放松你的肢体和身体部位，指导者说到哪里，参与者的注意力就指向哪里。

1. 紧握你的左拳，将注意力集中于手和前臂肌肉的紧张，坚持 5 秒钟后，快速放松肌肉；重复两遍。继而，紧握右拳，重复同样的动作。

2. 弯曲你的左手臂，尽量使手臂朝向左肩部，将注意力集中于前臂肌肉的紧张，坚持 5 秒钟后，快速放松肌肉；重复两遍。继而，弯曲右手臂，重复同样的动作。

3. 耸起肩膀，越高越好，尽量让肩膀贴近双耳，将注意力集中于肩膀肌肉的紧张，坚持 5 秒钟后，快速放松肌肉；重复两遍。

4. 皱起额头，使前额出现皱纹，坚持 5 秒钟后，快速放松眼肌，闭上眼睛，重复两遍，体验眼肌放松后的感觉。

5. 用力咬紧牙关，使双颊肌肉紧张，坚持 5 秒钟后，快速张开口腔，重复两遍，如有口水出现，自然吞咽下去即可。

6. 用力低头，尽量将下巴靠住胸部，感受颈部肌肉的紧张，坚持 5 秒钟后，迅速恢复原来的体位，体会颈部肌肉放松的感觉。

7. 做弓形向膝关节方向弯曲背部，同时双臂向后拉，感受背部和肩膀肌肉的紧张，坚持 5 秒钟后，迅速恢复原来的体位，体会背部和肩膀肌肉放松的感觉。

8. 向前方伸直双腿，双脚脚趾尽量回勾，将注意力集中于腿部肌肉的紧张，坚持 5 秒钟后，迅速恢复原来的体位，体会腿部肌肉放松的感觉。

9. 向前方伸直双腿，双脚脚趾尽量向下绷紧，将注意力集中于腿部肌肉的紧张，坚持 5 秒钟后，迅速恢复原来的体位，体会腿部肌肉放松的感觉。

10. 肌肉放松做完后，再做三次腹式深呼吸后结束。

肌肉放松的感觉有温暖、沉重等，这是判断肌肉放松与否的指标。

拓展阅读

尼·奥斯特洛夫斯基：《钢铁是怎样炼成的》（上下）。

教学资源清单

使用说明：建议每位学习者在教师课堂讲授本章教材之前，先通过手机扫码的方式链接到教学资源平台，自学和练习相应的教学内容，以便在课堂上能够与教师更深入和更有效率地进行教与学的研讨，见表 4－2。

表 4－2　教学资源清单

编号	类型	主题	扫码链接
4－1	心理观察	学习比身体更重要吗？	
4－2	心理微课	定向越野运动	
4－3	专题新闻	四位女大学生挑战自我的故事	
4－4	教学影评	《万物理论》影评	
4－5	心理漫画	《追梦》	
4－6	学唱歌曲	《从头再来》	
4－7	心理故事	《坚强的残疾人》	
4－8	知识拓展	失眠与梦的辅导	
4－9	心理体验	正念训练音频	
4－10	PPT 课件	大学生身心健康与意志培养	

续上表

编号	类型	主题	扫码链接
4－11（1）	录课视频	第一节：大学生身心发展规律与特点（敖海清）	
4－11（2）		第二节：大学生常见身心问题（敖海清）	
4－11（3）		第三节：大学生意志培养方法（敖海清）	

第五章
大学生的态度、需求、动机与挫折应对

导读

教学目标：了解大学生的态度、需求与成才动机的特点及其影响因素，了解个体需要层次与动机冲突理论，认识大学生成才与挫折的辩证关系，掌握应对挫折的心理调适方法，培养积极进取和耐压的心理韧性。

关键概念：态度（attitude）、基本需求（basic needs）、成长性需求（growth needs）、动机（motive）、动机冲突（motives conflict）、归因（attribution）。

案例

征服高难度动作，为国争光的巾帼英雄①

“90 后”青年徐梦桃是中国女子自由式滑雪运动员，党的二十大代表。2007 年，她进入中国自由式滑雪国家队。2009 年，在世界杯莫斯科站中获得世界杯冠军，随后连续两年获得世锦赛自由式滑雪空中技巧亚军。2012 年，在自由式滑雪世界杯鹿谷站中实现四连冠。2013 年，她参加挪威世锦赛自由式滑雪空中技巧赛获得冠军。2014 年，参加索契冬奥会获得自由式滑雪空中技巧赛亚军，这也是她个人冬奥会历史上的第一枚奥运奖牌。在 2018—2019 赛季国际雪联自由式滑雪空中技巧世界杯中国站比赛女子个人赛中夺冠，并以最高总成绩加冕年度总冠军。2022 年，获得北京冬奥会自由式滑雪女子空中技巧金牌，以总共 28 个世界级大赛冠军成为滑雪项目第一人；并以 385 分获得 2021—2022 赛季自由式滑雪空中技巧世界杯女子组年度总冠军。2020 年，获得国家体育总局授予的体育运动一级奖章。2022 年，徐梦桃获辽宁省劳动模范。

在多次比赛中，徐梦桃两条腿的膝关节韧带断了两次，做了四次大手术，经历左膝前交叉韧带断裂、内侧副韧带撕裂、内侧半月板后角变性、多发骨挫伤、关节积液病变等伤病，但她仍以坚强的毅力，面对了许多挫折，终于实现了自己的梦想，也为我国体育事业赢得了国际声誉。

课堂讨论：面对挫折和失败，徐梦桃总是以甜甜的笑容面对，她对体育事业无比热爱的态度，对理想的执着追求，以及对待挫折的应对方式给我们带来了哪些启发？

---

① 资料来源于搜狗百科。

第一节 大学生的态度、需求与动机的特点

一、大学生的态度

态度是个体对社会上的人或事物的一种内在的稳定和持久的心理反应倾向。奥尔波特认为，态度是个体的一种心理和神经的准备状态，它通过经验组织起来，影响着个人对情境的反应。克瑞奇（D. Krech）则认为态度是个体对自己所生活世界中某些现象的动机过程、情感过程、知觉过程的较稳定持久的组织。弗里德曼（Freedman）认为，态度是个体对某一特定事物、观念或他人稳固的，由认知、情感和行为倾向三个成分组成的心理倾向。一般认为，态度具有对象性、评价性、稳定性和内在性四个特性。态度具有重要的心理功能：其一，态度具有工具性、适应性或功利性功能，态度反映个体的内在需求，促进个体需求的满足；其二，态度具有认识和评价功能，态度决定着人们在现实生活环境中注意什么对象，怎样加工对象的信息，以及对对象有何体验，也决定着对有关对象反应的先定倾向；其三，态度具有价值观表达的功能，价值观是态度的核心，不同的价值观往往导致对同一事物有截然相反的态度；其四，态度具有自我防御的功能，即维护自尊，回避导致自己不适的事物与环境。基于态度的广泛心理功能。诺曼·文森特·皮尔（Norman Vincent Deale，1898—1993）曾说“态度决定一切”，这已成为当今传遍全世界的一句名言。

态度来源于人的欲望、需求、信念与过去的境遇和经验。凯尔曼（H. C. Kelman）最先提出态度的形成经历依从—认同—内化三个阶段的学说。关于态度的转变则受信息的传递者、信息的沟通、接受者的信念、个性特征和情境因素等诸多因素的影响。

（一）大学生态度的特点

1. 求知态度。大学生正处于专业知识的求学阶段，求知态度在不同年级有所区别：一般而言，新生阶段时表现出“饥不择食”的倾向，对什么新知都十分好奇，贪多求快；中年级时表现为追求专业能力的快速提高，急功近利；高年级毕业前表现为追求实用知识，竞争意识增强。大学生的求知愿望虽然强烈，但易满足于一般理解，独立思考、创新和批判精神、实践精神表现不足。

2. 人生态度。尊重生命、珍惜生命，有合适的人生理想和生活目标，正确看待死亡都是大学生人生态度中的重要内容。当代大学生成才、成功意识强烈，追求个性自由和个人实现；重现实，讲实惠，求名利，崇尚新观念，追逐潮流时尚，反对因循守旧，勇于尝新；乐于急功近利，及时行乐，艰苦奋斗的思想准备不足。

3. 经济态度。在市场经济的大环境中，当代大学生的商品经济意识浓厚，勇于参与商品经济的实践；能赚钱成为不少大学生认定的成功标准；课余兼职成为许多大学生体验经济社会生活的常见形式；在个人消费方面，当代一些大学生存在着消费目的不明确、消费结构不合理、讲名牌和超前消费等不良现象。

4. 道德态度。包括道德观念与道德判断、道德情感与道德行为。当代大学生具有积

极向上、爱国家、爱人民、乐于助人、热爱公益、坚持正义与敢于批判和怀疑的精神，但如何在社会生活中从自己做起，从小事做起，还显得不尽如人意，如考试作弊、逃课、三角恋爱等不道德行为并非少见；大学生希望国家尽快改变经济疲弱的面貌，但是许多大学生又不愿去艰苦边远的基层工作。当代大学生在道德观念和道德实践方面既表现出与时俱进的积极一面，但有时又表现出部分人与先进文化和道德要求相悖的消极面，这是要引起教育行政部门高度关注的。

（二）影响大学生态度形成的因素

1. 学校教育因素。在许多国家里，有些大学成为许多政治首脑的摇篮，有些大学成为科学家的孵化器。可见，一所大学的办学理念和形成的大学精神、大学学风和教风，以及教师的治学态度和教育教学方式、教学制度等因素对在校大学生的人生态度、学习态度、生活态度都具有极大的影响。大学学术氛围本身就是大学生可以直接感受到的一种重要的心理环境，例如，当你站在美国斯坦福大学为获得诺贝尔奖的教授们专门留出的1号停车坪上时，不需要有人向你滔滔不绝地灌输，你即可感受到一种对杰出人才崇敬的大学精神。

2. 同辈群体因素。人有从众、模仿他人心理活动的倾向，大学生在校园内总可以找到与自己趣味相投的同学、老乡、社团组织，共同的爱好和兴趣、熟悉的乡音和饮食习惯、投机的话题等都可以吸引大学生形成一些非正式的群体，而这些在非正式群体中传播的俗信、观念、故事、习惯和流行时尚等都能成为影响个体态度的因素。

3. 大众传媒的影响。在现代社会生活中，电视、广播、报纸、互联网等成为影响大学生态度的重要因素，尤其是互联网上的各种社交平台，如微博、微信等，因为具有获取信息方便快捷、信息量大、人人可以互动等特点，成为大学生人际交往、了解外界的首选平台。然而，互联网是一把双刃剑，其虚拟性、匿名性等特点使其信息监管难度很大，甚至使大量良莠不齐的信息流行于网络之中，因此也可能对大学生的态度倾向产生多重影响。

4. 家庭因素。每一个人都来自某个家庭，父母主导着孩子的学习环境，父母对孩子的教养方式与对社会中各种事物和人物的认知态度和行为模式，对孩子的心理发展具有长期的潜移默化的影响，例如大学生的金钱观、性别角色意识、成就意识、人生态度、职业态度以及与他人交往的态度和方式都显示出父母早期影响的烙印。

5. 文化因素。文化观念、文化习惯、文化氛围、文化变迁、文化类型等文化因素作为个体社会化的大背景，深刻地影响个体各种态度的形成。例如仁义、孝道、轮回、报应、面子、多子多福、光宗耀祖等传统文化观念对中国国民的社会态度、动机和行为方式还是具有深远影响的。来自不同地域的大学生因受当地文化的影响其态度也具有差异。例如来自沿海开放地区的大学生在价值观、创业精神、个性化等方面的态度与来自内地山区的大学生相比就有明显的差异。

二、大学生的心理需求

（一）人类需求的基本特征

人类一切活动都是为了满足某种需求。需求或需要（need）是指个体行为的内在动力。人类因维持种族延续而产生了对营养、自卫、满足性和繁衍后代的需求；为了提高物质和精神生活水平，又形成了社交、劳动、文化、科学、艺术、政治生活等高级需求，可见，需求是维持个体和社会生存发展的事物在人脑中的反映，人的需要是在社会中满足和发展的。美国人本主义心理学家马斯洛（Abraham Harold Maslow，1908—1970）将生理需求、安全需求、爱与归属需求称为基本需求，基本需求因匮乏而形成，所以又称为匮乏需求（deficiency needs）；将尊重的需求、求知的需求、美的需求、自我实现的需求称为成长性需求或存在需求（being needs）。个体需求的满足和发展受社会历史条件的影响。社会的发展，生产力的提高，社会物质财富和精神财富的增加，为人类不断发展的需求提供了满足的可能。

亚伯拉罕·哈罗德·马斯洛（Abraham Harold Maslow，1908—1970），美国人本主义心理学家，第三代心理学的开创者。

心若改变，你的态度跟着改变；态度改变，你的习惯跟着改变；习惯改变，你的性格跟着改变；性格改变，你的人生跟着改变。

——马斯洛

人的需求是个体行为的内在动力，并常以动机、兴趣、价值观、愿望等形式表现出来。人的需求具有社会性的特点，并在很大程度上接受意识的控制和调节，这是人和动物需求的本质区别。人的需求有如下5个特点。

1. 需求的多样性和多变性。人的需求总是指向一定对象的，离开了具体对象，需求就无从观察和研究。人的需求既可以是生理的和物质的，也可以是精神的和社会的；人的需求既有自然属性，也有心理属性和社会属性。人类的需求并不因其暂时获得满足而终止，往往还会重新出现和产生更高的或新的需求。

2. 需求发展的阶段性。人的需求在个体发育发展的不同阶段具有不同的主导活动与不同的优势需要。例如：儿童期以满足营养、游戏、安全、被爱与归属的需求为主；青少年时期以满足求知、赞许、认可、表现等需求为主；成年时期以满足美貌、社交、尊重、自我实现、性和生育等需求为主。人类的一些需求还带有明显的周期性表现，如饮食、睡眠、运动和性的需求，但在其获得满足之后，在短时间内不再具有相似的需求；有些需求并不因一次获得满足而终止，例如求知的需求。

3. 需求的个体差异性。人类有共同的需求，如生理需求、爱和归属的需求等。由于每个人的经历、文化背景、社会身份及地位、生活环境、心理状态的不同，不同个体之间的需求表现出很大的差异。例如男生与女生、不同专业和不同年级的大学生其优势需求都是有差异的。

4. 需求的社会历史性。无论是物质的需求还是精神的需求，自然的需求还是社会的需求，人类需求的内容和形式总是受当时社会发展水平和历史条件的制约，受文化类型和背景的影响。处于不同时代、不同国家和民族文化背景下的个体其物质和精神需求都具有各自的特点。

5. 需求的层次性。人的需求是由低级向高级发展的，也就是说当生理、安全等低级需求得到满足后才会产生自我实现等更高层次的精神需求。低级需求为人和动物所共有，而高级需求则为人类所独有。

（二）影响需求的因素

个人需求的产生和需求的强度，受个体当时的生理状态、认知水平、社会环境等因素的影响。

1. 生理因素。生理性需求的产生和需求强度往往与机体内部状况、大脑及整个神经系统的活动有关，例如饥饿所产生的觅食需求与机体内能量缺乏、性爱的需求与性激素水平密切相关。

2. 自然与社会环境因素。自然与社会环境因素容易诱发某种需求的产生或增加已经产生的需求的强度。例如迷人的自然美景纪录片会激发个体想去当地旅游的愿望。

3. 认知因素。当个体对某些事物或活动的认识水平较高，或者具有超价的观念、热烈的态度时，或者具有强烈的市场竞争意识和危机感，有追求更高理想的认识时，都会激发出个体更强的求知需求。

（三）关于需求的理论解释

由于人类活动和实践范围是极其广泛和复杂的，人的需求也是多层次和多方面的，马斯洛和奥尔德弗等心理学家对人类需求的种类与层次结构进行了不同的划分。

1. 马斯洛的需求层次理论。马斯洛认为，人类的所有需求都可以按照它们的重要性的大小，从低级到高级，排列成五个不同的层次，分别是：①生理需求，指人类维持生存最原始和基本的需求，如饮食、睡眠、性欲等需求。②安全需求，指寻求生命保护与免于威胁的需求。③爱与归属的需求，指被他人接纳、爱护、关注、欣赏、鼓励、支持的需求。爱包括被爱和付出爱的需求。④尊重的需求，指被人肯定、认同、赏识、受别人重视，渴望有名誉、有声望、有价值的需求。⑤自我实现需求，指一个人能达到自己所能达到的状况，请注意，不是指一个人想达到的某种理想状况。

马斯洛认为，人的需求虽有高低之分、先后之别，但它们并不是彼此孤立的，而是相互联系、相互依赖、相互影响、相互作用，共同构成统一的需要系统。见图 5－1。

人类五个层次的需求之间前后相继，互相渗透，形成了从低层次需求到高层次需求相继发展的序列。不同层次的需求也可以同时并存，高一层次的需求并不一定要在低一层次需求完全满足后才出现。例如，流浪街头的歌手在温饱归属需求尚未完全满足时就已经出现了自我实现的需求。

2. 奥尔德弗的“ERG 理论”。美国心理学家克雷顿·奥尔德弗（Clayton Alderfer）在马斯洛的需求层次理论的基础上将其概括为三种人类需求，即生存需求（existence needs）、关系需求（relatedness needs）和成长需求（growth needs），因此称作“ERG 理

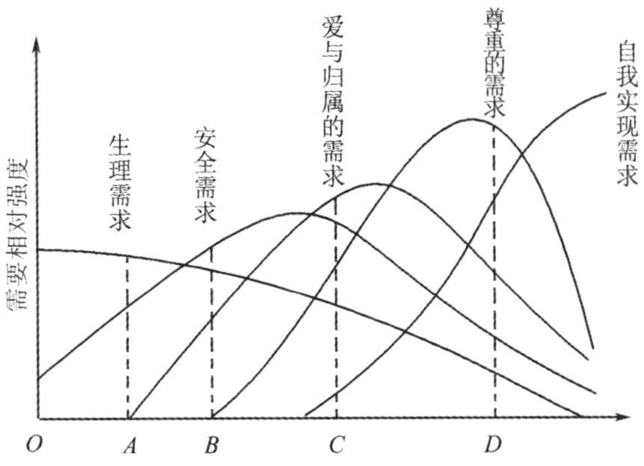

图 5-1　需要层次之间的关系

论”。他认为：①个人发展与成长的每个时期，可能存在一个或一个以上的优势需求；但每个人的需求结构和强度是各不相同的，有的人生存需求占主导地位，有的人关系需求或发展需求占主导地位；因此，教育和管理激励措施既可以多样化，也应个性化。②需求被满足的程度越低，个体对该需求的追求就越强；当较低层次的需求得到满足后，对较高层次的需求会加强，较低层次的需求越是获得满足，则对高层次需求的渴望也就越强烈，称为满足—上进模式。③当较高层次需求受到挫折时，个体对低层次需求满足的追求将越强烈；较高层次的需求越是不能满足或缺乏，则对较低层次需求的追求就越多，称为满足受挫—衰退模式。

3. 成就需求理论。美国社会心理学家麦克利兰德（D. C. McClelland，1917—1988）基于对人的需求和成就动机的研究，认为每个人都有权利、归属和成就三种需求，这些需求时刻都在支配人的行为，但它们在每个人身上表现的强烈程度是不同的。所谓成就需求是指超过别人、克服障碍、达到高标准、完成艰巨任务的一种需求。研究表明，具有高成就需求的人在实验室做各种试验性的题目比具有较低成就需求的人要做得更好；在学校里智力相近的人，成就需求较高的人比成就需求低的人成绩更好；在商业界受过同样训练而且提升机会相同的人，成就需求高的比成就需求低的升迁得更快。成就需求在幼年时期已经形成，而且在很大程度上是由所接触的文化和父母对成就的重视程度所决定的，这些价值标准在儿童吸收这种文化的过程中被接受，显然高成就需求是可以通过教育培养的。

（四）大学生需求结构的特点

1. 大学生需求的种类和相对强度。大学生的需求多种多样，研究显示，大学生的需求竟达 830 种之多，其中有 18 种需求是大学生的基本需求。[①] 随着时代的变迁，大学生心目当中排名前四位和后四位的需求类型也发生了一定的变化，见表 5-1。

① 黄希庭，徐凤姝．大学生心理学［M］．上海：上海人民出版社，1988：125-129.

表5－1 历年大学生需要重要性调查一览表①

年份	1988	1997	2007	2008	2009	2010	2012
排名前四位的需求	求知	求知	友情	维持生存	维持生存	维持生存	友情
	友情	友情	求知	友情	健康	求知	维持生存
	建树	自尊自立	自尊自立	自尊自立	心理素质	自尊自立	自尊自立
	自尊自立	建树	建树	求知	成就	友情	身体素质
排名后四位的需求	性	躲避羞辱	躲避羞辱	性	性	求援	助人
	归属	归属	物质享受	权力	权力	权力	权力
	权力	权力	权力	助人	求美	躲避羞辱	性
	躲避伤害	躲避伤害	性	发展体力	奉献	奉献	奉献

2. 大学生的优势需求。

（1）发展的需求。发展的需求包括求知需求、求美需求和发展体力的需求。大学生对于自身发展的需求十分强烈，他们希望自己可以成为对社会有用的人才，当然希望学校可以成为他们走向社会发展和提高竞争力的基地。总体来说，当代大学生的“我向性”需求优于“利他性”需求，这也符合大学生仍处在吸取知识阶段的状况。

（2）尊重的需求。尊重的需求包括自尊自立的需求和权利的需求等。当代大学生崇尚个性张扬，充满自信，并且希望能够得到他人的认可。大学生要求教师、家长能将他们当大人看待，听取他们的意见，维护他们的尊严，对别人的评价和看法非常敏感。

（3）交往的需求。交往的需求包括表达的需求、情感的需求、归属的需求等。如何处理好与大学同学的关系，如何与父母、教师更加和谐地沟通，如何与异性更好地相处，如何建立起良好的人际关系，是大学生普遍关注的问题。大学生热衷于参加学校各种社团活动的目的之一就在于能增加与其他同学交往的机会，培养自己的社交能力。当代大学生既追求自身的独立自由，也越来越认识到外在人际环境的支持对自身发展的重要性。

（4）贡献的需求。贡献的需求包括建树事业的需求、成就的需求、奉献力量的需求等。想成为科学家、艺术家、企业家等杰出人才，为社会做出贡献是许多大学生美好的愿望；热心参与社会义务劳动，是大学生普遍的积极情感。大学生贡献需求的强烈程度受高成就文化环境、父母期望、理想和职业愿景等因素的影响。

三、大学生的心理动机

（一）动机与动机冲突

1. 动机的概念。动机是指引起个体活动和维持已引起的活动，并促使该活动朝向某一目标进行的内驱力。由动机驱使的行为，称为动机性行为，动机性行为是人类行为的

① 胡金连，周宏，董云川．现状、变迁与启示：我国近30年大学生需要研究述评［J］．昆明理工大学学报（社会科学版），2015，15（3）：87－93.

基本特征之一。动机的产生主要依赖两个条件，即内在的需求和外在条件的刺激。凡是能引起人的动机性行为的外部刺激或情境称为诱因，如食物、书籍、活动、奖励、惩罚等。当内在需求和外在诱因适当结合，便形成行动的动机，导致动机性行为。

2. 动机冲突的类型。如果当个体在实现目标的过程中同时具有两个或几个动机，而这些动机的强度相当，且不能同时得到满足时，就会产生动机的冲突。一般将动机冲突分为四类。

（1）双趋冲突（approach-approach conflict）。它是指个体有两个并存的目标，且对两个目标有几乎相同强度的动机，而迫于情势又必须从两种目标中选择其一，即“鱼和熊掌两者不可兼得”的一种冲突心境。例如，大学生既想集中精力专心学习，又想参加社团活动时就常出现双趋冲突的困境。

（2）双避冲突（avoidance-avoidance conflict）。它是指当个体面临两个可能具有威胁性而希望避开的目标，但迫于情势又必须接受其中之一时，这种左右为难的心理冲突的心境。例如，学生患病需要休学时，既不想因为休学比其他同学晚毕业一年，又不想因延误治疗影响身体健康的困境。

（3）趋避冲突（approach-avoidance conflict）。它是指当个体对单一目标同时产生两种相反的动机，一方面好而趋之，另一方面恶而避之，处于一种进退两难的冲突心境。例如，一些女生很喜欢吃巧克力，但又怕吃了发胖。

（4）双重趋避冲突（approach-approach-avoidance conflict）。在实际生活中，动机冲突的情境可更为复杂。有时，个体可能同时面临两个或几个目标，而每个目标又同时形成趋避冲突，这种纠结矛盾的心境称为“双重或多重趋避冲突”。例如，某大学生既想报考研究生，又怕再苦读三年；既想早毕业早赚钱，又怕文凭不够高；等等。

动机冲突还可依据动机内容的不同而将动机冲突分为原则性的动机冲突和非原则性的动机冲突。一般来说，对非原则性的动机冲突的选择受个性倾向的影响较大。原则性动机冲突的抉择则多受其人生观和价值观的影响。事实上，一个大学生如何处理自己所遇到的各种动机冲突不仅反映了个体的价值观和人生观，也投射出其意志、应对方式等心理品质的优劣。

（二）大学生的学习动机

大学生的动机虽然有许多种类，但基于青年心理发展现阶段的主要社会化任务，其优势动机主要有学习动机和成就动机。

学习专业知识和专业技能是大学生在校期间的主要任务。学习动机是大学生发动和维持其学习活动的内驱力，帮助大学生形成正确的学习动机，是促进大学生成才的起点。

1. 大学生学习动机的种类。观察表明，大学生的学习动机是多种多样的，而且因个体的成长经历的不同而有差异。大体有如下几类：①生活动机类。为了提高竞争力，找一份谋生的好工作，为找对象创造条件，使未来幸福生活有保障。②专业学术动机类。对探求科学问题和某个学科有浓厚兴趣。③成就和权力动机类：为未来获得一定的经济财富、社会地位和权力的愿望。④感恩动机类。为了报答父母的养育之恩，或因为孝顺而服从父母意愿。⑤赞许动机类。为了赢得父母、教师和别人的称赞，获得社会声誉。⑥经济动机类。为了获得奖学金。

英国心理学家毕哥斯（Biggs）编制了《学习过程问卷》，其中将学习动机分量表分为表层型动机、深层型动机和成就型动机三个维度。表层型动机是指学生为了应付检查和考试及格而进行学习的动机，这是一种指向学习结果的动机。深层型动机是指学生对所学内容真有兴趣，这是为了弄懂和掌握知识，指向学习内容的动机。成就型动机是指学生为了获得高分或奖励、表扬而进行学习的动机。有调查显示，大学生群体中，深层型动机者居多，其次为成就型动机，表层型动机者比例较少。大学生的学习动机的变化与用人单位更看重学生专业能力和综合素质的需求趋势相关。

2. 大学生学习动机的特点。①学习动机复杂多样化。随着社会政治经济生活的发展，人们的价值体系趋向多元化，不同时代的大学生、同一时代不同的大学生的学习动机是有差异的。为了自我发展与自我实现、报答父母、过上更好的生活、为社会做贡献，或者只是为了混一张文凭等多种学习动机在当代大学生中都是客观存在的。②以实现自我价值为中心。与那种“到祖国最需要的地方去”的老一代大学生的人生观和事业观不同的是，当代大学生把“自我实现和个人发展”放在更突出的位置，他们把学习看成是个人获得更大的发展空间，提高自我竞争力的手段或途径，内心少了些服从祖国和人民需要，以及报效国家的社会责任意识。③急功近利的现实性。调查表明，就业竞争已经成为大学生的主要心理压力。随着人才市场竞争与就业压力的增大，当代许多大学生认为读大学就是为了将来有稳定的经济收入或较高的社会地位。因此，学习中表现为对基础知识和学术研究不甚感兴趣，而对与自身利益密切相关的，有助于提高就业竞争力的考证和公务员考试则趋之若鹜。

3. 影响大学生学习动机的因素。

（1）社会因素。大学生对学习的意义、重要性、价值、目的的态度都会受到其所处社会的政治经济发展水平、社会文化、价值观和教育观念的影响。“书中自有黄金屋，书中自有颜如玉”，把读书作为获得人生财富和幸福的必由之路的观念曾激励了古代书生的寒窗苦读。而曾经，“读书无用论”的观点甚嚣尘上，使一些人荒废了学业和青春年华。又有“好专业不如好关系”的社会风气也使一些大学生将主要精力放在搞社会关系上而忽略了认真扎实的专业学习。

（2）家庭因素。家庭是个体学习动机萌芽和早期发展的主要场所，父母是孩子学习动机的最早培养者，父母的人生观和价值观、关于学习与成就的认识和态度、家庭的学习气氛、父母教育方式、家庭的经济条件与社会地位等因素都对大学生的学习动机具有极大的影响。

（3）学校因素。一个大学的校风、教育教学模式、教师的教育理念、教学方式方法、师生之间的关系、学校管理等因素都会直接影响大学生对知识学习的态度、兴趣与动机。榜样的力量是无穷的和无形的，杰出校友对大学生成长与成功的示范效应也是巨大的。

（4）人格因素。第一，人格中的认知成分影响个体对学习目的、意义及重要性的认识；第二，人格中的态度成分，如喜欢还是讨厌等因素；第三，人格中的情感成分通过作用于个体，影响学习动机的引导、推动和调节，改变学习动机水平；第四，人格中的意志成分的作用主要体现在学习活动遇到困难时学习动机水平的变化上，意志坚定则能保持较强的动机水平，反之则丧失学习动机，使学习活动中断。

（5）价值观因素。价值观是指一个人评价事物、辨别是非时所持的一种综合性观念体系。持不同价值观的个体其学习态度和对学习意义的认识是不同的，若个体认为学习重要、有价值，就可能产生较强的学习愿望，反之则不愿花精力在学习上。此外，个体对金钱、权力等的态度也会影响其学习动机。

（6）学习归因因素。一般而言，动机通常回答“我为什么做”的问题，而归因则回答“我为什么会做成这样”的问题，虽然两者属于不同的范畴，但归因的结果却会影响行为动机的强弱。学生通常把学习的成败归于如下四个方面：能力水平、努力程度、任务难度和运气。如果一个大学生具有较强的内归因倾向，那么他会多从自己身上找原因；而如果具有较强的外归因倾向，则将多从外部找借口。

（三）大学生的成就动机

1．成就动机的概念。成就动机是个体追求自认为是重要的有价值的工作，并使之达到完善状况的动机。成就动机是个体乐意学习和工作的内在推动力。所谓成功，是相对的，是个人完成一件工作后与他人或既定的标准相比较所得出的结果。因此，成就动机总是包含有追求成功、预防失败、胜过他人、达到理想等含义。成就动机的构成成分很复杂。大学生成就动机中可能包含有：求知探索的认识兴趣，证实自己智力、体力、胜任能力的欲望，并因自己的某些能力而赢得相应的社会地位或满足自尊的需要；因自己出色的学业成绩获得教师和同学的认可、赞许的愿望；对学业或工作的社会意义的认识与强烈的事业心。成就动机中常可以分出两种倾向：一种是追求成功的动机占优势的人，对成功感到骄傲，而对失败则不那么介意或不感到特别羞愧；另一种是避免失败动机占优势的人，对失败尤其在意，并感到十分丢脸，而对成功则并不特别觉得自豪。

一般来说，成就动机较高的大学生，学习成绩较为优秀。因为这些学生追求的目标有两个层面：不仅在乎学习成绩优秀，而且追求自我成长，喜欢挑战有一定难度和风险的学习任务，即便是遇到挫折也常能以“失败乃成功之母”来鼓励自我。成就动机较低的大学生并非是真正的好学，而只是借学习表现来博取别人的赞赏和好评，他们倾向于选择更容易的学习任务，以免遭到失败；或选择很难的工作，即使失败，也可为自己未达到成功而找到一个体面的借口。研究还表明，成就动机对大学生的心理幸福感具有显著的预测作用。其中追求成功的动机和心理幸福感呈显著正相关；避免失败的动机和心理幸福感呈显著负相关。个体追求成功的动机所带来的积极影响会更加有利于自我实现，从而使个体体验到较强的心理幸福感；而避免失败的动机对个体的消极影响则会阻碍自我实现，使其心理幸福感水平较低。①

2．影响大学生成就动机的因素。①抱负水平。抱负水平越高，成就动机越强。抱负水平是指个体对自己可能达到的成就目标的主观估计。一个人的抱负水平取决于各种因

① 宋勃东，李永娟，董好叶，等．无惧失败预测幸福：成就动机对心理幸福感的预测作用［J］．心理科学，2015，38（1）：203－208．

素的综合作用。主观估计成功的概率高才能激发成就动机。成功的经验越多，抱负水平越高。成功的经验可导致抱负水平的提高，失败的经验能导致抱负水平的降低。成功和进一步成功的预期，可以增加对工作的兴趣；失败和对失败的预期，可以减少对同类工作的兴趣。大学生在确定自己抱负水平时，往往要参照与自己水平相当的同伴的成败经验。例如，对于研究生考试、留学生考试等自己没有参加过、缺乏直接经验的事情，大学生往往会以本班同学的成绩为参照。抱负水平适当与否，会影响大学生在学习中的成败体验与自信心，过高的抱负也可能因为压力太大而适得其反，因此，大学生应正确认识自己，合理地确定与适当调节自己的抱负水平。②目标因素。学习或工作目标越具有吸引力，成就动机则越强。观察表明，越是举办级别高、奖金多、影响力大、对就业有帮助的比赛或者活动，参加的大学生则越多。③风险与表现因素。研究表明，任务与活动具有一定的风险性则更能激发年轻人的成就动机；适当的风险不仅能刺激年轻人的好胜心和冒险精神，也为施展才干提供了更多的机会，还能够赢得别人更多的羡慕和称赞。④家庭社会因素。家长对子女自律训练越严格，子女的成就动机越强；高成就动机的社会文化将促进社会成员的成就动机。

第二节　大学生的挫折心理

挫折是指个体在从事某种有目的的活动过程中，因受到主客观因素的影响或干扰，致使其目标不能实现，需要无法满足时的一种状态。挫折一般包含挫折情境、挫折认知和挫折反应三个要素。挫折情境是指阻碍目标实现的各种主、客观因素；挫折认知是指个体对挫折的归因、后果与意义的看法和评价；挫折反应是指个体在挫折发生后所表现出来的情绪和行为反应。

一、大学生常见的挫折类型

（一）适应挫折

适应挫折大多发生在大一新生中。从中学进入大学，远离家乡和离开父母，开始独立生活。进入大学之前，日常生活中的很多事情都是由父母安排好，不用自己操心，如今一切要自己打理，这使一些新生感到无所适从；有些大学生第一次住集体宿舍，不知如何与那些文化背景、家庭条件、个性性格、生活习惯不同的同学沟通和朝夕相处；在中学里的优越感，到了人才济济的大学后可能不复存在，自己也不再成为众人关注的中心，于是，一些新生出现了适应不良的心理反应。

（二）学习挫折

很多大学新生在中学阶段的学习成绩都名列班级前茅，自信心也较强，可到了大学后，由于不适应大学教师的教学方式和专业教学内容，可能一下子找不到学习方向；自学时间多了，有很多时间可以待在图书馆里，丰富的社团活动，宽大的校园使不少大学生陷入了自由选择的迷茫之中；考前焦虑，考后抑郁，因为多门功课不及格而中途退学、拿不到毕业证书的大学生并非个别。

（三）生活挫折

不少来自农村经济贫困家庭或城市下岗职工家庭的大学生，因为家庭经济拮据，交不起学费，连生活费也成问题，这就导致这些大学生参加集体活动减少，消费受到限制。有些大学生还可能遭遇父母离异、亲人亡故、家庭经济破产、经济纠纷等意外事件的打击，导致出现痛苦、自卑、抑郁、挫折等心理问题。

（四）交往挫折

来自五湖四海，而又处于个人意识迅速发展期的青年大学生与同学舍友同居一校一室，常有各种矛盾和冲突是难以避免的，人际关系紧张、人际冲突甚至社交恐惧和各种病理性妄想等精神障碍并非少见，大学生的人际关系问题已成为大学生突出的心理问题。

（五）恋爱挫折

风华正茂的男女大学生难抑热血的冲动，大学成了不少人开始初恋的地方。由于大学生尚处于无经济独立能力的学习阶段，性生理的迅速发展和性心理自控能力尚不成熟的矛盾，或因男女性格的差异、家庭背景的不同、社会舆论的压力、恋爱动机不当等原因，常常使许多大学生在校期间的恋爱无疾而终，或使其陷入纠结、失恋的痛苦之中，有些甚至成为引发自杀等恶性事件的诱因。

（六）就业和创业挫折

随着大学生就业人才市场竞争的加剧，自谋职业和创业成为现代大学生走入社会的一种新的形式。就业和创业挫折现象在应届毕业生中具有普遍性：大量投递简历却没有回应，多次面试却得不到理想的结果，过五关斩六将却在应聘的最后环节失利，满腔热情开始的创业却因缺乏经验等种种原因而以失败告终。

二、受挫后的心理行为反应

（一）影响受挫后心理行为反应的主要因素

个体遭受挫折后的心理行为反应不仅与应激事件和挫折境遇有关，更因个体的心理素质与应对方式不同而有差异。凡能引起个体高度紧张的事件都叫应激事件。当事件对人的心理具有相当大的冲击性或灾难性时可以称为危机事件。应激事件是否引发挫折心理，与应激刺激的性质、强度、数量和持续时间有关。根据事件发生的时间特点，可将应激事件分为突发性的、慢性的和特定时期的（如周年）应激几类。按照应激事件的数量，可分为单个的和多个叠加的应激。大学生常见的应激事件有：多门课程不及格、身患疑难杂症、失恋、亲人去世、家庭变故等。研究表明，6 个月内经历了重大应激事件者抑郁发作的危险增加 6 倍，自杀率增加 7 倍。

即使是经历了同样的应激事件，由于个体对应激事件和挫折情境的认知不同，会直接影响个体对挫折情境性质、程度和意义的判断，不同认知的人对相同的挫折情境的主观心理感受也不尽相同。所谓优良的心理素质就是指个体对应激刺激具有良好的应对方式。应对方式有积极的和消极的之分，积极的应对方式有自我安慰、自我解释、升华、转移、求助、问题解决等；消极的应对方式有幻想、压抑、逃避、退缩、酗酒、侵犯他人等。事实证明，对挫折情境做出积极应对的个体，容易从挫折中走出来，进而还能从中获得成熟和进步；而消极的应对方式则导致个体颓废、沮丧、丧失斗志，甚至有些人会因经受不了挫折的打击而自杀。

受挫还与个体自我期望和自我估计过高有关，因为个体设定了超过自己实际能力的不现实的目标，从而不容易实现自己的愿景。

（二）受挫后出现的不良心理行为反应

1. 愤怒与攻击。遭遇挫折后的情绪与行为反应和个体如何归因有直接的关系。如果个体将受挫失败归因为自我的话，可能会将愤怒和攻击指向自己，内疚、自责、沮丧，甚至自残和自杀，或因此患神经症，出现多样的躯体化症状。如果个体将受挫失败归因为他人或环境，可能会将愤怒和攻击直接指向自认为给自己带来麻烦的人或物，表现为对人讥讽、谩骂、拳脚相加及损坏物体，甚至杀人等违法行为。当个体找不到明显的攻击对象时，可能会将攻击的目标指向不相关的人或物。

2. 焦虑或抑郁情绪。经历过或面临挫折，有些人会出现紧张不安，心悸，气促，手脚颤抖，额头、脸颊冒汗等焦虑表现；而另一些人则出现情绪低落，唉声叹气，少思懒动，茶饭不思，甚至频生轻生念头。

3. 行为退缩。行为退缩是指个体在受到挫折的时候，用与自己年龄不相称的幼稚行为来应对挫折情况。这种返回到不成熟的行为模式叫作退行或退缩。例如已经成年的大学生，受到教师批评或与同学发生争执时，只会失声痛哭，既不会争辩，也不会理智地处理和反思。

4. 态度冷漠。态度冷漠是指个体在遭受挫折后，采取的一种似乎无动于衷的态度和行为反应。冷漠反应的原因可能与个体对引起挫折的对象无法或无力进行攻击，或强行采取攻击后反而会遭受更大的挫折，同时又找不到适当的替代物来发泄自己的愤怒情绪，或看不到挫折情境改变的希望有关。冷漠的背后可能隐藏着强烈的愤怒，或因为某些因素诱发而转变为攻击等其他反应方式。

5. 心理固着。心理固着是指个体由于遭受挫折而使得心理发展产生了停滞，而表现出某种固着的偏执性行为，如个体反复做某些重复的和无意义的强迫性动作，并很难为其他适应性行为所取代。

遭受挫折后的心理行为反应大多是个体无意识和不自主的。从某种意义上说，一个人的心理素质可以从遭受挫折后的心理行为反应的性质和强度，以及采取的应对方式来进行判断。心理素质好的人，不仅较少产生被动消极的心理行为方式，而且能很快地从挫折反应中走出来。

第三节　态度、需求与动机的心理调适

一、改变态度与认知失调

当个体的态度与行为产生不一致的时候，往往会引起个体的心理紧张。美国社会心理学家利昂·费斯廷格（Leon Festinger，1919—1989）将之称为认知失调。为了克服由

于认知失调而引起的消极情绪，个体可以采取各种方法减少自己的认知失调。以坚持锻炼身体为例，某大学生在学期初给自己定下目标，要求自己坚持每天早起锻炼身体。但天气寒冷的时候，又往往赖床不起。在这种情况下，锻炼身体的态度与赖床的行为就产生了矛盾，引起了焦虑、自责、懊恼等不良情绪。在这样的情况下，个体可以通过以下方式来调整自己的态度和认知。

（1）改变态度。改变自己必须坚持每天锻炼身体的态度，也就是说，锻炼身体不一定必须每天都得去，天气不好、睡眠不足、患病时就可以不去。

（2）增加新的认知。如果两个认知不一致，可以通过增加更多一致性的认知来减少失调，例如换个思维角度来想，偶尔赖床可以让我得到更好的休息。

（3）改变认知。改变认知的重要性，让一致性的认知变得重要，不一致性的认知变得不重要，例如可以认为，放松和多休息一会儿比担心以后缺乏锻炼、身体不好更值得。

（4）减少选择感。让自己相信自己之所以做出与态度相矛盾的行为是因为自己并非有意做出选择，例如可以这么想，这两天上课那么累，我不能提早起床，这说明身体的确需要多睡一会，我并不是故意的。

（5）改变行为方式。使自己的行为不再与态度有冲突，例如可以设想以后当天气不好时，改在宿舍做仰卧起坐或俯卧撑锻炼。

二、学会正确归因

心理学家弗里茨·海德（Fritz Heider，1896—1988）的归因理论认为，每个人都有试图解释和推测别人或自己行为成功或失败原因的动机。个体对行为的归因会影响其以后在类似行为上的反应和态度。因此，学会正确地归因，有助于提高个体的成就动机。美国心理学家伯纳德·韦纳（B. Weiner，1935—　）认为，人们往往把成功和失败归因于以下6类因素：能力、努力、任务难度、运气、身心状态、其他因素。韦纳按各因素的性质，从内外因、稳定性与可控性三个维度，对归因模式做了划分，见表5－2。

表5－2　归因的三维度模式

三维度	内因		外因	
	稳定的	不稳定的	稳定的	不稳定的
	不可控的	可控的	不可控的	可控的
四因素	能力高低	努力程度	任务难易	运气好坏

个体对成败归因的不同会引起不同的情绪反应、期望和行为改变。例如，如果把成功归因于自己的努力和能力，会使个体感到满意和自豪；如果把成功归因于任务难度和机遇，则会使个体产生惊奇和感激的心情；如果把失败归因于自我的内在原因，会产生内疚和自责感；如果把失败归因于外部环境因素，则可能会产生愤怒和敌意；如果把成功归因于稳定因素（如任务易、能力强），可能会促进以后工作积极性的提高；如果把成功归因于不稳定的因素（如机遇），则以后的工作积极性可能提高，也可能降低。以学生考试失败为例，如果把考试失败归因为稳定的内部因素，如：认为自己缺乏能力，

那么会觉得自己太笨，还可能认为这种现状无法改变，认为以后的考试还会失败，于是自暴自弃；如果归因为不稳定的、可控的内部因素，如：认为自己复习时间不够，则会觉得只要经过自己的努力，是可以取得好成绩的，于是采取积极的学习态度的可能性更大；如果归因为试题太难，则会认为由于自己无法控制试题的难度，就会害怕下一次考试继续失败而产生畏难情绪；如果归因为运气，则会认为考试成败是随机的，个体不一定会再为之付出努力。由此可见，对事件的归因不同会影响个体对未来事件的期望和行为。

学习正确的归因方式，形成积极的归因模式，即凡事主动自己承担责任，认定事情可以向着好的方向发展，并积极寻求自己可以解决的办法，才能够成为把握自己命运的人。

三、树立正确的成功观

成就动机是推动大学生自觉学习的内在动力。高成就动机的大学生往往朝气蓬勃，勤奋学习，取得的成绩也更为显著；而低成就动机的大学生在进入大学后，往往很快就失去了学习奋斗目标，对专业学习缺乏兴趣和主动性，对听课、学术活动、上图书馆甚至考试等学习活动都表现出淡漠的态度。没有成就动机当然不好，但是，过强的成就动机或不正确的成就动机同样有害。什么是成功？如何才能实现成功？这是大学生们很关心的问题。有不少人认为，升官发财就是成功；有人认为能成为硕士、博士就是成功；也有人认为，能自己创业，当上老板就是成功；还有人认为能做到人尽其才，自我实现就是成功。可见，不同的人对于成功有大相径庭、莫衷一是的标准。因此我们认为，大学生应该树立成长、成才的观念。

所谓成才就是将自己培养成符合社会需要的有用之才；而所谓成长就是相比过去有所进步的过程。可见，成长和成功是每一个大学生都可以自主实现的。树立正确的成功观，有助于大学生明确学习目的，端正急功近利的学习态度。具体方法可以是：邀请取得较高成就的校友、行业杰出人才来学校与大学生进行人生经验的分享交流，有助于启发大学生认识成功、成长、成才的辩证关系；组织参观监狱，用一些人为了追求升官发财而走向犯罪的案例来帮助大学生反思错误的成功观将导致人的犯罪；通过与同学分享互动和教师指导，制定出适合自己成才进步的生涯规划，并将成长的目标细化到平常的学习日程之中。

四、让失败成为成功之母

（一）正确认识挫折，改变不合理认知

按照认知心理学理论，即使是同样的挫折事件或挫折情境，对于不同心理素质的人也可能会产生不同的结果。换而言之，真正导致挫折后消极情绪的并不是那些挫折事件本身，而是当事人对于这一事件所持的信念、解释和评价，以及由此而产生的应对挫折的方法。例如，同样考试得了60分，有些同学可能会想，这次考题很难，好在我努力复习过了，才能顺利通过，他们仍可以感受到愉悦的情绪；而有一些同学会想，太倒霉了，

肯定拿不到奖学金了，父母肯定会说我没用功，于是产生焦虑和抑郁等消极情绪。可见，要摆脱挫折事件的消极影响，首先要从改变自己对遭受挫折后觉得糟透了等不合理认知开始。事实上，每一个人都遭受过这样或那样的挫折，但挫折并不决定我们的命运，而是我们自己的信念、认知和行为反应决定了我们面对挫折的结局。挫折除了成功与失败，还有调整目标、退一步海阔天空等多种可能。一次挫折不等于永久不变的失败，希望全在于你自己选择的目标与行动。

（二）树立自信心，适时调整奋斗目标

面对挫折，只有自信的人才不会因为一时的失败而以为大祸临头，惊慌失措，一蹶不振。然而，适时审视自己的目标是否偏离现实或者超过自身的能力，客观地分析自己的优势和劣势，适时调整自己的奋斗目标和理想也是十分必要的。

（三）分析挫折原因，不断完善自我

客观、全面、正确地分析挫折的原因，是将失败作为成功之母的基础，也才能化解对挫折的愤怒和敌意、自责或悔恨等消极情绪。如果正确地认识了环境外因，那么可以根据社会的需求，适当地调整自己的目标和行为策略；如果正确地认识了自身的内因，那么就应该按照“缺什么补什么”的原则，加强和完善自己的知识结构和专业能力，提高自己适应环境的能力和抗压的能力，让压力变动力，让挫折变经验。挫折或许会让心理脆弱的人趴下，却给有意志和智慧的人带来重新选择的机会和成长的启迪。

心理测验

自我防御方式问卷（DSQ）

测试目的：了解个体应对挫折和困难的习惯性的心理防御方式。

指导语：请按照你的实际情况填写表 5－3 的问题，每个问题有 9 个选择，分别用 1～9 分来表示同意的程度，答案无对错之分。1 表示完全反对，2 表示很反对，3 表示比较反对，4 表示稍微反对，5 表示既不反对也不同意，6 表示稍微同意，7 表示比较同意，8 表示很同意，9 表示完全同意。

表 5－3　自我防御方式问卷

1. 我通过帮助他人而获得满足，如果不这样做，我就会变得情绪抑郁
2. 人们常说我是个脾气暴躁的人
3. 在我没有时间处理某个棘手的事情时，我可以把它搁置一边
4. 人们总是不公平地对待我
5. 我通过做一些积极的或创造性的事情来摆脱自己的焦虑不安，如绘画、做木工活等
6. 偶尔，我会把一些今天该做的事情推迟到明天再做
7. 我不知道为什么总是遇到相同受挫折的情境

续上表

8. 我能够相当轻松地嘲弄我自己
9. 我受到挫折时，表现得就像个孩子
10. 在维护我的利益方面，我羞于与人计较
11. 我比我认识的人中的大多数都强
12. 人们往往虐待我
13. 如果某人骗了或偷了我的钱，我宁愿他得到帮助，而不是给他惩罚
14. 偶尔，我想做一些坏得不能说出口的事情
15. 偶尔，我因一些下流的笑话而大笑
16. 人们说我像一只鸵鸟，把自己的头埋入沙中，换句话说，我往往有意忽视一些不愉快的事情
17. 我常常不能竭尽全力地与人竞争
18. 我常感到我比和我在一起的人强
19. 某人正想剥夺我所得到的一切
20. 我有时会发怒
21. 我时常在某种内在力量的驱使下，不由自主地做出一些行为
22. 我宁愿饿死也不愿被迫吃饭
23. 我常常故意忽视一些危险，似乎我是个超人
24. 我以有贬低别人威望的能力而自豪
25. 人们告诉我：我总有被害的感觉
26. 有时感觉不好时我就发脾气
27. 当某些事情使我烦恼时，我常常不由自主地做出一些行为
28. 当遇事不顺心时，我就会生病
29. 我是一个很有自制力的人
30. 我简直就像一个不得志的艺术家
31. 我并不总是说真话
32. 当我感到自尊心受伤害时，我就会回避
33. 我常常不由自主地迫使自己干些过头的事情，以至于其他人不得不限制我
34. 我的朋友们把我看作乡下佬
35. 在我愤怒的时候，我常常回避

续上表

36. 我往往对那些确实对我友好的人，比对我应该怀疑的人保持更高的警惕性
37. 我已学得特殊的才能，足以使我毫无问题地度过一生
38. 有时，在选举的时候，我往往选那些我几乎不了解的人
39. 我常常不能按时赴约
40. 我幻想得多，可在现实生活中做得少
41. 我羞于与人打交道
42. 我什么都不怕
43. 有时我认为我是个天使，有时我认为我是个恶魔
44. 在比赛时，我总想要赢而不愿输
45. 在我愤怒的时候，我变得很会挖苦别人
46. 在我自尊心受到伤害时，我会公开还击
47. 我认为当我受伤害时，我就应该翻脸
48. 我读报时，不是每个版面都会阅读
49. 我沮丧时，就会回避
50. 我对性问题感到害羞
51. 我总是感到我所认识的某个人像个保护神
52. 我的处世哲学是“非礼勿信，非礼勿做，非礼勿视”
53. 我认为：人有好坏之分
54. 如果我的上司惹我生气，我可能会在工作中找麻烦或磨洋工，以报复他
55. 每个人都和我对着干
56. 我往往对那些我讨厌的人表示友好
57. 如果我乘坐的飞机的一个发动机失灵，我就会非常紧张
58. 我认识这样一个人，他什么都能做而且做得合理正直
59. 如果我感情的发泄会妨碍我正从事的事业，那么我能控制住它
60. 一些人正在密谋要害我
61. 我通常可以看到厄境当中好的一面
62. 在我不得不去做一些我不愿做的事情时，我就头痛
63. 我常常发现我对那些理应仇视的人，表现出很友好的态度

续上表

64. 我认为，“人人都有善意”是不存在的，如果你不好，那么你一切都不好

65. 我绝不会对那些讨厌的人表示愤怒

66. 我确信生活对我是不公正的

67. 在严重的打击下，我会垮下来

68. 在我意识到不得不面临一场困境的时候，如考试、招工会谈，我就试图想象它会如何，并计划出一些方法去应付它

69. 医生们绝不会真的弄清楚我患的是什么病

70. 当某个和我很亲近的人死去时，我并不悲伤

71. 在我为了利益和人争斗之后，我往往会因为我的粗鲁向人道歉

72. 发生与我有关的大部分事情并不是我的责任

73. 当我感觉情绪压抑或焦虑不安时，吃点东西，可以使我感觉好些

74. 勤奋工作使我感觉好些

75. 医生不能真的帮我解决问题

76. 我常听人们说我不暴露自己的感情

77. 我认为，人们在看电影、戏剧或书籍时所领悟的意义，比这些作品所要表达的意义要多

78. 我感觉到我有一些不由自主要去做的习惯或仪式行为，并给我带来很多麻烦

79. 当我紧张时，就喝酒或服药

80. 当我心情不愉快时，就想和别人待在一起

81. 如果我能够预感到我会沮丧的话，我就能更好地应付它

82. 无论我怎样发牢骚，从未得到过满意的结果

83. 我常常发现当环境要引起我强烈的情绪反应时，我就会麻木不仁

84. 忘我地工作，可使我摆脱情绪上的忧郁和焦虑

85. 紧张的时候，我就吸烟

86. 如果我陷入某种危机，我就会寻找另一个和我具有同样命运的人

87. 如果我做错了事情，不能受责备

88. 如果我有攻击他人的想法，我就感觉需要做点事情，以转移这种想法

自我防御方式问卷（DSQ）统计指标及其意义：

1. 四个因子分及因子均分。

量表中的88个问题所测的维度可以归纳为四个因子，分别为成熟防御机制、中间型

防御机制、不成熟防御机制、掩饰度。

各因子分 = 各防御机制因子项目得分之和。

因子均分 = 因子分 ÷ 因子所属条目数。

因子均分反映评定者在某因子上自我评价介于 1 ～9 的程度。因子分越接近 9，即表明应用某类防御机制的频度越大，其掩饰度越小。

2. 各因子条目。

(1) 因子 1：不成熟防御机制条目。

投射：第 4、12、25、36、55、60、66、72、87 题。

被动攻击：第 2、22、39、45、54 题。

潜意显现：第 7、21、27、33、46 题。

抱怨：第 69、75、82 题。

幻想：第 40 题。

分裂：第 43、53、64 题。

退缩：第 9、67 题。

躯体化：第 28、62 题。

(2) 因子 2：成熟防御机制条目。

升华：第 5、74、84 题。

压抑：第 3、59 题。

幽默：第 8、61、34 题。

(3) 因子 3：中间型防御机制条目。

反作用形成：第 13、47、56、63、65 题。

解除：第 71、78、88 题。

制止：第 10、17、29、41、50 题。

回避：第 32、35、49 题。

理想化：第 51、58 题。

假性利他：第 1 题。

伴无能之全能：第 11、18、23、24、30、37 题。

隔离：第 70、76、77、83 题。

同一化：第 19 题。

否认：第 16、42、52 题。

交往倾向：第 80、86 题。

消耗倾向：第 73、79、85 题。

期望：第 68、81 题。

(4) 因子 4：掩饰因子条目。

第 6、14、15、20、26、31、38、44、48、57 题。

拓展训练

一、活动的主题与目的

活动主题：我究竟需要什么？

活动目的：了解自己的需求与动机是什么，分析自己参与竞争的优势与劣势，学会扬长避短，促进成长与成才。

二、活动的理论依据

本次活动的理论依据是社会心理学的需求、动机与归因理论。马斯洛认为，人的需求是分层次的。可在现实生活中，许多人并不一定知道自己内心的真正需求，或者刻意掩盖起来。通过本拓展训练活动，让参与者认清自己掩盖在面具下的内心需求，以及建立在满足这种需求上的主要动机又是什么。基于需求与动机的分析，鼓励参与者对自己的竞争力，进行一次 SWOT 分析，促进合理的职业生涯规划，减少挫折，提高成功率。

三、活动的内容与方法

1. 第一个环节：制造一种高压紧急的心理情境，并表达自己的愿望。在教师的诱导下进行冥想活动，闭目后想象自己正乘坐在一架突发故障的飞机上，驾驶员已经发出了警告，飞机上的所有乘客都开始慌乱。这一时刻，作为乘客唯一能做到的就是写下自己一生最大的愿望。想一想你最大的愿望依序是什么……

2. 第二个环节：舍弃过多的愿望。睁开眼睛后，请每个参与者用一纸张快速写下自己至少五个最大的愿望（例如钱财、住房、工作、爱情、社会声誉等）。然后继续保持冥想的状况，并将每一项愿望都比喻为一个有重量的物件，例如，钱财就是一块重重的黄金，房子就是一堆砖瓦，爱情是一个人，声誉就是一大沓证书，等等。这时，机长要求各位乘客尽量丢弃一些重物，以减轻飞机的载重量。如果你能舍弃其中的一些愿望的话，你得救的希望就会增加一分，因此，你不得不快速地决定丢弃其中的一项愿望。随着情况的变化，机长继续要求乘客再丢弃一项愿望……直到最后你只被允许留下一项愿望随你降落。

3. 第三个环节：反观自己内心深处的需求。飞机终于安全降落，我们睁开眼睛，看看自己最后唯一剩下的愿望是什么。一般来说，这是当事人隐藏最深或者是最大的内心需求，也是当事人认为最具价值的人或事物。反思：在舍弃愿望的过程中，你最痛苦的事情是什么？你又是如何解决的？

4. 第四个环节：从需求透视动机。与参与者一起分享自己的经验，主要围绕自己最大和隐藏最深的需求。这里起于何时？来源何处？比照愿望与生活现实的关系，分析这种需求与自己平时行为动机的关系。我们可以发现自己平时忙碌的行为背后隐藏的成就动机、亲和动机等。

5. 第五个环节：应对策略讨论。增强对自我优势与不足的认识，规划自我实现的最佳途径与方法。请每位参与者按表 5 - 4 中的样式画一张 SWOT 分析表，并将自己的优势、劣势、环境机遇及竞争挑战或威胁填写在表中。接着与小组其他成员一起分享自己的规划；可以在组员之间开展互评讨论，例如：你认为的优势和劣势在别人眼中是否也有同样的评价？如果遇到挫折，你最常见的情绪反应是什么？你首先想要怎么做？最后又是怎样克服困难的？你的挫折归因趋势习惯是什么？其中有没有非理性的认识？

表 5－4　自我应对策略分析四格表

优势（strengths）	劣势（weaknesses）	机会（opportunities）	竞争挑战（threats）

四、注意事项

1. 将全班分成若干个小组，每小组的人数最好控制在 5 ～8 人。
2. 事先要准备好一些促进放松冥想的音乐。

拓展阅读

A. 阿德勒：《超越自卑》，刘泗译，经济日报出版社，1997 年。

教学资源清单

使用说明：建议每位学习者在教师课堂讲授本章教材之前，先通过手机扫码的方式链接到教学资源平台，自学和练习相应的教学内容，以便在课堂上能够与教师更深入和更有效率地进行教与学的研讨，见表 5－5。

表 5－5　教学资源清单

编号	类型	主题	扫码链接
5－1	心理观察	哪些大学生适合直接创业？	
5－2	心理微课	从三国故事说起：相同的挫折不同的态度	
5－3	专题新闻	小创意闯出大市场	
5－4	教学影评	《风雨哈佛路》影评	
5－5	心理漫画	《前方》	

续上表

编号	类型	主题	扫码链接
5－6	学唱歌曲	《我还有一双脚》	
5－7	心理故事	《创伤后的重生》	
5－8	知识拓展	有理想、自信和坚持不懈的爱因斯坦	
5－9	心理体验	梅花桩	
5－10	PPT 课件	大学生的态度、需求、动机与挫折应对	
5－11（1）	录课视频	大学生的心理需求（龚文进）	
5－11（2）		大学生的心理动机及动机冲突（龚文进）	

第六章
大学生的学习与创新心理

导读

教学目标： 了解大学学习的特点和大学生学习中常见的心理问题，熟悉大学生学习与创新心理的特点，重点掌握学习心理问题的自我调适方法、创新意识的培养。

关键概念： 学习动机（learning motivation）、非智力因素（non-intelligence factors）、创新（innovation）、发散性思维（divergent thinking）、聚合性思维（convergent thinking）、逆向思维（reverse thinking）、联想思维（associative thinking）、形象思维（imagery thinking）、直觉思维（intuitive thinking）。

案例

22岁的本科生攻破百年数学难题①

中南大学数学科学与技术学院本科生刘路在大三暑假期间开始自学数理逻辑中的反推数学，在这个过程中，他第一次接触到了“西塔潘猜想”这个世界性的数学难题。“西塔潘猜想”是英国数理逻辑学家戴维·西塔潘（David Seetapun）在1995年提出的一个反推数学领域关于拉姆齐二染色定理证明强度的猜想。这一猜想引发了大量研究，但一直困扰着许多研究者而未能解决。初生牛犊不怕虎，22岁的刘路对此有一种想解决这一难题的强烈愿望。2010年10月的一天，在看书时他突然灵光一现，想到利用之前计算出来的方法稍做修改后可用于证明“西塔潘猜想”。经过一个晚上的演算，他成功论证了“西塔潘猜想”，接着他用了两个月的时间，写出英文版的证明全过程，并以“刘嘉忆”为笔名，将这份论证报告寄给了由美国芝加哥大学主办的《符号逻辑期刊》。一个月后，刘路就收到了来自芝加哥大学教授汉斯杰弗德发来的邮件。汉斯杰弗德表示自己也曾是“西塔潘猜想”的求证者之一，但始终没有成功。他赞赏刘路的证明过程十分完美且具有意义，对刘路的研究成果表示祝贺。之后，刘路应邀在国内举办的数理辑学术会议报告了他对拉姆齐二染色定理证明论强度的研究。2012年，中南大学给刘路同学颁发了100万元奖金，支持他的继续研究，同时也决定破格让刘路成为直博生，同年3月，中南大学又宣布破格聘任刘路为中南大学正教授级研究员。有人以为，刘路的成功是偶

① 资料来源于搜狗百科。

然的幸运。2014年，刘路的论文《避免计算——闭集上的所有成员》在国际数学权威杂志《美国数学学会会刊》上发表。这篇论文将原来用于解决“西塔潘猜想”的方法推广应用到解决其他实际问题中，这让那些认为“西塔潘猜想”“没有用”的质疑不击而破。

课堂讨论：据刘路的舍友反映，与别人的大学生活多姿多彩相比，刘路的大学生活显得有些单调，他平时很少打游戏，也不喜欢和室友聊天，更多的时候他都在看书，平时一有空就到图书馆去。他从中学到大学，虽然痴迷于数学世界，但他不喜欢墨守成规，也不在乎成绩分数的高低，他最喜欢做的只是去钻研他热爱的数学奥秘，正是十几年的坚持与热爱成就了他。刘路的成长故事告诉我们：“兴趣是最好的老师。”大学生就应该在兴趣的引导下敢于质疑，敢于创新，敢为天下先。

第一节　大学生学习与创新心理

一、大学生学习心理的特点

大学学习阶段是人才成长由“求学期”进入“创造期”的过渡阶段。与中学阶段相比，大学学习不仅表现在知识的专业化、学科内容的复杂性、知识容量的扩大与深度，更重要的还在于学习方法和独立学习的要求上发生了很大的变化。每个大学生都会经历由中学学习方式向大学学习方式转化的适应期，经过学习和掌握大学的学习方式，逐渐形成大学生学习心理的一些特点。

（一）自主学习意识日趋成熟

与中学阶段相比，大学阶段的学习内容专业性强且深奥，需要学生在课后花大量的时间自学消化，除课本之外，还需要补充阅读杂志和其他书籍，因此，大学生的学习具有更强的独立性、自主性和可控性。同时，知识型社会和学习型组织的发展也需要个体具有主动自觉的学习意识，而成熟的学习意识是启动和学会自学的关键。

（二）学习动机发展达到核心层

大学生学习动机的一般发展进程是：随着大学年级的升高，被动学习动机减弱，以社会责任感为主导的学习动机增加，以职业定向为目标的专业性学习动机逐渐巩固和发展。学习的社会意义和人生意义越来越成为学习的深层动力。

（三）学习智力和能力发展达到最佳期

韦克斯勒（D. Wechsler，1896—1981）用标准化的智力测验研究7～65岁不同人的智力，结果发现个体智力发展的高峰在22岁左右，良好的教育条件和主观努力可以促进大学生智力水平的进一步提高。大学生在智力和能力上的发展呈现一些特点，例如：在观察能力方面，大学生观察的目的性、计划性明显增强；在记忆能力方面，根据琼斯（H. E. Jones）和康拉德斯（H. S. Conrads）的研究，20～25岁是逻辑记忆力发展的最高峰，随后便逐渐趋于下降。大学生的有意记忆、理解记忆都迅速发展，并占主导地位；在想象力方面，大学生的想象力克服了少年时想象力的幼稚性，想象中的科学、理性创造成分日益增多；在思维能力方面，大学生已不满足教科书和教师提供的现成答案，喜欢独立思考，能对自己思考的结果进行检查和评价，大学生思维的广阔性和深刻性也有了迅速发展，对探究现象的本质及其原因有浓厚的兴趣。大学生的专业性和职业性思维随着大学专业学习而增多，逐步形成和发展，创造性思维也得到了较大的发展。

（四）学习自我评定能力日益增强

随着知识的丰富、能力的提高，大学生的自我评定能力也不断增强。他们在学习过程中，能够依靠自己的学习结果，如：通过专业考试、专业实习和与同学比较所反馈的信息，对自己的学习活动进行自我调节和控制，加强或补充自己所缺乏的知识和技能学习。学习结果和学习成效的自我评定、学习能力和不足的自我察觉，以及根据这种结果进行学习方式和学习内容的自我调整都是大学生学习心理成熟的重要标志。

二、大学生创新思维的特点

创新是推动社会发展、科学技术和文化经济发展的强大动力。一部人类文明史，就是一部灿烂的创新活动的历史。人的创新能力是无限的，大学生不应只是简单地满足于完成规定的学业功课，而应充分开发自己的创造潜能和提高解决复杂问题的实际能力，要努力成为知识时代创新人才的生力军。

（一）创新概述

创新（innovation）这个词源于拉丁语，它有三层含义，其一指更新，其二指创造新的东西，其三指改变。将创新作为一种理论，是在20世纪形成的。现在，创新是指产生新思想、发现和创造新事物的能力，它表现在创新性思维和创新性活动之中，是两者的总称①。具体而言，创新是根据一定目的和任务，运用一切已知信息，开展能动思维活动，产生出某种新颖、独特、有社会或个人价值的作品的智力过程。创新依赖于创新能力，但创新能力并非一蹴而就，而是经过较长时间的知识和经验的积累练就的一种综合能力。

创新思维是创新能力的核心，创新思维具有以下几个特征：①独创性或新颖性。创新的成果是前所未有的，这是创新的本质特征。②创新的思路、途径和方式具有极大的灵活性，创新并无现成的标准可循，创新的方式、方法、程序、途径等都没有固定的框架。③创新思维活动具有想象、直觉、灵感等非逻辑性、随机性和艺术性。④创新对象的潜在性。即创新的对象不是现存的客体，而是一个潜在的、尚未被认识和实践的对象。⑤创新的风险性。创新是一种探索未知的可能遭受失败或挫折的高风险活动。

创新性思维的表现形式具有多样性。常见的有：①发散性思维，又称辐射思维、多向思维和求异思维，是指从一个目标出发，沿着各种不同的方向和途径去思考，不受已经确定的方式、方法、规则和范围等条件的约束，以探求多种答案的思维方式。在高等数学中“一题多解”和“一题多变”就是典型的发散性思维。②聚合性思维或求同性思维、收敛性思维，是指一种把许多发散思维的结果由四面八方集合起来，选择一个合理的答案的思维方式，相对于发散性思维的开放性和跳跃性，聚合性思维具有封闭性和一

① 陶国富，王祥兴. 大学生创新心理［M］. 上海：立信会计出版社，2006：2.

环扣一环的连续性特点。美国著名的发明家奥斯本曾说过："几乎全部新的发明都是通过对老的产品的组合或改进而产生的。"例如，把几种不同的物体或工具结合起来，利用某种物体的优点、功能，去弥补另外一种物体的不足，使之变成一种人们使用起来更方便、更科学的物品，如厨房的多用剪。③逆向思维，是指采取与传统的、常规的、公认的或习惯的想法与做法相反的或逆转的思路，从反面寻求解决问题的思维方式。例如，英国物理学家法拉第（M. Faraday，1791—1867）怀着极大的兴趣重复了丹麦哥本哈根大学物理学教授奥斯特电流磁效应实验，而且他运用逆向思维，经过十年不懈努力，提出了著名的电磁感应定律，并根据这一定律发明了世界上第一台发电装置。④联想思维，是指由所感知或所思的事物、概念或现象的刺激而想到其他与之接近、相似、对比、因果、类比、矛盾的有关的事物、概念或现象的思维方式。例如美国人莱特兄弟研制的第一架飞机就是基于对鸟的飞行原理联想的结果。⑤形象思维，是指一种与抽象思维不同的以具体的形象或图像为思维内容的思维方式。⑥直觉思维，是指不受某种固定的逻辑规则约束而直接领悟事物本质的一种思维方式，直觉思维具有迅捷、直接、突发性、或然性等特征。例如，牛顿在苹果树下休息时，受苹果掉落现象的启发，提出了"万有引力定律"。

大学生思维活跃，敢于怀疑，批判精神强，加上大学里各类文献资料书籍丰富，教授睿智，教学内容引导前沿，教学方法具有启迪性，完全有能力和有条件进行创新活动。大学生的创新活动既可以是科学发现和技术发明，也可以是各类实验设计、社会调查、文化产品设计、文体活动的内容与形式等创新形式。高尔基说："生活的意义在于创造，而创造是独立存在的，没有止境的。"创新能为大学生活展现最绚丽的人生色彩。①

（二）创新心理的结构

大学时期是培养创新思维意识、创新思维和创新心理素质的关键时期。大学生一般处于 18 ～22 岁，身体素质强健，精力充沛，思维活跃，具有良好的从事创新活动的生理心理基础。从高中到大学的通识教育和大学的专业知识学习为创新提供了一定的知识基础，尤其是大学里浓厚的学术氛围和青年人强烈的求知欲推动着大学生探索科学奥秘的勇气。黄希庭认为，创新性强的大学生多具有以下心理特点：对一切都持包容的态度，但总是感觉到有一种强烈的超越常规的欲望；总是喜欢发明自己的游戏，对学习或者日常生活中出现的问题总是能找到新的解决办法；对于学习带有更强的自我探索性，喜欢发现式的学习；更注重个性化的学习经验的总结和自我认知结构的建构；兴趣广泛，有强烈的好奇心和求知欲；感情丰富、精力旺盛，对学习与生活充满热情；敢于冒险、接受挑战，敢于标新立异、张扬个性；想象力丰富，有自己远大的生活理想；自信自立，有责任感和使命感；性格独立，有自己的生活原则；自觉自律，有良好的意志和心理品质；有自己的抱负，能把大学阶段的学习和未来的职业理想紧密联系起来②。

创新心理素质是一个多重的复合结构。有研究者提出了大学生创新心理素质的结构

---

① 资料来源于百度文库。

② 陶国富，王祥兴. 大学生创新心理［M］. 上海：立信会计出版社，2006：118.

模型①。这一模型主要由三个部分组成，即创新意识（sense of innovation）、创新能力（innovative capacity）以及创新人格（innovative personality），见图 6－1。

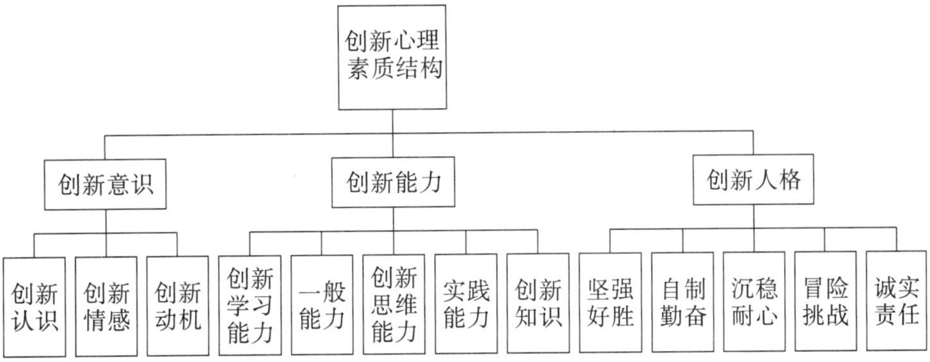

图 6－1 大学生创新心理素质的结构模型

在创新活动中，创新意识是激发和维持个体的创新活动，并使创新活动朝着一定目标前进的内部心理倾向，它对创新活动有激活、指向、维持和调整的作用。创新能力是创新活动的操作系统，是指综合运用已经掌握的知识和各种创新方法，发现问题和解决问题的能力。创新人格是创新活动的非智力因素和调节系统，是指有利于创新活动的稳定的个性、情绪和行为特征的总和。三个要素之间相互影响和相互作用。换而言之，创新素质是个体体能、脑力、心理和行动能力等多种能力整合而形成的一种综合素质。总之，大学生智力高，思维敏捷，想象力丰富，敢于质疑和批判；亦有创新意识不强，缺乏对学科发展和社会需求的了解，经验少，逆向思维、直觉思维不足，有创新欲求但不善于利用大学的创新条件等不足。

第二节 影响大学生学习的智力与非智力因素

一、影响大学生学习的智力因素

学习过程是以一定的智力发展水平为前提的心智活动，因此，智力（intelligence）是学习的必要条件，也是成才的必要条件。智力因素一般包括观察力、注意力、记忆力、思维能力等四种要素，并以思维能力为核心。

（一）观察力

观察能力（ability to observe）是大学生学习的基本智力条件。达尔文曾经说过："我既没有突出的理解力，也没有过人的机智，只是在觉察那些稍纵即逝的事物并对其进行精细观察的能力上，我可能在众人之上。"观察是个体获得知识感性材料和积累经验的基本途径和方法，也是决定大学生创造力的关键条件。从细致的观察中发现问题、提出问

① 葛明贵，等．大学生学习心理研究［M］．合肥：合肥工业大学出版社，2010.

题，有助于激发大学生学习的兴趣和产生强烈的探索欲望，从而使学习更富有主动性和创造力。一个善于学习的大学生必须勤于观察，善于观察。

（二）注意力

注意力（attention）是将心理活动集中指向一定事物的能力。个体的认知过程都有赖于注意的参与和始终坚持。我国古代的孟子曾以学弈为喻说明注意力对学习的重要性。从某种意义上说，学习的效果与效率都取决于当事人是否能专心致志。根据引起和维持注意的目的明确与否和意志努力的程度的不同，注意可分为无意注意、有意注意和有意后注意几种形式。大学的学习内容丰富多彩，无意注意也是必要的，例如，大学生在图书馆随意浏览各学科的书籍和杂志，无意注意获得了许多比较零散和不成体系的知识，却增加了大学生知识的广博性。在大学专业课程的学习中自觉的有意注意是必需的，尤其是对于那些抽象枯燥的理论学习，必须全神贯注才能保证学习的效果。有意注意一般会消耗个体较多的脑力，可能容易出现疲倦和嗜睡的情况。所谓有意后注意是指一种更高级的注意形态，是个体进行创造性学习的必要条件。例如，在教师的启发下，某些知识问题引起了大学生的较大兴趣，随后，大学生不需要特意提醒就能集中注意力于这些知识的学习。

让·皮亚杰（Jean Piaget，1896—1980），瑞士心理学家，发生认识论创始人。

所有智力方面的工作都要依赖于兴趣。

知识不是客体的复制品，也不是主体心中既存之先前形式的意识。由生物的观点来看，它是有机体和环境间的互动形成的知觉建构；由认知的观点来看，它是思维和其客体间的互动形成的知觉建构。

在某个新理论产生时，常给人的最初印象是“旧的与新的互相矛盾，而旧的终将被淘汰”，不过进一步研究显示，该保留的旧理论远比预期的多。我私下的雄心是：与我相抵触的假设，最终会被证实并不是矛盾，而是正常分化过程的结果而已。

——皮亚杰

（三）记忆力

记忆是人脑对经验过的事物的识记、保持、再现或再认。记忆联结着人的心理活动的过去和现在，是人们学习、工作和生活的基本机能。离开了记忆，个体就什么也学不会，任何经验都无法形成，人的行为就变得只能由本能来决定。

（四）思维能力

思维（thinking）是一种与感性认知相对的高级的理性活动。广义上，思维是指人脑对客观现实概括的和间接的反映，包括逻辑思维和形象思维；心理学意义上的思维专指逻辑思维。思维能力是智能结构的核心，是接受知识和创造知识的关键要素。爱因斯坦说：“学习知识要善于思考，思考，再思考。我就是靠这个方法成为科学家的。”我国的教育家孔子也曾说过：“学而不思则罔，思而不学则殆。”可见思维能力在学习活动中的重要作用。思维认知加工信息的基本方式有分析与综合、抽象与概括、具体化与系统化、比较等。发展心理学认为，青年期的思维能力已经发展到个体思维发展的高峰期，并日趋达到成熟。青年思维发展的最高水平一般是形式运算思维，或向“后形式运算思维”或辩证逻辑思维阶段发展。同一个班级的同学学习成绩可能差不多，但思维能力却可以相差甚远，因为前者主要取决于记忆能力，而后者却决定了创新潜力。

二、影响大学生学习的非智力因素

非智力因素是指智力以外的对学习活动起着启动、导向、维持和强化作用的个性心理，主要包括对学习和事业的学习动机、兴趣、情绪和情感、意志、性格等。

（一）学习动机

学习动机（learning motivation）就是推动学生进行学习活动的心理内驱力。学习动机不仅决定学习的方向，还直接影响学习进程的稳定性和持久性。心理学家耶克斯（R. M. Yerkes）和多德森（J. D. Dodson）的研究表明，各种活动都存在着一个最佳的动机水平，动机不足或动机过强都会使学习和工作的效率下降。一般而言，中等程度的动机最有利于学习效率的提高；而学习动机太强、急于求成，反而会产生焦虑紧张情绪，干扰记忆和思维活动的顺利进行，使学习效率降低。研究还发现，在比较容易的任务中，学习和工作的效率随动机的提高而上升；在难度较大的任务中，较低的动机水平有助于任务的完成。可见，动机强度与任务完成效率之间的关系并不是线性的，而是呈现一条倒 U 形曲线的关系，称耶克斯－多德森定律（the Yerkes-Dodson Law）。

（二）兴趣

兴趣（interest）是指个体对某些事物或活动喜好或关切的心理倾向，表现为个体对某事物或活动的选择性态度和积极的情绪反应。孔子说“知之者不如好之者，好之者不如乐之者”，意指个体快乐地学习才是最理想的。人的兴趣是多种多样的，但大体可以分为物质兴趣和精神兴趣、直接兴趣和间接兴趣、个人兴趣和社会兴趣等几类。与大学生学习相关的兴趣主要集中在对专业、学科、课程的兴趣和对职业的兴趣。所谓职业兴趣是指个体对从事相关工作的愿望和兴趣，拥有职业兴趣将增加个体的工作满意度、职业稳定性和职业成就感。兴趣对学习具有多方面的功能，如具有启动学习的激发功能、学习内容和方向的导向功能、推动个体勤学苦练的动力功能和促进大脑潜能的开发功能。

（三）情绪和情感

情绪和情感是个体对其他人或事物的一种主观体验及其相应的生理唤醒和外部行为反应。情绪和情感对学习的作用表现在：积极的情绪和情感促进学习的效率和效果，例如学生对专业的认同度、对教师的敬仰与崇拜、课堂气氛的感染都可以提高大学生对知识学习的兴趣和效率。愉快的、积极的情绪可以提高人的活力，使人的学习积极性高涨；情绪对维持稳定的注意力起着重要的作用，情绪稳定的学生的注意力相对比较集中；而抑郁等消极的情绪则会降低人的活力，使人对学习毫无兴致，注意力不能集中。轻松的情绪使记忆力增强，学习效果提高，而过分紧张焦虑的情绪会使得考试或比赛成绩不佳，甚至因为惊恐发作而导致晕厥。一般来说，适当的紧张引发人的应激反应，对于促进学习和考试前的准备是必要的，但过度的紧张则反而可能引起正常思维活动的混乱和精神的疲惫。

（四）意志

意志（will）是指人自觉地，并根据目的调节支配自身的行为，克服困难，去实现预定目标的心理过程。有人曾对大学生的学习做这样的描述：大学生差别最小的是智力，差别最大的是毅力。可见，意志力在大学生的学习中起着重要的差异化作用。意志品质既有积极的、良好的，如自觉性、果断性、坚韧性、自制性等，也有消极的、不良的，如依赖性、冲动性、执拗性、无自制力等。积极的意志品质可以促进大学生的自觉学习，例如：意志的自觉性能使大学生自觉地调节、控制自己的学习行为，而不需要其他外部压力；意志的坚毅性能使大学生在学习过程中保持顽强的毅力，百折不挠地克服各种困难，完成既定的学习任务；意志的果断性能使大学生适时地采取决断，坚持自己的目标；意志的自制力有助于大学生克制纷乱的情绪干扰，把持好情绪情感、言论和行为的理智闸门。

（五）性格

性格是个体相对稳定的心理特征。根据艾森克学说，性格可以分为外向稳定和外向不稳定、内向稳定和内向不稳定四种基本类型。观察表明，性格类型与学习能力相关，不同性格的专业兴趣和择业倾向存在着一定的差异。外向稳定的性格和内向稳定的性格都有助于保持学习态度和情绪的稳定，而外向不稳定的性格和内向不稳定的性格则常使学习状况情绪化，导致学习成绩波动较大。

第三节　学习心理问题及产生的原因

一、学习动机不足

（一）学习动机不足的表现

1. 缺乏理想和抱负。没有崇拜的英雄和科学家，胸无大志，得过且过，不关心本专业发展和职业前景，漠视专业知识的学习，无精打采、缺乏兴趣，常有无聊和厌倦情绪，很少有学习快乐的体验；不愿参加各种与专业有关的竞赛，逃避参与社会公益活动和班级的集体活动。

2. 行为懒散。职业规划模糊，好逸恶劳，随性而为，经常逃课，行为拖拉、散漫，即使去上课也总是迟到，或坐在后排睡觉，不主动自习，不按时完成作业，学习怕苦怕累，并经常为自己的懒惰行为找借口。

3．容易分心。上课时注意力难以集中，不专心听课，兴趣爱好容易转移；学习满足于一知半解，行动忽冷忽热，情绪忽高忽低。

4．缺乏主动性和创造性。学习动机不足的人往往表现出较强的从众性与依附性，随波逐流，极少有主动性和创造性。他们将学习看成是奉命的、被迫的苦差事，不愿积极主动寻求一些自己感兴趣的学习内容，满足于死记硬背最简单的应试知识。

（二）学习动机不足的原因

1．对所学专业缺乏兴趣。如果大学新生所录取的专业与个体原来的兴趣爱好或职业取向相去甚远，就容易产生逆反心理和学习厌倦感。造成这种情况的原因主要有：其一，部分学生屈从于家长的意志，填报了所谓好找工作、挣钱多的社会热门专业，结果没过多久就发现自己并不喜欢这些专业；其二，部分学生是由于高考分数不理想，不能录取到自己想去的专业；其三，在高考填报志愿时，学生对所选专业缺乏真正的了解，盲目地填写专业志愿。

2．对所学专业前景没有信心。每个大学生对专业的热爱和认知都不可避免地受到历届毕业生就业情况和评价的影响。影响大学生对专业前景的信心的因素大致有：首先是本专业毕业生的就业率、行业的社会声誉和待遇、行业发展前途；其次是专业教师在教学中及言谈举止中所体现出对本专业的敬业程度，以及对于行业发展的评价。

3．经历。经验表明，学习成绩优良、获得奖学金的学生，学习自信心强；而经常遭受学习挫折、考试失利、教师批评的学生则缺乏学习的自信心和动力，甚至会逃学。

4．家庭因素。父母的价值观、家长的文化程度、家庭结构、父母的教养方式、家长的期望、家庭气氛、家庭社会支持程度对大学生的学习动机都有不同程度的影响。观察表明，生活在崇尚知识、鼓励子女独立的家庭的孩子，进取心强；而对孩子期望太高，或管教过于严厉的家庭环境则可能会使孩子对学习产生逆反心理。

5．学校因素。校园环境、校园文化、教学设备、教学计划、课程设置、教育教学制度、教师素质、师生关系、同学关系、班级氛围等学校因素都会对大学生的学习动机带来影响。和谐的校园人际关系、浓厚的学术氛围、尊师爱生的校园文化、崇尚科学理性的学术传统、杰出校友的社会声誉等都有助于大学生学习动机的提高。

6．社会因素。一个社会的主流文化怎样看待人才，如何对待人才的价值观对大学生的学习动机有着持久和深远的影响。尊重人才、尊重知识、尊重科学的社会风气有助于促进大学生的学习动机；而读书无用论的观点、假文凭和干部文凭泛滥的不良现象则会削弱大学生的学习动机。

二、学习疲劳

学习疲劳是指学习者在连续学习之后出现的一种学习效率降低，生理和精力不济的异常现象。

（一）学习疲劳的表现

学习疲劳的常见表现是：学习时注意力不易集中，探索知识的兴趣减弱，思维反应速度滞缓，情绪烦躁，学习效率下降。从学习疲劳的程度可以将其分为暂时性学习疲劳和慢性学习疲劳两类。前者通过短暂的休息和睡眠可以迅速消除，而后者则是一种日积月累所形成的亚健康状况，需要较长的时间才能恢复。学习疲劳往往是一个由轻到重、由浅到深的积累发展过程。在初始阶段往往是先感到生理上的不适，然后再转化为心理上的各种障碍，通常可以分为三个阶段：第一阶段为早期疲劳。表现为原来的学习兴奋过程转向抑制，学习精力下降，注意力不易集中，听课时走神或发呆，短时记忆能力下降，学习效率降低。第二阶段为显著疲劳。表现为学习兴奋和抑制的过程全部减弱，大脑皮质的保护性抑制加深和扩散，哈欠连天，睡意阵阵袭来，思维缓慢，反应迟钝，学习失误率增加，学习速度明显减慢。第三阶段为过度疲劳。表现为大脑皮质进入高度抑制状态，心理功能下降，思维出现停滞，精神萎靡不振，头昏、头痛、嗜睡等躯体症状①。

（二）学习疲劳的原因

产生学习疲劳的原因主要有以下几个方面。

1. 不注意劳逸结合。一些学生学习计划性不强，作息时间不规律，为了应付考试临时抱佛脚，废寝忘食、通宵达旦，甚至连所有课间休息都用来看书、做作业，所有课余文体活动一概都不参与，因为持续学习时间过长，人体生物节律遭到破坏，终日昏昏沉沉，精神恍惚。

2. 学习负担过重。集中注意力地阅读、积极地思考、努力地记忆学习内容，这些学习活动都会消耗大量的大脑能量，在短时间内要求阅读量大或者出现作业量大、学习内容过深、考试要求过难等情况，都容易导致学生身心疲惫。

3. 睡眠不足和脑营养不良。充足的睡眠有利于大脑储存和处理过量的信息，大脑神经系统的正常运行必须依赖于足够的蛋白质、糖、维生素、脂肪等营养物质的供应，营养不良的人易出现身体和心理疲劳。

4. 学习环境不良。光线过暗或过亮，容易使人产生视觉紧张和眼睛疲劳；噪声过大，容易使人心情烦躁，注意力分散，并引起听觉疲劳；空气污浊和不流通，环境温度过高或过低，都会使人身体感觉不适，加速疲劳感；学习环境肮脏、凌乱容易导致学习者心情压抑和焦虑不安。

三、学习焦虑

焦虑是指面临现实的或预想的挑战、困难或危险时出现的一种紧张不安感。焦虑本是一种常见的情绪反应，适度的焦虑对促进学习不仅是有益的，而且是必需的。因为适度的焦虑可以使学习者形成轻度的紧迫感、警觉感和忧患感，有助于学习者集中精力，活跃思维，采取积极行动；但过度的焦虑则会使人感到紧张、不愉快、痛苦，难以自制，或会伴有植物神经系统的失调。

（一）学习焦虑的表现

焦虑症可以分为慢性的或广泛性的焦虑和急性发作的焦虑。广泛性的焦虑主要表现为缺乏明确对象和具体内容的提心吊胆和紧张焦躁，就学生而言，可表现为面对繁杂的

---

① 董奇. 学习的科学［M］. 北京：中国书籍出版社，1996.

学习内容会心乱如麻、茫然无绪、思维紊乱、不知所措，不能集中注意力，记忆力减退，思维迟钝，学习效率下降，易怒、烦躁等心理状态；在生理上表现为肌肉紧张、呼吸急促、心跳加快、头晕、大小便频率增加、多汗、睡眠不良、食欲不振、胃肠不适等。急性发作的焦虑则表现为不可预测的惊恐发作，尤其在考试前或学习过度疲劳时容易诱发。

考试焦虑为学习焦虑中的一种特殊表现形式，是学生因情绪紧张而不能发挥实际水平的心理失常现象。它以担忧为基本特征，以防御或逃避为主要的应对方式，并伴有不同程度的情绪反应和植物神经系统反应。一位经历过考试焦虑的同学这样回忆道："在期末考数学的时候，我先看了一遍考题，按习惯先做容易的题。可是，当我刚做完两道题的时候，突然停下来，着急地想先算一算自己会做的题一共能得多少分。当我发现只能得48分时，我一下子就紧张起来，脸上顿时像发烧似的。这时我命令自己赶快做题吧！可是不知怎么我的思路中断了，什么也想不起来，什么也写不下去，只是对着考卷干瞪眼，头脑一片空白。后来只觉得头重重地嗡了一声，就什么也不知道了。"可见，严重的考试焦虑会导致短暂的晕厥。

（二）学习焦虑产生的原因

1. 知识经验储备和预习不足。因为平时学习时间投入不足，上课不认真，经常旷课，课后复习不足，或考生自感学习能力差，记忆力差，对专业知识心中无数，对考出好成绩没有信心，所以面对严格的考试就会焦躁万分。

2. 非理性认知评价。个体对学习成绩和考试的重要性常有非理性的认知评价，如，认为学习成绩就是衡量学生优劣的唯一准绳，考试成绩不好就会导致一切糟透，成绩不好就十分没面子，别人就会瞧不起自己，就会失去父母的爱，考试成绩关乎自己的前途，我绝对不应该失败，我不容许自己输给别人，等等。

3. 不懂自学方法和应试技巧。许多学习焦虑的学生不懂得如何自主安排自学的内容和进度，不知道怎样使学习更有效率，如何使考前复习更全面，如何记忆知识的要点，如何解答考试难题，以及如何有效地分配时间，抓住学习的重点等有关学习的方法。

4. 身体素质和应激能力差。平素身体虚弱，罹患躯体疾病、营养不良、疲劳过度、经常失眠的学生应对考试等刺激事件的应激能力较差，容易在学习压力等刺激下诱发出较强的情绪波动和学习焦虑。个体受父母遗传基因的影响而在神经类型的强弱上有所不同，使得有些人对刺激事件容易产生焦虑反应。

5. 过高的期待。学生家长对子女要求过严，对成绩期待过高；学校片面追求高分率，大搞题海战术，学生学习和考试负担过重；社会以学习成绩评价学生的能力和作为决定人才聘用的主要依据等社会风气都会对学生造成巨大的心理压力，导致产生学习焦虑。

第四节 学习心理的调适与创新素质的培养

一、学习心理的调适

（一）学习动机的自我激发

1. 制定适合自己的学习标准。心理学研究以及教学实践证明，学习标准定得过高或过低都不利于提高学习的积极性。一般来说，学习成绩或学习内容的标准以一个学生在其原有学习成就的基础上增加20%为佳，实现该标准的时间以一学期为宜。设立了总目标之后，再根据自己的实际情况建立现实可行和力所能及的子目标，并定期检查和评价完成的情况。

2. 选择适合自己的学习方法。学习方法与学习效果和动机的维持是互相影响、互为条件的。学习方法不当会使学习效果不佳，而学习效果不佳会使学习动机减弱或消退。好的学习方法并无固定的模式，没有普适的最好方法，只有最合适自己的方法。每个人应该结合大学学习的一般规律和个人的特点，制定相应的学习策略，采取切实可行的改进措施，使自己真正学会“如何学习”①。

3. 提高对学习目的和意义的认识。明确学习的目的和社会意义是培养和激发学习动机的重要条件。只有当个体认识到知识学习的价值和社会意义时，学习才更有责任心和使命感。为了提高对学习目的与意义的认识，大学生应该多参加社会实践，了解世情、国情和民情，了解社会对本专业人才的需求。多与长期从事本行业的从业者交谈，倾听他们对职业生涯的感悟；尝试将自己的专业知识运用于社会实践，助人为乐。

4. 培养对专业的好奇心和学习兴趣。孔子说：“知之者不如好之者，好之者不如乐之者。”只有当个人的兴趣与其奋斗目标及人生理想一致时，个体的学习兴趣才会由有趣、乐趣发展到志趣，这样的志趣才具有更大的自觉性和方向性。培养对专业的好奇心和学习兴趣的方法有：教师可采取以问题为中心的教学方式，围绕科学史的没有定论、有争议的问题组织课堂教学，鼓励学生带着质疑和批判的眼光去自学，通过广泛阅读文献资料，独立思考，提出自己对剖析问题和解决问题的见解；或者围绕科学家如何通过创新获得诺贝尔奖的历程来学习如何提出科学问题，如何从事科学研究，如何建构知识原理的方法。

（二）学习疲劳的自我调适

1. 学会科学用脑的方法。如何使大脑获得真正的休息与放松，消除脑力疲劳也是一门学问，并非憨吃憨睡就能使大脑真正放松，也并非体力上的疯玩疯闹就能消除脑力的疲劳。一定时间的脑力劳动后最好采用适当活动的方式休息，如散步等不太剧烈的活动。切忌进行过分剧烈的体育活动，因为这样不但不能消除脑力疲劳，反而会又加上了体力疲劳。也可以采用“换脑筋”的方式，阅读一些娱乐性的报纸杂志，或听听音乐，都有

① 资料来源于百度。

助于消除大脑的疲劳。

2. 创设良好的学习环境。良好的学习环境包括自然环境和人文环境。优雅整洁的课室，清新的空气，适宜的温度、湿度和光线使人身心舒畅，学习效率提高，不易疲劳。图书馆、自学室安静的自学气氛，在室外或宿舍里同学之间对学习问题的讨论气氛都有助于激发学习的欲望。

3. 动静结合，掌握消除疲劳的方法。当坐姿太久，出现精力分散、昏昏欲睡等学习疲倦现象时，可暂时放下书本，离开书桌，走到室外去适当运动。例如伸伸腿、弯弯腰、甩甩手臂、转转脖子，或做几个俯卧撑，还可以做深呼吸等放松训练。

4. 保持充足的睡眠，不熬夜。睡眠是保证学习精力的必要条件，酣睡醒来，头脑清晰，精神振奋，疲劳尽除。一般来说，大学生每天应做到按时睡觉，按时起床，保证睡眠时间在8小时左右，但个体间也会存在一些差异。有的同学学习至深夜已头晕目眩，还想继续攻读，甚至用冷水洗脸、冲头等办法勉强维持大脑的兴奋性，这样不仅学习效果不好，长此以往，还容易导致神经衰弱和脑功能失调。

5. 保证大脑营养的供应。充足的碳水化合物、蛋白质、脂肪、钙、铁、磷、锌、维生素及一些微量元素是保证大脑功能正常的物质基础。因此，一日三餐既要吃饱，又要吃好，合理搭配，营养全面。有的大学生习惯不吃早餐，这是很不好的习惯。因为大脑只能通过血糖获取能量，早饭吃饱吃好，对维持正常的血糖水平是很有必要的，否则容易导致上午的学习疲劳。

（三）学习焦虑的自我调节

1. 改变对学习和考试的非理性认知。认知心理学告诉我们，不是应激事件，而是个体的认知决定了一个人的情绪，学习焦虑的根本原因在于自己对学习和考试成绩过于看重等非理性认知，只有矫正或放弃那些使自己焦虑的信念和想法，重新调整自己对学习目的和意义的看法，将注意力放在弄懂知识而不是考试成绩上，才能从根本上消除学习焦虑。

2. 调整学习目标和职业定位。自信心不足，人生和职业定位太高或过于理想化都会引发学习焦虑。有些学生因为曾有过学习挫折和考试失败的体验，或在与同学比较中自我感觉有差距，或自己所定的学习目标一时无法实现，都可能导致对自己的学习能力的怀疑和对前途的担忧；有些同学平时对自己要求严格，一旦考试失利就不原谅自己，自责自怨，或自轻自贱，结果产生出更严重的学习焦虑。所以，学会自我接纳、自我尊重，多看自己的进步和优点，适当调适学习目标和职业定位，学习焦虑就可以得到较好的控制。

3. 学会正确归因。对学习失败的担忧和恐惧，往往是产生学习焦虑的直接原因。谁都难免遇到学习挫折和考试失利的情况，如何看待失败的原因却有不同的归因倾向。承认挫折和失败是由自己预习准备不足造成时，会激发当事人通过努力来弥补的行为；如果归因为自己天赋太差、没出息的话，当事人就会自怨自艾；如果归因为学科知识太难懂、考试题目太难的话，那么当事人就可能会采取投机作弊的方式来应付考试。

4. 充分复习，掌握放松的科学方法。平时要循序渐进地学习，真正搞清专业知识的每个细节，只有认真学习，全面牢固地掌握专业知识和技能，才能为取得满意的成绩奠定坚实的基础；考前则要预留充足的复习时间，全面系统地复习，将知识要点从繁杂到简明进行归纳总结，查缺补漏，不要期望投机取巧，猜题作弊，要努力使自己的注意力从对考试情境及结果的担忧转移到如何做好应试的准备上。

掌握让自己放松的科学方法、应试技巧和解题方法对于克服考试焦虑是必要的。无论在学习中，还是在考试中，如果出现肌肉紧张、手脚发抖、心悸、呼吸急促、头昏脑涨、思维混乱、注意力无法集中的情况，都可以通过做腹式深呼吸来放松自己紧张焦虑的情绪，有效地控制焦虑。如果通过上述自我调节方法仍无法摆脱学习和考试焦虑的困扰，就应及时寻求专业的心理咨询与心理治疗①。

二、创新素质的培养

（一）创新意识的培养

培养创新素质的逻辑起点在于树立创新意识。只有在强烈的创新意识引导下，个体才可能产生强烈的创新动机，树立创新目标，充分发挥创造潜能。培养创新意识的途径和方法有以下几种。

1. 敢于梦想，树立远大理想。梦想和理想是激发大学生勇于攀登科学高峰和创新创业的内驱力，如果没有梦想和理想的强烈引导，攻克各种困难的毅力、献身事业的激情就无法持久。大学生要通过阅读、游历、心理训练、社会实践等多种方式增强自己对人类命运、社会责任和社会贡献等人生价值问题的思考，树立积极进取、无私奉献、大胆创新的人生态度和勤奋努力的实干精神。

2. 善于利用资源，启用榜样激励。大学拥有大量藏书的图书馆、良好的实验条件和人才济济的队伍，还开展了许多适合大学生的科技论文比赛和科研活动，大学生要学会充分利用这些有利条件，并善于将其转换成促进自己成长和发展的力量。大学生在学期间还会有许多接触有学术思想和成就突出的专家、教授的机会，他们都是大学生的良师益友和学习榜样；大学生应该自己寻找自我激励的学习典范，他们对大学生的创新之路有很好的导向作用。

3. 发挥创新团队的团体动力作用。俗语说："近朱者赤，近墨者黑"，"团结就是力量"。现代科技发展的历史和许多创业者的故事都告诉我们，创新常常是一群志同道合的人合作的结果。在大学里，这样的创新团队既可以是由师生组成的（如导师和研究生），也可以是单独由大学生自己创建的（例如社团）。由志同道合者结成的创新团队成员，可以互相取长补短，相互勉励；团队精神、团队目标和团队动力都将有助于个体的成长进步。

（二）创新能力的培养

创新能力包括学习能力、创新思维、创新方法和创新实践的能力。学习能力是创新可持续发展的源泉，创新思维是创新能力的核心，创新方法是实践创新思想的杠杆。大

① 资料来源于百度文库。

学生可以从如下几个方面培养自己的创新能力。

1. 创新思维和创新方法的培养。大学生在学习中要坚持不唯上、不唯书、只唯实的原则，要勇于突破思维定式的束缚，敢于质疑权威的或传统习惯的理论学说，通过各种与专业相关的观察实验、社会调查和辩证思维的练习，提高自己对事物的细致观察能力和思维的灵活性、独创性与敏捷性；通过艺术欣赏和文学批评课程，培养丰富的形象思维和对文本的批判精神；通过剖析各类科技发明创造的案例，学习创新的思路与具体方法；通过广泛阅读提高触类旁通、类比和联想思维的能力。

2. 投身创新实践，培养创新创业的动手能力。只有创新的理想和思想冲动，是不能真正实现创新的，而只有手脑结合，将创造性思维和想象通过实际操作进行实现，才能使其转化为物质成果，才能实现创新和创业的梦想。因此，大学生要注重动手能力的培养，积极投身于科研和社会实践中。这些实践操作能力包括科学实验能力、写作与表达能力、社会调查能力、人际沟通能力等。

（三）创新人格的培养

心理学研究表明，在智力因素相近的情况下，人格因素可能成为创造力的关键。创新人格是指创新人才必须具备的不同于一般人的人格特质，多指一个人在创新活动中所表现出来的强烈的动机、不懈的追求、大胆的怀疑、勇敢的批判、丰富的想象等创新心理品质。

1. 保护不断萌发的好奇心。好奇心是兴趣的先导，而兴趣又是灵感的引子。著名科学家贝弗里奇（W. L. B. Beveridge，1908—2006）指出："热衷于研究工作的学生往往是一个具有超乎寻常人的好奇心的人。"每一个有志于创新的大学生，无论是探索大自然的奥秘，还是探索社会和人生的真理，都应该始终保持那纯真可贵的好奇心，并加以自我肯定和赞赏。

2. 发扬勇敢质疑的精神。勇敢质疑就是要敢于对习以为常的、现成的答案提出疑问，并设想解决问题的新思路和新方法。要想创新就要不迷信、不畏惧权威和名人，敢于质疑已有的、公认的观点和学说；善于运用发散性思维和逆向思维，避免不加以独立思考就从众或轻信别人的解释；要培养以批判性眼光阅读文献书籍的习惯；积极开展探究式学习，加强问题意识和求异品格的培养。

心理测验

威廉斯创造力倾向测量表①

在表6－1的句子中，如果你发现句子所描述的情形很适合你，请选择"完全符合"；如果仅在部分时候适合你，则选择"部分符合"；如果对你来说，根本是不可能的，则选择"完全不符合"。切记，凭你自己真实的感觉作答，选择最符合自己的情形。

---

① 陶国富，王祥兴. 大学生学习心理［M］. 上海：华东理工大学出版社，2003：273－276.

表 6－1　威廉斯创造力倾向测量表

1. 在学校里，我喜欢试着对事情或问题做猜测，即使不一定都猜对也无所谓

①完全符合　②部分符合　③完全不符合

2. 我喜欢仔细观察我没有看过的东西，以了解详细的情形

①完全符合　②部分符合　③完全不符合

3. 我喜欢听变化多端和富有想象力的故事

①完全符合　②部分符合　③完全不符合

4. 画图时我喜欢临摹别人的作品

①完全符合　②部分符合　③完全不符合

5. 我喜欢利用旧报纸、旧日历及旧罐头等废物来做成各种好玩的东西

①完全符合　②部分符合　③完全不符合

6. 我喜欢幻想一些我想知道或想做的事情

①完全符合　②部分符合　③完全不符合

7. 如果事情不能一次完成，我会继续尝试，直到成功为止

①完全符合　②部分符合　③完全不符合

8. 做功课时我喜欢参考各种不同的资料，以便得到多方面的了解

①完全符合　②部分符合　③完全不符合

9. 我喜欢用相同的方法做事情，不喜欢去找其他新的方法

①完全符合　②部分符合　③完全不符合

10. 我喜欢探究事情的真假

①完全符合　②部分符合　③完全不符合

11. 我喜欢做许多新鲜的事

①完全符合　②部分符合　③完全不符合

12. 我不喜欢交新朋友

①完全符合　②部分符合　③完全不符合

13. 我喜欢想一些不会在我身上发生的事情

①完全符合　②部分符合　③完全不符合

14. 我喜欢想象有一天能成为艺术家、音乐家或诗人

①完全符合　②部分符合　③完全不符合

续上表

15. 我会因为一些令人兴奋的念头而忘记了其他的事

①完全符合　　②部分符合　　③完全不符合

16. 我宁愿生活在太空站，也不喜欢住在地球上

①完全符合　　②部分符合　　③完全不符合

17. 我认为所有的问题都有固定的答案

①完全符合　　②部分符合　　③完全不符合

18. 我喜欢与众不同的事情

①完全符合　　②部分符合　　③完全不符合

19. 我常想要知道别人正在想什么

①完全符合　　②部分符合　　③完全不符合

20. 我喜欢故事或电视里所描述的事

①完全符合　　②部分符合　　③完全不符合

21. 我喜欢和朋友一起，和他们分享我的想法

①完全符合　　②部分符合　　③完全不符合

22. 如果一本书的最后一页被撕掉了，我就自己编一个故事把结局补上去

①完全符合　　②部分符合　　③完全不符合

23. 我长大后，想做一些别人从没想过的事情

①完全符合　　②部分符合　　③完全不符合

24. 尝试新的游戏和活动，是一件有趣的事情

①完全符合　　②部分符合　　③完全不符合

25. 我不喜欢被太多的规则限制

①完全符合　　②部分符合　　③完全不符合

26. 我喜欢解决问题，即使没有正确答案也没关系

①完全符合　　②部分符合　　③完全不符合

27. 有许多事情我都很想亲自去尝试

①完全符合　　②部分符合　　③完全不符合

28. 我喜欢唱没人知道的新歌

①完全符合　　②部分符合　　③完全不符合

续上表

29. 我不喜欢在班上同学面前发表意见

①完全符合　②部分符合　③完全不符合

30. 当我读小说或看电视时，我喜欢把自己想成故事中的人物

①完全符合　②部分符合　③完全不符合

31. 我喜欢幻想 200 年前人类生活的情形

①完全符合　②部分符合　③完全不符合

32. 我常想自己编一首新歌

①完全符合　②部分符合　③完全不符合

33. 我喜欢翻箱倒柜，看看有些什么东西在里面

①完全符合　②部分符合　③完全不符合

34. 画图时，我很喜欢改变各种东西的颜色和形状

①完全符合　②部分符合　③完全不符合

35. 我不敢确定我对事情的看法都是对的

①完全符合　②部分符合　③完全不符合

36. 对于一件事情先猜猜看，然后再看看是不是猜对了，这种方法很有趣

①完全符合　②部分符合　③完全不符合

37. 玩猜谜之类的游戏很有趣，因为我想要知道结果如何

①完全符合　②部分符合　③完全不符合

38. 我对机器很有兴趣，也很想知道它里面是什么样子

①完全符合　②部分符合　③完全不符合

39. 我喜欢可以拆开来的玩具

①完全符合　②部分符合　③完全不符合

40. 我喜欢想一些新点子，即使用不着也无所谓

①完全符合　②部分符合　③完全不符合

41. 一篇好的文章应该包含许多不同的意见或观点

①完全符合　②部分符合　③完全不符合

42. 为将来可能发生的问题找答案，是一件令人兴奋的事

①完全符合　②部分符合　③完全不符合

续上表

43. 我喜欢尝试新的事情，目的只是为了想知道会有什么结果

①完全符合 ②部分符合 ③完全不符合

44. 玩游戏时，我通常是有兴趣参加，而不在乎输赢

①完全符合 ②部分符合 ③完全不符合

45. 我喜欢想一些别人常常谈过的事情

①完全符合 ②部分符合 ③完全不符合

46. 当我看到一张陌生人的照片时，我喜欢去猜测他是怎样的一个人

①完全符合 ②部分符合 ③完全不符合

47. 我喜欢翻阅书籍和杂志，但只想知道它的内容是什么

①完全符合 ②部分符合 ③完全不符合

48. 我不喜欢探寻事情发生的各种原因

①完全符合 ②部分符合 ③完全不符合

49. 我喜欢问一些别人没有想到的问题

①完全符合 ②部分符合 ③完全不符合

50. 无论在家里或在学校，我总是喜欢做许多有趣的事

①完全符合 ②部分符合 ③完全不符合

说明：

本量表共50题，其中：

1. 冒险性11题（第1、5、21、24、25、28、29、35、36、43、44题），其中第29题和第35题为反向计分题。

2. 好奇性14题（第2、8、11、12、19、27、33、34、37、38、39、47、48、49题），其中第12题和第48题为反向计分题。

3. 想象力13题（第6、13、14、16、20、22、23、30、31、32、40、45、46题），其中第45题为反向计分题。

4. 挑战性12题（第3、4、7、9、10、15、17、18、26、41、42、50题），其中第4题、第9题、第17题为反向计分题

评分标准：

正向题目：完全符合计3分，部分符合计2分，完全不符合计1分；反向题目：完全不符合计3分，部分符合计2分，完全符合计1分。计算总得分，得分高说明其创造力较强，得分低说明其创造力较弱。

拓展训练

一、活动的主题与目的

活动主题：一切都是可能创新的。

活动目的：学习逆向思维、扩散性思维、聚合性思维、联想思维等创新思维方法。

二、活动的理论依据

创新思维是创新活动的核心，而创新思维的表现形式是可以穷尽的，包括发散性思维、聚合性思维、逆向思维、辩证思维、形象思维等，通过总结前人创造发明的思路和方法，举一反三，设计多种语言游戏、操作行为来训练和开发我们创新思维的潜能。

三、活动内容与方法

1. 逆向思维训练任务：用 8 根火柴棍摆出 4 个三角形和 2 个正方形，火柴棍不能折断和弯曲。

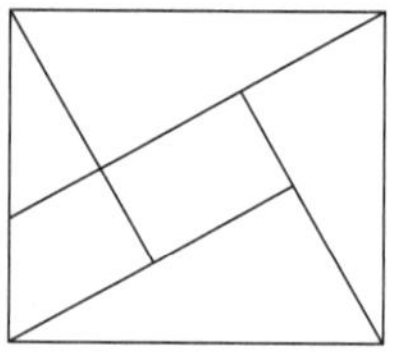

2. 发散思维训练任务：请用 1 ～ 10 的数字成语连接成一串，看谁最快完成（例如一心一意、十全十美等）。

3. 发散思维训练任务：下图中由 9 根火柴棍摆出了 3 个三角形，请移动 3 根火柴棍，摆出 5 个三角形。

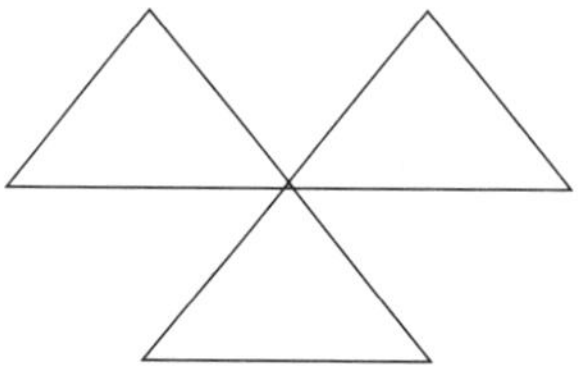

4. 联想思维训练任务：在下面几组没有关联的词语中，尝试寻找各种联想，将其联系起来：①月亮、潮汐、海蚌、月经、妇女。②太阳、山峰、阴阳、男女、内外、寒热。③精神、放电、时间、革新、科学。

5. 聚合思维训练任务：2 位同学一组，其中一位同学任意列举 2 件物品（例如电视与汽车），请另一位同学将其组合成一件新的物品（例如车载电视），看谁组合的速度快和组合的品种较多。

拓展阅读

乔希·维茨金：《学习之道》，苏鸿雁、谢京秀译，中国青年出版社，2011 年。

教学资源清单

使用说明：建议每位学习者在教师课堂讲授本章教材之前，先通过手机扫码的方式链接到教学资源平台，自学和练习相应的教学内容，以便在课堂上能够与教师更深入和更有效率地进行教与学的研讨，见表6－2。

表6－2　教学资源清单

编号	类型	主题	扫码链接
6－1	心理观察	大学生对学习投入情况	
6－2	心理微课	时间管理指数	
6－3	专题新闻	《大学生发明创新的故事》	
6－4	教学影评	《霍金的故事》影评	
6－5	心理漫画	《脑运动》	
6－6	学唱歌曲	《爱拼才会赢》	
6－7	心理故事	《大学生创业的故事》	
6－8	知识拓展	爱因斯坦的创造性思维给我们的启发	
6－9	心理体验	放松训练	

续上表

编号	类型	主题	扫码链接
6－10	PPT 课件	大学生的学习与创新心理	
6－11（1）	录课视频	第一节：大学生学习与创新心理（马利军）	
6－11（2）		第二节：影响大学生学习的智力与非智力因素（马利军）	
6－11（3）		第三节：学习心理问题及产生的原因（马利军）	
6－11（4）		第四节：学习心理的调适与创新素质的培养（马利军）	

第七章
大学生的情绪与情感

导读

教学目标：通过教学帮助大学生认识情绪与情感的基本性质、特点和影响因素，了解大学生常见的情绪障碍及其产生的原因，掌握情绪调适与情感培养的途径与方法。

关键概念：情绪（emotion）、情感（affection）、情绪障碍（dysthymic disorder）、情绪感染（emotional contagion）、情感冷漠（flattening of affect）、情感依赖（emotional beggar）、情感需求（need for affection）、情感冲突（emotional conflict）、情商（emotional quotient，EQ）。

案例

小伙抗癌多年，用一条腿走进大学①

杨汶宪，是来自四川德阳中江县的一名小伙子。他的身世可谓坎坷，5岁时父母离异，从此他和母亲相依为命。2014年，他不幸被诊断出患有恶性骨肉瘤，母亲带着他辗转国内多所大医院治疗，8年来花费了巨额的医疗费用。尽管如此，杨汶宪没有放弃对高考梦想的追求。2017年，他曾在病床上写下“致癌细胞的一封信”，向病魔勇敢“宣战”。2022年高考，靠着一条腿蹒跚求学的杨汶宪，以573分的成绩被湖南衡阳南华大学核工程专业录取。就在母子俩为大学学费发愁的时候，来自阿里公益“天天正能量”的一万元励志学子追梦奖学金，帮助他们解了燃眉之急。“天天正能量”在给杨汶宪的颁奖词中这样写道：“坚强懂事，向阳而生，勤奋和自律是他的代名词，他身上，有新时代少年最好的样子！”杨汶宪在身患癌症，截去一条腿的情况下，仍能以积极乐观的态度接受命运的挑战，他的事迹经过成都商报、中国青年报、共青团中央等媒体报道后，一次次刷屏网络，他的乐观和坚强打动了许多人。南华大学得知杨汶宪的事迹后，在学校食堂给杨汶宪的母亲安排了一份工作，还专门为母子俩安排了宿舍。对于社会各界的温暖帮助，母子俩十分感激。杨汶宪在接受记者采访时表示：“我会一如既往地努力，不断进步，努力完成学业，今后回馈社会。”尽管行动不便，杨汶宪也身着迷彩服出现在新生军训现场，他说：“有些科目我不能参加，但哪怕能给同学们搞搞后勤也好！”杨汶宪是

① 资料来源于三秦网。

一个很有爱心、懂得感恩的人。

课堂讨论：据阿里公益“天天正能量”发起的“正能量励志学子追梦计划”的公益行动报道，2022年像杨汶宪这样在遇到家庭经济或患病等困难的境遇下，还能保持积极向上、砥砺前行的大学新生远不止他一个。该项活动启动后，来自全国各地的推荐或自荐纷至沓来，原定奖励100人的计划，最终超额奖励了107人。这107个励志学子，来自全国20个省份的77个县市，其中八成以上来自农村，他们很少有机会上补习班、辅导班，却凭借自身不懈的努力，在2022年高考中取得了令父母和老师骄傲的成绩，也让自己离梦想更近了一步。即使处在逆境中，身患致死性疾病，他们都能保持坚强乐观的人生态度，积极面对疾病的折磨和治疗中的各种痛苦，始终没有放弃追求知识的梦想，靠的是什么样的信念？

第一节　人类情绪与情感的特点

一、情绪的产生、分类与功能

（一）情绪的性质与产生

关于“情绪”的性质和含义，哲学家和心理学家们已经辩论了上百年，也没有一个统一公认的定义。人类具有与生俱来的“基本情绪”，也有后天学习到的“复杂情绪”。因此，每个人对情绪的感受和定义常常都不一样。但一般认为情绪具有以下区别于其他心理活动的特点：情绪通常由某种外部或内在的刺激所诱发；情绪的表现总是伴随着一定的生理反应，并与生理、心理等自然性需求相联系，具有情境性和暂时性；情绪是可以为个体自觉感知的一种主观体验。

对情绪的产生机制，不同的学者有不同的解释。美国心理学家詹姆斯和丹麦生理学家卡尔·兰格（Carl Lange，1834—1900）提出了“情绪的外周理论”，认为情绪的产生是植物神经活动的产物，即情绪刺激引起身体的生理反应，而生理反应进一步导致情绪体验的产生。在他们看来，是先有机体的生理变化，而后才有情绪。所以悲伤由哭泣引起，恐惧由战栗引起；他们认为情绪是内脏活动的结果。美国生理学家沃尔特·坎农及其弟子菲利普·巴德提出了丘脑情绪说，认为情绪的中枢不在外周植物神经系统，而在中枢神经系统的丘脑，即由刺激引起感觉器官的神经冲动，传至丘脑进行加工，再由丘脑同时向大脑和植物神经系统发出神经冲动，从而在大脑产生情绪的主观体验。美国心理学家阿诺德（M. R. Arnold，1880—1961）提出了“情绪的评定—兴奋学说”，认为情绪的产生是大脑皮层和皮下组织协同活动的结果，大脑皮层的兴奋是情绪行为的最重要的条件。作为引起情绪的外界刺激作用于感受器，产生神经冲动，通过传入神经上送至丘脑，在更换神经元后，再送到大脑皮层，在大脑皮层上刺激情境得到认知评估，形成一种特殊的态度。这种态度再通过传出神经将皮层的冲动传至丘脑的交感神经，将兴奋发送到血管和内脏，所产生的变化使其获得感觉。这种从外周来的反馈信息，在大脑皮层中被评价，使纯粹的认识经验转化为被感受到的情绪。美国心理学家沙赫特

（S. Schachter，1922—1997）和辛格（J. Singer）通过生理心理实验证明，对于情绪的产生来说，有三个因素是必不可少的，即相应的环境因素、个体体验到高度的生理唤醒（如心率加快、出汗、呼吸急促等）、个体必须对生理状态的变化进行认知性的评价。事实上，情绪状态是由认知过程（期望）、生理状态和环境因素在大脑皮层中整合的结果。

（二）情绪的分类与功能

1. 积极情绪（positive emotion）与消极情绪（negative emotion）。按照情绪的体验性质和对人的活动影响来看，情绪可以分为积极情绪和消极情绪两类。积极情绪包括诸如快乐、热爱、欢喜、骄傲等情绪，由于积极情绪与满足个体的某种需要相联系，所以会伴随着一种愉悦的主观体验，并能增强或提高人的积极性和活动能力；而消极情绪，包括恐惧、厌恶、悲哀、悔恨等情绪，由于消极情绪与无法满足某种需要相联系，所以总伴随着一种明显不愉悦的主观体验，并能减弱或降低人的积极性和活动能力。[①] 情绪状况对人的健康影响很大。中医中就有“余知百病生于气也，怒则气上，喜则气缓，悲则气消，恐则气下，寒则气收，炅则气泄，惊则气乱，劳则气耗，思则气结”（《素问·举痛论》）和“怒伤肝，喜伤心，思伤脾，忧伤肺，恐伤肾”（《素问·阴阳应象大论》）的观点。现代医学研究也发现，乐观者的机体免疫功能更好，心脏受损概率较低，而悲观情绪者患心脏病的概率增加两倍，生活满意度与高血压发病率成反比，罹患疾病后无望感越高者，死亡风险则越大。

2. 基本情绪与复合情绪。按照情绪产生的时间（先天与后天）和复杂程度，情绪可以分为基本情绪和复合情绪两类。基本情绪是指人和哺乳动物所共有的、与生俱来的原始情绪。一般认为只有快乐、愤怒、恐惧、悲哀四种基本情绪。从进化心理学的角度来看，基本情绪与原始人类生存息息相关，不同的情绪有不同的作用。快乐给人带来身心的愉悦感，会刺激和强化个体更加积极主动去寻求快乐的刺激，如人和动物都会追逐配偶、寻找食物和安居的住所，可见快乐具有动机激励作用；愤怒给人带来保护的本能反应，例如当个体的身体、财产、亲人被侵犯，家园被侵略，自尊被贬损和否定时，个体就会激发出自我保护的能量；恐惧是促使个体逃生、远离危险的情绪，具有威胁警示、居安思危的作用；悲哀给人带来伤痛、难过的体验，但它具有唤醒个体之间共情、关爱、怜悯，以及激发反思警示的作用，并且在一定情境下可以化悲痛为力量。复合情绪是指那些由基本情绪的不同组合而派生出来的情绪。复合情绪有上百种，有些复合情绪已经被命名，例如，愤怒—厌恶—轻蔑情绪的组合可称为“敌意”，兴趣与愉快的组合可以称为兴奋，恐惧与害羞的组合可称为紧张；但还有许多复合情绪却难以命名，例如爱恨交加就是一种充满矛盾的复合情绪。经验表明，情绪是有机体生存、发展和适应环境的重要手段，通过情绪生理心理反应，有机体的活动状态与环境变化更相适应。情绪具有调控人与人之间关系的功能，例如，欣赏可以让人向对方表示友好，内疚和自责可以刺激个体的反思改过行为，喜欢、爱情和微笑可以刺激个体之间的亲近。个体之间可以通过不同的表情，如微笑、皱眉等来表达和传递自己的意愿等心理信息。

---

① 艾克曼. 情绪的解析［M］. 杨旭，译. 海口：南海出版公司，2008.

3．心境（mood）、激情（passion）和应激（stress）。按照情绪发生的速度、强度和持续时间的差异，情绪还可以分为心境、激情和应激三类。心境是指一种使人的整个心理活动都染上某种色彩的、微弱而持久的情绪状态。心境的突出特点是具有感染性。当一个人处于某种心境时，他会以同一种情绪倾向去看待他所遇到的事物和他所从事的活动，仿佛所有事物和活动都染上了同一种情绪色彩。例如“感时花溅泪，恨别鸟惊心”就是诗人对消极心境下感知变化的绝好写照。激情是指一种爆发性强烈而短暂的情绪状态。激情在极短的时间内突然笼罩着人的整个身心，个体常出现失去理智的激动和伴有剧烈的外显行为反应，但持续时间比较短暂。例如，暴怒和狂喜都是激情的表现。应激是指在出乎意料的紧迫情况下，个体产生的快速的不自觉紧张的情绪反应。心境、激情和应激也是个体对环境变化做出的相应的适应性反应。例如，应激有助于个体在突如其来的危急情境下做出迅速的保护性反应，或逃跑或反抗或呼叫，机体瞬间调动了全部的力量进行应对，如急中生智、当机立断都是适宜的应激反应；而目瞪口呆、手足无措、语无伦次，甚至大小便失禁或晕厥则是不适当的应激反应。

二、情感的性质、产生与分类

（一）情感的性质与产生

情感是与人的社会性需要相联系的态度和内心体验，是人类所特有的心理现象。情绪与情感是有区别的：一是满足的需要类型不同。情绪与个体的生物性需要相联系，如口渴时烦恼、痛饮时快乐，属于情绪；情感则与人的高级需要相联系，如知己分离的缺失感、老友相逢的亲切感，属于情感。二是产生的时间不同。情绪发生较早，为人与哺乳动物所共有；情感体验出现较晚，为人类所特有，是随个体社会化进程逐渐形成的。三是稳定性不同。情绪多与具体情境相关，情随境迁；情感则相对稳定，在较长时间内持续左右着个体的心理状况。

情感是个体在出生后的社会化过程中逐渐形成的。社会化的机制一般包括社会教化（socialization）和个体内化（individual internalization）两个基本要素的相互作用。个体通过观察学习、认知加工、角色扮演、主观认同、自我强化等机制逐渐接受和内化道德感等各种情感。例如道德的社会化就是将社会所肯定的道德准则和道德规范内化，形成合乎社会要求的道德行为的过程，内容包括道德观念与道德判断、道德情感与道德行为的习得。

（二）情感的分类与功能

一般认为，人类高级的社会性情感主要有道德感（moral feeling）、政治情感、价值感、社会责任感、理智感（rational feeling）和美感（aesthetic feeling）等。所谓政治情感是指个体接受政治信念和规范，形成政治态度、政治情操与政治行为的过程，内容包括爱国情操、社会责任感、集体感、尊严感等。个体的政治社会化有助于促进个体的社会规范意识和团队精神的养成，而政治社会化不足则有可能导致个体出现反社会人格。所谓道德感是指个体根据一定的道德标准，在评价自己或他人的思想、意图或行为时所产生的情感体验。如果自己的言行符合一定的道德标准，个体就会产生自豪、欣慰等情感体验；反之，就产生羞愧、内疚等情感体验。同样，当别人的言行符合一定的道德标准时，我们就会产生赞赏、敬佩等情感体验；反之，则产生反感、厌恶等情感体验。儒家认为“仁者不忧”，研究表明良好的道德有助于促进身心健康。① 所谓理智感是指个体在智力活动中所产生的情感体验。如对求知的好奇感、对知识的热爱、对真理的追求感等。美感是指个体根据一定的审美标准评价事物时所产生的情感体验，包括自然美感、社会美感和艺术美感。对美感的追求与健康的心态是完全内在一致的。

三、大学生情绪情感的特点

大学生不仅处于身体快速发育的年龄，也经历着角色转换、社会适应、自我意识确立、职业生涯规划等心理成长的关键时期。伴随着这一系列重大人生课题的考验，这一时期也是青年学生情绪情感丰富多变且相对不稳定的时期。

（一）情绪情感需求丰富，但仍有依赖性和不成熟

一方面，随着大学生自我意识的不断发展，各种高层次的社会需要不断出现且强度逐渐加强，情绪活动的对象、内容增多，自我尊重需要强烈。另一方面，大学生对父母、长辈、教师的情感依赖，不敢直接表达自己的情绪情感的现象仍然明显。在大学阶段的恋爱经历及其伴随的情绪体验，是不少大学生在校期间印象最深的情感体验。恋爱一方面满足了男女个体性生理成熟后所产生的情感需求，另一方面也常表现出恋爱行为的随意性和多变性等不成熟行为。

在各类学习和社会活动中，大学生的道德观、集体感、自尊、羞耻感、理智感、美感等高级情感活动开始成为大学生人生观、价值观的核心内容，并对其生活态度产生明显的影响，左右其情绪反应的模式与方向，尤其对同学之间的关系、团队和班级建设带来影响。大学生常对宿舍、班级和社团有较强的情感依赖性和归属感。但凡情感相同的人就容易形成趣味相投的团体，而有情感差异和矛盾时就会出现人际关系的离散甚至人际冲突。

（二）情绪情感具有冲动性，自控力相对薄弱

“血气方刚”“初生牛犊不畏虎”等成语所描述的正是青年人情绪情感活动的冲动性和激烈程度。大学生对事物的情绪体验相对强烈、富于激情，对情绪的自我控制力相对薄弱，往往“喜怒形于色”。同时，年龄和经历决定大学生对新事物比较敏感，又有旺盛的精力和探索欲望，虽然已具有一定的理智和自我控制能力，但爆发的情绪冲动一旦失控，往往造成可怕的结果。情绪感染就是指在群情激动时，个体受其他人情绪的影响而从众的情形，例如集体斗殴、毕业时出现的群体哄闹事件等。大学生在失恋时还经常出现爱恨交织的情感冲突的情形，这是指由于两种或多种情感性事件所形成的矛盾不能化解，个人深感困惑的心理状况。大学生的情绪情感活动常表现出强烈的程度，但也容易因事过境迁，激情不能始终一贯地保持下去。大学生可能今日对某人崇拜得五体投地，明日又可能恨之入骨，因此大学生的情感活动具有不稳定的特点。

① 邱鸿钟．道德修养与道德观转换的身心效应［J］．中国医学伦理学，2002，15（2）：30－31.

（三）情绪情感易于泛化，但大多可以自己走出来

大学生的情绪情感不仅起伏变化大，而且呈现扩大泛化到生活多方面的特点，或转化为持续的心境，对其他活动产生持续的影响。大学生的情绪心境化与大学生想象力丰富的思维特点有关，在非理性思维和想象的影响下，由刺激引发的情绪反应的程度和持续时间都可能进一步被催化，导致陷入某种想象性的不良情绪状态之中。但大多数情绪化的大学生都可以凭借自我情绪的调适能力，从情绪的困扰中走出来。

第二节　大学生的情绪情感障碍与原因

情绪情感活动是人类的正常心理过程，具有独特的心理社会功能。情绪情感对人的生存与发展具有双重的影响，积极的情绪情感是人类生活的发动机和润滑剂，而消极的情绪情感则是导致疾病和妨碍社会交往的重要因素。判断情绪好坏和正常与否的标准，关键是情绪的强度、情绪的稳定性和情绪的适宜性，而过度的情绪反应、情绪失常（emotion disorder）和情绪障碍都是心理不健康的状况。大学生常见的情绪情感障碍及其原因有如下几种。

一、情绪情感障碍的分类与表现

（一）以程度变化为主的情绪情感障碍

1. 情绪高涨。个体经常面带笑容，精力充沛，睡眠减少，自我评价过高，花钱大方，自负自信，易激惹，情绪容易波动，说到伤心事也会哭泣流泪，但容易恢复好心情。如果在情感高涨的同时思维奔逸，动作增多，甚至有夸大妄想时，考虑是躁狂状态，多见于情感性精神障碍躁狂发作。

2. 情绪低落。个体常面带痛苦悲伤的愁容，长吁短叹，自诉精力不足，失眠或嗜睡，喜欢安静独处，社会交往减少，愉快感缺失，原有的业余爱好和个人兴趣消失，自我评价过低，可有自罪妄想。如果在情感低落的同时思维迟缓、动作减少，甚至有自杀企图和自杀行为时则考虑是抑郁状态，多见于情感性精神障碍抑郁发作。

3. 焦虑。个体在缺乏充分的事实根据和客观因素的情况下，对其自身健康或其他问题感到忧虑不安，紧张恐惧，顾虑重重，惶惶不可终日，常伴有心悸、出汗、手抖、尿频等植物神经功能紊乱症状。如果个体常常有濒死感、失控感，伴有呼吸困难、心跳加快、手心出汗、尿频、尿急等植物神经功能紊乱的症状，时间一般持续几分钟到半小时，这属于惊恐发作。焦虑和惊恐发作多见于焦虑症、惊恐障碍。大学生常见的有考前的焦虑和考试中的惊恐发作以及社交恐惧等。

4. 恐惧。正常人面临危险处境时也会出现恐惧这一情绪反应，并伴有明显的心悸、气短、尿频、出汗、四肢震颤等植物神经功能紊乱的症状。如果个体遇到特定的境遇（例如参加集会）或某一特定事物（例如看到家犬或剪刀等尖锐的物品时），随即产生一种紧张恐惧的心情，个体明知没有必要，却无法摆脱这种恐怖的内心体验，脱离这种特定的环境或事物，紧张恐惧的心情随即消失，则考虑是恐惧症。

（二）以性质改变为主的情感障碍

1．情感迟钝。情感迟钝是指个体对一般人都能引起鲜明情感反应的事情反应平淡，缺乏相应的情感反应。尤其是对人类所特有的、高级和精细的情感（例如劳动感、荣誉感、责任感、义务感等）的反应逐渐减退。多见于精神分裂症早期以及脑器质性精神障碍。

2．情感淡漠。情感淡漠是指个体对一些能引起正常人情感波动的事情以及与自己切身利益有密切关系的事情，缺乏相应的情感反应。个体对周围的事情漠不关心，表情呆板，缺乏内心体验。多见于精神分裂症衰退期和脑器质性精神障碍。

3．情感倒错。情感倒错是指个体的情感反应与现实刺激的性质不相称。例如遇到悲哀的事情却表现欢乐，遇到高兴的事情反而痛哭，情感反应与思维内容不协调。多见于精神分裂症。

（三）脑器质损害导致的情绪情感障碍

1．情感脆弱。情感脆弱是指患者常常因为一些细小或无关紧要的事情而伤心落泪或兴奋激动，无法克制。多见于脑动脉硬化性精神障碍、神经症。

2．易激惹。易激惹是指患者很容易因为一些细小的事情而引起强烈的情感反应，如生气、激动、愤怒，甚至大发雷霆，但持续时间一般较短。多见于脑动脉硬化性精神障碍、躁狂状态等。

3．强制性哭笑。强制性哭笑是指患者在没有任何外界因素的影响下，突然出现不能控制的、没有丝毫感染力的面部表情，个体对此既无任何内心体验，也说不出为什么要这样哭和笑。多见于脑器质性精神障碍。

4．欣快感。患者经常面带单调、刻板的笑容，自己也说不清高兴的原因。多见于脑动脉硬化性精神障碍。

二、情绪情感障碍的原因

（一）生物因素

研究显示，遗传因素影响个体的情绪反应模式，但又不是简单的对应关系。有关双生子的研究证明，具有某类遗传基因的个体对环境中的刺激较为敏感，容易诱发出较强的精神反应。出生仅两三个月的婴儿，其气质和行为特征具有明显的区别。在一项对141名从出生到5岁的儿童的纵向研究中，2/3的研究对象表现出三种一般的情绪活动模式：约40%的对象表现出适应性、积极的心境和正常的身体功能；而10%的对象在新环境中显得退缩，对环境变化的适应慢，表现出紧张反应，伴随身体功能的紊乱和消极的心境；约15%的对象对新环境适应慢，心境相当消极，活动水平极低。

情绪还与机体的神经递质、内分泌激素，甚至胃肠道菌群有关。神经递质的类型和数量对个体体验到何种情绪是一个非常重要的影响因子。神经递质虽然有许多类型，它们能与特定受体成对匹配并产生某种情绪，一般可以根据它们的作用分为“刺激”或“抑制”两种类型，如肾上腺素就是兴奋性神经递质，可以刺激机体更加兴奋紧张，

γ－氨基丁酸和血清素等抑制性神经递质可以使机体降低焦虑感。边缘系统—下丘脑—垂体—肾上腺轴（LHPA 轴）是一个对于情绪情感变化具有直接影响的内分泌系统。研究发现，抑郁症患者的血浆皮质醇浓度分泌增加，失去了正常人夜间自发性分泌抑制的节律。性激素和甲状腺素对情绪的影响也非常显著。最新的研究发现，微生物—肠—脑轴不仅对人的食欲和新陈代谢有影响，而且会影响人的行为、思想和情绪。调节肠道菌群是治疗抑郁和焦虑的潜在方法。

（二）个性等心理因素

个性对人的情绪情感反应强度和模式具有很重要的影响。中医很早就认识到，即使是受同样的刺激和患同一种疾病，由于人的体质与性格的韧性不同，导致的结果也是不同的。所谓“坚脆不同，坚者则刚，脆者易伤”（《灵枢 · 五变》）。一般认为，具有意志坚强、乐观开朗、幽默风趣个性的人对挫折的耐受能力和情绪的自控性较强。有人观察火灾现场发现：15% 的人镇定自若，沉着应付；70% 的人慌乱紧张，但仍能有效反应；15% 的人精神过分紧张，惊慌失措，错误应对，可能导致悲剧的发生。认知心理学实验证明，情绪反应是否启动，以及情绪反应的类型和强度并不取决于刺激事件本身，而是与个体对刺激事件的性质、重要性和“好坏”的判断及预期有关。例如有研究证明，体育比赛中获得铜牌的选手往往比获得银牌的选手更高兴，因为前者庆幸自己获得奖牌，而后者则遗憾没有拿到第一。

丧失是导致大学生情绪问题的一种常见原因。例如失恋、失去本来可能获得的奖学金、奖项、出国机会等，都有可能诱发较强烈的情绪。丧失对于当事人的严重性，并不在于失去的东西是什么，而在于当事人对所丧失的东西的认知评价和态度，在于当事人所赋予该事件的价值与意义。心理冲突也会导致情绪障碍，例如专业选择自愿与服从分配、想退学复读与害怕父母不同意和给家庭带来经济压力等心理矛盾都会令个体处于痛苦、焦虑、抑郁等消极情绪之中。

庄子（约前 369—前 286），名周，战国中期的思想家、哲学家和文学家，被誉为继老子之后的道家学派的主要代表人物，二人被后人并称为“老庄”。

庄子的超个人主义的心理学堪称世界之最。

圣也者，达于情而遂于命也。天机不张而五官皆备，此之谓天乐，无言而心说。（《庄子 · 天运》）

夫至乐者，先应之以人事，顺之以天理，行之以五德，应之以自然，然后调理四时，太和万物。（《庄子 · 天运》）

知不可奈何而安之若命，唯有德者能之。（《庄子 · 德充符》）

（三）家庭社会因素

研究表明，家庭社会化过程及其生活经历极大地影响着大学生情绪情感的发展。在温馨和谐的家庭中，个体易养成良好的情绪反应模式；而父母家族成员关系紧张，过于苛求或放纵的教养模式则会影响孩子的情绪唤起方式、程度和持续时间。例如家庭缺乏应有的亲情氛围，家长不善于向孩子表达自己的爱，或家长之间也很少当着孩子的面表达爱意，会导致孩子缺乏对同理心、爱心的学习和模仿。情感匮乏（emotional deprivation）就是指个体在童年生长环境中得不到家人亲情的对待而影响情绪行为发展的情形，以致个体丧失随情境需要而适度表达各种情绪的能力。虽然“问题家庭”的大学生并非都会出现情绪障碍，但有情绪障碍的大学生，大多可以找到家庭因素不利影响的烙印。

社会压力是导致大学生情绪问题的重要因素。压力是指一个人觉察到的某种真实的或想象的心理威胁，并且觉得自己无力应对时所产生的生理心理反应。适当的压力可以激发个体的斗志和积极学习的动机，但持续的或过强的压力将导致个体身体的疲惫和心力的耗竭。诱发大学生情绪情感问题的社会心理压力主要有学校人际关系不适应、学业压力、就业竞争压力、经济压力等。

第三节　情绪调适与积极情感的培养

情绪情感是人的心理属性，是人类行为的促动力量。心理健康教育的目标，不是消灭不良情绪，心如止水，而是要适当地调控情绪，保持情绪的稳定与适度，培养积极健康的情感，提升适应环境的情商。

一、情绪调节和情感培养的原则

（一）疏导性原则

对情绪的调节与控制并不等同于对情绪的抑制或否定。正常的情绪体验和反应如果受到过多的压抑，反而会有害于心身健康，例如被激怒时，血压升高是正常的生理应激反应，如果愤怒情绪长期受到压抑，就会积怒于心，紧张情绪体验不能平息，其血压升高的生理反应将长期保持下去，直至发展为一种病理状态。情绪的外部表现虽然可以人为控制，但是其内在的情绪体验及伴随的生理变化则不为主观意志所左右，对情绪的压抑并不能真正消除情绪体验和相关的生理变化。研究表明，过度压抑情绪表现，将可能使多种心身疾病的发生率增高。如经常压抑不良情绪、生闷气、抑郁的人容易患癌症，因为不良情绪会影响正常的免疫功能，降低免疫力，免疫系统识别、监视、杀灭体内变异细胞的能力下降，增加癌症发生的可能性。所以，情绪调控的原则之一是合理地疏泄情绪，防止压抑情绪所致的种种不良反应的发生。

（二）建设性原则

建设性原则是指以积极主动的态度而不是消极被动的态度去对待和处理情绪与情感问题。对于当事人而言，情绪困扰时不应采取逃避、压抑、否认、沉默的消极应对方式，而应积极寻找解决问题、补偿、升华等走出困境的办法；对于有情绪障碍的学生身边的同学而言，这一原则是指应以建设性的态度给当事人以精神支持，而不是讽刺、挖苦、指责或过度保护。例如对于失恋者，如果帮助者说“不要想了”，或者“你根本就不应该陷入这种感情”，“你这是自作自受”，这类话不仅于事无补，而且会再次刺伤受伤者痛苦的心。事实上，由于情绪体验具有很大的个体差异性，也许在其他人看来无足轻重的小事，当事人则可能视为名节之大事，因此，要鼓励陷于情绪情感困惑的当事人以建设性的态度设法走出困境。

二、情绪与情感调节的方法

（一）引导疏泄法

激烈的情绪和情感活动常有多条出路：一是忍气吞声，强压怒火。心理学研究表明，许多心身疾病，如胃溃疡、高血压、癌症，都与情绪压抑有关。二是投向自我，情绪激动又不便发作时，打自己耳光、摔东西，甚至去自残或自杀。三是转化为无意识冲突，表现为形式多样的神经症。四是报复性发泄，伤害他人或财物，容易造成不可挽回的损失。五是文明宣泄，即在不违背社会伦理道德和法律的条件下，用体育、唱歌等文明的方式直接表达出自己的情绪。适当的情绪疏泄方法是指以社会允许的方式直接或者间接地表达其情绪体验和合理的诉求。简而言之，就是高兴就笑，伤心就哭。实践表明，坦率地表达内心的愤怒、苦闷和抑郁情绪，心情会变得舒畅一些，压力会减少一些，与情绪体验同步产生的生理变化也将较快地恢复正常。情绪疏泄方法可以分为直接疏泄法与间接疏泄法。前者是在刺激引发情绪反应之后，及时表达自己的内心感受，如遭遇到不公平对待，可以马上提出来；被人伤害后，直接告诉对方自己很生气，要求赔礼道歉。后者是在脱离引发情绪的情境之后，向与情境无关的人表达当时的内心感受，宣泄自己的愤怒、悲痛等体验。例如，在受到欺侮后，向家人或能够主持公道的人倾诉，有助于平息激烈的情绪。

情绪疏泄方法有“适度”的问题，即不能把合理的情绪疏泄理解为疯狂式的情绪发泄，如以暴力或酗酒等不恰当的方式发泄情绪，这不仅无助于情绪问题的解决，反而会引发新的情绪问题。如大学生之间发生矛盾时，因情绪冲动出手打架伤人，当下的一时痛快可能会招来过后的无尽痛悔。所以情绪疏泄的方法应强调其合理合法性，情绪的发泄不得损害其他人和公共的利益。

（二）活动转移法

活动转移法是指在处于情绪困境时，暂时将问题放下，从事所喜爱的活动以转变情绪体验的性质，达到调控情绪的目的。等到情绪处于相对平稳缓和状态之后，再去处理棘手的问题。经验证明，音乐和美术、书法是调控情绪的有效方式。例如轻松优美的旋律有助于让紧张不安的神经松弛；挥毫泼墨的书画、游山玩水、打球下棋既可陶冶情操，也可化解各种不良的情绪，使消沉者活跃，激愤者平静。

活动转移法按其转移的方向可分为两类，即消极的转移和积极的转移。消极的转移是指情绪不佳时，转而去吸烟、酗酒，自暴自弃。这是大学生应该避免的转移方向。积极的转移是指把时间、精力从消极情绪体验中转向有利于个人发展的方向，如勤奋学习、体育锻炼和从事创新研究等，而新的活动带来的成功有助于大学生获得自尊、自信和平衡情绪的力量。如果有些事情和活动令人感到焦虑、抑郁、烦躁，可以转换另一种方式来加以消解，例如即刻做原地跑步的动作，将腿尽量抬高，以尽可能快的频率，这样有助于释放聚集的不良情绪。

活动转移法按其转移的对象可分为两类：转移注意力和转换心情。一方面，可以转移注意力。例如想点别的事情，将注意力放在无关的东西上，从而达到转移注意力的目的。当然也可以提前预防，减少看到那些引起自己不愉快对象的可能性。另一方面，还可以转换心情。读一个笑话，或者看漫画，回忆一些愉快的事情，当这些能够引发笑容的刺激产生后，活动自己的眼部肌肉，咧开嘴角，让自己保持笑容，情绪很快就能发生变化。

（三）认知调控法

对事件如何解释对于情绪有重要影响。情绪反应产生于主体对刺激意义和价值的评价之后，对相同的刺激，个体不同的评价将会引起不同的情绪反应。所以可以用调整、改变认知的方法调控情绪反应。例如，一些同学考试前十分紧张，是因为他们把考试看得太重要，担心考不好会被人看不起，担心不及格、补考等可怕的后果。这时可以通过自我暗示来放松紧张情绪，如认为“我平时其实学得不错，我相信自己有能力考过”“其实别人和我一样紧张”等，紧张情绪就会缓解。俗话说：“压力像弹簧，你弱它就强。”如果个体改变了对压力的看法，意志坚强起来，自我效能感被调动起来，压力就退缩了。正如俗话所说的：“麻烦并不是一个麻烦，怎样解决这个麻烦才是一个麻烦。”怎样解决麻烦就从认识麻烦开始。见图 7－1。

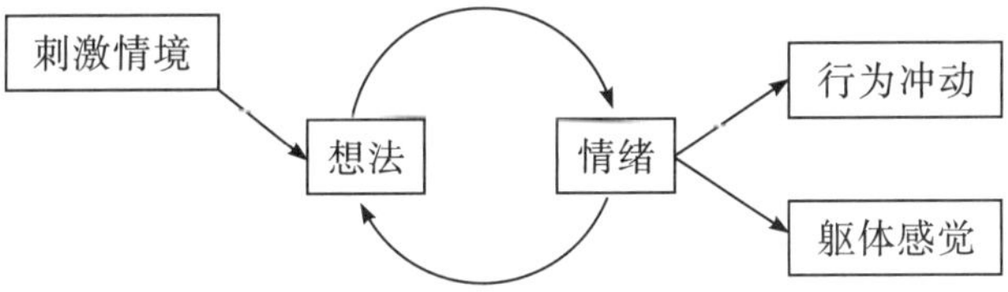

图 7－1　情境、想法和情绪产生的模型

可见，情绪反应跟发生了什么没有太大关系，关键是看个体如何认识或解释它的意义和价值，这一点决定了伴随的情绪反应。其实并没有所谓唯一“正确”的解释——每个人都有自己的信念和视角。大多数情况下，我们内心出现的各种想法仅仅只是一些思维活动而已，并非现实中发生的事实。由此可见，只要个体调整自己的某些信念和想法，就可以调控情绪。例如当人非常愤怒并且想做出过激行为时，如果能告诫自己换个角度来看待刺激事件，冷静分析一下动怒的原因和其他可能的解决办法，就能减少和避免愤怒可能带来的过激反应。认知调控方法可分为以下两步：一是分析刺激的性质与程度。例如是否将刺激估计得过于严重和绝对，是否误以为刺激只是针对本人，冷静分析问题的来源和诱因。二是寻找多种解决问题的方案，比较后再择优而行。事实上，我们面临的所有问题几乎都有多种可能的解决方案，而冷静则是寻找最佳方法的前提。

认知和情绪由大脑的不同部位进行调控，控制情绪的是边缘系统等较原始的大脑部分，而认知调解靠的是后发展起来的大脑新皮质部分。因此，个体可以通过一些认知训练作业（例如情绪体验记录日历表）来认识自己的认知和情绪发生的关系，不难发现，也许自己原来处理情绪的习惯方式，即不停地纠结在那些并非事实的反刍思维中，正是令自己情绪波动的内在原因，那种大喊大叫的原有的情绪反应方式可以被一种能自我实现的情绪调控方式所替代。

（四）善用社会支持系统

当大学生陷入较严重的情绪障碍而又自觉无力解决时，应及时主动向父母兄弟姐妹等家庭成员、同学、教师和心理辅导人员、专业机构等社会支持系统寻求帮助。寻求社会支持有多方面的意义：一是可以获得倾诉的对象，一般将憋闷在内心的苦恼向他人倾诉之后，就会有轻松解脱的感觉；二是其他人的想法、解释和建议可以为此时钻进“牛角尖”的个体提供新的视角和新的思路，有助于当事人走出个人习惯的思维模式，重新评价困境，寻找新的解决问题的办法；三是通过与他人的沟通，获得心理上的支持和力量，帮助自己摆脱无能为力的消极感受，重新获得能够控制事物发展方向的感受；四是心理辅导人员和专业机构可以提供专业性的意见和建议，运用心理学方法帮助个体更有效地解除情绪情感障碍。

（五）学习改善情绪情感的交流方式

情绪情感的表达是指个体将其内心经验和态度，经由行为表露于外，从而显现其心理感受，实现与环境交流沟通目的的过程。事实上，我们在与他人的交往过程中，个体之间无时无刻不在进行着情绪情感信息的双向交流。经验表明，人与人之间情绪情感的理解与表达等交流方式既对个体内心的情绪情感的体验具有直接的影响，也直接决定了人际关系的好坏。

人类的情绪情感的表达、理解等交流方式，有先天性、共同性、习得性和可控性的特点。先天性是指情绪情感的表达和理解是与生俱来的本能。共同性是指基本的情绪表达和理解，如基本的面部表情，世界各民族几乎都一样，也具有同样意义的理解。习得性是指在社会化过程中通过模仿和强化学习的情绪情感的表达方式，如孩子常与父母的情绪情感表达方式具有更多的相似性。可控性是指情绪情感交流的外显行为可以为个体的意识所掩饰，或夸张做作，或故意诱导他人产生错觉或误解，如优秀的演员就具有模仿不同人物在不同情境中的情绪情感表现的超强能力。当然，每个人也可以通过自己情绪情感的表达方式修饰自己给他人的社会印象。

从有助于改善人际关系，增强个体的社会交往能力，提升个体给他人的社会印象的角度，大学生应该学习掌握适宜的情绪情感交流方式。除了改善自己的情绪情感语言表达的内容和态度之外，还要修炼自己的面部表情、姿势语言，优化话语的语音和语调等非语言表达方式。培养赞美他人的言语多说，微笑常挂在脸上，用鼓掌表达赞赏和肯定的习惯；与人为善也需自保，真诚而不失文雅，直率而不伤人，友好交往而不算计，互助而不依赖，这些都是值得大学生在情绪情感的交流中不断认真体会和把握的要领。

心理测验

正负性情绪量表

正负性情绪量表（Positive and Negative Affect Scale，PANAS）由美国心理学家沃森（D. Watson）、克拉克（L. A. Clark）及特勒根（A. Tellegen）于1988年共同编制。他们通过研究发现，人类的情绪具有正、负两个不同的、相互独立的维度特征，即个体有正性情绪体验的时候并不意味着没有负性情绪的体验，同样，具有负性情绪的同时也可能有较强的正性情绪。

该量表由20个反映情绪的形容词组成，包含了10个正性因子（条目为1、3、5、9、10、12、14、16、17、19）和10个负性情绪因子（条目为2、4、6、7、8、11、13、15、18、20），见表7－1。

每个形容词后都有5个选择答案，“几乎没有”计1分，“比较少”计2分，“中等程度”计3分，“比较多”计4分，“极其多”计5分。计分方法为：正性情绪条目之和为正性情绪分（positive affect，PA），负性情绪条目之和为负性情绪分（negative affect，NA）。一般认为，正性情绪分高表示个体精力旺盛，能全神贯注和以快乐的情绪为主，而分数低则表示情绪淡漠。负性情绪分高表示个体处于主观感觉困惑、精神痛苦的情绪状况，分数低则表示情绪镇定。

表7－1 正负性情绪量表

指导语：这是一个由20个描述不同情感、情绪的词汇组成的量表，请阅读每一个词语，并根据你近1～2周的实际情况在相应的答案上画圈

项目	几乎没有	比较少	中等程度	比较多	极其多
1. 感兴趣的					
2. 心烦的					
3. 精神活力充沛的					
4. 心神不宁的					
5. 劲头足的					
6. 内疚的					
7. 恐惧的					
8. 敌意的					
9. 热情的					
10. 自豪的					
11. 易怒的					
12. 警觉性高的					
13. 害羞的					
14. 备受鼓舞的					

续上表

项目	几乎没有	比较少	中等程度	比较多	极其多
15. 紧张的					
16. 意志坚定的					
17. 注意力集中的					
18. 坐立不安的					
19. 有活力的					
20. 害怕的					

拓展训练

一、活动的主题与目的

活动主题：压力免疫训练。

活动目的：了解自己的情绪表现、类型及其与压力的关系，掌握应对压力的有效方法。

活动对象：希望认识自己情绪反应模式的大学生，曾经出现过不能控制的愤怒、恐惧和焦虑的大学生，A 型性格者，遭遇过强暴或性骚扰的受害者，运动员，考试焦虑者等。

二、活动的理论依据

压力免疫训练属于认知行为主义理论中应对技能的一种。其理论基础是行为主义的社会学习理论、认知学派的 ABC 理论及唐纳德·梅肯鲍姆（Donald Meichenbaum）建立的压力免疫训练计划。其工作的基本假设有两点：一是我们应对压力的经历、经验左右我们如何应对新压力的反应；二是我们面临压力时的假设，直接影响着我们怎样体验着压力和应对压力的方式方法。他们认为，个体并不是压力、环境的牺牲品，而是可以通过训练个体的应对技能和思维方式，提升处理生活压力的能力的。换而言之，我们如何评价和处理生活中的事件，决定着压力在我们身上产生的效应是正还是负。

三、活动的内容与方式

（一）活动准备

1. 小组成员的相互认识。

2. 活动组织者介绍活动的目的、步骤、方法和注意事项，尤其是强调小组内部关于个人问题的相关内容，互相有保密的义务。

3. 工具：黑板、粉笔、椅子、笔、合理情绪疗法（RET）自助单等。

（二）活动过程

1. 发现、体验与表达压力。依序请参与的成员用粉笔在黑板上画一个圆圈表示其近一个月来感受到的压力，圆圈的大小与压力的大小成正比。并请他在圆圈内标明是什么压力，来自何方。

再请他在黑板上画一个人形轮廓图，并在人形轮廓图上的相应机体部位涂上阴影，以表示感受到压力时，自己身体部位的不适反应。

指导者启发描述者讲述他对压力的情绪体验、相关的感觉与想法，以及自己的应对方法。

指导者发动其他参与者一起探讨当事人的体验、看法、应对措施，指出哪些是恰当的，哪些有改进的可能，以及如何改进的方法。还可以讨论是什么因素促进了当事人恰当的应对方式，什么因素抑制了当事人应对压力的能力。如果当事人的压力应对理念和应对行为没有问题或者说应对恰当，那么指导者给予充分肯定，然后请下一位参与者进行同样的活动。如果发现当事人的压力应对理念和应对行为有明显的问题，那么直接进入下一个活动环节。

2. 驳斥非理性思维和认知重建。指导者帮助成员认识生活中各种压力的不可避免性、压力及相关情绪和行为反应的积极意义，帮助其认识个体的想法、认知方式和情绪在压力产生过程中所扮演的角色。

结合当事人的具体问题，帮助其发现自我未觉察的绝对化要求、非黑即白、糟糕至极等非理性的思维方式和压力的关系。

指导当事人以新的适应性的思维和行为模式看待和处理问题。具体做法如下：

一是 RET 自助单法。请参与者画一张包含四列的“RET 自助单”：左边第一列写下导致压力感的生活事件，如当众演讲；第二列写下自己原来对此类事件的看法，如认为讲砸了别人就会看不起自己；第三列写上从事实和逻辑两方面驳斥错误的看法，如即使讲砸了也不是世界末日，即使老手也有搞砸的时候；第四列用新的想法思考面对问题时的体验与感受。

二是改变内部对话内容，纠正非理性的信念。成人在思考处理问题时，存在着一种不出声的自我对话方式，个体对这种内部对话的内容及其准确性并不自觉。指导者以一个日常生活中的情境为话题，如一个在众人面前发言的场合，请参与者想象处身于那个情境之中，先按照以前的思维习惯将内在的自言自语思维内容说出来，如“我必须表现得与众不同”“我演讲必须成功”“我讲砸了就完蛋了”等，然后和其他成员一起分析这些内在的观念是否恰当，如有不恰当者，其新的表述应该是什么，如“我只要表达明白就可以了”“我将自己的想法告诉大家就是成功”“就是讲砸了也不意味着我整个人不行”等。

当参与成员熟悉这一过程后，要求其经常监测自己的内部对话内容，并将其记录下来，按照前述的步骤进行自我分析，发现存在的错误，找到正确的表达方式，并牢记与实行。

3. 放松训练与角色扮演。放松训练的方法有很多种，常用的是肌肉紧张—放松训练，能够有效减轻紧张焦虑状态。当成员能够用放松技术对抗紧张焦虑情绪反应后，再进行角色扮演训练。可以先让当事人想象暴露于紧张焦虑的情境中，如在团体活动中进行表演的情境，如当事人不能自控地出现紧张焦虑状态时，停止角色扮演，立即进行肌肉放松训练。这一训练能够让当事人体验到其情绪反应是可以由自己控制的，树立情绪调控的自信心。

4. 逐级递进地指定家庭作业与应用追踪。一是建立一个相互支持的同伴系统，用奇偶数抽签的方法使成员随机配对，使之相互成为团体治疗中的监督者和支持者；二是根据每个成员的具体情况，指定多样性的想象或现实的社会练习情境，尤其是过去不能接受或感到紧张焦虑的情境；三是练习将新学习的行为方式向日常生活的扩展或转化。练习过程中，同伴给予必要的监督和精神支持。

四、注意事项

1. 行为主义的团体心理辅导是一种教育性的过程，指导者应积极主动地扮演领导者的角色，运用相关的知识和技能帮助参与者解决各类实际问题。

2. 指导者应注意察觉自己的价值观、态度和行为对成员的影响，发挥在治疗过程中作为影响核心的重要作用。

3. 指导者要随时注意帮助参与者不断地对自身的问题进行评估，澄清将要在团体活动中处理的目标行为。

4. 指导者要对成员的任何微小进步给予明确的肯定，促进他们发展出新的进步行为。

5. 随着团体活动的开展，指导者要逐步减少其组织性，增进成员的自我管理能力。

拓展阅读

丹尼尔·戈尔曼：《情感智商》，耿文秀、查波译，上海科学技术出版社，1997 年。

教学资源清单

使用说明：建议每位学习者在教师课堂讲授本章教材之前，先通过手机扫码的方式链接到教学资源平台，自学和练习相应的教学内容，以便在课堂上能够与教师更深入和更有效率地进行教与学的研讨，见表 7－2。

表 7－2　教学资源清单

编号	类型	主题	扫码链接
7－1	心理观察	快乐的秘密	
7－2	心理微课	你好，我的负面情绪	
7－3	专题新闻	情绪不好会导致身体出现的问题	

续上表

编号	类型	主题	扫码链接
7－4	教学影评	《中国合伙人》影评	
7－5（1）	心理漫画	《释放》	
7－5（2）		《转角便是晴天》	
7－6	学唱歌曲	《感恩的心》	
7－7	心理故事	直面抑郁	
7－8	知识拓展	减压神经放电实验	
7－9	心理体验	怎么控制自己的情绪	
7－10	PPT 课件	大学生的情绪与情感	
7－11	录课视频	第一节：大学生的情绪与情感（黄时华）	
		第二节：大学生的情绪情感障碍与原因（黄时华）	

第八章 大学生人际关系与社会支持

导读

教学目标：了解大学生人际关系与沟通的意义、特点、基本类型，大学生人际关系障碍和形成的原因，学习人际交往与沟通的艺术，调适自己人际交往的心理问题，提高人际交往能力。

关键概念：人际关系（interpersonal relationship）、人际交往（interpersonal interaction）、人际沟通（interpersonal communication）、共情（empathy）、团队（team）、团队精神（team spirit）、社会支持（social support）、角色分析（PAC）。

案例

付出爱心，帮助艾滋孤儿①

黑龙江大学化学化工与材料学院大学生、共产党员何建章通过媒体报道了解到，河南省有的农民因在20世纪90年代卖血而感染艾滋病，现在相继死亡，留下一些孤儿。他深受震动，经过仔细思考，决定休学一年，去为这些无助的孩子们做点实事。他来到河南省商丘市东珍学校，开始了支教工作。刚到学校时，没有床，晚上他把薄薄的褥子一铺，就睡在水泥地上。河南干燥的天气使他在上课的时候经常流鼻血。然而，艰苦的环境没有挡住何建章炽热的爱心。他积极寻找本校辍学的艾滋孤儿，让他们重返校园，并关心、照顾他们的生活。他与孩子们吃在一起，睡在一起，给他们家人般的温暖。何建章在热心帮助上学有困难的孩子的同时，也努力寻求社会各方面的资助。他走访了河南东部的大部分艾滋病高发地区，发现和救助了100多名孩子，并呼吁企业、个人、海外华人和在校大学生提供资助。为了让更多的人了解艾滋病知识，以实际行动积极帮助艾滋孤儿，何建章在黑龙江省哈尔滨市各大高校和河南焦作大学举办有关艾滋孤儿的图片展和讲座，与黑龙江省疾病控制中心合作宣传防治艾滋病的知识，大力呼唤社会关心支持艾滋孤儿。何建章复学后，依然尽力帮助那些困难的孩子，希望用自己的行动带动更多的人加入关爱孩子的行列中。何建章在黑龙江大学组建了“东珍活动小组”，义务为哈尔滨市香坊区的贫困儿童和孤儿补课辅导，与哈尔滨市妇联举行“爱心大本营”救

---

① 资料来源于东北网。

助活动，与其他小学举行联谊活动，等等。何建章还走进漳州农村孤困儿童家庭，了解他们的生活状况，帮助33个孩子联系到学费和生活费资助者。何建章先后被黑龙江团省委、省学联授予第八届黑龙江省“十佳大学生”荣誉称号，被省志愿者协会评选为第二届黑龙江省十大杰出志愿者等。何建章的脚步仍然没有停歇，他依然活跃在帮贫助困的公益事业中。

课堂讨论：孟子说“仁者爱人”。能向社会和他人付出爱的能力是心理健康、内心强大的人的重要特点。何建章同学不仅走进了艾滋孤儿的生活中，了解实际情况，而且积极寻求社会各界支持，帮助艾滋孤儿重返校园，他助人为乐的方法真诚朴实而且科学有效。

第一节　人际关系与人际沟通

一、人际关系与人际沟通的概念

（一）人际关系与人际沟通的含义

人际关系，有广义与狭义之分。社会学将人际关系定义为人们在生产或生活活动过程中所建立的一种微观的社会关系。心理学则将人际关系定义为人与人在交往中建立的直接的心理上的联系，它表现为一个人对其他人吸引或排斥的心理倾向及其相应的行为。

人际沟通指个体之间运用语言、表情、手势、动作等方式交流思想、情感和知识等信息的过程。人际关系是一个相对稳定的过程，侧重指在沟通和交往的基础上所形成的心理状态和结果。人际沟通是一个动态的过程，侧重于人与人之间的联系和接触。人际沟通是人际关系实现的基础，也是人际关系形成的途径。没有人际沟通，就不能形成人际关系，人际关系是人际沟通的表现和结果。

人际关系一般由认知、情感和行为三种心理成分构成。认知成分反映了个体对人际关系状况的认识，是人际知觉的结果，是人际关系形成、发展和改变的基础。在人际关系中，认知起到了唤起、控制和改变情感的作用，对人际关系起着调节作用。情感成分是交往双方在情感上的满意程度和亲疏关系，是与人的交往需要相联系的一种体验，反映出对交往现状的满意程度。大学生人际关系极富有情感色彩，双方交往讲究情投意合，尤其是女生，特别重感情。行为成分是指交往双方外显的行为表现，如语言、举止、风度、表情等表现个性和传达信息的行为要素，它是建立和发展人际关系的交往手段与形式。

任何人际关系的发生、发展和改变，都是这三种成分相互作用的结果。在不同的社会群体里，这三种因素所起的作用有所不同。在班集体等正式群体中，行为因素起主导作用，调节着人际关系；而在沙龙等非正式的群体中，情感因素则起主导作用，制约人际关系的亲疏及稳定持久的程度。

（二）人际关系与人际沟通的意义

其一，建立良好的人际关系，是满足大学生多种需求的基础。大学生在现代较好的物质条件下，更多需求来自安全、爱和归属、尊重和自我实现的需求。满足更高层次需求已经成为大学生人际交往的动机之一。比如，在现实生活中追求安全需求，就体现在大学生顺利通过考试，在困惑时得到他人解惑，在危机时得到他人帮助，不被社会抛弃等。只有投入人群，建立良好的人际关系，才可能充分满足安全需求。再如，人类都有丰富的情感需求，每个人都希望可以分享自己的兴趣爱好、喜怒哀乐，才能满足心理上的归属需求。

卡尔·马克思（Karl Marx，1818—1883），思想家、政治家，马克思主义创始人。

人的本质不是单个人所固有的抽象物，在现实性上，它是一切社会关系的总和。

人是最名副其实的社会动物，不仅是一种合群的动物，而且是只有在社会中才能独立的动物。

人的生活离不开友谊，但要得到真正的友谊不容易；友谊总需要用忠诚去播种，用热情去灌溉，用原则去培养，用谅解去护理。

——马克思

其二，人际交往是获得自我认知的途径。大学阶段是个体自我意识迅速发展的时期，他们会经常问自己“我是谁”“我是怎样的人”。德国学者斯普兰格说：“在人的一生中，再也没有像青年时期那样强烈地渴望被理解的时期了。没有像青年时期那样陷入孤独之中，渴望被人接近与理解，没有任何人像青年那样，站在遥远的地方呼唤。”一方面，大学生在人际交往的过程中可以从他人对自身的态度和评价中得到映射，更加全面地了解自己。另一方面，大学生在交往过程中所获得的各类信息对这些问题的解答会发挥重要的作用。比如，学友之间交流学习心得，畅谈人生感想，交流生活信息，可以开阔视野、启迪思维，学会待人接物，学会如何正确看待和评价自己和他人。大学生只有建立了良好的人际关系，通过频繁的人际沟通获得同伴的理解、尊重、关怀，才能避免陷入夜郎自大、井底之蛙的境地，促使自己乐观开朗，健康积极。

其三，人际交往是获取知识、了解社会和促进事业成功的重要条件。知识不仅来自书籍和网络，人与人之间交流信息是人际交往的重要功能。大学生在交往过程中所获得的各类鲜活信息，对他们的生活、学习和自我教育都会发挥重要的作用。交往过程中，随时吸收知识，借鉴同伴的经验，取长补短，不断提升自己的能力，也是大学生在未来事业中取胜的关键。在市场经济的要求下，团队合作更是事业的核心竞争力之一，没有良好的人际交往，就难以适应这样的经济环境。

其四，与人交往有助于促进大学生的心理健康。人际关系失调，常引起心理失衡，诱发心身疾病。美国精神病学家哈里·斯塔克·沙利文（Harry Stack Sullivan，1892—1949）曾提出精神病病因的人际关系理论。他认为精神分裂症的病因与童年时期和父母的不良人际互动以及不良的人际交往模式有很大的关系。精神分裂症的本质是人际关系的障碍，从这种意义上说，精神病学可以改名为人际关系科学。沙利文把他的人际关系理论应用于医疗实践，帮助精神障碍患者改善人际沟通模式，在促进心理康复方面取得了良好的效果。

二、大学生人际关系的基本特点

（一）迫切性增强，兼具不稳定性

大学生普遍对于人际交往具有迫切性。大学阶段是从形式上逐渐摆脱家庭依赖，并在思想上日趋成熟的过程，大学生的独立意识、自我意识日益强烈，但是对于社会生活了解甚少。因此，大学生对于了解社会，得到来自他人的尊重和认可的需求十分强烈。不稳定性反映在大学生的自我意识发展、认知能力的增长及情绪活动尚处于不协调、不稳定的状态等方面。当他们的意愿得到满足时，表现出欢欣鼓舞；而遭遇失意或挫折时，就可能表现得灰心丧气，情绪低落，沉浸在悲观、失落的情绪状态中无法自拔。

（二）平等意识增强，兼具不平衡性

通过高考来到同一所大学和相同的专业，大学生之间在智力水平、认知能力、思想观念等方面具有许多的共性和发展水平的齐同性，因此，大学生之间的主体和平等意识较强，同学之间渴望互相理解、互相尊重、平等相处。不平衡性主要是大学生原生家庭经济状况、生源地、父母社会地位等因素带来的部分大学生的优越感与自卑心理之间的不平衡。

（三）富于理想，期待较高

在大学读书期间，由于没有工作和家庭生活等方面的压力，可以暂时避开社会上人际交往中某些世俗因素的影响，从而使大学生的人生规划和对人际关系的期待具有较强的理想化色彩，对人与人之间关系的要求抱有较高的期望。但随着大学生活时间的推移，不少大学生开始对人际关系的现实状况与理想的反差感到不满意或失望。有些甚至因为不满意大学阶段的人际关系而自愿倒回到中学阶段的人际关系圈中。

（四）重义轻利，情感色彩重

随着年龄的增长、智力的发展、生活经验的丰富、生理和心理的日趋成熟以及情感逐渐复杂，大学生对交往对象的选择有了较高的要求。在大学生中能够成为好朋友的，都是那些性格相投、兴趣相合、感情相融的同窗知己。大学生交友的动机基本是自然和单纯的，情感色彩重，功利目的较少。多数以满足精神需求、互相促进学习、共同参与活动、话题投机作为择友的主要目的。大学生之间的交往比较真诚、自然，少做作、少世故。此时的友谊已不再停留在一般的以娱乐兴趣为主的水平上，而有着更进一步的思想和情感交流，交往时也涉及人生观、价值观等深层的问题。

（五）封闭性减弱，开放性增强

现代的大学生，不再是那种“两耳不闻窗外事，一心只读圣贤书”的“书呆子”。随着整个社会人际交往空间的扩大和交往信息化手段的转变，人际交往的频率空前活跃，交往范围大大扩展，交往手段更为多样和便利。人际交往方式由封闭性向开放性的转变，

进一步促进了大学生的社会化程度。一般来说，大学生的人际关系越是开放，他们的眼界就越开阔，但受到各种社会信息的影响也就越复杂，大学生人际交往对象的单一性减弱，人际交往的复杂性增强。人际关系由单一化向多样化转变。

（六）广泛性与时代性增强

广泛性指大学生交往的内容日益广泛，除了校园生活，还涉及政治、经济、文化生活等各个领域。随着交往内容的不断扩充，加之交往方式的多样化，大学生的交往范围越来越广泛。交往的时代性是通过交往方式的改变体现出来的。当今社会的网络技术为大学生的联络与交往提供了便利、快捷的信息交流平台，创造了超越时空的交流天地。大学生的交往不再局限于与本校、本地或者同是学生的其他人交往，还有跨地区、跨领域的交往。所以，以间接交往（非见面性、身份隐蔽）、思想情感表达的随意性、自由性、超时空性为主要特征的网络交往，目前已经成为大学生喜爱的人际交往的方式和重要选择。

（七）合作性和竞争性同时增强

在社会主义市场经济背景下，市场经济优胜劣汰的竞争规则对尚在读书的大学生的人际关系有着不可忽视的影响。大学里设置的各类奖学金、科技和文体的比赛项目也加剧了大学生之间的竞争性。尤其随着大学生自我意识的增强，自我设计、自我奋斗、自我实现、创业致富等价值观已成为大学生中流行的时尚。但是，在创业创新、班级和社团的活动中，团队合作不仅是必要的，而且对成功也非常重要。

三、大学生人际关系的基本类型

关于人际关系的分类，仁者见仁，智者见智，从不同的角度可以有不同的分类。从个体人际融洽程度来分类，可将大学生人际关系状况分为融洽的吸引关系、点头之交的淡漠关系和矛盾冲突关系等。

（一）融洽的吸引关系

融洽的吸引关系是大学生人际关系的主流，也是建设温馨和谐宿舍和优秀班集体的重要基础。孔子曰：“独学而无友，则孤陋而寡闻。”融洽关系是指大学生之间因彼此有好感而互相吸引，在相处过程中能互相尊重和互相关心的一种友谊关系。友谊是大学生最主要的情感依恋和基本的人际关系。大学生有着强烈的寻找友谊、渴望朋友的心理需求，这是大学生人际关系中一个十分普遍的特点。大学生之间相处融洽时，既能分享他人成功的喜悦，也会分担他人受挫失败的痛苦。在融洽的人际关系中，大学生的根本目标一致，在价值观、人生观和爱好兴趣等方面有着较多的认同性。因此在大学几年中一直保持着融洽关系，甚至延续到毕业之后的生活，成为大学生独特的人脉资源。大学中成立的各种社团、学社、沙龙，往往就是大学生这种融洽关系的集中体现。

（二）点头之交的淡漠关系

点头之交的淡漠关系是指虽然朝夕相处，同窗数载，但只限于见面打个招呼，点点头，没有更深的了解和情感交流的人际交往状况。点头之交的淡漠关系产生的原因是多方面的，有的大学生自命清高，人际交往中过分强调以自我为中心，只顾自我表达，渴望别人理解自己，尊重自己，却不注意倾听别人的声音；有的大学生强调个人奋斗，认为“井水不犯河水”，而缺乏了解和理解别人的兴趣；还有些大学生因为在价值观、人生观、兴趣爱好、言谈举止、为人处世等方面独具个人风格，别人难以接受，只好敬而远之。处于淡漠关系之中的大学生并非少数，这些人之间虽然在学习、思想和情感上彼此不交流，在个人信仰、人生观、价值观等方面彼此保守秘密，但他们之间大多也能和平相处，虽然“话不投机半句多”，但彼此也无恶意攻击。

（三）矛盾冲突关系

矛盾冲突关系是指大学生之间因观点不同、意见不合、利益冲突、生活习惯差异等原因而发生矛盾、攻击、排斥的人际紧张状态。在这种状况下，冲突双方心存怨恨，经常因小事诱发激烈争吵或暴力攻击，可导致当事人情绪激动、沮丧、愤怒、压抑或出现心理障碍，有些大学生甚至因为矛盾激化而出现杀人、纵火等违法犯罪行为。青年之间的矛盾冲突关系有时也表现为语言暴力和冷暴力的状况；随着人际交往信息手段的现代化，人际矛盾冲突还表现为微博、博客等多媒介的攻击、毁谤、制造和散布谣言等新的形式。经验表明，宿舍是大学生人际冲突矛盾的高发区，甚至是自杀或他杀事件的高发区，矛盾与冲突的重点诱因是生活小事的摩擦和怨恨的累积。

第二节　影响人际关系的因素

在大学生群体中，人与人之间关系的密切程度是不同的，人际关系的建立与保持受许多因素的影响。影响大学生人际关系的因素主要有以下几个方面。

一、时空邻近性

俗话说：“远亲不如近邻。”这说明时空距离是形成密切的人际关系的一个重要条件。邻近性是指如果其他条件相同，人们在时空上越接近，双方交往和接触的机会就越多，彼此间就愈易形成密切的人际关系。大学生由于同时入学，年龄相当，或住在同一个宿舍，或经常在同一个教室一起学习，或是同乡等原因，经常接触，相互交往的次数多，容易具有共同的经验、共同的话题、共同的体会，从而建立起较密切的人际关系。美国心理学家费斯廷格（L. Festinger）等人调查研究了一个社区里的友谊模式，他们向17座独立的2层楼房里的住户提出询问：“在该区社交活动中，你最亲近的是哪三个人？”结果发现：居民与住得最近的人更亲近，最容易建立密切的友谊关系。其中有41%的人选择了隔壁的邻居为朋友，22%的人选择了隔一个门的邻居为朋友。由此可见，时空的接近性是密切人际关系的一个非常重要的条件，也是形成大学生融洽关系的重要条件之一。

二、价值观的相似性

俗话说：“物以类聚，人以群分。”人与人若具有共同的态度与价值观，不但容易获得对方的支持与共鸣，同时也容易预测对方的感情与反应倾向，在交往过程中彼此容易适应，从而有助于建立良好的人际关系。所谓相似性，包括年龄、学历、兴趣、爱好、态度、信仰等方面的类似性或者共同性，具有上述某方面相似性的人容易成为朋友，建立亲密关系。心理学家纽科姆（T. M. Newcomb，1903—1984）曾采用现场实验研究的方法，探讨了态度相似程度与喜欢之间的关系。他为愿意参加研究的大学新生提供免费住宿4个月，以这些新生必须定期接受访谈和测验调查作为交换条件。在住进宿舍之前，研究者先对这些彼此不认识的被试者施以态度、价值观和个性特征等测验，将态度、价值观和个性特征相似或不相似的大学生分别安排在一间房子里住。然后，定期测验他们对一些事情的态度、看法，以及就他们对同房室友喜欢的程度进行评定。住宿初期，空间距离是决定彼此交往较多的重要因素；但到了后期，彼此间态度、价值观和个性特征的相似性，超过了空间距离的重要性而成为密切人际关系的基础。在研究的最后阶段，让这些大学生自由选择住同一个房间的室友时，他们均喜欢选择相同意见和态度者。

相似性有助于交往，这是因为各种相似的因素使人具有较多的共同参与社会活动的机会，人们因而接触较多，容易熟悉和相悦；相似性还使交往双方产生一种社会增强作用，能满足双方共同的需要；相似性可使人与人之间的意见容易沟通，较少有沟通上的障碍，便会减少误会、曲解和冲突，从而有利于维持良好的人际关系。

三、需求互补性

个体与个体之间的互补性也是密切人际关系的重要因素之一，所谓互补性是指个体之间的差异恰好可以互相满足对方的某种需要。例如两个性格很不相同的人可以相处得很好，并成为好朋友，这是由于双方都知道自己的长处和短处，都想从对方那里获得某种自己的心理需要，如外向的人需要一个内向的善于倾听的人作为听众，而内向的人则需要一个喜欢说话的人给他排解寂寞。不少大学生在评价自己的友谊需求时往往会说："他成绩好，知识面广，可以帮助我，带动我"；"他人缘好，和他在一起，我结识了许多朋友"。这说明互补性需要是密切人际关系的重要条件。我国心理学家黄希庭等人对国内大学21个班级的小群体的研究表明，大学生的人际关系相似性吸引占45.3%，邻近性吸引占35.0%，补偿性吸引占19.7%。[①] 这三类形成原因与年级之间都有一定的联系，但相似性吸引和补偿性吸引在年级上都没有差别，而邻近性吸引与年级差别则有较为密切的关系。大学一年级的小群体的形成以邻近性吸引为主；随着年级的升高，邻近性吸引的小群体明显减少，见表8-1。

表8-1　大学生中小群体成因比较

项目	相似性吸引		邻近性吸引		补偿性吸引	
	人数/人	百分比/%	人数/人	百分比/%	人数/人	百分比/%
大学一年级	15	30.6	28	57.2	6	12.2
大学二年级	18	48.7	11	29.7	8	21.6

① 黄希庭，徐凤姝. 大学生心理学［M］. 上海：上海人民出版社，1988：354.

续上表

项目	相似性吸引		临近性吸引		补偿性吸引	
	人数/人	百分比/%	人数/人	百分比/%	人数/人	百分比/%
大学三年级	18	54.5	8	24.3	7	21.2
χ^2	0.36		14.84		0.28	
P 值	>0.5		<0.005		>0.5	

四、个性特征

个体的能力、性格、品德等个性特征，是构成人际吸引力的重要内在因素。心理学家奥尔波特经过研究发现，人际吸引力第一要素是人的内在属性，如涵养、幽默、礼貌等；第二要素是形体的特点，如体魄、服装、仪表等；第三要素是个人表现出的特殊行为，比如新奇和令人喜欢的动作等；第四要素是个人的角色地位而引起他人的爱慕与尊敬。学者帕里（Parry）等人曾以友谊为题访问了40 000余人，发现吸引朋友的良好品质有信任、忠诚、热情、支持、帮助、幽默感、宽容等11种品质，其中忠诚是友谊的灵魂和核心。由于具体的生活道路不同，每一个大学生的个性会有不同的特征，个性不一对人际交往也有一定的影响。有的人性情沉静，可能看不惯锋芒毕露的人；有的人果断泼辣，跟优柔寡断的人可能合不来。许多事实说明，一个人能否和不同个性的人相处，不仅会影响他的生活，还会影响他的事业。同时，诚实在人际交往中尤为重要。人们在交往中都有这样的体会，一个诚实、热情、正直、高尚、友好、诙谐的人，人们容易接受并愿意与之交往；反之，一个虚伪、冷酷的人会令人生厌，他们的人际交往很难实现。

五、形体因素

爱美之心，人皆有之。一个人的长相、穿着、仪表、容貌、体态，也是影响人际吸引力的重要因素，特别是在初次交往和第一印象中。亚里士多德曾经说过："美丽比介绍信更具有推荐力。"由于首因效应，外表特征在人际吸引力中有重要的作用。尽管我们都懂得"以貌取人，失之于人"的道理，但是，在人们的交往活动中，外表特征有形无形地影响着人与人之间关系的建立与发展。

在戴恩（K. Dion）及其同事的一项实验中，给被试者看3个大学生的照片：第一个有外貌吸引力；第二个相貌一般；第三个无吸引力。让被试者在27种个性特征上对这3个样本做出评价，并要求他们估计这3个人未来是否幸福。结果表明，最合人心意的、最幸福的预言都被安在外貌有吸引力的人身上。类似地，大学生在评价异性时，通常也是把一个人的外表美与心灵美联系起来加以考虑。例如，男生一般认为漂亮的女生性格会比较好。一般而言，个人的仪表、服饰等外貌特征在人际交往的初期较为重要，但随着双方交往的深入，吸引力将会从外在的审美逐渐转向人内在的心灵美，心理品质将上升为更重要的决定因素。

六、才能与专长

大学生比较崇拜和羡慕有真才实学的人。一般来说，一个人的才能出众或有某方面的专长，对别人就有一种吸引力。当然，有时候过于精明强干的人也不一定都受人喜欢。美国社会心理学家阿伦森（E. Aronson）曾做过一个实验：他让所有的实验参加者同时听一段录音，录音的内容是4个选手在竞争激烈的演讲会上的演讲。这4个选手中有2个才能出众，另外2个才能平庸。根据事先的安排，才能出众和才能平庸的两组选手中各有一位不小心打翻了桌上的咖啡。听完录音后，要求所有的实验参加者排列一下对这4个选手的喜欢程度。实验结果显示：最受人喜欢的并不是能力出众而且未犯错误的人，而是那个能力出众同时犯了错误的人，能力出众而且未犯错误的人反而排在了第二位。阿伦森将这种才能出众的人犯一点小错误反而会增加其人际吸引力的现象称为犯错误效应。这是因为十全十美的人（实际上不存在），会使人感到高不可攀，反而被别人敬而远之；而那些有小缺点的才能杰出者往往让人觉得更为真实和亲切。

七、言语行为因素

个体如果具有一些不良的行为习惯，将会给人际交往带来严重的影响，例如凡事都爱打听的人就不受欢迎。对社会事件和其他人物有适当的好奇心并不是坏事，这是与他人保持适度交流的必要内驱力。试想一个人对周围的人和事件一概不感兴趣，哪来的人际交往需求呢？但是不论“分内分外”，凡别人的事都爱打听、爱议论、爱传播，别人只会对你警惕三分。还有那些爱讲大话，只顾沉浸于自我吹嘘，不顾别人感受的喜好；或爱暴露自己“隐私”，故弄玄虚，闪烁其词，讲话吞吞吐吐，“卖关子”，吊别人胃口；或好为人师，喜欢教训别人，讲话不礼貌或习惯攻击挖苦别人的都是不受欢迎的人。

八、性别因素

在社会化过程中，不同性别表现出的生理、心理都有差异性。有研究显示，不同性别的大学生在信任他人方面有一定差异性。女生比男生更容易信任他人。相对而言，由于女生的情感相对丰富，大学生大多数是初次独自生活，他们在生活及交往的过程中需要寻找新的群体进行情感交流。同时，当出现不满情绪时，女生更喜欢向自己信任的同学倾诉，而男生会通过体育活动、网络游戏进行宣泄。因此，女性群体付出的信任会更多。

九、使用网络工具的能力

随着网络技术的推广，大学生人际交往越来越依赖网络。据统计，有55.3%的大学生从早晨起床后就与手机建立了依赖关系。大学生不仅可以选择传统方式，还可以选择多元的网络交往方式，如博客、微博、微信、QQ等。这些软件凸显出便捷、灵敏、成本低、功能齐全等特点，使得交流信息更加多元化。但是对于网络交往工具的使用，大学生的水平并不是均等的。有些大学生更善于运营网络工具，以自媒体等方式扩大自身的交际圈；对另一些大学生而言，网络交往工具只是与他人保持沟通的工具。

第三节 人际关系的障碍及其原因

一、大学生人际关系不良的类型

大学生人际关系失调或人际交往障碍常见的有以下几类。

（一）缺少知心朋友，不能与他人建立深刻的人际关系

这类大学生通常可以与大多数同学进行一般的正常交往，但是交谈多限于公众话题和一般学习及生活话题，交往限于集体活动的礼节性行为；几乎从不涉及家庭和个人隐私，也没有非常投机的交流，缺乏深层次的理解与沟通；缺乏能够互诉衷肠、肝胆相照、配合默契、同甘共苦的知心朋友。因为缺乏可以深度交心的知己，所以，他们常有孤独、无奈、空虚、迷茫和失落感。他们自认为既没有人值得牵挂，也没有人会想念他们。

（二）想与人交往，但缺乏人际交往的能力

这类大学生渴望与人交往，建立正常的人际关系，但或因自卑，或由于缺乏沟通交往的能力，或不会表达，或不会赞美或欣赏别人，或沟通方法欠妥，或缺乏实际锻炼和交往经验，或有口吃、身体残疾缺陷等原因，人际交往效果不尽如人意，为此经常感到苦恼，迫切希望改变自己的社交状况。

（三）罹患社交恐惧症，逃避人际交往

这类大学生虽有与人交往的愿望，但是每当与人交往时会出现心跳加快、面红耳赤、手脚出汗，甚至发抖等神经质反应，转而害怕与人接触，不敢出门，封闭自己。为此，他们常常陷入焦虑、痛苦、自卑之中，严重影响了其参与学习和其他社会活动的积极性。

（四）自命清高，或自我封闭而不愿交往

如果说前面三类大学生均有交往的愿望的话，那么这类大学生或因为自命清高、孤芳自赏，甚至瞧不起所有的人，或对其他所有的人缺乏基本的信任感和交往兴趣，而自觉不愿意与他人交往。他们认为自己的学习能力很强，既瞧不起别人的学习方式，也不愿与他人分享自己的学习经验；他们认为学习成绩和个人奋斗才是硬道理，而人际关系并不重要；他们喜欢独来独往，我行我素。

（五）沉醉于虚拟世界，不愿接受现实生活

这类大学生在网络上可以自由地表现自己，却无法面对虚拟世界与现实世界的不同，满足于与虚拟世界中的网友交往而与现实中的同学交往甚少，处于自我陶醉和自我满足的现实自我封闭状况。

二、大学生人际关系障碍的心理原因

事实上，造成大学生人际交往障碍的主要原因都是心理方面的，认识这些原因，并加以自觉克服是改善人际关系最重要的训练。一项研究显示，有52.37%的大学生存在人际关系困扰。李伟东、刘敏姬（2010）调查了1 199名某地高校大学生的人际交往状况，

发现部分大学生存在明显的自我中心和性格孤僻倾向、缺乏主动性、热衷网络交往、交友目的功利化、交往语言欠佳和交往圈子较为狭窄等人际交往方面的问题。归纳起来，在心理上主要体现为以下方面。

（一）我他取向、控制欲强和自我中心

我他取向是指在人际关系中个体不把对方看作一个有思想、有感情、有个性的完整的人，而看成某种可以任意使用和处置的工具，采取一切手段为自己捞取好处，并以此为前提与他人交往；不会尊重他人的感情和人格，也不能体察他人的需要和愿望的行为取向。从人际交往的价值保护和利益交换的角度来看，我他取向的人必然使交往的对方远离自己。

控制欲强则是指喜欢操纵他人或群体按照自己的意愿行事。这种人听不进别人的或不同的观点，在任何时候和任何场合都表现出掌控局面和他人的强势行为。

自我中心是指个体只从自己的角度和利益出发去认识和考虑问题，而很少认识和考虑别人的观点和利益的行为取向。自我中心取向强烈的人自私自利，只关心满足自己的兴趣和需要，自我感觉极好，喜欢抛头露面，招摇过市，对别人的反感缺乏敏感性；他们与我他取向的人有所不同，忽视别人的观点和利益，甚至损害别人的利益，但一般不利用别人。

当代大学生基本都是“00 后”，并且大部分都是独生子女，他们在交往过程中往往更喜欢主导、控制双方关系，同时只想到自己，很少考虑别人的感受。

（二）自卑、害羞和自我封闭

自信本是人际平等交往的起点，但自卑者表面上瞧不起自己，可内心却瞧不起别人，也不愿意向他人模仿和学习，对人际关系的细微变化和别人的言论十分敏感。自卑的人缺乏足够的耐挫力，在交际过程中畏首畏尾，稍遇一点挫折，便怨天尤人，夸大消极后果。如遭遇别人的耻笑与侮辱，更是忍气吞声；经常把失败归因于个人能力、个人性格或者命运，灰心丧气、意志消沉，逃避人际交往活动。

过分自卑可能导致自我封闭，还有一些对任何人都不信任，怀有很深戒备心和敌意的人也会表现出自我封闭的行为，他们习惯于把自己的真实思想、情感和欲望掩盖起来，从来不在别人面前谈论自己。从人际交往的社会心理来看，自我暴露程度是衡量人际交往深度的重要标志，所以，对自己的隐私严格保密的人当然也就没有知心朋友。还有些人性情孤僻，不愿与他人交往，别人也很难同他交往。

害羞与自卑常常是一对“双生子”。较常见于大学新生、女生和从偏远农村来的学生。害羞心理在人际交往中常表现为腼腆、动作忸怩、待人接物胆小、动作不自然、说话音量小、不敢表达自己的观点和意见。

（三）功利、虚荣和拜金主义

虚荣心是一种被扭曲的自尊心，是自尊心的过分表现。它是一种追求虚表的性格缺陷，是人们为了取得荣誉和引起普遍注意而表现出来的一种不正常的社会情感。虚荣心在我国传统社会中根深蒂固，“讲面子”是中国社会普遍存在的一种民族心理，在大学生心中，考上大学本来就是一种荣誉，认为上了大学之后就更加应该“挣面子”，因此

往往会“打肿脸充胖子”。在虚荣心驱使下，大学生很容易变得功利化。当代竞争愈发激烈，大学生人际交往的目的和动机也带着不同程度的功利性。有些人主动向人示好，拉拢关系，其目的是讨好别人和达到某种功利性的目的，例如为了获得奖学金、保研推荐等。因此，在人际交往中的互动关系并不是自然平等的，而是通过请客吃饭、送礼、提供无偿劳动、虚伪奉承、表情做作等行为来密切人际关系，交往双方不仅不可能做到互惠互利，而且其思想和情感也不可能达到真诚的沟通。由于讨好者常常带有功利主义色彩，因此，这种人际关系常不能持久和稳定。拜金主义的人往往以为钱不仅是万能的，能解决一切问题，而且有钱就是一个人荣耀和成功的标志。俗话常说：“财大气粗。”一些人因为家庭经济状况较好，有意或无意在其他同学面前显阔傲慢，以致其他同学不愿意与这些人交朋友；相反，另一些大学生也可能因为家庭经济贫困而自卑封闭，对人际关系尤其敏感。其实这两类人的内心都有拜金主义思想在作怪。

（四）嫉妒、偏见、敌意、猜疑与欺骗

嫉妒是指一种感觉他人的长处、成绩对自己造成某种威胁而心怀不满的心理状况。嫉妒者不仅对嫉妒的对象常有怨恨、气愤、敌意等负性情绪，甚至做出冷嘲热讽和不道德行为。这是一种损人害己的心理状况。

偏见是指个体戴着有色眼镜看人或以偏概全，或先入为主，或带有刻板印象的人际交往心理。偏见将直接影响对他人的评价，进而影响与人交往的兴趣和心态。偏见进而容易使人产生敌意和猜疑心理，对他人言行过于敏感多疑与不信任，它可能使同窗好友因疑心作祟而产生裂痕，甚至发展到产生对立冲突。

欺骗是指个体为了达到某种目的而采取故意说谎和传递虚假信息等手段欺骗交往对象的行为。欺骗是一种不道德的行为，俗话说“日久见人心”，欺骗行为迟早将被人识破，不仅人际关系会因此破裂，而且将使当事人失去在交往圈中的信誉。

当代大学生受原生家庭的影响，又没有相对成熟的思想，对比周边情况，心中很容易产生不平衡感，就会产生以上的心理障碍。

第四节　提高人际交往与沟通的能力

提高大学生人际交往与沟通的能力，减少和避免人际冲突，促进和谐的校园文化，大学生既要谨记人际交往的基本原则，又要学习人际沟通的方法技巧。

一、人际交往的基本原则

（一）平等尊重的原则

孟子认为人与人打交道的基本准则应该是平等的“恭敬”，即使与地位悬殊的人交往的基本原则也是同一的。所谓“用下敬上，谓之贵贵；用上敬下，谓之尊贤。贵贵、尊贤，其义一也”（《孟子·万章下》）。交往中要注意避免的误区是：“不挟长，不挟贵，不挟兄弟而友。友也者，友其德也，不可以有挟也。”（《孟子·万章下》）人人都有维护自尊和受人尊重的需要，因为自我价值保护是人的一种共性。换而言之，在人际交往中，谁都不想活在别人的影子下而失去自我。因此，在人际交往中每一个人都要树立基本的人权观，即无论一个人的出身、家庭背景、经济、文化、年龄、职位、民族和性别如何，人权和人格是生而平等的，不容侵犯和侮辱。尊重的含义包括自尊与尊重他人两个方面，而且这两个方面是相互依存的。被世人赞颂为人际交往的"黄金规则"的是孔子所说的那句话："己所不欲，勿施于人。"（《论语·颜渊》）这就是说一个人要有从自尊推及尊重他人的共情能力，或者说是将心比心的能力，一个自重、自爱的人也应该时时想到别人同样有维护自尊的需要。自尊就应该尊重别人，尊重别人就会得到别人的尊重，才能建立平等的人际关系。

（二）反躬自问的原则

孟子说："爱人者人恒爱之，敬人者人恒敬之。"（《孟子·离娄下》）这就是说人只有主动先对他人付出爱和尊敬，才会得到别人相应的回报。孟子还说，如果有人对我蛮横无理，那君子必定反躬自问两次：一问自己是否不仁无礼。如果反躬自问是仁和有礼的，而那人仍然蛮横无理，那君子还要再次反躬自问：自己是否做得不忠呢？如果反躬自问是忠的，而那人仍然蛮横无理，那君子就可以说：这人不过是与禽兽没区别的狂人罢了，而对于禽兽又有什么可责难的呢？所以，在人际交往中，君子的做法应该是与人为善，成人之美。反躬自问什么？孔子说有九个要点："视思明，听思聪，色思温，貌思恭，言思忠，事思敬，疑思问，忿思难，见得思义。"（《论语·季氏》）这就是说：看要想到是否看明白了，听要想到是否听清楚了，神态要想到是否温和，容貌要想到是否恭敬，言谈要想到是否诚实，处事要想到是否谨慎，疑难要想到是否去求教，愤怒要想到是否有后患，见到有所得时要想到自己是否应该获得。

孟子（约前372—前289），名轲，战国时期儒家代表人物，是孔子思想的传承发展者，有"亚圣"之称。

仁也者，人也。合而言之，道也。（《孟子·尽心下》）

仁义礼智，非由外烁我也，我固有之也，弗思耳矣。（《孟子·告子上》）

恻隐之心，人皆有之；羞恶之心，人皆有之；恭敬之心，人皆有之；是非之心，人皆有之。（《孟子·告子上》）

圣人与我同类者。（《孟子·告子上》）

人皆可以为尧舜。（《孟子·告子下》）

祸福无不自己求之者。（《孟子·公孙丑上》）

天作孽，犹可违；自作孽，不可活。（《孟子·离娄上》）

（三）和而不同的原则

孔子说："君子和而不同，小人同而不和。"（《论语·子路》）可见君子在人际交往中，既能保持自己的独立人格，赤诚相见，不人云亦云、盲目附和，更不会同流合污，但也能与他人和谐相处和合作工事；君子之交淡如水，以文会友，故可以长久。相反，小人只是嗜好相同，然各争利，故曰不和。阿谀奉承，迎合讨好，狼狈为奸，相互算计是小人帮派的特点。“君子与君子，以同道为朋；小人与小人，以同利为朋。”（欧阳修《朋党论》）君子交往和而不同，同时也意味着人与人之间的交往要靠诚信，而不是靠利益交换来维系。“一诺千金”强调的就是遵守诺言、讲究信用的价值。而人际交往中的诚信主要依靠自己的道德良心来约束。无信不立，无诚不信。和而不同之同，意味着君子成人之美、友好合作、先人后己的利他主义，所谓“己欲立而立人，己欲达而达人”（《论语·雍也》）。和而不同之不同则意味着君子对不同于自己的他人要宽容或宽恕。宽恕是儒家认为最重要的仁。曾子说：“夫子之道，忠恕而已矣。”（《论语·里仁》）具体而言，就是宽容他人的不同观点和意见，容忍他人的个性和不足，谅解他人无意所犯的非原则性过失，对别人不求全责备。

二、大学生人际交往与沟通的艺术

在大学生人际交往过程中，虽然大多数人都有良好的交往愿望，但有人随性自在，得心应手，而有的人却屡屡碰壁受挫，委曲求全，这可能与个体所掌握的人际交往与沟通方法、个性和情商有关。以下是一些人际交往与沟通的经验方法。

（一）真诚与谦和的态度

孟子说：“诚者，天之道也；思诚者，人之道也。”（《孟子·离娄上》）这就是说，古人提倡将真诚的交往态度作为人际交往与沟通的出发点。调查显示，我国大学生选择朋友的标准，首先考虑的是个性品质，对个性评价最高的是真诚，评价最低的是虚伪。真诚的交往态度和良好的交往动机是推动个体建立良好的人际关系行动的内驱力，也是交往对方能感受到的魅力。真诚是一种发自内心的态度，常常在人际交往的细节中不经意地流露出来，而不是故意做作。所谓“诚其意者，毋自欺也”（《礼记·大学》），“诚者不勉而中，不思而得，从容中道，圣人也”（《礼记·中庸》）。这就是说真诚的人不必勉强为人事无巨细，八面玲珑，不必戴假面具，不必过于小心翼翼，而应该从容不迫地达到中庸之道就可以了。在这里，所谓中庸可以理解为适宜、适度、适时、适可而止。诚不仅是一种心态，还必须付之于相应的行为，即“诚于中，形于外”（《礼记·大学》）。人际交往中的真诚常表现为耐心和专心地倾听别人的意见，尊重别人与自己不同甚至对立的信念和观点，表达意见求真务实，不要夸夸其谈，虚伪奉承。如有求于人则明确表达，谦虚有诚意，礼貌感恩；如想拒绝别人的某些要求应讲明理由，谦和有歉意地直接表达。

（二）修口修言把好口舌关

人是唯一会创造语言符号和运用语言进行信息传递、情感表达和沟通的动物。学会讲话表达和准确理解别人讲话的含义是做人的最基本功夫。善于交谈表达不仅是个体知识、语言组织能力和思维流畅性等各种素质的综合反映，也是人格、态度和个人修养的直接反映。人际交往中讲话时要注意对象和场所，明确自己讲话的目的和效果。从言行关系考虑，首先，要想把话讲好，古人的经验是宁愿少说多做，所谓“君子欲讷于言而敏于行”（《论语·里仁》）。其次言顾行，行顾言。即“可言也，不可行，君子弗言也；可行也，不可言，君子弗行也”（《礼记·缁衣》）。

经验表明，人际冲突和暴力事件往往起于口舌之辩和伤人自尊，倘若一言不谨，其利如刀，其毒如鸩，不是暗自伤人，招来横祸，便是咎由自取，被人冷淡，所以古人一再告诫后人要警惕口舌为害的问题。古人提倡君子“不蔽人之善，不言人之恶”（《战国策·楚策一》），经验表明，讽刺挖苦、嘲笑鄙视、恶语伤人等都是可能带来人际关系冲突，甚至演化为恶性事件的诱因，切记一定要避免。人际交谈中要特别注意的技巧是：友好热情，真诚表达，谦虚礼貌，不要高谈阔论，自以为是，无休无止；表达既要准确清晰，言辞得体，吐字清楚，语速适中，防止欲速不达，还要通俗易懂，富有幽默感。要给对方平等的发表意见的机会和充足的时间，用友好的目光、肯定的点头和温馨的微笑将自己友好的态度和鼓励传递给对方，如有分歧，可以保留自己的意见，但要避免因无谓的争辩伤了和气，不欢而散。

（三）乐于助人，共享双赢

乐于助人既是彰显自己自信品格和提升自己道德修养的行为，也是赢得友谊和提高人际关系质量的润滑剂。乐于助人是任何一个人都可以主动控制和实现的人际关系调解方法，但要注意别人是否需要帮助，所以还必须讲究助人的对象、事件、时间、地点的适宜性，避免好心反而引起别人的误会和猜忌。在很多情境下，乐于助人也许只是一句“你需要帮助吗”，因为这已经表达了你的热情友好态度，并能给予对方精神支持的温暖。

大学生之间虽然有许多学习竞赛、奖学金评比、研究生推免等竞争机会，如合作创新创业、科技研究开发和社会调查等，但竞争并不是你死我活，而是可以你好我也好、大家都优秀的共享双赢。例如可以采取分工合作、互帮互助、取长补短、资源互通、成果分享的方法使合作双方都得到提高进步。宿舍是大学生共享共赢的重要场所，如果舍友和谐相处，友好互助，不仅令人心情愉快，休息得好，而且生活充实有趣，因此，相互关心、相互鼓励、谦让互助、信息共享、集体文娱应该作为宿舍生活的指南。

（四）学习安抚，互致问候

人都有被他人和集体认可的需求（recognition-hunger），但我们必须通过一定的方法来表现对别人的肯定。一种有效的具体方法就是安抚（stroke），这是指在生活中对别人某些行为的认可和带来强化效果的方法。安抚一般可以分为口头的安抚与非口头的安抚（如赞扬、点头、握手等）、正面的安抚（如使人感到愉悦的赞扬：“你真行!”）与负面的安抚（如使人不愉快的责骂）、有条件的安抚（即根据你做了什么才给予的安抚）与非条件的安抚（即根据你是谁才给予安抚）、他人给予的安抚与自我给予的安抚。事实上，每一个人都有自己的安抚商数（stroke quotient）。一个健康的安抚商数应包括四种安抚：①正面的安抚，有助于肯定自己，提高自信心；②负面的安抚，使对象畏惧和禁止某些行为；③正面有条件的安抚，使自己知道有人喜欢我这样做，使自己感到有能力；④负面有条件的安抚，使自己知道有人不喜欢我的某些做法，考虑是否需要调整自己，改变或放弃有害的行为。但是有些类型的安抚是不好的，有“冒充的安抚”，即表面上是正面的，内隐的却是负面的安抚，如：“好漂亮的衣服哇，你是在哪个地摊上买的?”

还有“做作的安抚”，即虚伪的安抚，如：“你真是太伟大了！”通常每个人对待别人给予自己的正面安抚都会表示感谢，也可能过滤、忽略或拒绝不符合自己期望的安抚。

打招呼是人际关系中随时随地都可以见到的礼节。经验表明，见到熟悉的人打招呼总比视而不见好，说声“你好”总比什么都不说好。直面不那么熟悉的或者陌生的人，如果已经产生了眼神的交流，就应该点头或微笑一下，可以说，互致问候不仅是全世界普适的基本礼节，也是良好人际关系的开端。

第五节 团队精神与社会支持

一、团队精神的培养

团队是指由两个或两个以上的相互协作、相互依赖、相互作用的个体，为了实现特定的目标而按照一定规则结合在一起的共同体。团队精神是指基于全体成员对团队目标认同的基础上所形成的整体意识和协作意志，以及所产生的凝聚力和向心力。

（一）培养团队精神的意义

1. 团队有助于满足大学生身心发展的归属感需要。人的本质是社会关系的总和，是一个类的动物，社会中的每一个个体都具有归属某个组织的心理需要，否则会出现很强的孤独感。班集体、各类社团、党团组织都有助于满足大学生在政治、求知创新、文体特长、兴趣爱好等多方面被他人或组织认同的归属感和自豪感。各类团体为大学生人际交往提供了更大的或横向的平台和机会，在同一个团队里，个体可以快速结交与自己兴趣相投的人，找到同气相求的学友。

2. 团队精神有助于解决个人难以克服的心理困惑。一木难支说明个体的孤独与力量的有限性，而由来自五湖四海的大学生汇聚而成的班级和各类团体，为刚刚走出家门的青年提供了一个成长的温床和保护的摇篮。不仅在学习生活上，而且在身心健康与情感上，班级团队形成的向心力和凝聚力、团体的集体意识和共同价值观，以及团结友爱的团体氛围，可以为其中任何遇到心理困惑的成员提供多方面的有力的社会支持。

3. 团队精神将成为团体成员终生享用的心理资源。班集体是大学生在大学学习生活的主要组织形式，同窗同桌同宿舍的交往、各种班级活动都会给团体中的成员留下终生难忘的美好记忆。研究表明，当人到老年时，有这类青年时代的美好回忆和同学聚会的老年人比那些缺乏这种团体生活回忆的人更为乐观健康，而且拥有安度晚年的重要精神支柱。在一个班集体学习生活过的大学生容易产生共同的认同感、归属感、荣誉感和使命感，那些曾经具有强烈团队精神的大学生，往往会热心组成校友会和同学会，或为母校捐物捐钱，设立奖（助）学金，关心下一代，或常举办同学聚会，帮助有生活困难或患病的同学，曾经在年轻时树立的团队精神甚至会成为老年人的重要心理资源。

（二）培养团队精神的方法

1. 搭建团队平台，健全合作机制。学校和教师要充分重视大学生团队精神的培养，配合校园各种主题活动和教学改革搭建各类团队平台，例如组建专题学习团队，科技创新团队，文化、科技、卫生“三下乡”社会实践团队，社会调查团队以及歌唱、体育等文体团队，明确团体活动的目标、活动方案、活动效果验收标准，提供团队指导教练和必要的经费支持，并将团体活动的成绩纳入学习综合素质的考核清单。有团队没有活动，那就等于没有团队，团队的生命力在于不断开展创新性的活动。

团队的最重要特征是围绕同一个工作目标，成员之间的分工与合作关系。没有建立健全团队建设机制，团队就会如同一盘散沙，团队精神也就无从谈起。大学生要进一步提高参加团队活动的积极性，提高团队活动对促进自我认识和检验自己实际能力的认知，找准自己在团队中的位置，主动发挥自己的学识和能力在团队中的作用，学习团队成员如何分工，如何选择领导，如何制订活动方案，探索如何创造性地开展合作学习和协同创新等。

2．相互信任，欣赏他人。信任是合作的基石，没有信任，就没有合作。团队是一个由成员相互协作构成的群体，团队的效率也在于每个成员配合的默契，这种默契来自团队成员的互相信任。格奥尔格·西美尔（Georg Simmel，1858—1918）提出的信任理论认为，信任是重要的社会综合力量，离开了人们之间的一般性信任，社会自身将变成一盘散沙。信任，既指信任团队中的队员，也指自己值得别人信任。在团队信任建设中，有四个关键因素：其一，使每个成员在团队的工作具有成效，这是信任的基础。其二，言行一致。指个体言必信、行必果的可靠性和预见性。其三，真诚和正直的坦诚行为表现，这是成员获得别人信任的保障。其四，积极关注。人们都倾向于信任那些欣赏自己和看到自己优点的人。

3．相互支持，互相鼓励，促进团队的整体效能。德国心理学家库尔特·勒温（Kurt Lewin，1890—1947）认为，人生活在一个场或环境之中，人的心理现象具有空间的属性，人的行为是由场或环境所决定的。可以用公式表示为 $B=f(P \cdot E)$，其中 B 表示行为，P 表示个人，E 表示环境。他把场的基本特征概括为：场是融行为主体及其环境为一体的整体；场是一个动力整体，具有整体自身独有的特征；场的整体性在于场内的各要素或事件的相互依存和相互作用的关系。从这种意义上说，一个团队，就是一个大的能量场，只有成员间相互支持，相互鼓励，才能最大限度地激发团队成员的能力，增强团队的凝聚力和最大限度地发挥团队的效能。

4．积极沟通，发挥能力。成员间的沟通能力是保持团队内部信息有效传递和提升团队凝聚力的必要条件。美国心理学家拉斯韦尔（H. D. Lasswell，1902—1977）提出了沟通的“5W”模式，认为人际沟通的信息要素是：信息传递者（who）、信息（says what）、媒介（in which channel）、信息接收者（to whom）、效果（with what effect）。管理心理学认为，有效的沟通有四个步骤：注意、理解、接收、行动。其中注意是前提，理解和接收是关键，有效的沟通不仅仅在于信息传递者传递的信息的准确和及时，更在于接收者能够正确理解所接收到的信息，并采取了合适的反应行动。

二、建立社会支持系统

（一）建立社会支持系统的意义

社会支持是指被支持者觉察到的来自家庭、朋友或组织等其他群体对自己的精神和物质上的慰藉、关怀和帮助。社会支持包括三个方面：客观支持、主观感受到的支持和对支持的利用度。客观支持是指物质上的直接援助、团体成员力量和行为上提供的直接支持。客观支持是个体赖以满足其社会、生理和心理需求的重要资源。主观感受到的支持是指个体所亲自体验到的情感上的支持，也是个体由于受尊重、被支持、被理解而产生的积极情感体验和满意程度。对支持的利用度是指个体利用社会支持资源帮助自己解决问题的程度。

社会支持系统一般是指各种社会支持资源所构成的系统结构，一般由家庭、亲戚朋友、组织和团体、专业机构和社会义工等其他群体的力量所组成，对处于心理困境中的人进行物质与精神支持和援助的社会网络。对在校大学生而言，社会支持系统主要包括家庭支持系统、朋辈支持系统、学校支持系统和社会支持系统。

社会支持对大学生的成长、成才具有积极的意义，主效应模型认为社会支持对个体身心健康具有直接的和普遍的促进作用；而缓冲作用模型则认为，社会支持是通过缓冲压力事件对个体身心状况的消极影响来保持和提高个体的身心健康水平的。事实证明，良好的社会支持有助于增强大学生的心理适应性，提升克服困难的勇气，帮助在各种困境中的大学生解决问题，度过心理危机。研究显示，一个人所拥有的社会支持系统越健全强大，其抗压和耐受挫折的能力也就越强。

（二）建立社会支持系统的方法

1. 珍惜父母关爱，保持与家庭支持系统的永久联结。家庭是一个人最基础、最持久、最稳固的社会支持系统，但有一些大学生将习以为常的父母关怀和家庭支持视为理所当然或满不在乎。事实上，家庭是“生我养我”的摇篮，父母虽然总爱对即使已成年的子女喋喋不休，但其中包含着世界上最真实和最关爱的心声。大学生应当懂得珍惜，努力学习读懂父母的爱，理解他们对于爱的传统的表达方式。大学生虽然远离家庭，但一定要记住：在你遇到任何困难的时候，父母和家庭永远是你最坚实的后盾。你可以抛弃任何东西，但不能忘记父母和家庭。当然，并非每一对家庭都幸福美满，并非每一对父母都是合格的教育者。如果出生在一个不幸的家庭中，应该学习尝试改善与父母的沟通方式，促进家庭和谐；或者学会从家庭痛苦中解脱出来，学会自我独立和不受家庭阴影的影响。

2. 充分利用学校免费的社会支持系统。一方面，学校要建立完善的社会支持系统。如创建良好的和谐校园文化，加强心理咨询机构的建设，建立完善的校园危机干预体系，让大学生在良好的环境中潜移默化地受到教育，在大学生需要帮助时能提供专业的支持。另一方面，大学生要善于利用学校的各种免费资源，包括心理咨询、辅导员和专业教师等人力资源，图书资料和校医等组织资源。

3. 积极发展友好的朋辈支持系统。同学、朋友之间的友谊不是与生俱来的，是在后天的人际交往互动过程中发展起来的。由于年龄和价值观认同等原因，大学生的许多心理问题在同辈中更容易得到共鸣和理解，因此，当大学生遇到困难或处于心理危机的时候，可以积极寻求同学朋辈的支持。目前，除了由学校组织建立起来的朋辈心理辅导系统之外，班级和宿舍的同学之间的友谊还要靠大学生去建构和经营。大学阶段正是培养和发展朋辈社会支持系统的关键时期，每一名大学生都应当具有广交志同道合的良师益友的愿望，用心呵护和培养自己的朋辈支持系统。

4. 充分利用互联网工具，善用社会支持系统。当代社会给大学生提供了多元化的社会支持平台，如互联网上的各类心理咨询机构和成千上万的热情网民都是大学生可利用的社会资源，你只要将自己的心理困惑发帖到互联网上，即刻就会有网友来回应、解答、支持和鼓励你。从这种意义上说，网上的现代人一点也不孤独。马克思说："在现实性上，人是社会关系的总和。"的确，在互联网上，我们每一个人都有可能获得来自遥远距离的人的支持。

心理测验

信任量表[①]

本量表用于测查人际关系建立中的相互信任性问题，共有18个项目，涉及信任的三种内涵：可预测性、可依赖性和可信赖性。可预测性是指我们能否预测到同伴的特定行为，包括受我们欢迎的行为和不受我们欢迎的行为。量表作者认为，凡行为能被预测者，其行为均具有连贯性（无论是一贯地好还是一贯地坏）；而行为不可预测者，则不能赢得人们的信任。可依赖性是信任的最核心成分，可信赖性"使人们能无保留地确信同伴将继续负起责任并关心自己"。

指导语：阅读表8－2并确定其叙述是否符合你与同伴之间的关系，从下面挑选恰当的数值来表明你对该陈述同意或不同意的程度。

1表示完全同意，2表示部分同意，3表示同意与不同意相等，4表示部分不同意，5表示完全不同意。

表8－2 信任量表

1. 我知道同伴将怎样做，他/她的行事总是不出我之所料。（P）
2. 我发现同伴是个完全可以依靠的人，尤其在遇到重大事件时。（D）
3. 我同伴的行为变化莫测，我总是无法预料下一次他/她又会做出什么令我吃惊的事。（P） *
4. 尽管时间在不停地流逝，未来谁也无法确定，但我相信无论发生什么事，我的同伴都会给我力量。（F）
5. 根据过去的经验，我无法完全信赖同伴对我的承诺。（D） *
6. 有时我很难绝对肯定同伴会一直照顾我，未来太不确定了，随时间的流逝我们的关系会发生很大的改变。（F） *
7. 我的同伴是一个十分诚实的人，即便他/她说出令人无法相信的话，别人也会相信他/她说的是事实。（D）
8. 我的同伴让人不易捉摸，人们有时无法确定他/她将如何行事。（P） *
9. 我的同伴已被证明是一个可以信赖的人，无论他/她与谁结婚也绝不会做出不忠的事（即使有绝对的把握不被抓住）。（F）
10. 我从不认为无法预测的冲突和严重的紧张会损害我们之间的关系，因为我们的关系能经受任何暴风骤雨的考验。（F）

① 桑作银，汪小容．大学生人际交往心理学［M］．成都：西南财经大学出版社，2007：247－249.

续上表

11. 我对同伴的行为方式十分熟悉，他/她做事总会有一定的规律可循。（P）
12. 如果以前我从未与同伴共同面临某一特殊问题，我也许会担心他/她可能不顾及我的感情。（F） *
13. 即使在熟悉的场合，我也不能完全肯定同伴会重复上一次的行为方式。（P） *
14. 面临未知的新环境时，我感到十分安全，因为我知道同伴是绝不会让我吃亏的。（F）
15. 我的同伴并不一定是可以让人信赖的人，我能想起他/她有好几次不可信赖的行为。（D） *
16. 想到我在双方关系上的感情投资，我偶尔会感到不舒服，因为我很难对未来完全放心。（F） *
17. 事实证明我的同伴过去并非总是值得信任，有几次我曾犹豫是否让其参加容易暴露我的弱点的活动。（D） *
18. 我同伴的行为具有连贯性。（P）

评分指导：

1. 项目 1、2、4、7、9、10、11、14、18 按得分进行记录。

2. *号项目 3、5、6、8、12、13、15、16、17 按反序计分，如得 1 分则计 5 分，得 5 分则计 1 分。

3. 将各项目得分累加即得量表总分。

4. 得分越高表明可信任度越高。

5. P 维度表示可预测性，包括项目 1、3、8、11、13、18；D 维度表示可依靠性，包括项目 2、5、7、15、17；F 维度为可信赖性，包括项目 4、6、9、10、12、14、16。

社会接纳性测验①

指导语：表 8－3 中有 20 个陈述句，是关于你对别人的看法和感受的。请仔细阅读，再选择你认为这些陈述句所表述的问题对你来说是否真实，以及其真实的程度。

1 表示几乎都是真的，2 表示通常是真的，3 表示一半时候是真的，4 表示偶尔是真的，5 表示极少时候是真的。

表 8－3　社会接纳性测验

题号	题目	选择				
		1	2	3	4	5
1	人们都太容易受别人影响了					
2	我喜欢我所认识的人					
3	就目前来说，人们的道德水平相当低					
4	多数人都非常自满，不愿真正面对自己的缺点					
5	我可以和大多数类型的人相处得很愉快					

① 桑作银，汪小容．大学生人际交往心理学［M］．成都：西南财经大学出版社，2007：244－246.

续上表

题号	题目	选择				
		1	2	3	4	5
6	每日只是谈论电影和电视是很愚蠢的					
7	人们并不真正知道自己是如何成功的					
8	一旦你帮助了他人，他人就会得寸进尺					
9	人们都太以自我为中心了					
10	人们总是不满足，到处寻求新奇的事情					
11	我担心自己会被他们埋没					
12	如果你要做一番大事，可能会伤害他人					
13	人们确实需要精英领导					
14	我最快乐的时候，总是一个人享受					
15	我希望人们能够更诚恳地对待我					
16	我喜欢与朋友在一起					
17	在我的经验中，人们大都是顽固而不理智的					
18	我可以和价值观不同的人友好相处					
19	每一个人都希望做好人					
20	一般人都不太满意自己					

计分方法：该测验的计分，要分三部分进行。首先可以将除2、5、16、18、19五题之外的15题，按照你选择的程度，计算出相加的总分；然后将2、5、16、18、19五题，按照你选择的程度倒过来计分，并计算出相加的总分；最后，将以上两项总分再相加起来，也就是你在该测验中的总得分。

评分标准：总分在0～65分之间，通常被认为对别人的接纳性不高，而且分数越低，表示对别人的接纳性越低，而对别人的接纳程度低的人，往往会觉得自己被别人所接纳的程度也很低。同时，这表明其自我接受的程度也不够。

总分在66～84分之间，属于该测验中的正常水平，也就是被别人和自己的接纳程度适中。

总分在85～100分之间，被认为具有较高程度的接纳性，不但能够较好地接纳别人，而且会感到自己能在较高的程度上被别人所接纳，这类人具有较高的社会适应水平和较好的社会交往能力。

拓展训练

一、活动的主题与目的

活动主题：人际沟通分析。

活动目的：帮助成员正确认识和体验人际关系的各种状况，学习将掌握的人际交往技巧迁移到人际交往的实践中，促进人际交往能力的提高。

二、活动的理论依据

交互作用分析理论（transactional analysis），简称TA理论，由美国心理学家艾瑞克·伯恩（Eric Berne，1910—1970）提出。他认为个体在人际交往时总是无意表现出三种不同的自我状态，即父母自我状态（简称P）、成人自我状态（简称A）、儿童自我状态（简称C），这三者在个体人格结构中所占的比例不同，从而组成个体独特的自我状态和人际沟通模式。每个个体身上总有一种自我状态占优势，不同的个体在不同的情境下会不由自主地选择不同的自我状态。所谓父母自我状态指一种对别人表现为权威控制、约束或过度照顾的行为取向。语言中常充满着“应该”“不应该”“必须”“不能”等字眼。所谓成人自我状态是指一种与别人平等对话的理性和成熟的行为取向，在待人接物时较为尊重别人，语言表达习惯常是：“我个人的看法是……”所谓儿童自我状态是指一种幼稚而缺乏理性的情感行为取向，表现为没有主见，遇事畏缩，感情用事，激动易怒。语言表达习惯是：“我不知道。”

在人际交往中，如果双方都按照对方的期望做出反应，那么这种交往关系属于“平衡型”或者“互补型”，具体形式有6种：PP－PP、AA－AA、CC－CC、PC－CP、AP－PA、AC－CA。因为一方期望对方的，正好是对方回应的，可以维持和建立双方的关系。如果双方相互作用构成一种交叉关系，交往就不能获得预期的反应，双方就会产生矛盾和冲突，信息交流就会中断，这种称为“交叉型”，具体形式有4种：PC－AA、CP－AA、PC－PC、CP－CP。如果相互作用不是显而易见的，就是隐蔽型交互作用，有2种形式：三角型和双重型。如表8－4所示。

表8－4　人际关系类型

类型	形式	举例	评价
互补型	PP－PP	“我要把这个问题彻底弄清楚。” “对！你应该这样。”	双方都以命令的态度评价、判断。虽然会觉得谈得投机，但都以自己为主，不易协调
	AA－AA	“作业什么时候交？” “周日前交。”	双方都是以理智的方式对待对方，这是最健康、良好的交往关系
	CC－CC	“我想多睡一会儿，不去上课了。” “我也想。”	双方都不成熟，很孩子气，关系虽能维持，但会助长对方的依赖性。长此以往，不利于关系发展
	PC－CP	“我的书本找不到了。” “不用着急，我帮你找吧。”	一方以长者、权威者的姿态对待对方，另一方也能心甘情愿地接受，关系能维持，相处融洽
	AP－PA	“只有相信自己，才能让别人相信你。” “对，所以你要自信。”	一方虽然理智，但缺乏自控，希望对方以P的方式监督自己。对方也愿意，可以建立友好的关系
	AC－CA	“下周考六级，我肯定考不过！” “不要那么肯定！你平时英语不是很好吗？”	一方很孩子气，另一方很理智，可以建立友好的关系

续上表

类型	形式	举例	评价
交叉型	PC – AA	“等下到哪里上课?” “不要打扰我，自己看课表去!”	一方以 A 自居，希望别人以 A 的方式对待他，但是对方以 P 自居，以高压或命令态度对待他，容易导致沟通中断，关系恶化
	CP – AA	“你是不是遇到什么困难?” “虚伪，不用来这一套。”	一方以 A 自居，成熟、理智，对方则以 C 自居，喜欢耍性子，容易导致沟通中断，关系破裂
	PC – PC	“你这样做不对。” “你不能命令我这样做或那样做，你没有这个权力!”	一方以 P 自居，以命令的方式对待对方，对方也以 P 自居，以同样的态度回敬，容易导致偏激、矛盾激发、关系恶化
	CP – CP	“你做的菜很难吃，我不想吃。” “那我下次不做了，你自己做好了。”	双方都以 C 自居，比较感情用事，孩子气，容易导致误会，关系恶化
隐蔽型	三角型	“今天是打折的最后一天哦!” （隐含：现在就买吧，不要考虑太多） “那我现在就买吧!”	只有信息发送者能意识到这种策略，结果取决于信息接收者对信息的理解性，如果不能理解，则容易导致沟通不畅
	双重型	“你想不想看看我的新车?” （隐含：我们一起开车去玩吧） “新车？好啊!” （隐含：好啊，我们一起去玩）	信息发送者与反应者都能意识到他们所隐藏的信息，双方对语言的理解能力要求较高。如果理解错误容易导致误会的产生

三、活动的内容与方法[①]

1．第一环节：达成治疗契约——我要改变什么？

TA 团体心理治疗工作的基础是：参与者能够意识到并愿意对自己的思想、情感和行为方式做出改变，对自己的思考方式、感知方式和所做的事情愿意承担责任。治疗开始以前，由团体领导者与参与成员之间达成一个契约，它主要包括：团体参与者想要实现的变化是什么（目标），这些目标以什么方式达到和何时达到的标准。明确治疗是双方共同来分担的，当事人不能被动地等待别人对自己的帮助。活动方式：先给每一个参与者分发一张包含上述内容的表格，询问“你今天准备怎样做来改变自己”之类的问题，然后由指导者整合后分享讨论。

2．第二环节：自我分析——我习惯化的自我状态是什么？

（1）结构分析（structural analysis）：帮助成员学习如何鉴别和分析自己习惯化的自我状况，以便能够改变他们感到僵滞的行为模式。通常有排斥性和混杂性两种问题类型，

① 邱鸿钟．大学生心理卫生［M］．广州：广东高等教育出版社，2002.

前者表现为某种刻板和排斥其他状况的自我现状，后者表现为两种状态内容互相混杂在一起。

（2）沟通分析（communication analysis）：分析自己对别人所做的和所说的模式，例如属于互补式沟通、交叉式沟通还是隐蔽式沟通。

（3）生活脚本分析（life script analysis）与生活脚本体验游戏：要求参与者回忆他们童年所喜欢做的事情，认识他们是如何不知不觉受这些故事的影响，并融入他们现在的生活经历。通过角色扮演，让成员了解他们童年时不加批判地接受的种种禁令，以及他们对这些禁令所做出的抉择，现在为维持这些早期抉择而运用的防御机制。请 3 名成员分别扮演被迫者、受害者和拯救者。要求被迫者总是批评别人，受害者总是处于一种被动的无助状态，除非别人先来改变。拯救者则以帮助别人而使得自己感觉愉悦。最后由表演者和观看者分享体验。

脚本分析查核问卷：指导者也可以用一份问卷来催化成员对过去生活脚本的分析，如生活中的榜样、父母禁令的性质、在生活中看到的报偿、他们对生活所预见的悲剧结局等。

3. 第三个环节：重新体验与重新抉择。

指导者可以从当事人最近的时间开始，引导参与者返回他或她的童年自我状态，或者在游戏时要求当事人作为一个现实参与者重现早年的经历，重新体验当时自己的反应和那种不愉快的感觉，以及其他人的反应。这种高度情绪性的情境可以诱发一种能量，有助于冲破他们僵滞于童年的困境，帮助当事人迅速意识到他们是怎样经由自己的行为和想象维系着自己长期的不良情绪，自己早年对抉择负有的责任，从而激励他们发现替代性的选择。在这个历程中，团体成员以新的方式开始体验和行动，对以新的经历来替代旧的故事的成员要给予鼓励和支持。

4. 第四个环节：把改变转换成行动。

鼓励参与者把他们在治疗情境中的改变转换到日常生活中，想象这些改变可能会引起哪些相继的改变，树立信心，鼓励和帮助他们创造性地应对新的问题情境和获得新的成功。

四、注意事项

1. TA 治疗要注意把焦点放在对认知的改变上，在游戏中要注意激发当事人进入早期情境的强度，它与当事人是否能够冲破童年期的困境的能量大小相关。

2. TA 分析属于指导性团体治疗，指导者在团体中处于中心的位置，虽然是团体治疗，但是倾向于轮流对每一个成员展开治疗，即一个时刻只是把焦点放在一个当事人身上。

3. 要鼓励当事人利用自己的内在资源进行自我治疗，而不是不断地寻求别人的帮助，指导者只是一个向导，履行的应该是当事人。

拓展阅读

特鲁：《幽默就是力量》，郑慧玲译，中国轻工业出版社，1999 年。

教学资源清单

使用说明：建议每位学习者在教师课堂讲授本章教材之前，先通过手机扫码的方式链接到教学资源平台，自学和练习相应的教学内容，以便在课堂上能够与教师更深入和更有效率地进行教与学的研讨，见表8－5。

表8－5　教学资源清单

编号	类型	主题	扫码链接
8－1	心理观察	动物之间的患难见真情	
8－2	心理微课	哈佛幸福课：人际关系	
8－3	教学影评	《对她说》影评	
8－4	心理漫画	《扭曲》	
8－5	学唱歌曲	《同桌的你》	
8－6	心理微课	水浒智慧：处理人际关系的三个策略	
8－7	知识拓展	耶鲁大学开放课程：同理心	
8－8	心理体验	信任背摔	
8－9	PPT 课件	大学生的人际交往与沟通	
8－10	录课视频	大学生的人际交往与沟通（宋斌）	

第九章 大学生的性心理与恋爱

导读

教学目标：了解性心理发展的一般规律和影响性心理发展的因素；熟悉男女两性心理的差异、健康性心理的标准，认识大学生性心理发展的一般特点，树立正确的恋爱观和择偶观；了解常见的性心理障碍，掌握性心理的调适方法。

关键概念：力比多（libido）、社会化（socialization）、性别认同（sex identification）、性行为（sexual behavior）、恋父情结（Electra complex）、恋母情结（Oedipus complex）、性别角色（sex role）。

案例

梁祝爱情传说

梁山伯与祝英台是中国民间最有影响力的爱情传说之一，中华人民共和国政府在2003年将梁祝传说申报联合国教科文组织设立的人类口头和非物质遗产代表作。2003年，国家邮政局发行了《民间传说——梁山伯与祝英台》特种邮票，梁祝故事2006年被列入第一批国家级非物质文化遗产名录。梁祝的故事在中国许多古代典籍中都有记载，如唐朝张读的《宣室志》中的记述尤为清晰简洁："英台，上虞祝氏女，伪为男装游学，与会稽梁山伯者同肄业。山伯，字处仁。祝先归。二年，山伯访之，方知其为女子，怅然如有所失。告其父母求聘，而祝已字马氏子矣。山伯后为鄞令，病死，葬鄮城西。祝适马氏，舟过墓所，风涛不能进。问知有山伯墓，祝登号恸，地忽自裂陷，祝氏遂并埋焉。晋丞相谢安奏表其墓曰义妇冢。"在《鄞县志》《宁波府志》《宜兴荆溪新志》中皆有梁祝故事的记载。据魏晋史学家考证，梁祝的故事发源于河南省驻马店市汝南县马乡镇，故里遗址现有梁祝墓、梁庄、祝庄、马庄、红罗山书院、鸳鸯池、十八里相送故道等文化遗址。

祝英台女扮男装，远去杭州求学。途中，邂逅了也是赴杭求学的会稽（今绍兴）书生梁山伯，两人一见如故，相谈甚欢，在草桥亭上撮土为香，义结金兰。二人来到杭州城的万松书院，拜师入学。从此，同窗共读，形影不离。梁祝同学三年，情深似海。英台深爱山伯，但山伯却始终不知她是女子，只念兄弟之情。因祝父思女，催归甚急，英台只得仓促回乡，两人依依不舍。在十八里相送途中，英台不断借物抚意，暗示爱意。但山伯忠厚纯朴，不解其故。临别时，两人立下誓言：生不能同衾，死也要同穴！待山伯后来去祝家求婚时，岂知祝父已将英台许配给鄮城的太守之子马文才。后梁山伯被朝廷命为鄮县令，但他忧郁成疾，不久身亡。遗命葬于鄮城九龙墟。英台闻山伯噩耗悲痛欲绝，不久英台被迫出嫁时，绕道去梁山伯墓前祭奠。在祝英台哀恸感应下，风雨雷电大作，坟墓裂开，英台翩然跃入坟中。墓复合拢，风停雨霁，彩虹高悬，梁祝化为蝴蝶，蹁跹飞舞。

课堂讨论：1958年秋，为了庆祝中华人民共和国成立10周年，在当时百花齐放的形势下，上海音乐学院党委向全校师生发出了“解放思想，大胆创作，以优异成绩向国庆10周年献礼”的号召。1957年考入上海音乐学院管弦系一年级小提琴专业的新生何占豪与作曲系四年级学生陈钢合作，历经两年多的时间，1959年5月4日，小提琴协奏曲《梁山伯与祝英台》终于定稿。1959年5月27日下午，经过精心准备的小提琴协奏曲《梁山伯与祝英台》在上海兰心大戏院正式演出，得到广大听众的喜爱。之后，因为这首优美的乐曲在全世界的传播，梁山伯与祝英台的爱情故事传遍全世界。从梁祝的民间传说，到小提琴协奏曲《梁山伯与祝英台》的诞生，带给我们哪些启发呢？

第一节　性心理的发展

人的性心理和性行为是一个随年龄增长而不断发展变化的过程。大学生已处于青年发展的中期，其性心理的特点是少年儿童时期性心理发展的继续，既受到父母及学校早期社会化的影响，也受社会环境中各种性文化资讯和同伴群体的影响。

一、性心理的发展阶段

食色，性也。性是人的两大本能之一。按照奥地利心理学家弗洛伊德的精神分析学说来理解，性本能或性欲是推动个体生存发展和心理发育的基本内驱力。弗洛伊德将这种与“饥饿”类似的本能力量称为“力比多”。他认为，在个体的不同发展时期，力比多的力量会投注或表现于躯体的不同部位，并以此为标准将人的性心理发展分为不同的阶段。每个阶段都有其特定的社会化任务，如果因为某种原因而导致社会化过程出现中断、缩短、变异、扭曲等不正常情况，则可能导致个体人格或性心理障碍，甚至是许多神经症的主要病理根源。了解性发展的知识，有助于我们认识性畸变的原因，改进对子女性教育的方式。

西格蒙德·弗洛伊德（Sigmund Freud，1856—1939）是奥地利心理学家，精神分析学派的创始人。

人与人之间的性格之所以强弱悬殊，大抵与他们压抑性冲动的程度有关。禁欲不可能造就强大的、自负和勇于行动的人，更不可造就天才的思想家和大无畏的开拓者及改革者；通常情况下它只能造就一些“善良的”弱者，他们日后总归要淹没在俗众里，非常痛苦地跟在那些具有坚强性格的开创者后面跑。

我们应当将破坏性生活、压制性活动、歪曲性目标的因素视为精神神经症的病因学原因。

——弗洛伊德

弗洛伊德认为性心理的发展可以划分为口唇期、肛门期、性器期、潜伏期、生殖期五个阶段。

（一）口唇期（婴儿期，1 岁以内）

婴儿一出生就懂得吸吮母亲的乳汁，这种持续大约一年的营养方式不仅满足了婴儿对营养的需要、吸吮带来的快感，还可以在母亲温暖的怀抱里感受到母亲心跳的节奏和安全感。弗洛伊德认为，吸乳乃是整个个体未来性生活所由起的出发点，是后来各种性的满足的雏形。[①] 婴儿时期性满足的三大特征是："它（性快感）的来源同身体中维持生命不可缺少的寻食功能密切相关；它尚不知有性的对象，是一种'自体享乐'；它的性目的受快感区的直接控制。"[②] 这一时期最大的心理危机是断奶事件，婴儿是否能平稳度过断奶期间所带来的心理危机对以后性心理的发展具有深远的影响。这一时期个体所经历的社会化任务是建立对自己、他人和环境的信任感。如果这一时期婴儿被父母采用武断粗野的方式断奶，或被迫与父母长期分离，甚至被遗弃，那么，个体成年后易出现对世界、对人际关系的不信任和怀疑态度，有对爱拒绝或害怕失去爱、难与他人建立亲密关系的人格倾向。

（二）肛门期（儿童早期，1 ～3 岁）

弗洛伊德认为，这一时期的重要社会化任务是大人教孩子对自己的大小便实现自由地控制，与此对应，孩子性的力比多转移到了肛门区，求取快感满足的肌肉动作从吸吮变为排便。这一时期儿童心理发展的重点是获得独立性、发展自律性、学习表达敌意等负向情绪。如果受到父母的过分关照或严格要求，孩子的自律性发展和适应环境的能力将可能受到抑制。精神分析学说认为，那种故意将大便憋住不排的孩子是顽劣的，其潜意识可能是用以刺激肛门区，以获得满足的快感。观察表明，神经症等心理障碍患者常常有着特殊的便秘问题，一些肛交偏好者也可能与这一时期的社会化不足和性心理发展的倒错有关。[③]

（三）性器期（学前期，4 ～6 岁）

这一时期，儿童的性别认同意识渐渐出现，不仅对自己的生殖器格外好奇，喜欢展示自己的裸体，也对别人的生殖器和排便姿势好奇，对两性差异开始产生兴趣。例如儿童会相互观察对方的生殖器，爱玩过家家的性游戏。弗洛伊德认为，这一时期的男孩可能会产生一种阉割情结（the castration complex）；而女孩则因为发现自己没有阴茎可能深感欠缺，或嫉妒男孩，或产生想成为男人的欲望，如儿童的这些情结处理不好则可能成为以后神经症或易性癖的成因。[④] 这一时期，儿童的性力比多主要集中在性器官上，社会化的重要任务是羞涩心、两性区别意识和性道德感的建立。这时妥善解决孩子与父母的

---

① 弗洛伊德. 精神分析引论［M］. 高觉敷，译. 北京：商务印书馆，1986：248.

② 弗洛伊德. 性学与爱情心理学［M］. 罗生，译. 南昌：百花洲文艺出版社，1996：57.

③ 弗洛伊德. 精神分析引论［M］. 高觉敷，译. 北京：商务印书馆，1986：249.

④ 弗洛伊德. 精神分析引论［M］. 高觉敷，译. 北京：商务印书馆，1986：251.

分床睡、性安全的自我保护意识教育尤其重要，父母不注意自己性行为隐私性的情境可能诱发孩子的性早熟，也可能成为以后孩子出现窥视癖等性反常现象的诱因。[①] 孩子与父母分床的时间最好在学龄前，如果太晚可能意味着孩子对异性父母的一方有较强的依恋情结，即女孩形成恋父情结或男孩形成恋母情结，这将不利于以后孩子与配偶亲密关系的建立。

（四）潜伏期（学龄期，7 ～ 12 岁）

观察表明，这一时期的儿童对性的兴趣下降，开始出现对游戏同伴、体育运动等新的兴趣，这一时期的社会化任务是让儿童乐于学习，富有好奇心，有毅力，培养勤奋感。如果这一时期社会化过程不足，会导致儿童出现学习不适应和自卑感等消极的自我意识，对批评易采取防卫性的反应，可能出现性别角色认同障碍、依赖性强、缺乏主动进取精神等心理发育障碍。

（五）生殖期（青少年期，13 ～ 20 岁）

这一时期男女性器官和性生理发育迅速加快，男孩开始出现遗精，女孩出现月经现象，男女之间可能会出现早恋。然而，这时青少年的性心理尚不成熟，对性冲动的自制力较弱，这是一个处于尚需依赖父母和想摆脱父母控制寻求独立的矛盾冲突时期。这一时期的社会化对于建立接纳自己的自我认同感，建立性别角色行为非常重要。如果出现社会化不足，则可能导致性别认同障碍或出现不稳定的自我认同感或认同危机。弗洛伊德认为："男女性特征的明显分化始自青春期。分化的结果对以后人格的发展，与别的因素比较起来，有着决定性的影响。"因此，性教育的黄金时期是一个人的青少年时期，因为性意识的可教育性将随着个体性本能的完全发动而失去作用。[②]

二、影响性心理发展的因素

人类的性与动物的性最大的不同是人类的性还具有心理和社会层面的丰富内涵。人类的性可以从三个属性或方面来界定：①生物的性，是指男女在遗传基因、性器官和生殖功能等生物学方面的差异。②社会的性，是指性别及其性别角色的不同，性别是一个社会根据男女的各自特征而赋予男女的一种社会标志，社会文化对不同的性别有不同的期望和刻板印象。如男女生在发型、服饰、游戏爱好、气质、性格等方面显示出的典型差异。性别角色是童年期社会化的结果，与生物的性并无必然的联系。例如在中国传统社会的主流文化中，"男主外，女主内"是一种基本的社会化模式，但某个家庭由于缺乏女性成员，男性成员可能在家里会扮演着家庭主妇的角色；相反，一个缺乏男性成员的家庭，女性成员也可以表现出较多的男性角色行为。③心理上的性，是指个体对自己的性生理和性别角色的认同心理。这是一个只有个体内心可以知道，并且取决于是否乐意接受的心理，而且与其生物的性和社会的性别角色无关。由此可见，男女之性的三种属性可以出现一致或不一致的多种情况。主要影响因素可以分为三类。

---

① 弗洛伊德. 性学与爱情心理学［M］. 罗生，译. 南昌：百花洲文艺出版社，1996：64.

② 弗洛伊德. 精神分析引论［M］. 高觉敷，译. 北京：商务印书馆，1986：246.

（一）生物因素

遗传基因、脑内分泌的促性腺激素和性腺所分泌的性激素对性心理都具有不可忽视的影响。学者柏曼（L. Berman）以不同的内分泌腺体功能优势为标准，把人的心理发展分为胸腺期（幼年）、松果腺期（童年）和性腺期（青年）。如性腺功能对性心理的影响可以经实验和一些特殊的社会经验所证实，男女性腺如果在青春期之前因为某种原因被切除，则对个体的身材和体型、性心理和行为举止都带来明显的影响；而如果在成年之后才被切除，则主要对个体的性功能和性心理产生影响。男子体内以雄激素为主，也有少量的雌激素；而女性体内以雌激素为主，也有少量雄激素；但如果因为某些病理的原因导致两性激素比例失调，则可能导致个体的性功能、性心理和性行为的某些畸变现象。

（二）家庭与教育因素

家庭教育对孩子性心理的健康发展至关重要。首先是父母对性态度的影响。如果父母对孩子有关性的想法和行为的评价是自然的、非极端的，对孩子的教育是民主和平等的，那么孩子的性态度一般也是平和自然和健康发展的。如果父母对有关性的态度是否定的，对孩子的教育是严厉和保守的，那么孩子对性行为就可能会产生一种罪恶的、敌视的和讨厌回避的态度。其次是父母对待孩子性别的态度对孩子的性角色和自信心的建立具有重要的影响。如父母"重男轻女"的观念和对待男孩和女孩有差别的待遇可能导致女孩滋生出自卑的情结，而父母过分溺爱孩子则可能促使孩子形成恋父或恋母的伊蒂普斯情结。又如父母在亲子关系中对男女界限问题处理不当时（例如异性父母在年龄较大的孩子面前无意暴露了敏感部位或性行为等）也可能诱发孩子的性早熟和性罪错行为，而"性早熟则可能导致高级的心智能力在日后难以控制性本能"①。弗洛伊德认为，在家庭和社会境遇中，个人在儿童期和成年期内所经历的性的创伤等相关的偶发事件，也可能会对个体性心理的发展产生一定的不良影响。

（三）社会文化因素

每个人都是被社会文化塑造的人，社会中的性文化、性道德、性行为方式对个体的性心理发展具有长期潜移默化的影响。例如对待手淫、堕胎、避孕、各种奇怪的恋爱现象，世界上不同地区和不同时代的人们的态度会有很大的差异。② 不同的民族有不同的性文化、爱情观和婚姻文化的传统，对本民族成员的性观念和性行为亦具有深刻的影响。在一个社会中，各种新闻传媒也是影响人们的性态度和性生活方式的重要因素。观察表明，色情书刊和黄色影视光碟作为一种不良的性刺激常常是一些青少年性犯罪的诱因。调查表明，当代大学生中想看"性交细节描写"的文艺作品或影视光碟的人数比例高达64%～78%，这说明当代大学生的性观念在相当程度上可能受到各类书刊媒体的影响。③

① 弗洛伊德. 性学与爱情心理学［M］. 罗生，译. 南昌：百花洲文艺出版社，1996：107.

② 邱鸿钟. 性心理学［M］. 广州：暨南大学出版社，2008：36－53.

③ 潘绥铭，曾静. 中国当代大学生的性观念与性行为［M］. 北京：商务印书馆，2000：210.

三、男女性心理的差异

由于人类性心理和性文化的复杂性，男女性心理和性行为呈现出多层面的差异。调查表明，大约有73%的本科生对异性的性心理了解较少或者完全不知道，而婚姻咨询的经验表明，对异性心理了解得不深不透正是家庭婚姻冲突的重要原因。[①] 就中国社会主流文化而言，男女性心理的典型差异大致表现在以下几个方面。

（一）在心理需求方面的差异

女性在心理需求方面的特点是：更需要被人关心、呵护，被人了解、被人尊重，需要伴侣对其忠诚，重视他人对其容貌、身材和服饰的认同和赞美。相比而言，男性在心理需求方面的特点是：他的能力和行为被人信任而不是被怀疑和猜疑，希望他的理想抱负和行为被人接受，他的付出被人感激、赞赏和肯定。

（二）在思维习惯方面的差异

女性在思维方面的特点是：更多地凭借直觉，喜欢关注和分析细节，喜欢变化，喜欢谈论具体的事物，易依赖顺从别人的意见；遇到困难时，因不知所措而需要更多的表达。男性在思维方面的特点是：讲求逻辑，重现实，喜欢综合，喜欢稳定，喜欢谈论和思考抽象的事物，爱发号施令，遇到问题时倾向冷静思考，喜欢挑战新的解决问题的方法。

（三）在性格方面的差异

女性在性格方面的特点是：情感外向、感情细腻、多愁善感、爱唠叨，对问题或别人的缺点爱用放大镜挑剔，批评爱上纲上线，勤奋有恒心，较为柔顺。男性在性格方面的特点是：情感内向、豁达、忍让、易妥协、常沉默，做事粗心大意，易冲动粗暴，遇到困难较为勇敢、果断和刚毅。

（四）在生活习性方面的差异

生活是人类心理表现的现实舞台。女性在生活中爱整洁、讲秩序，抱怨丈夫不爱清洁是丈夫同样抱怨的2～6倍，在时装、美容、服饰上的消费较多。男性对生活的随意性较大，对舒适的要求大于对清洁和形象的关注，在交友应酬、体育运动等方面的消费较多，但总体上，丈夫个人的消费大于妻子。

四、大学生性心理的特点

（一）性生理的发展与性心理的成熟并不同步

从青春期到青年期是人的性器官和性生理发育最迅速的时期，男子出现遗精，女子出现月经，男女生理发育已经基本成熟，已经具备完成性交、受孕、生育、哺育等生殖功能。基于性生理的发展，大多数青年人开始萌生“男大当婚，女大当嫁”的动机，对异性充满强烈的好奇、爱慕、本能性的性欲冲动。然而，这一时期男女青年的性心理尚

---

① 潘绥铭，曾静．中国当代大学生的性观念与性行为［M］．北京：商务印书馆，2000：249.

未完全成熟，主要表现为对性器官、性生理、孕育和避孕知识并未完全掌握；对性冲动的自制性和理智性不足，对性交所带来的婚前早孕、流产、性病、心理创伤等许多后果预计不足，以及对这些结果在经济和心理上的承担能力不足；对异性和性爱的审美情趣大多具有生理性的和朦胧的认识，甚至还存在着一些认识误区；不道德、不理智和不卫生的婚前性爱关系常导致过度的紧张、恐惧、内疚和道德自责。

（二）恋爱的热望与对异性了解不深的状况并存

进入了大学，高考的压力解除了，远离了父母的唠叨和监控，闲暇的时间多了，大学生与异性接触交往的热情日渐高涨，恋爱现象和失恋事件成为大学校园内的一个热点问题。观察发现，尽管不少青年人对爱情充满美好的憧憬，以满腔热情投身恋爱之中，但在恋爱期间，双方常为某些观念的不一致而争吵，因控制与被控制的矛盾而嫉妒、愤怒，甚至发生肢体冲突，因失恋而抑郁，乃至轻生或杀人。事实上，大学期间男女青年的恋爱关系以失败告终的居多。对于恋爱的人多、成功走入婚姻的人少这种现象，其产生原因是：一方面由于长时期的学习压力，青年男女之间缺乏深入充足的交流了解，各自对异性心理世界、男女交往关系、性和婚姻的认识十分不足；另一方面，当代的大学生中独生子女占比较大，在家里习惯了父母的呵护，情感依赖性强，心理承受能力弱，以自我为中心，缺乏独立意识和照顾别人的能力。因此，在恋爱的过程中，不少人常显示出要求对方的多，而为对方付出和着想的少。热恋中的人大多沉迷于谈论“我爱你”的情感需求和肌肤接触的性生理需要，而对爱情和婚姻所涉及的经济、生育、工作、住房、姻亲等复杂的社会现实和社会责任并未真正深入探讨，所以随着对对方了解的深入和面对临近毕业的现实压力时，双方在价值观、性格、心理需求等方面的矛盾就凸显和激烈起来。

（三）性欲需求与社会道德责任之间的矛盾

一个人从性生理成熟到进入合法的婚姻生活，一般需要经历10年左右。虽然对性欲的满足是人的一种本能需求，但大学期间的校规、家庭教育、社会舆论和大众习俗并不赞成婚前性行为。这就出现了个人与社会、身心需求与社会道德之间的矛盾。恋爱中的男女青年相处时常会产生强烈的相互吸引、相互爱抚、接吻、性交等满足性欲的各种性行为，尤其是随着我国对外开放的发展以及互联网相关信息的传播，诸如“性开放”“试婚”等观念对大学生的影响增大，“男女授受不亲”和“贞操观”等传统道德的约束力减弱。但是，那些开放的婚前性行为与传统文化教育所提倡的社会责任相矛盾，尤其是热恋中的男子多要求与女友发生性关系，与他们又要求妻子是处女的矛盾更令女生纠结。许多大学生在性问题上的态度、情感和行为一方面表现出严肃拘谨、羞涩和掩饰的特点；另一方面又在激情的驱使下，不愿受传统观念束缚，压抑自己的性欲，而常处于理智与性冲动的矛盾冲突和道德焦虑之中。

（四）恋爱动机多样，恋爱目的不清

恋爱的理性目的应该是以婚姻为目标的，可观察表明，大学生的恋爱动机和目的呈现出多元化，有的人认为上大学就必须快点找男（女）朋友，以后好的就没有了；有的人抱着游戏爱情的心态，认为大学期间不谈恋爱就算是白过了，只享受恋爱的感觉，并不看重恋爱的结果；有的人只是为了解闷和减轻孤独感，有个性伴侣；有的人为了证明

自己对异性有魅力，只想别人围着自己转；有的人是为了从众跟风，不让别人瞧不起自己没异性朋友；有的人只是想快点摆脱对父母经济的依赖，找一个经济上或感情上的依靠。诸如此类，不胜枚举。

恋爱的过程给男女双方带来身心的愉悦，有助于增进异性之间的相互了解，为未来的婚姻做好心理上的准备。但如果只将恋爱当作一种消遣，及时行乐，满足性的需求，填补空虚寂寞，强调爱的自由的同时又不愿意承担爱的社会责任，甚至也不期待有恋爱结果的行为，那么，恋爱无疾而终就是必然的。

（五）学业和恋爱双趋冲突，难以两全其美

有不少大学生认为，大学期间最理想的状况是学业和爱情双丰收。但事实上，热恋中的青年人，被强烈的感情笼罩着大脑，与对象一日不见，如隔三秋，卿卿我我，或甜言蜜语，或争论不休，的确会耗费不少宝贵的时间。恋爱不仅导致当事人与其他同学的交往频率减少，而且学习时间和学习精力也大打折扣，注意力难以集中，当学业成绩出现下降时，学业和爱情之间的矛盾就更加凸显。不少大学生主观上明白要以学业为第一，可事实上却变成爱情至上。在学业和恋爱上分配时间和精力的矛盾不仅使大学生学习成绩下降，而且使身心十分疲惫。心理学家勒温将这种个体同时面临两种或两种以上具有吸引力的目标，而又只能选择其中一种目标时所产生的内心冲突称为双趋冲突，即所谓鱼和熊掌两者不可兼得。

第二节　大学生的爱情观与择偶观

爱情是大学生最热衷谈论的话题。正确认识爱情的本质，树立正确的恋爱观，妥善处理爱情与友谊、爱情与学业、爱情与婚姻的关系，对于大学生的心理健康和未来家庭幸福具有重要的现实意义。

一、爱情是什么

马克思认为，在现实性上，人的本质是社会关系的总和，男女之间的关系就是最自然的社会关系，而爱情则是男女之间人际吸引最强烈的具有浪漫色彩的形式。

（一）爱情的特点

与友情相区别，爱情的特点是：①爱情以正常性生理发展为基础。爱情是基于男女两性之间生理差异的基础上发展起来的生理和情感需要；当性生理功能和性心理出现异常时，爱情就可能出现某些变异。②爱情是一种社会情感，既受到社会法律和道德的约束，也包含经济和价值利益的交换。③爱情是一种以异性之间感情为基础，具有强烈的相互吸引力和愉悦体验的高级情感，性爱是爱情的必要构成成分，但性爱并不等于爱情。④男女双方彼此尊重和关心是爱情的基础，忠诚与信任是爱情的保证，专一性或排他性是爱情的核心。由此可见，爱情是人的自然属性和社会属性的统一体。爱情是男女双方相互需要、相互欣赏和倾慕，自愿结合为一个家庭，并具有排他性的一种高级情感和社会承诺。男女双方培育爱情的过程则称为恋爱。

（二）爱情的心理成分

恋爱，不仅是一种内心情感，更重要的是一种行动。性学家霭理士认为，恋爱中包含“欲”和“爱”两个相区别的成分。欲只是生理的性冲动，而爱是性冲动和他种冲动之和。斯滕伯格（R. Sternberg，1988）认为，爱情的结构由以下三种成分组成。

1. 恋爱中的动机成分。动机是指引起、推动、维持与调节个体行为，使之趋向一定目标的心理过程或内驱力。动机是在需要的基础上产生的，需要的强度越大，活动的积极性越高；需要的层次越低，动机亦越强烈；动机可以转化为行为的目标，而行为目标也可以转化为动机；同是恋爱行为，但可能有完全不同的动机，在社会生活中几乎不存在没有动机的行为。恋爱中的动机通常可以通俗地理解为“你爱他（她）什么”或者“他（她）什么地方吸引你”的问题。引发恋爱的动机通常有：性的内驱力、异性容貌、身材、气质和性格、才华、社会地位和权力、拥有的钱财等社会资源。正是因为对方的某些条件可以满足自己的需求，个体才会热情地投入恋爱之中。

2. 恋爱的情绪情感成分。恋爱过程中会体验到酸甜苦辣、幸福甜蜜或嫉妒怨恨等各种复杂的情绪情感。积极的情绪情感将促进和维持爱情，而消极的情绪情感则会导致恋爱走向终结。相对理智而言，人的情绪更容易被诱发和激惹，理智本应能战胜情绪，但在热恋中，强烈的情绪往往遮蔽理智的思考，也导致许多爱情的悲剧。

3. 恋爱的认知与态度成分。恋爱中个体所表现出来的对爱情的理解和评价，对配偶、子女、金钱、家庭、姻亲关系的看法和态度，以及道德意识和道德行为、择偶标准和价值观等都属于认知与态度成分。认知与态度是爱情能否长久维系的决定性因素，如果男女双方在这方面的差异较大，恋爱将难以为继。一般认为，理想的爱情以互爱为基础，在道德观、价值观、人生观和择偶标准等多方面有较高的一致性，动机纯正而非功利，感受体验愉悦和幸福，相互忠诚和信任。健康的恋爱过程应该是双方通过交谈、多方面的观察和接触，相互了解对方的恋爱动机、态度、价值观，感受愉悦的一个过程。

二、大学生的择偶观

所谓择偶观是指一个人对选择配偶的总看法或价值取向，包括对配偶年龄、容貌、身材、学历、家庭、经济和社会地位的要求和对结婚的态度，对配偶在家庭中的作用与地位的看法，对家庭经济支配模式的选择等认知内容。端正自己的择偶观和观察对方的择偶观应成为恋爱过程的重要内容。

（一）各种择偶模式

社会学家的研究发现，无论东方人，还是西方人，都具有相似的择偶现象，对这些现象进行归纳总结，有四种择偶模式较为常见。

1. 同类匹配。个体总是倾向选择在年龄、种族、籍贯、教育、信仰、价值观、角色认同上相似的异性对象，可谓趣味相投，同声相应。一般认为，符合这种匹配的恋爱者或配偶关系和谐，冲突较少。中国传统社会所提倡的“门当户对”亦即一种同类匹配现象。尤其在婚姻介绍人的观察和撮合下，男女青年均倾向于选择家庭背景、教育程度、经济水平与自己相当的对象，认为经济和文化等社会条件比感情因素更能保证婚姻的稳定，也许观察家庭背景要比短时间内了解一个异性内心更为容易。

2. 资源交换模式。个体倾向选择最能满足自己某种资源需要（如金钱、住房、工作、成家等）的对象，可谓互通有无，取长补短。传统社会中流行的“男才女貌”就是一种典型的资源交换现象。一般来说，男子更偏爱选择容貌身材姣好、性格温柔贤惠的女子，而女子则更偏爱选择身体强壮、英俊潇洒、经济实力强的男子。从各类媒体上刊登的征婚启事或开播的征婚节目中可以发现这已经成为当代青年人较为崇尚的择偶模式。从社会交换理论来看，在择偶的过程中，当事人自觉或不自觉地在内心计算过与对方交往的收益与成本。如果从对方得到的收益大于从其他异性那里所得到的，就会承诺停止与其他异性的交往；如果收益超过自己的期望值，对方就会成为追求的对象；如果在交往中感到自己的收益不符合自己的理想，交往将会自动中止。由于在资源交换模式中双方的功利性较强，随着身体和经济等条件的变化，双方的感情较容易出现不稳定的变化。

3. 择偶梯度模式。男子倾向选择社会地位比自己较低的女子，而女子则更倾向选择受教育程度、职业阶层和薪金收入高于自己的对象。一般认为，这种男高女低的匹配关系可以较好地满足男子的“英雄或男权主义”的心理，男子在这种匹配关系中可以获得较强的自信和自尊，而女子也较容易获得幸福的满足感，有利于夫妻关系的稳定。这种传统文化的择偶模式在中国大众群体中尤为普遍。

4. 父母偶像模式。一些人倾向于选择与他/她的父母性格或行为类似的人恋爱和结婚。一种情况是这些人可能有较强的恋父或恋母情结，他们对在童年时代得到的父母疼爱留有深刻的印象，于是他们潜意识地按照父母理想的形象来寻觅情侣；另一种情况恰恰相反，因为自己在青少年时期未曾得到渴望的父母之爱，而希望找到一个可以弥补父母之爱的对象。在这种择偶观中，双方的年龄差距不仅没有成为障碍，反而在他们看来这可能意味着丰富的生活经验、较强的经济实力，意味着可以得到更多的宠爱。与父母崇拜心理相似的是英雄偶像崇拜现象。一些女性受武打小说或其他宣传的影响，向往“英雄（或明星）与美女”结合的神话，倾向于按照自己心目中的英雄（或明星）偶像形象来寻觅配偶，她们希望在那里体验到某种英雄气质的感觉，满足自己的某些虚荣心。

（二）当代大学生的择偶观

根据黄希庭等人对884名大学生关于择偶观的调查，发现大学生排在前十位的择偶因素是：性格（87.3%）、品质（87.1%）、健康（80.0%）、能力（65.5%）、兴趣（60.1%）、才华（58.9%）、相貌（57.9%）、聪明（52.6%）、学历（52.1%）、理家（45.2%）。[①] 调查还显示，男女生的择偶取向有明显的差异。如男生对女生的相貌要求更高，而女生对男生的身高要求更多。男生对女生在贞操、理家、年龄、共情能力等方面的要求较高，而女生对男生的能力、才华、收入、职务、家庭、父母态度等方面的要求更明显。当代大学生的择偶观总体上是健康积极和务实理智的，但与成年人的经验相

① 黄希庭，郑涌，等. 当代中国大学生心理特点与教育［M］. 上海：上海教育出版社，1999：192.

比，仍显得有些理想化。如对经济条件和家庭背景的因素就考虑得很少。事实上，正是家庭塑造了青年人的性格、品质修养和理家能力，择偶的同时也是对另一个家庭的选择。根据徐安琪等人在上海和哈尔滨对800对夫妻的调查，人们择偶中排位最前的因素分别是：健康（60.9%）、老实可靠（53.4%）、性格脾气相投（47.0%）和温柔体贴（36.9%）。[①] 显然，经过多年的婚姻生活实践，成年人对择偶标准的看法更为理性和符合现实。

（三）大学生恋爱中的误区和不良行为

基于大学生心智发展的程度和大学生在经济、社会条件和责任能力方面的实际情况，我国高校管理层对大学生的恋爱行为一般采取既不赞成也不反对、适时引导的工作策略。在这种环境下，许多大学生有了恋爱的实践，一些自制力不强的人可能出现不适当的恋爱行为和婚前性行为，甚至导致一些不良的后果。

大学生恋爱中常见的误区或不良行为有：在教室和宿舍等不恰当的场所表现过度的亲昵行为；拍摄过度暴露和性爱的不雅照片；同居和婚前性行为，导致流产或性病传播；频繁更换男友或女友，或搞三角恋爱；为获得经济援助而为人提供性服务的“性援”现象；玩弄异性，骗取感情或财物；偏好不合社会主流文化的畸形的恋爱关系；因失恋而轻生或杀人、毁容等报复行为。事实表明，上述恋爱的误区和不良行为不仅导致当事人的身心受伤，给学业带来严重的不良影响，而且可能导致危及生命安全等的校园恶性事件，其深刻的教训不能不引起每一个想进入恋爱之途的大学生的高度警惕。

第三节　健康的性心理与性心理障碍

一、健康的性心理标准

人，不仅需要健全的性器官和性功能，而且需要健康的性心理和性行为。健康的性心理既是正常恋爱的基础，也是未来婚姻幸福的保障。一般认为，健康的性心理应具备如下基本特征。

（一）性别认同正常

认同与悦纳自己的生物性别，并具有与生物性别相一致的性别意识和性别角色行为，有相应的言谈举止和服饰模式，无性别认同烦恼，不怨恨自己的性别。易性症、异装症可用这一标准区别开来。

（二）性指向正常

能与同性和异性和谐相处，性取向除指向年龄相适应的异性外，不与其他动物、物品发生性爱关系。恋物癖、恋兽癖、窃恋、枯杨恋、恋童癖、排泄淫乐癖可用这一标准区别开来。

---

① 徐安琪，叶文振. 中国婚姻研究报告［M］. 北京：中国社会科学出版社，2002.

（三）性欲和性反应正常

伴随性器官和生理的成熟，有与年龄变化相一致的性欲和性反应，并能进行有理智的情感实现与控制。相对而言，性欲过强、性欲减退、性乐高潮缺乏、性交时的阴道痉挛、非器质性性交疼痛、心因性阳痿、早泄、功能性不射精和性瘾、露阴癖、窥阴癖等性偏好可用这一标准区别开来。

（四）负责任的性道德和性行为正常

狭义上，性行为是指人在两性之间的求偶、性交，以及生殖的行为。性行为正常通常是指能完成正常的性交等性活动，并有相应正常的性生理反应和被主流文化认可的性行为模式。性道德成熟的个体能正确认识和处理自己的性行为带来的后果，并有与年龄发展相一致的性道德意识、道德判断、道德情感和道德责任。相比而言，在公共场所的性骚扰、性猥琐言语、书写癖、触摸—挨擦癖、网络意淫、色情狂和慕男狂、嫖娼或卖淫成瘾、习惯性强奸犯等均可用这一标准区别开来。

（五）讲究性卫生

在婚姻前提下的性生活符合男女平等、科学、卫生的原则，可避免性病的传染。相比而言，施虐—受虐狂、肛交、不恰当的自慰行为可用这一标准区别开来。

总而言之，文明的人既要有内心健康的性心理，也要有文明卫生的性爱行为，实现内在心理与外在行为的和谐统一。

二、常见的性心理障碍

性心理障碍，是一个相对的概念，在不同的历史时期和不同的文化类型中有不同的含义。通常是指那些不符合绝大多数人的性爱和性行为方式的状况。性心理障碍的一般特征是：①性爱活动改变了性活动的性质，例如性窒息（sex-associated asphyxia），又称“色情自虐”，是指独自一人采用绳索、皮带缢颈，或用塑料袋、面罩等罩住口鼻，造成窒息状态，以达到性满足的性变态行为。②性冲动，对于不寻常的对象发生过度的胶着状况或固结不解的关系，而无法自拔；或者是将对于常人没有多大性爱价值的事物或全无价值的事物，都变成有性爱价值的象征，例如恋物癖、窃恋等。

关于性心理障碍分类、诊断标准和术语名称，不同的国家和学者有不同的标准。《中国精神障碍分类与诊断标准》（第三版）与世界卫生组织《国际疾病分类标准编码》（第10版）基本相同，将性心理障碍分为性身份障碍、性偏好障碍、与性发育和性指向有关的心理和行为障碍三大类。美国《精神障碍诊断与统计手册》（第5版）中则将性身份障碍和易性癖、易装癖等所有的性心理障碍统合概括为“性别烦躁”，在这一术语下再按年龄分为儿童性别烦躁、青少年和成人的性别烦躁两大类。[①] 除此以外，弗洛伊德等临床心理学家还建议将与性问题密切相关的神经症另列一类。[②]

---

① 美国精神医学学会．精神障碍诊断与统计手册［M］．5版．北京：北京大学出版社，2014．

② 邱鸿钟．性心理学［M］．广州：暨南大学出版社，2008．

（一）性神经症

性神经症是指区别于性变态的一组性心理障碍的总称。其共同特征是符合神经症的一般诊断标准，但症状通常具有性的起源，症状往往不是性的满足就是性的禁止的替代物。弗洛伊德就曾将焦虑性癔症、转变性癔症和强迫性癔症合称为移情神经病（transference neurosis）。[①] 这类疾病包括以下几种。

1. 性器官或性功能焦虑症。患者反复陈述以性器官或性功能障碍为核心的躯体症状，如男性担心阴茎过小、过短，尚未结婚就担心阳痿、早泄，性生活前过度紧张焦虑；女性则担心乳房过小、性交疼痛等。这类患者常不断要求给予医学检查或更换医院进行检查，但检查结果多无异常发现。

2. 性病和性变态等疑病性障碍。患者对自己的身体或精神状况过分担心，常见的有害怕自己已经染上艾滋病或其他性病，担心自己是同性恋，怀疑自己的性幻想异常，怀疑自己的性兴趣异常等。其精神痛苦的程度远远超过当事人的身体实际状况，症状的出现和持续与医源性影响或广告等其他文化暗示常有较大的关系。

3. 由性问题所致的恐惧症。患者常以某种突发性的生活事件诱发出以恐惧为主要表现的神经症，但经深层心理学的分析可以发现问题的根源却与性压抑有密切的相关性。常见有对异性生殖器的恐惧、对精液的恐惧、对细菌的恐惧、对封闭空间的恐惧、对黑暗的恐惧等类型。

4. 由性压抑所致的失眠症。患者长期以非器质性失眠为主诉，采用镇静安眠药物治疗的效果不佳。仔细询问个人生活史可以发现常有性生活减少或缺乏的情况，如丧偶、夫妻分居、夫妻感情不和、丈夫性功能障碍、夫妻一方奉行某种特殊的文化或身患某种疾病等原因。当事人一般缺乏异性朋友，亦未曾知晓用自慰方法调节自己的性压力。

5. 性强迫症。患者具有强迫思维或强迫行为，恋父情结或恋母情结明显。并同时对同性别的父亲或母亲多有敌意或亲子关系冷淡；异性交往障碍或恋爱挫折较为常见，人际知觉敏感。其强迫性行为常见有洁癖、强迫性洗手、强迫性洗澡和强迫性步伐等。

（二）性别认同障碍

性别的认同，也称性别的同一性，即男性和女性对自己的性别意识，是指个体对自己的性别，经由学习模仿的社会化，逐渐形成其知觉、态度和价值观的心理历程。一个男子在心理上认同自己为“男子汉”，或一个女子在心理上认同自己是“女儿身”就是正常的性别认同。但是，如果一个人在心理上并不乐意接受自己的生理性别，就可能出现性别认同障碍，亦称为性身份障碍（gender identity disorders）。男女都可能发生这种障碍。

1. 男性易性症。持久和强烈地为自己是男性而痛苦不堪，渴望或坚信自己就是女性，虽然自己男性的性器官结构正常，却明确地厌恶自己的阴茎和睾丸，固执地认定自己的外生殖器将长成为女性的器官，极力寻找改变性别的方法，企图使自己的身体变成像女性一样；专注于女性的着装服饰，渴望参加女性的各项活动而拒绝参加男性的常规活动。

---

① 弗洛伊德. 精神分析引论［M］. 高觉敷，译. 北京：商务印书馆，1986：236.

2. 女性易性症。持久和强烈地为自己是女性而痛苦不堪，渴望或坚信自己就是男性，虽然自己的性器官结构正常，但厌恶乳房发育和月经来潮现象，不愿采取蹲位排尿的方式，甚至坚信自己的阴蒂将长成阴茎，厌恶女装和女式发型，坚持穿男装和理男式发型，行为举止多模仿男子。心理学上有戴安娜情结（Diana complex）一说，戴安娜为罗马神话中的处女守护神，此处是指女性因希望变为男性的幻想受到压抑而形成的情绪困扰。

（三）性偏好障碍

性偏好障碍（sexual preference disorders）是指性行为异于常人的一组性心理障碍。包括恋物症、异装症、露阴症、窥阴症、性摩擦症、性施虐与性受虐症等临床类型。

1. 恋物症。表现为在强烈的性欲与性兴奋的驱使下，反复收集异性使用的贴身物品，如文胸、内裤、丝袜等，通过抚摸或嗅闻这些物品而达到获得性兴奋或自慰满足的目的。

2. 异装症。表现为反复和强烈地通过穿戴异性服饰而获得性兴奋的行为，但并没有厌恶自己的性别和试图改变自己性别的愿望。

3. 露阴症。本症几乎仅见于男性。主要表现为反复地在陌生的异性面前暴露自己的性器官，以激发自己的性兴奋，可同时伴有手淫行为。在露阴前常有急剧的、强烈的、难以遏制的欲望和紧张感，在露阴之后，当看见其露阴行为的异性出现愤怒、害羞、惊叫、逃跑等反应时，露阴者即获得性兴奋的满足。

4. 窥阴症。本症几乎仅见于男性。主要表现为反复通过窥视异性下身或他人的性活动，以满足激发自己的性兴奋的强烈欲望，可伴有当场的自慰或通过事后回忆窥视景象并自慰，以获得性满足。

5. 性摩擦症。性摩擦症仅见于男性。主要表现为在人多拥挤的场合趁异性不备之际，伺机以自己的外生殖器等身体部位摩擦和触摸女性身体的某一部分，以满足激发自己性兴奋的目的，可伴有射精行为。

6. 性施虐与性受虐症。性施虐症表现为通过对性伴侣施加捆绑、针刺等引起疼痛和侮辱等虐待行为来激发自己的性兴奋；而性受虐症则表现为以接受性伴侣的虐待行为来满足自己性兴奋的目的。性施虐症和性受虐症两种行为在同一个人身上可单独存在，也可以并存。在性施虐症和性受虐症中，通过切割对方或自己后，吸吮伤口血液以增加性快感，达到性满足的，称为嗜血淫癖。

据法医和性心理学家的临床观察，发现在实际生活中常见有恋物症、易装症和施虐—受虐症等混合型性偏好的临床类型。

（四）性指向障碍

在《中国精神障碍分类与诊断标准》（第三版）中，性指向障碍（sexual orientation disorders）是指与性发育和性定向有关的心理和行为障碍，包括同性恋、双性恋、其他或待分类的性指向障碍。关于同性恋的诊断标准是：①符合性指向障碍的定义。②在正常生活条件下，从少年时期就开始对同性成员持续表现性爱倾向，包括思想、感情及性爱行为。③对异性虽可有正常的性行为，但性爱倾向明显减弱或缺乏，因此难以建立和维持与异性成员的家庭关系。[①] 但在中国社会，不少同性恋者可能在父母等传统文化的压力下无奈选择结婚生子，这种行为对于婚前不知情的配偶来说显然是不道德的。

在世界卫生组织的《国际疾病分类标准编码》（第10版）中，性指向障碍又被分解为以下三种：①性成熟障碍症。这是指当事人因为对自己的性别认同或性取向不确定而产生困扰、焦虑或忧郁的状况。事实上，不少性指向障碍者在青少年时期就表现出经常对自己究竟是同性恋、异性恋或双性恋的取向不能确认，并因此而感到困惑或痛苦；有些人则在经过一段相当稳定的性取向，并且与对方有长期性的关系后，又感觉自己的性取向正在改变之中，这些都属于性成熟障碍。②自厌性性取向障碍。这是指当事人虽然对于自己的性别认同或性取向是清楚的，但是却厌弃这种性取向，而且因此引发焦虑、抑郁、烦躁等心理及行为的困扰，常希望改变自己的性别认同或性取向。③性关系障碍症。这是指因为性别认同或性取向障碍，而导致不能与性伴侣形成或维持长期稳定的关系的状况。

在美国《精神障碍诊断与统计手册》（第5版）中将所有的性心理障碍用“性别烦躁”一个大类加以概括，在本条目下首先将“个体体验/表达的性别与生理性别之间显著地不一致，持续至少6个月”作为诊断的核心标准，其次至少还有下列症状中的三项，如“去除自己第一和/或第二性特征的强烈欲望”“对拥有另一种性别的强烈欲望”“深信自己拥有另一种性别的典型感觉和反应”“对变装的强烈偏好”，以及“该疾病与有临床意义的痛苦或社交、职业或其他重要功能方面的损害有关”等等。由此可见，美国诊断标准的特点是：以各种性心理障碍具有的共性症状、个体的自我体验和表达为重点，有助于避免从社会外部或他人的视角来界定性心理障碍带来的所谓“病辱感”问题。

此外，还有其他一些性心理障碍会带来很严重的犯罪问题，例如恋童癖，这类性变态主要表现为以青春期前儿童作为性对象，并以此作为偏爱的或唯一激发自己性兴奋的方式。此类异常的性行为对儿童身心健康危害很大，常导致严重的犯罪行为，多见于男性。

还有自古以来就有的恋兽癖，主要表现为反复与家畜等动物发生性关系，并以此作为偏爱的或者是唯一满足自己性欲的方式。常见于没有正常婚姻对象的人群中，男女性均有。常可能导致人畜之间的疾病传播，甚至因过敏而死亡。

性指向障碍的行为可以是显而易见的，也可能是隐匿潜伏的。因此，如果当事人不主动公开或求助，父母和亲朋好友则较难发现，多数由于性指向障碍的行为所引发的性罪错事件才被暴露，但为时已晚。可见，认识和了解性指向障碍的知识对于识别和预防性心理障碍是很有必要的。

---

① 中华医学会精神科分会. 中国精神障碍分类与诊断标准［M］. 3版. 济南：山东科学技术出版社，2001.

第四节　性心理的调适

一、树立自信，消除与异性交往的焦虑

儒家经典《中庸》说："天命之谓性，率性之谓道，修道之谓教。"经验表明，对于青春期和婚前的青年人，适当的男女之间的自然交往，以消除与异性交往的恐惧、神秘和厌恶感，正确认识自我和学习欣赏异性之美都是有益的。事实上，只有打开了与异性交往的正常渠道，才能消除性心理障碍变形或伪装成症状的必要；只有提高了与异性交往的能力，才能消除自卑，既能看到自己对异性的影响，也会体验到异性对自己的吸引力；只有让力比多回归到生殖、结婚和愉悦的正当目的，性的压力被适当释放之后，借焦虑、癔症、强迫行为等症状逃避、否认、歪曲、压抑等症状形成的机制才能被根除。

如何消除与异性之间交往的焦虑或恐惧？其一，可以在心理医生的指导下依照系统脱敏的方式，先从提高与异性家庭成员交往、表达的能力开始，因为这种交往的焦虑与恐惧可能本源于青少年时期与父母和异性兄弟姐妹沟通关系的不良；其二，与异性交谈时，将注意力放在谈话的内容上，而不必在意对方的性别；其三，谈话交往从夸奖和肯定对方的某个细节开始，会营造一个友好的交往气氛。

经验表明，异性之间的交往尤其要注意：①人有接受和拒绝别人求爱的权利，但永远不能伤害对方的自尊。②人也有表白爱的权利，但一次就行，如被拒绝则不能胡搅蛮缠，要学会尊重别人的选择。③恋爱中的人不要花费或获取对方过多的钱财。④要分手的人切记不要举行所谓最后一次分手或告别的某种仪式或聚餐。

二、正确认识，坦然面对，主动求助

性心理障碍的产生原因复杂，涉及生物因素、父母教养方式、家庭的社会支持系统、偶然事件的创伤、个性和童年伙伴与社会文化的影响等多种社会化因素。因此，当一个青年人知晓自己有性心理障碍时，应像罹患其他疾病一样，正确认知，坦然面对。首先，应该明白，自己有性心理障碍，这不是你的错。任何一个人没有可能选择自己的家庭和父母，没有可能设计自己的童年怎样度过。其次，应该明白，虽然童年社会化经历对儿童的性心理发展影响深刻，但天下的大多数父母主观上都希望自己的孩子健康，他们在教育上的失败或不妥当的行为大多也属于无意之错，无知之为。谁也不知道和不能预测当时的一句话、一次打骂和失误的行为将会对孩子未来的心理发展产生多大的影响。因此，子女不应因自己的心理问题而责怪、抱怨、仇恨父母，这样不仅于事无补，而且不利于心理疾病的康复。最后，作为当事人要树立性心理障碍可防、能治的信心。根据各类研究，绝大多数性心理障碍都是后天形成的，与基因遗传等先天的生物因素关系甚小。所以，性心理障碍的矫治主要靠心理咨询和心理治疗的方法，而且需要当事人主动配合，坚持长期的行为训练才可能奏效。性心理障碍在人群中并非少见，患者不应因此自卑自怜，孤独自闭，而要勇敢主动地求助于专业的服务机构和心理专业人员。

三、消除阻抗和压抑，勇于接受自我精神分析

根据精神分析理论，几乎所有的性神经症和性心理障碍都起源于童年时期的社会化过程，与潜意识中的恋父或恋母情结、阉割情结未妥善解决和偶然的性创伤事件有较大的关系。性心理障碍心理治疗的基本思路是帮助当事人明了其症状的意义，便可使症状消失。弗洛伊德说："精神分析的治疗可归纳为下面一个公式：就是凡属潜意识内的病原都须进入意识之内。现在这个公式又可代以另一公式：病人所有的记忆缺失都必须加以补充，换句话说，我们必须设法消灭他的健忘症。"① 面对性心理障碍，心理医生所要做的工作主要集中在解读当事人的症状的意义是什么。所谓一个症状的意义系由两种因素混合而成：其一是症状的来源或产生的原因；其二是症状所欲达到的目的。换而言之，诸如露阴、强迫洗手等这些症状的背后究竟隐藏了什么？连当事人也觉得莫名其妙。弗洛伊德认为，事实上，症状的来源可分析为早年的种种生活事件的印象，当初这些印象曾经是意识到的，后来因被遗忘而成为潜意识，至于症状的原因和趋势常常是一种内心的历程，最初可能是意识的，也可能永不为意识的，而始终逗留于潜意识之内。② 由此可见，对性心理障碍患者进行童年生活和心理历程的精神分析是非常有必要的，只有深入探究患者在童年生活中形成的某些情结，才能揭示本症形成的原因和症状维系的心理动力，使其将潜意识的东西转变成意识的东西，从根本上消除病根。然而，精神分析的经验表明，在心理医生帮助当事人将特别痛苦的某些潜意识材料引入他的意识的过程中，当事人会表现出极强的阻抗、驳斥，不相信或不愿意承认和接受这种分析。事实上，如果这种阻抗不加以消除，精神分析就不能深入下去。所以，从这种意义上说，性心理障碍是否能矫治和治疗效果如何，在很大程度上取决于当事人是否以积极的态度，愿意主动配合心理医生一起进行过去的生活和心理历程的分析，愿意明白地看到自己潜意识中的压抑机制。

四、社会支持和家庭治疗

性心理障碍的矫治需要有良好的社会支持和家庭配合。按照家庭治疗的观点来看，家庭是一个系统，系统内的任何成员所表现的行为，都受系统内其他成员的影响；个人的行为影响系统，而系统也影响每一个成员。在个人成长的每一个发展阶段，都受到父母教育、家庭结构和家庭功能等多方面的影响，任何性心理障碍的发生实际上反映了一种家庭的异常现象。一个人的变态行为，可能提示了父母教养方式存在的问题，也可能这种变态行为因满足其他成员的心理需要而被维持着。因此，不仅可以经由家庭治疗更好地理解个体心理障碍的成因，也可以经改进其家庭功能而促进个体心理障碍的解决。基于这种观点，要改变一个人的心理或行为障碍，就不能只是局限于当事人的症状，而应以整个家庭系统和家庭成员关系为对象。如果治疗问题的核心是夫妻关系，那么这种家庭治疗亦可称为婚姻治疗。

---

① 弗洛伊德．精神分析引论［M］．高觉敷，译．北京：商务印书馆，1986：223.

② 弗洛伊德．精神分析引论［M］．高觉敷，译．北京：商务印书馆，1986：224.

家庭治疗有不同的模式，可以视案例的具体情况，将治疗的重点放在家庭的组成、关系、角色、界限、权力的分配与执行等结构性问题的处理上。例如父母和亲子或同胞之间的关系与角色扮演不当，甚至关系颠倒错位就属于结构性问题；或将治疗的重点放在家庭成员的某种不良行为的矫正上，例如有的子女一直与父母同床睡觉到青春期就是一种需要矫治的不合适的行为；或将治疗的重点放在有计划地通过改变某个家庭成员的态度和行为方式，进而引发子女的情绪和行为改变，例如调整父母对孩子性指向障碍的态度，可以改善原来恶化的亲子关系；或将治疗的重点放在了解与分析各家庭成员内心深层的心理问题、压抑的欲望、情结等，揭示家庭矛盾与冲突的心理原因，例如与异性交往表现出过度的紧张，甚至恐惧的青年，那么可能提示存在着某种压抑的潜意识情结需要处理。

通过家庭治疗，父母能认知自己在子女性心理健康发展和性心理障碍矫治中所应承担起来的责任，有助于父母和其他家庭成员对当事人有更多的理解和关心，而不是否认、拒绝与指责，也有助于改善亲子关系和家庭气氛，避免父母有意或无意对子女接受心理治疗的阻抗。

五、把握自己的命运，再造性别角色

青年人总是乐于强调自己性的权利和行为的自由，的确，西方存在主义哲学和心理学也强调应以人为中心，尊重人的个性和自由，但自由的真正含义是指个体有选择如何思想，如何行为，如何决定自己命运的自由，并且这也意味着人应对自己的选择负责。在这种意义上，人是决定一切事物存在与不存在、有价值和无价值的尺度，当然也是选择自己认知、情绪和行为的决定者，人可以在存在的基础上自我造就，活得更加精彩。人只有认识到在这个世界中只有人在本质上是自由的这种崇高地位，才能对自己的命运真正负起责任来。青年人虽然不能选择过去、家庭和父母，但现在可以选择宽容、理解和与父母共情，选择面对现实和未来前途的态度与生活方式。对于任何一种性心理和行为障碍，当事人应充分认识到这些性心理障碍将可能导致家庭、婚姻和社会适应性问题的后果，勇于放弃或改变“因病获益”带来的习惯，确立可以通过行动转变性身份意识、性行为偏好和性指向的选择完全取决于自己的自由意志。

在自我改变中，性别角色的重新塑造是相对容易实现和自控的。所谓性别角色是指社会对男女两性所持的态度、性格和社会行为模式的一种期待。如果说过去自己的父母有意或无意将与孩子生物性别相反的愿望投射到孩子的姓名、穿着打扮和角色塑造上来，并且甚至已经造成了孩子性别角色偏差的话，那么，作为自我独立意识已经建立起来的青年人，还是可以发挥主观能动性，再次塑造自己的性别角色的。按照中国社会的传统观念，男性角色具有较强的能动性、进取心、支配感、自我表现，勇敢、有责任心，服饰简单朴实、留短发型等特点；而女性角色具有较强的合群性，谦卑、温顺依从，服饰艳丽、留长发型等特点。男女取名亦具有较为鲜明的性别差异，男子取名象征刚毅、大气、强壮、进取等，而女性取名象征漂亮、温顺、贤淑等。在社会生活中，男女性别角色行为的差异也是一目了然的。如男子喜动，女子爱静；坐时男子双腿常任意摆动或外展，而女子则常取双腿并拢的姿势；等等。如果说性心理是内在隐匿的，那么，言谈举止则是众人所见的。因此，我们既可以从一个人的外观行为和穿着打扮来推测其心理健康状况，一个人亦可以先从外观的改变来逐渐影响内心的重建。例如，一个异装症者如果愿意尝试穿戴几次符合自己生物性别的服饰，照几张靓照，也许会获得周围人的许多惊叹和赞美。寻找你心目中仰慕的一个同性作为性别角色的学习榜样，将会帮助自己重塑一个合适的性别角色。

六、掌握降低性压力的正确方式

按照精神分析学说来理解，任何神经症和性心理障碍都有性的起源，其症状具有性的满足或性的禁止的含义，如认为强迫症就是变相的手淫。弗洛伊德认为，人类文明道德所规定的性禁忌与人的性本能冲动是一对矛盾，自个体性生理成熟到结婚前，绝对的性禁忌既难上加难，也是导致性心理障碍的重要原因。因此，学习如何合理、合法、合情地满足自己的性需求，掌握对自己性压力的调节方法十分必要。弗洛伊德在《性道德文明与现代人的不安》一文中甚至认为性格的形成与性压力的调节能力有关，他说："人与人之间的性格之所以强弱悬殊，大抵与他们压抑性冲动的程度有关。禁欲不可能造就强大、自负和勇于行动的人，更不可造就天才的思想家和大无畏的开拓者及改革者；通常情况下它只能造就一些'善良的'弱者，他们日后总归要淹没在俗众里，非常痛苦地跟在那些具有坚强性格的开创者后面跑。"① 性欲和性冲动是一种强大的内驱力，在未婚前较长的青年时期，可以采取积极投身学习科学、体育运动、文学艺术等升华的方式转移和宣泄性的能量，也可以适当采取直接的自慰方式来满足性的需求。首先，从心理学的角度看，文学艺术作品多涉及男女情爱的内容，实际上这些作品本身就是一种未能满足的性与爱愿望的替代物。无论是写作，还是阅读文学作品，欣赏音乐和唱歌，都具有宣泄性压抑和情爱受挫情绪，促进顿悟，提升自我精神境界的作用。其次，正确看待自慰行为尤为重要。所谓自慰，亦称手淫，是指个体用手或其他卫生的器具刺激自己的生殖器，以激发性高潮，获得性满足的过程。事实上，在自然生活条件下，在青年正式结婚前，自慰是这一时期唯一安全、合法、合乎伦理和卫生的性欲满足方式，适当的自慰有利于减轻强烈的性冲动所带来的情绪骚动，防止性冲动所引发的性罪错。在临床医学上，适当的自慰对于性冷淡、不射精、前列腺炎、强迫症等病症还具有辅助的治疗作用。自慰是某些传染病患者、服刑人员、精神病患者、某些高位截瘫的残疾人等特殊人群性满足的唯一方式。一些青年受不良资讯的误导而对自慰有错误的认识，背上沉重的思想包袱或焦虑不安、自卑自责是不必要的，有些青年为治疗自己的神经症而下决心要彻底戒除自慰习惯，那更是因噎废食。事实上，只有那些过度频繁的或不卫生的自慰才是有害无益的。可见，一些性神经症或性心理反常者正是那些违背人性的或错误的性道德说教的牺牲品。正确认识性的目的，学习调适自己的性压力，是为了做一个真正自我实现的人。

---

① 弗洛伊德. 性学与爱情心理学［M］. 罗生，译. 南昌：百花洲文艺出版社，1996：207.

心理测验

男性化—女性化性别角色测评

男性化—女性化量表（Masculinity－Femininity Scale，Mf－m，Mf－f）取自明尼苏达多相个性测查表（MMPI）中的一个分量表。MMPI 是目前世界上使用最多的心理测验，该测查表由美国明尼苏达大学教授哈撒韦与麦金利于 20 世纪 40 年代编制，新修订的 MMPI－2 版于 1989 年出版发行。利用该测查表的 Mf 分量表可对被试的性别角色及其分化情况进行评估。这是一个包括评估男性角色和女性角色的双向功能量表，即能够测试男性是否具有女子气（femininity）和女性是否具有男子气（masculinity）的倾向。判断标准是：男性量表（Mf－m）在 $55\leqslant T\leqslant 59$ 分时为升高，$39\leqslant T\leqslant 54$ 分为正常，$T\leqslant 38$ 分为降低。正常得分的男性对传统的男性职业有兴趣，在日常生活中扮演主动的角色；低分者表现为过分认同男性角色，追求强健、勇敢、冒险、不拘小节、粗鲁等。高分者爱好文学、音乐和美术活动，平时表现较为被动。女性量表（Mf－f）在 $55\leqslant T\leqslant 59$ 分时为升高，$39\leqslant T\leqslant 54$ 分为正常，$T\leqslant 38$ 分为降低。正常得分的女性对传统的女性职业或女性活动感兴趣，在日常生活中扮演被动的角色；低分者过分认同传统的女性角色，怕羞、娴静、柔弱、顺从、拘谨、自怜；高分者对男性职业和活动有兴趣。

MMPI 测试需要在实验课中的计算机软件上完成。

拓展训练

一、活动的主题与目的

活动主题：寻找你喜欢的另一半。

活动目的：认识两性的心理与行为的差异；了解异性对性别角色的期待；学习两性沟通的技巧；发展健康愉悦的两性交往关系。

二、活动的理论依据

从自然之理来看，男女和谐的性关系是人类繁衍的基础、社会发展的基本动力。所谓“天地阴阳，孤阴不生，独阳不长”。从人的本质来看，马克思认为，在现实性上，人的本质是社会关系的总和，而男女关系是人际关系中最基本的和自然的关系，并且从这种关系就可以判断人的整个教养程度。从心理健康的角度来看，一切神经症和许多性变态大多与正常的两性关系的受阻和性的不当压抑有关，因此，建立健康的两性关系对于人格的成熟和健全、防止心理疾病和性罪错都具有积极的意义。

活动的理论依据主要有社会心理学和精神分析学说。

三、活动的内容与方式

第一个环节：热身与认识。在轻音乐中，先将所有参加人员按男女分成两组，再让男女成员通过抽签随机两两配对，鼓励通过相互寒暄认识对方。在音乐停止后，请各位男生用最简洁的语言将自己新认识的女生的某些特点介绍给大家。

第二个环节：认识性别角色的差异与联系。在黑板上画出男女两个人形轮廓。抽取其中若干组，男女成员分别在异性轮廓像内用简洁的词语填上自己对异性角色特征的认识，例如男生可以选择“温柔”“娴静”等词语来描述女性，女生可以选择“勇敢”“果断”等词语来描述男性，看哪组写出的词语较多。然后由配对的异性一方对这些描述给予评论，表示是否同意对方的意见并说出理由。

团体活动指导者对成员列出的男女特质按生理、心理和社会角色行为三个方面进行统合，并对性别角色的差异及其相对性进行解说，应特别指出性别角色观念的刻板化现象。事实上每一个人都具有男女双重特质的一些成分，只是倾向性或比例有所区别，此外还有一些男女都有的中性特质。指导者画一个圆，将圆分成三等份，把上述男女特质分列在左右两边，中性特质放在中间，使全体成员对性别角色有一个较完整的认识。

第三个环节：认识自己的性别角色的特质。请每一个成员按照指导者示范的方法，在事先准备好的白纸上将自己的性格特质分别填入圆的三栏中，最后请一些代表与大家分享自己的体会：①自己的男性角色特质有哪些，女性特质有哪些，中性特质有哪些，哪一种较多，是否与自己的生理性别一致。②分析这些特质是怎样来的，受谁的影响最大。③令你最满意的特质有哪些，给你的社会交往带来哪些好处。④令你不满意的特质有哪些，给你的社会交往带来什么困扰，你认为自己还欠缺什么特质或希望加强什么特质。

第四个环节：开展对性别角色的期望——爱情价值竞投游戏。给每个成员分发一定数量的有价纸券（如规定每张券价值1万元），对“什么是自己心目中理想的异性特质”进行竞投，出最高价者为该项特质得主，将结果写在黑板上。对所有列出特质竞投结束后，分别请各得主谈谈自己为什么要竞投这项特质。最后由指导者进行整合。

第五个环节：对两性期待和交往方法的讨论。①基于网络信息、报纸、杂志征婚启事和速配电视节目的现象，开展有关当代青年人恋爱观和择偶观的讨论。②关于两性交往的方法的讨论：当异性对你有何种行为表现时，你会认为他（她）可能对你有示爱的意思？如果你对异性示爱，而对方不做出任何反应或拒绝时，你会继续做出何种反应？当你发现对方与自己并不合适时，你将如何理智地终止原来的关系？

四、注意事项

建议男女生轮流发言分享自己的经验，相互反馈内心的想法；鼓励营造直面问题、反驳和辩论的讨论氛围。

拓展阅读

艾·弗洛姆：《爱的艺术》，李健鸣译，上海译文出版社，2008年。

教学资源清单

使用说明：建议每位学习者在教师课堂讲授本章教材之前，先通过手机扫码的方式链接到教学资源平台，自学和练习相应的教学内容，以便在课堂上能够与教师更深入和更有效率地进行教与学的研讨，见表9-1。

表 9－1　教学资源清单

编号	类型	主题	扫码链接
9－1	心理观察	大学生学习为主　先立业才是王道	
9－2	心理微课	性别差异与亲本投资	
9－3	专题新闻	帮助他人从“当众羞辱”中生存下来	
9－4	教学影评	《霸王别姬》影评	
9－5	心理漫画	《男女爱情》	
9－6	学唱歌曲	《在这个世界相遇》	
9－7	心理故事	约会强奸　遭受杀身	
9－8	知识拓展	耶鲁大学：爱的定义	
9－9	心理体验	爱情婚姻选择	
9－10	PPT 课件	大学生的性心理与恋爱	

续上表

编号	类型	主题	扫码链接
9－11（1）		第一节：性心理的发展（图雅）	
9－11（2）		第二节：男女性心理的差异（图雅）	
9－11（3）	录课视频	第三节：大学生性心理的特点（图雅）	
9－11（4）		第四节：健康的性心理标准（图雅）	
9－11（5）		第五节：性心理的调适（图雅）	

第十章
大学生与家庭关系问题

导读

教学目标： 了解父母教养方式、家庭氛围等家庭诸因素对大学生自我成长的影响；了解各种关于亲子关系形成与解释的心理学理论，知晓亲子关系对个体健康成长的影响；学习掌握如何与父母等家庭成员和谐相处的人生艺术。

关键概念： 家庭（family）、亲子关系（filial relation）、父母养育方式（parental rearing patterns）、恋母情结（Oedipus complex）、恋父情结（Electra complex）、家庭心理咨询（family counseling）、家庭治疗（family therapy）。

案例

舜的传说

良好的家庭环境有助于人的成才，但我们不能选择自己的家庭和父母。个人唯一能自主选择的是自己的态度和行动。据上古典籍《尚书·尧典》的记载，尧在位70年，准备为自己挑选一个接班人，四方诸侯之长分别推荐了共工、鲧和尧的儿子丹朱等，尧都不满意。尧说："你们推举高明的人，纵使他出身低微也可以。"于是众臣向尧推荐了民间的虞舜。书中这样描述舜的家庭环境："瞽子，父顽，母嚚，象傲；克谐以孝，烝烝乂，不格奸。"意思是，舜的父亲是盲人，而且很糊涂，其后母则很强势，讲话荒谬，同父异母的弟弟也傲慢无礼，然而，面对这样的家庭，舜从不怨天尤人，不仅与家人和谐相处，而且以自己的孝行美德来感化他们，使他们改恶从善。于是尧决定对舜进行实际考察。尧先要舜负责推行德教，舜便谨慎地教导百姓以父义、母慈、兄友、弟恭、子孝的五典作为行动的准则，百姓都能听从舜的教导而不违背；尧让舜总理百官事务，结果百官听从命令，各种事务都办得有条不紊；尧又让舜到都城的四门去招待宾客，四方诸侯派来的宾客都对舜肃然起敬；尧再派舜去大山的森林里接受风雨的考验，结果舜也没有迷失方向。舜接受了尧三年的考察，尧非常满意。后来舜在庙堂里接受了尧禅让的帝位，成为一代有作为的新的帝王。

课堂讨论： 舜出生在一个不良的家庭环境之中，他为何能做到以德报怨？他具有什么样的信念、什么样的人格特征？舜在家庭里践行的孝道对他后来参与国家社会治理带来了什么样的影响？

第一节 大学生的成长与家庭的关系

家庭是社会的细胞，我们每一个人都来自一个家庭，家庭是影响个体心理发展最直接、最具体的微观环境，是个体早期社会化的主要场所。研究显示，家庭结构和家庭功能、父母教养方式、亲子关系、家庭社会支持等都是影响个体心理健康的重要因素。

一、影响大学生心理健康的家庭因素

从家庭系统论的观点来看，每个人都隶属于一个家庭，家庭中的成员是相互关联和相互作用的，任何一个家庭成员的心理和行为问题都不是孤立的现象，而是整个家庭系统反应的结果。

（一）父母教养方式

父母的教养方式对一个人的人格、社会适应能力和健康成长的影响至关重要。关注和研究父母教养方式对孩子心理健康的影响的目的就是要认识哪些教养方式是有益健康的，哪些教养方式是有害健康的，从而促进父母改善教养方式。所谓父母教养方式，通常是指父母对孩子的养育态度、养育的言语与非言语行为的综合模式。1980 年，瑞典精神医学家佩里（C. Perris）等人编制出了一套反映父母教养方式全貌的问卷，该问卷归纳出父母教养的 15 种行为，包括辱骂、剥夺、惩罚、羞辱、拒绝、过度保护、过度干涉、宽容、情感温暖、行为取向、归罪、鼓励、偏爱同胞、偏爱被试和非特异性行为。问卷一经发表，立即引起英国、澳大利亚、荷兰、意大利等国家心理学同行的关注，并先后开展了父母教养方式的跨文化比较研究。研究显示，被父母接受的孩子一般都表现出情绪稳定、兴趣广泛、富有同情心；被父母拒绝的孩子大都情绪不稳、冷漠、倔强，具有逆反倾向；受父母支配的孩子较被动顺从，缺乏自信心，依赖性强；让父母服从自己的孩子则表现出独立性、攻击性强。神经症患者的父母较正常人的父母对孩子缺乏情感温暖、理解、信任和鼓励，有过多的拒绝和过度保护。有研究显示，父母的关怀程度高和控制程度低的青少年，抑郁症患病率较低，有更多的幸福感，对社会支持的感受更好。一般认为，典型的父母教养方式有如下几种情形。

1. 过分干涉——严厉型。这种父母对孩子各方面的管教特别严厉，过分干涉孩子生活的一切方面，经常用命令、指责的方式强迫孩子完成某种任务。“不准”“禁止”“必须”是他们教育孩子的口头禅。他们对孩子的成长和前途特别看重，望子成龙，很在乎孩子的考试分数和排名，不让孩子有过多的娱乐。一旦孩子未听从或未完成父母交代的学习任务，就会遭到严厉的批评或惩罚。常挑剔孩子喜欢的朋友，拒绝孩子的合理要求，缺乏情感温暖，缺乏与孩子之间的有效沟通。在这种父母教养方式下成长起来的青少年往往表现出懦弱、自卑、没主见、独立性差、唯唯诺诺、生活兴趣少、难以适应社会竞争等缺点。

2. 过度保护——溺爱型。这种父母对孩子百依百顺，过分溺爱，对孩子本来可以自己完成的事情、可以回答和决定的问题总是包办代替；当孩子遇到某些困难时，父母总是设法帮助他绕过去或替其受过，担心孩子受到挫折。即使错误在孩子，父母也把责任归咎于其他人。在这种教养方式下成长起来的青少年人格幼稚，对父母的依赖性极强而自信心不足，遇到困难和挫折便不知所措，与人交往时缺乏共情能力。

3. 放任不管——忽略型。这类父母或因离婚，或因忙于生意和工作，对孩子的学习和生活漠不关心，对孩子的行为很少有约束和干预。在这种教养方式下成长起来的青少年常有以自我为中心、不懂得尊重他人、任性、易冲动、脾气暴躁、逆反或自卑心理强等心理问题。

4. 情感温暖——理解型。这类父母常向孩子表达自己的爱，允许孩子在某些方面有独到之处；当孩子遇到不顺心的事时，常鼓励和安慰他们；信任和尊重孩子的意见，能理解孩子的不同意见，能让孩子顺其自然地发展；当孩子取得某些成功时，会因孩子而自豪。

（二）家庭经济因素

家庭经济状况不仅对孩子所受教育的程度和教育条件具有制约性，而且给孩子的学习目标、学习动力、学习兴趣、学习意志和学习的自我效能感带来多方面的影响。观察表明，家庭经济状况与孩子学习成绩的关系是复杂和辩证的。家庭经济条件好可以为孩子提供较好的学习环境和学习条件，但容易诱发孩子娇宠懒惰的不良行为；家庭经济困难容易导致孩子自卑，但也可能磨炼孩子奋发努力学习的意志。目前，中国高校实行缴费上学制度，虽然国家和学校提供了各种奖助学金和勤工俭学等途径帮助大学生完成学业，但这些大学生所背负的经济和心理压力仍然沉重。一些人会因此敏感多疑，自卑抑郁，甚至逃避交往。但也有不少家庭经济困难的大学生表现出自强不息、热情开朗的精神面貌，他们不仅认真学习，争取奖学金，也积极利用课余和寒暑假时间从事勤工俭学或兼职工作，同样成为优秀的学生。

（三）父母婚姻状况

父母之间的关系对孩子人际观念的形成和学习处理人际关系的态度与方法具有深远的影响。父母之间相互尊重与良好的沟通方式所形成的和谐恩爱的家庭氛围可以让孩子感受爱情的甜蜜和家庭的温馨，而父母之间的敌意和对抗的家庭氛围、家暴和离婚事件可能会使孩子经历紧张、痛苦、抑郁和产生不安全感。研究表明，父母离婚对男孩的负面影响相对女孩来说更为严重，对年幼孩子的影响大于年龄大的孩子，其中以对 4 ～11 岁的孩子影响最大；父母离婚两年以内的影响明显大于两年以后，随着时间的推移，父母离婚对孩子的影响亦逐步由强转弱。父母离婚对孩子影响的机制可能与家庭结构缺陷和功能失调有关，也可能因为缺少父亲或母亲角色的示范而减少孩子学习社会交往技巧的机会；单亲家庭可能因为家庭收入减少，生活水平下降，导致孩子的学习条件及居住环境变差。但也有研究认为，父母离婚对孩子的影响程度有限，且因人而异，据估计，父母离婚和单亲家庭只对 5% ～10% 的孩子有不良影响。事实上，不少离异家庭中的孩子在家庭变故的挫折经历中更早成长、成熟，独立和自理能力增强，孩子更懂得体贴父母，勤俭节约，适应性较强，富于同情心，学习勤奋。观察表明，单亲家庭的孩子，只要监护人尽职、有爱心，孩子身心健康状况同样良好。无歧视的学校环境也有利于单亲家庭孩子健康成长。父母离异与孩子犯罪之间也没有直接的相关性。相反，凑合着过的家庭气氛和冲突可能更不利于孩子的健康成长。

（四）父母职业与文化因素

父母的职业与文化程度对其孩子的道德观、学习成绩及理想抱负水平具有较大的影响。研究表明，父母受过高等教育的学生，其学习成绩普遍比父母受教育水平较低的学生好，学习志向更高。受过高等教育的母亲，其孩子具有读研究生抱负的，比只受过初等教育的母亲的孩子多4倍；而母亲只受过初等教育的孩子，只想读到中学毕业的，比有高等教育水平的母亲的孩子多4倍。文化修养高的父母注重家庭的民主和谐气氛，更注重与孩子的沟通，能更好地理解孩子的需要，较多地使用以赞许、引导、鼓励、探索为特点的教育方式，这有助于培养孩子的自信和形成较高的学业动机。他们对孩子的期望水平虽然偏高，但很少会使用家庭暴力和粗鲁的语言，给孩子造成身心伤害。调查发现，父母的文化修养、言谈举止、职业态度与职业习惯都会通过教养方式、沟通方式等途径直接或间接地影响孩子的心理健康状况。

父母职业也对家庭环境、家庭气氛、孩子的职业倾向造成较大的影响。一般来说，当父母的职业较好，成就或收入较高时，孩子会倾向选择继承与父母相同或相近的职业；相反，如果父母的职业较为辛苦，风险大，收入低，成就不高时，孩子倾向不选择同样的职业。孩子的自信心与父亲的职业有较为明显的相关性，而与母亲的职业和文化的相关性较小。这可能与父系社会和男权主义的社会文化有关，孩子多以父亲作为社会角色的模仿者，以父亲事业为职业参照，如果父亲从事的职业处于社会高层，易感到自豪和有面子。高学历的父母可能对孩子有较高的成就期望，并因此管教更严，孩子也因此自我要求更高，感受到的心理压力较大。

二、家庭因素对大学生心理发展的影响

在中国民间早有“从三岁看老”的教育观。许多教育学家都认识到家庭因素对青少年心理发展所起的基础性作用。如德国学者卡尔·威特说：“对孩子而言，假如没有好的家庭教育，即便是请最优秀的教育家对他进行最认真的教育，也不会有好的效果。”意大利学者玛利亚·蒙台梭利也说：“父母才是孩子一生中真正的启蒙老师，而家庭则是孩子最重要的学习课堂。”许多实证研究也都显示，不同的家庭特征对青少年的心理发展有着深远的显著影响。

（一）家庭因素对应对方式的影响

应对作为个体应对外界各种应激刺激和心理压力的一种防御机制，对个体身心健康的保护意义重大。应对方式有积极与消极、适应良好或不适应之分。经过长期的社会化过程，每个人的应对方式都具有稳定的习惯性倾向。研究表明，个体对家庭环境的消极感知与使用较多的关注情感的应对策略（如退让、否定等）有关。父母的低情感表达的教养方式容易使孩子形成猜疑敏感的性格，对他人的不信任感和自觉的不安全感会导致孩子对陌生环境和新事物适应困难。当孩子感到自己的家庭比较有凝聚力和组织性时，他们会发展出较好的应对技巧；而来自冲突较多的家庭中的孩子则显示出低水平的积极

应对和高水平的退让等消极应对方式。事实证明，和睦安宁的家庭气氛是孩子可资利用的一种有效的应对资源。

研究发现，成长过程中父母拒绝和惩罚的教养方式会导致孩子成年后更多地采用内向的、针对情绪的应对策略；而父母的情感温暖与理解有助于孩子采用解决问题、寻求社会支持等积极应对方式；父母的过分干涉、过分保护和偏爱，则会导致其孩子采用想象或自我封闭等消极的应对方式。父母的过度保护可能使孩子倾向于使用依赖、幼稚的应对方式，而父母的过度干涉则可能使孩子容易表现出逆反或叛逆等消极的应对方式。民主型教养方式下成长的青少年，能够与家长进行有效的沟通，可以从父母那里获得有效的应对资源；而放任型教养方式下成长的青少年，因为父母对孩子不管不问，孩子不能获得应对策略的指导和建议，其应对方式要么自发，要么容易受到同辈的影响；权威型教养方式下成长的青少年，其个性易被压抑，遇到困难时，可能会表现出更多的幻想和依赖等应对方式。

（二）家庭因素对自尊的影响

自尊是个体在社会化过程中所获得的对自己的价值和作用的整体情感评价和对自我的态度体验。研究表明，父母对待孩子的态度和行为影响孩子的自尊、认知方式、自我效能感、情绪和智力发展。良好的家庭环境有助于家庭成员形成对自身价值与自我接纳的良好的总体感受，从而形成较高水平的自尊；过分严厉的家庭气氛、不和睦和不稳定的家庭环境对孩子自尊的形成带来不良的影响。一般认为，父母的忽视、过多或过少的限制、冷漠或鄙视的教养模式会导致孩子不同类型的自我结构和行为不良，使个体表现出低自尊。一般而言，父母倾向于严厉惩罚教育的孩子，自尊较低；父母倾向于民主型教育的孩子，自尊较高。研究还发现，高自尊孩子，其父母的抚养方式具有如下特点：其一，接受、关心和参与。高自尊孩子的父母经常对孩子表达关心和爱，对孩子的活动有兴趣，认识孩子的朋友，关心孩子的问题（即使是不重要的问题）。其二，严格。高自尊孩子的父母常认为，重要的是要让孩子达到更高的要求，而不仅仅满足于使孩子高兴，并认为孩子在严格的训练下会更快乐。其三，使用非强制性的纪律。高自尊孩子的父母相对较少地使用体罚，他们对孩子的惩罚往往只是取消给孩子的某些特权，或让孩子独处一段时间，或与孩子讨论行为好坏的原因。其四，民主。高自尊孩子的父母允许孩子自己决定睡觉的时间，给予孩子表达自己观点的机会，以及有时按自己的方式办事的权利，让孩子参与制订家庭计划。如果孩子对父母的观点提出异议，他们不会加以指责。

（三）家庭因素对人际信任的影响

要建立良好的人际关系，就必须以人际信任作为交往的基础。研究表明，个体成长的家庭氛围、家庭结构与功能、父母的教养方式、亲子关系都会对其人际信任感产生至关重要的影响。艾里克森认为，个体的人际信任感形成于儿童早期的经验，那时的人际信任主要体现在看护人与婴儿之间的微妙关系上。研究显示，积极的父母养育方式不但可以增加孩子的人际信任度，而且可以增加孩子乐于助人的行为。反之，父母的拒绝和否认等消极的养育方式会使孩子的人际信任感下降，导致孩子产生爱占别人便宜、自私自利的行为。有关亲子依恋与青少年人际信任之间关系的研究显示，在早期社会化过程中获得安全依恋的儿童会在后来的发展中表现出较高水平的人际信任。不安全依恋的个体报告在社会交往中体验到较低的社会价值和较低的人际信任感；而安全型依恋的个体则通常有较高的自我概念、较高水平的人际信任。孩子对父母的依恋状况影响孩子与身边重要人物建立有价值的依恋关系的能力，其中母亲对孩子自我形象的形成起着至关重要的作用，这种自我形象也影响着孩子对人的信任。父母对青少年人际信任的影响程度在男女两性中还存在着一定的差异。对于女性青少年来说，母亲的影响大于父亲的影响；对于男性青少年来说，父亲的影响大于母亲的影响。也就是说，同性别依恋的影响程度比异性别依恋的影响程度高。

父母文化程度和家庭经济状况对孩子的人际信任也具有一定的影响。一般认为，文化水平高的父母，其教养方式相比文化水平低的父母更多地倾向于采取情感温暖、理解，少拒绝、否认等积极的教养方式，这当然有利于孩子建立自信心。

（四）家庭因素对自我发展的影响

个体自我认知与其家庭早期社会化所创造的自我体验和自我监控的条件，以及后来实现自我的状况密切相关。艾里克森认为，是生物、心理以及社会文化环境共同促成了个体自我同一性的形成，也导致同一性发展过程中表现出明显的个体差异。在诸多环境因素中，家庭因素在自我同一性的形成与发展中占据重要地位。研究表明，在总体自我价值感方面，家庭居住环境、父母职业、家庭经济水平对大学生的总体自我价值感都有一定的影响，而家庭关系对大学生自我和谐水平具有不同程度的影响，大学生自我接纳水平和家庭关怀度呈正相关。家庭环境中的低亲密度、低娱乐性、低组织性是影响大学生社交焦虑的不良家庭因素。

第二节　亲子关系的常见问题及其对个体心理发展的影响

亲子关系通常是指父母与其子女（亲生的或养子女或继子女）之间发生在抚养、管教及培育过程中，包含生理、心理及社会适应各个层面的相互关系。亲子关系是孩子来到人世间所面对的第一个，也是影响终身的重要的社会关系，这种关系的质量与类型远比某种教育方法更重要，它不仅直接影响孩子心理发展的水平，而且直接影响着孩子一生的幸福感。正如日本学者诧摩武俊所说："不管你立足什么理论，在从婴儿期到儿童期、青春期的孩子的人格形成过程中，父母与子女之间的关系是一个极其重要的构成因素。"亲子关系是一种相互作用的关系。孩子从父母那里得到食物、住处、人生指导、关怀以及行为约束和控制；反过来，孩子也向父母提供顺从、合作、帮助和满足情感需求等回馈。良好的亲子关系既可以促进孩子亲社会行为发展，也可以增进父母的幸福感；而异常的亲子关系则可能导致孩子的异常心理和反社会的越轨行为。

一、亲子关系的常见问题

（一）过紧的亲子关系

精神分析学派认为，父母在孩子早期的社会化过程中的亲子关系对其一生尤为重要。一般认为，过于紧密的亲子关系可能导致恋母情结或恋父情结的形成，而这种情结可能导致孩子成年后缺乏独立自主的意识，事事依赖父母做主，夫妻关系和婆媳关系处理能力低。亲子关系过于紧密的父母往往把自己未了的心愿寄寓在孩子身上，管教孩子时附加了自己厚重的期望，令孩子感到背负了巨大的压力，并因为强烈的替身感而反感父母，最终导致亲子关系貌合神离。亲子关系过于紧密的父母还常一味满足孩子的物质欲望，纵容孩子的不良行为，缺乏与孩子在精神、情感上的交流，使孩子容易滋生懒惰、贪图享受的习气，人生变得没有目标，学习缺乏动力，甚至导致孩子产生打骂和杀害父母的恶行。亲子关系过于紧密的父母往往容易溺爱孩子、极度担心孩子的安全而强行约束孩子，孩子的自主权得不到尊重，最终导致孩子天性不得舒展，容易形成懦弱的个性。

过紧的亲子关系，甚至会导致乱伦、性侵、辈分关系不清的现象。据美国中文网报道，美籍非裔音乐影片导演阿斯瓦德·阿印德（Aswad Ayinde，1996 年曾执导《难民营》并获得大奖），被控长年性侵 5 个亲生女儿，乱伦后生下 6 个孩子，被新泽西法院判入狱 90 年，但罪犯竟然大言不惭地表示自己的行为是为了“创造出一条纯正血统”。在许多乱伦案例中，不难发现有成年后仍与父母同睡一床或一室的，母亲在洗澡时儿子随便进入浴室、上厕所等怪异的亲子关系。还有一些大学生的情绪情感常常受到父母关系的严重影响，如表现为相依为命、同病相怜、一损俱损的紧密型的心理关系，甚至可能出现感应性精神障碍，即往往发生于两个关系极为密切的母女或其他亲属之间的一种以系统妄想为突出症状的精神障碍。

（二）疏远的亲子关系

疏远、冷漠的亲子关系则可能导致孩子成年后对配偶和家庭成员缺乏亲密感，处理配偶关系和人际关系的情商低，对他人的信任感低。

过于疏远的亲子关系主要表现为：其一，亲子间互动内容单一和贫乏。常见的问题就是父母只重视孩子的学习成绩和排名，“望子成龙”或“望女成凤”，而忽视了对孩子的道德、意志、体质锻炼和做人道理的教育。除了学习成绩，父母和孩子之间似乎无话可说。其二，由于父母与孩子在价值观、思维取向和表达的语言风格等多方面的差异，以致亲子之间相互不能很好地理解，出现沟通的困惑、烦恼与障碍。其三，父母对孩子要求高，且重罚轻奖，常以自己理想中的蓝图来规划孩子的生活、学习，认为“不打不成才”，挖苦讽刺、责骂体罚，严重伤害了孩子的自尊自信，结果导致孩子形成逆反、对抗和我行我素的人格。事实上，当孩子遭到父母体罚或家暴时，他们的不良行为不仅不会停止，而且只会变得更为隐蔽，继而加剧孩子的攻击性倾向。其四，父母外出打工，将孩子留守家乡，致使亲子间接触不足，或让孩子放任自流，或通过尽量满足孩子的各种需求来弥补自己的内疚心理，结果孩子的骄纵之心也开始变得膨胀，缺乏责任感和感恩的心。

研究表明，父母对孩子的以下教养态度会疏远亲子关系：一是当父母好为人师、居高临下、认为自己一贯正确、求全责备、喋喋不休时，孩子会“口服心不服”，不愿与父母在一起生活。二是当父母对孩子的大小事都频频夸奖，且赞赏华而不实，夸张过度，这只会导致孩子骄傲自满，固执偏见，听不进别人的不同意见。三是过多限制可能会导致孩子以后缩手缩脚。四是孩子不能有隐私，父母事无巨细都要关心过问，结果只会让孩子反感、说谎、逆反。五是父母以偏概全，贬损和全盘否定孩子。六是父母将自己孩子的缺点与别家孩子的优点进行不恰当的比较。七是父母包办孩子所有的事，孩子变得越来越不能独立自主。八是父母不能以身作则，反而严格要求孩子。

疏远的和过于紧密的亲子关系并不是截然分开的，有时候是相互转化和隔代影响的。据新闻报道，奥地利 72 岁的电气工程技师弗里茨将女儿伊丽莎白囚禁在地下室长达 24 年，性侵女儿 3 000 余次，生下 7 个孩子，最后被法院判处无期徒刑。据精神科专家在法庭上称，造成这个看上去是“老好人”的技师变态心理的原因是他不幸的童年。弗里茨小时候经常遭母亲殴打，并在成长过程中经常受到噩梦的折磨。弗里茨对心理医生说：“我童年没有爱，受到残忍对待。她老是打我，直到我躺在地板的血泊中。我感到极其的丢脸和懦弱。”后来当他拥有这所地下室的所有权后，就将母亲囚禁在里面达 21 年，直至她死去。匪夷所思的是，当被问及为何在多名孩子中选中伊丽莎白时，弗里茨的回答令人吃惊，他说：“因为她最像我，她跟我同样坚强。对手越强，成功感便越强。”当被问及他为何前后改变口供时，他说：“因为我女儿伊丽莎白的录音证词，我以前从未意识到对她是如此的残酷。”可见，亲子关系中的爱与恨、兽性与人性的交织斗争是极其复杂的。

二、亲子关系对个体成长的影响

（一）对个体亲社会行为的影响

根据人的社会性行为的动机和目的，以及与社会主流文化的适应性，可以将个体的行为分为亲社会行为和反社会行为两大类。亲社会行为是指个体在与他人的交往中表现出微笑、友爱、尊敬、谦让、助人、乐群、负责任、同情、分享、利他等一切对社会有积极作用的行为。反社会行为则是指侵害、打骂别人、破坏公物、偷盗等社会所不能接受的行为。亲社会行为是个体发展良好人际关系的重要基础，与个体发展道德品质的过程是完全一致的，受到人类社会的肯定和鼓励。而反社会行为往往是造成人际冲突，导致犯罪的根源，因此，这种行为为社会所反对和抵制。研究显示，和睦、融洽的亲子关系会促进孩子亲社会行为的发展。例如，孩子的社会责任感开始于 2 岁时对母亲要求的服从，当孩子开始遵照父母的旨意去行动时，可以看作孩子社会责任感内化的一个早期标志，这种内化依赖于循循善诱的说服、亲子关系的温暖；而如果父母只是一味地迁就孩子的要求，从没对孩子提出过任何要求，孩子就很难培养起移情能力和社会责任感。一般认为，良好的亲子关系使孩子具有安全依恋感，而具有安全依恋感的孩子比那些没有安全依恋感的孩子更富有同情心，并且孩子的同情心与母亲的同情心、责任感明显相关。成人行为的榜样对孩子的刺激作用远大于言语指导的刺激。孩子亲社会行为的学习和形成主要是通过观察和模仿父母等榜样的行为所获得的。当然，父母对孩子亲社会行为进行认可和及时的表扬、奖励等强化，利他行为就会逐渐巩固，反之，习得的利他行为就可能消退。

（二）对个体人际关系的影响

个体的心理发育是在与周围人的相互作用和交往中不断发展的。个体的交往对象可以分为家庭内和家庭外两大系统，而亲子关系是最初建立的人际关系，这种关系的好坏会对同伴关系和师生关系等家庭外的人际关系产生重要的示范作用。研究表明，在儿童社会性发展过程中，亲子关系对儿童的社会行为和同伴接受性具有长久的影响，而儿童的社会行为与同伴接受性相互影响，相互作用。积极的亲子关系会使孩子感到爱与被尊重，对自己、他人和周围环境有积极乐观的认识和期望，故乐于与父母以外的人交往，从而有助于形成积极的同伴关系和师生关系。亲子关系对孩子的同伴关系和师生关系也具有直接的或间接的影响：其一，父母对孩子教育的社会化策略影响孩子在同伴关系和师生关系中的地位和信心。其二，父母对于孩子在同伴关系和师生关系中如何交往会发挥明显的指导作用，对孩子在家庭外交往的模式带来影响。其三，作为孩子社会生活的管理者，父母为孩子提供了与他人接触的机会，而且在孩子如何与他人交往和交往的深度上发挥着积极主动的作用。其四，孩子在家庭中的成长经历将间接影响孩子日后与他人建立社会关系的性质，父母的关怀和家庭的民主氛围有助于培养孩子与他人交往的态度与能力，父母的人格、气质也会间接地影响孩子与其他人人际关系的发展风格。

（三）对个体人格形成发展的影响

亲子关系对孩子人格形成的影响可能有多方面的机制：一是通过子代对亲子关系的知觉而起作用。父母在教养孩子过程中所扮演的不同角色会对孩子人格形成带来影响。观察表明，母亲对孩子性格的影响比父亲可能要大一些，父母对孩子的理解和情感温暖有助于孩子人格的健康发展，而偏爱与过分保护则可能导致孩子人格发展的异常。二是亲子关系中父母本身的实际行为所起到的榜样作用。显然，善解人意、尊重他人、民主平等的父母对孩子人格塑造具有良好的示范作用。三是父母期望给孩子带来的不同动机、目的的内驱力和压力也会影响孩子的人格发展取向。毫无疑问，不协调的亲子关系在孩子不良性格和不良行为的形成中有着消极的负面作用。

（四）对个体问题行为的影响

问题行为是指违反社会公认的行为规范和道德标准以及在情绪或社会适应方面不成熟的行为，如侵害、破坏、偷窃、不守规矩、不合作等反社会行为等。研究表明，各种不良的亲子关系是引发上述种种问题行为的重要原因。有研究显示，父母对孩子持拒绝的态度容易使孩子产生粗暴、攻击等不良行为；父母对孩子过度控制，易激起孩子的反抗和撒谎；父母对孩子过分期待，孩子达不到父母的要求就容易意志消沉，造成自卑和适应不良；父母对孩子盲从、溺爱容易造成孩子以自我为中心，缺乏自制力、忍耐力，缺乏独立性和创造性；父母对孩子的态度矛盾、不一致，孩子被两种权威、两种命令钳夹在中间，会造成精神上的极度不安，特别是父亲严厉而母亲过于保护的，孩子常无所适从，内心产生矛盾冲突。

（五）对个体学业成绩的影响

国内外的研究一致认为，青少年的学业成绩与亲子关系等家庭因素有着密切的相关性，民主和睦的亲子关系有利于孩子学习成绩的提高，而亲子状况不良，亲和程度低，孩子个人成就定向就低，容易造成孩子学习困难。研究表明，权威型的教养方式有助于儿童发展其逻辑推理能力。亲子关系、家庭环境和父母学业指导策略等因素对孩子学习动机和认知水平有因果性的影响。研究还显示，亲子关系作为一种情感方面的因素，并非直接介入学生认知结构本身，直接决定学生的学习成绩，而主要是通过对学生的学习动机、态度、情绪、性格等非智力因素的作用，对学业成绩产生影响。

（六）对个体心理健康的影响

有多个国家的心理卫生学家经过多年的跨国协作研究后认为，亲子关系和家庭教育方式与孩子心理健康有直接的关系，它既能积极影响儿童良好性格的形成，也可能导致出现情绪不稳定等病态的个性和神经症。研究表明，有心理健康问题的学生中，亲子关系处于“中等”和“较差”的占比较高，而“良好”的占比较少。在有心理健康问题的学生中，父母采取“态度不一致”“以加压为主”“歧视”“经常打骂”等不良教育方式的占比均高于正常学生的父母。在平等型和严格有度的亲子关系中成长的孩子有心理问题的较少；而在严厉失度、溺爱型的亲子关系中成长起来的孩子的心理问题则较多。事实上，许多心理疾患源于父母与子女之间的敌对关系。

第三节 建立和谐家庭关系的艺术

如何看待和理解原生家庭给自己的人格和心理健康带来的各种影响，如何处理自己与原生家庭问题的关系，如何摆脱父母和家庭问题可能给自己带来的某些阴影，如何看待父母对自己的辛勤付出，如何与父母和其他家人建立有效的沟通方式，营造融洽和谐的家庭气氛，是一个大学生应该掌握的知识。

一、健康家庭的特征

什么是一个健康幸福的家庭的特征？虽然古今中外学者有不同的回答，但也有许多具有共性的认识。

中国自古以来，将国家视为“大家”，将家庭视为“小家”，并将家教、家风、家庭道德建设视为国家文明建设的基石，认为“家和万事兴”，能“齐家”才能“治国”“平天下”。许多历史名人留下了不少著名的家训，如三国时诸葛亮的《诫子书》、北齐颜之推的《颜氏家训》等，涌现了孔母、孟母、岳母等不少家喻户晓的贤妻良母，刊行了《礼记》一类有关家庭行为规范的意义深远的文化典籍，也普及推广了《三字经》《增广贤文》《弟子规》等启蒙读物。认真研读中国传统文化中有关家庭教育、如何处理家庭关系等丰富的典籍，继承和吸收对现代社会仍有积极意义和实际价值的思想、观点与方法是非常有必要的。

无规矩不成方圆。古圣云：“天无道不成天，地无道不成地，人无道何为人。”如何处理父子、兄弟、夫妇、君臣、朋友这五种最基本的人际关系？古人提倡的做人标准是遵循“五伦八德”。五伦是指“父子有亲、长幼有序、夫妇有别、君臣有义、朋友有信”，“八德”是指孝、悌、忠、信、礼、义、廉、耻。五伦八德，人伦之道也，人人应该遵守，如人道不修，与禽兽又有何差异呢？如果人人都能实践“五伦八德”，那么就能实现人与人之间的美好状况，即“君义、臣行、父慈、子孝、兄爱、弟敬，所谓六顺也”（《左传·隐公三年》）。

综合国内外学者的研究，可总结出一个健康的家庭往往具备以下共性特征。

（1）家庭成员之间能融洽相处，具有相互交谈的愿望，并能倾听别人的谈话。家庭成员之间能以诚相待，直接表达自己的感觉和想法，较少用埋怨或责备的口气说话。

（2）家庭成员意见有分歧时，有解决问题的良好意愿，并能够做到求大同、存小异，并且事后彼此之间不怀恨在心。

（3）家庭成员互相关心、互相帮助。家庭中没有只管自己、不管他人的现象，每个人都维持一种既可靠又积极的自我形象。

（4）家庭生活有规则地运行，但也富有弹性，规则会伴随孩子的成长或家庭结构的变化而做出调整。家庭内有一个共同分担家庭职责的体系。父母为了使孩子取得更多的生活经验和体会，能让孩子做力所能及的事情。孩子成长之后，双亲比较能体谅孩子的需要，允许孩子因参加社交活动而迟归，要求孩子回应长辈的担心。

（5）家庭中有明显的是非准则，成员各尽其责，荣辱与共。父母不在孩子面前争吵，一方在教育孩子时，另一方不在孩子面前护短、说情。

（6）家庭成员具有积极正向的自我价值感；家庭气氛比较宽松，有欢笑，幽默而乐观；有整体感且尊重家庭的传统；全家成员具有一起度过闲暇时间的愿望，且常一起参与活动，增进彼此的了解和加深亲情。

（7）家庭成员之间的关系是温暖的、亲密的、可信赖的。家庭成员之间既有彼此清晰的“你”“我”“他”的界限，又有和谐的“我们”。界限是自由的、清楚的，每个家庭成员的自尊心、自我价值能得到互相尊重和满足。家庭成员具有相同的信仰和伦理道德观。家庭成员之间相互尊重各自的私事而不干涉。

（8）家庭内外有别，但对外界的关系是开放的，可以接受新事物和新意见；一旦家庭内有某些严重问题不能解决时，会积极向外寻求解决方案而不隐瞒问题。

对照古今中外关于健康家庭人际关系的标准，我们检视或诊断一下自己家庭中的人际关系状况，就可以发现有哪些需要改进与完善的问题。

二、用孝道作为处理与父母关系的基本准则

儒家认为，“君子不可以不修身，思修身不可以不事亲”（《中庸》）。在中国的家庭人际关系中，需要认真对待和学会处理的是夫妻关系、亲子关系、婆媳关系、姑嫂关系等。在这里仅讨论一下作为人之子的大学生首先应该遵循的家庭人伦规则。

“夫孝，德之本也，教之所由生也。”（《孝经·开宗明义章第一》）孝者百行之首、万善之源，乃为人应该遵守的第一重大义务。从为人之子的角度来说，青年人将孝顺自己的父母作为做人的开始。“孝”字由半老半子构成，意在言亲已老，为子应该奉养扶持。孝道是中国传统文化一贯倡导的基本家庭伦理观。父母爱子无微不至，辛苦不辞，劳而不怨，爱子之心至死不变，为人子者当须知恩报本。如果自己不孝，日后子女不孝，就变得理所当然了。孝顺父母首先要解决孝顺的意义和认知问题，古人认为为人之子须常静虑三思：我身受父母所赐，如无父母，安有我身？金钱重要，但可复得，父母不可复得；工作职位要顾，但职位可另寻，父母不可另寻。先贤云：“千两黄金万两银，有钱难买父母身，在生之时不恭敬，死后何劳敬鬼神。”

王守仁（1472—1529），字伯安，明代著名思想家、文学家和军事家。儒家心学的集大成者。

心即理也。天下又有心外之物，心外之理乎？（《传习录》）

心即理也，此心无私无欲之蔽，即是天理，无须外面添一分。（《传习录》）

无善无恶心之体，有善有恶意之动，知善知恶是良知，为善去恶是格物。（《传习录》）

孝道的意义并不只是为了让父母开心，同时通过“立身行道”，最终有助于促成君子的自我实现，所谓“夫孝，始于事亲，忠于事君，终于立身”。实践孝道有助于培养个体的共情能力，所谓“爱亲者，不敢恶于人；敬亲者，不敢慢于人”（《孝经·天子章第二》）。所谓共情的能力，是指个体将在家庭中培植的情感感知和表达能力类推到更广的社会生活中的能力。孔子相信，能够亲爱自己父母的人，就不会厌恶别人的父母，能够尊敬自己父母的人，也不会怠慢别人的父母，因为对待事业的忠诚和对待别人的爱和敬与一个人在家庭对待父母孝顺的原理是内在一致的。所谓“资于事父以事母，而爱同；资于事父以事君，而敬同”（《孝经·士章第五》）。孝道并不是空谈的道德理想，而是必须亲身践行的生活行为。具体要求就是：“孝子之事亲也，居则致其敬，养则致其乐，病则致其忧，丧则致其哀。”（《孝经》）践行孝道应该满怀与情境相应的心情去做，主动地、自愿地、高兴地去做。孝道绝不是愚忠，谏诤才是真正的孝道。曾子问孝道于孔子，做儿子的一味遵从父亲的命令，就可称得上是孝顺吗？孔子以近乎生气的语气说：“是何言与，是何言与！”真正的孝道应该是：“故当不义，则争之。”如果父母出现了过错，子女也应循礼来处理：“父母有过，下气怡色，柔声以谏。谏若不入，起敬起孝，说则复谏；不说，与其得罪于乡党州闾，宁孰谏。”（《礼记·内则》）孝与不孝，忠与不忠，并不需要别人评价，而是要靠君子经常自觉地反省或自我察觉和督导，即“进思尽忠，退思补过”（《孝经·事君章第十七》）。中国传统文化所提倡的孝道的意义即使在现代也并未过时。社会心理学、家庭心理学等相关研究告诉我们，孝道有助于维护家庭的和谐秩序，有利于儿童的早期教育，有助于保障老人晚年的赡养。古人将孝道称为百善之先、做人道德之根本、教化之宗旨，是有深刻含义的。

三、尝试重叙童年家庭的故事

临床咨询经验告诉我们，许多有抑郁情绪等心理障碍的青年往往纠结于童年或少年时代对父母的一些怨恨，或者说是过去的某些情结未了导致其心理发展的固执。因此，妥善解决过去的心理情结对于心理健康是非常有必要的。也许你的父母并不是理想中的楷模，你的家庭给你留下了许多难过的记忆，那么，你该如何面对？除了抱怨和指责，你还有其他的选择吗？豆瓣网上有一个创建于2008年、拥有几万个成员、名为“父母皆祸害”的网络讨论小组，这里聚集了一群对父母的教育方式、教育理念不满，并在一起交流的年轻人。虽然这个网络小组的名字听起来相当大逆不道，但其创建的宣言里声称：“反对不是目的，而是一种积极手段，为的是个人向社会化进一步发展，达到自身素质的完善。我们不是不尽孝道，我们只想生活得更好。在孝敬的前提下，抵御腐朽、无知、无理取闹的父母的束缚和戕害。这一点需要技巧，我们共同探讨。”这种探索如何处理因家教而心理受伤的态度是值得肯定的。不可否认的是，在现实生活中，一些父母有意或无意地给孩子造成了身体或精神上的各种伤害，如体罚、辱骂、剥夺、拒绝、侮辱、冷漠、贬低、嘲讽、过分控制与干涉、性别歧视、对孩子厚此薄彼、严重偏爱，甚至猥亵孩子和施暴。此外，还有间接带来的伤害：父母间的冲突矛盾、家庭暴力、离婚会带给孩子情绪困扰，使其缺乏安全感，充当父母负性情绪的替罪羊等。

现在的问题是：过去已经成为历史，当年无法反抗的孩子已经长大成人，我们该如何看待自己童年的经历？如何评价父母当年的行为？是选择抱怨或仇恨一生，或是逃避不见父母，或是与父母对立逆反，还是选择换位思考的理解和宽恕？受伤的人又如何才能从那些难忘的阴影中解脱出来？也许叙事疗法可以为这些个体提供一条转换认知和情绪情感的路径。所谓叙事，简单地说就是个体将自己理解的自我生活经历和连续性的体验口头讲述给别人听。20 世纪八九十年代，叙事疗法由澳大利亚临床心理学家麦克·怀特及新西兰的大卫·爱普斯顿提出。这一学派认为，任何叙事者说的所谓“事实真相”事实上会随着叙事者的观察角度、态度、观察历程、使用的语言、所处的背景环境的不同而改变。这就是说，经过重新整理和不同解释后重叙的故事，虽然组成故事的事件没变，但理解和解释的意义及其因此带来的情绪情感会大不一样。例如，你可以将父母让你留守农村而他们外出打工的故事叙述成一个悲哀的被亲人抛弃的故事，当然你也可以将这段经历重新解释为父母为了抚养孩子和赡养老人，背井离乡去赚钱，为孩子的未来寻找发展的机会，是一个艰苦奋斗的励志故事。虽然具有不同文化和经济能力的父母能给予孩子的财富和学习条件有别，但他们都在用自己的方式表达同样的爱。也许经过重新阐释故事，你可能会发现自己的父母同样是有责任感和爱自己的。如果我们能重新解读父母过去经历的故事和他们对待孩子的教育方式，我们对自己的父母和家庭可能会多一分理解，对父母所做的一些事甚至给自己带来的一些无意伤害，就可能会多一分宽容。随着时代的变迁，有代沟的上下两代人都需要相互尊重和理解。

四、尝试宽恕

儒家认为，“夫子之道，忠恕而已矣”（《论语·里仁》），“忠恕违道不远”（《中庸》），能够宽恕那些曾经伤害过自己的人，虽说不是一件容易的事，但如果你努力去做了，就说明你成长了，你有强大的人格，才能善待别人和悦纳自己。记住该记住的，忘记该忘记的，改变能改变的，接受不能改变的，才能让自己轻松起来。

现代心理学家也从情感和认知角度对宽恕进行了界定。诺尔兹（J. North）认为宽恕是个体克服了对冒犯者消极的情感和判断，并以同情、仁慈和关爱来对待对方的过程。宽恕包含情感、认知和行为三个基本维度。麦卡洛（M. McCullough）等人则以共情理论为基础，认为宽恕是受害者对冒犯者产生共情的一系列的动机变化过程。在这一过程中，受害一方复仇的动机逐渐减少，对冒犯者的建设性动机逐渐增加。近年来，也有学者从功效的角度定义宽恕。沃斯顿（E. Worthington）等人把宽恕看作是一种情绪应对策略，认为宽恕能帮助受害者释放消极情绪，恢复内心的平静。还有一些学者则看到了宽恕在帮助当事双方修复破损关系上的作用，他们认为受害者对冒犯者真诚的无条件的接纳会促使双方关系得以恢复。心理学家还对宽恕的心理发展过程进行了研究，提出了多种宽恕的理论模型，如宽恕的过程模型等。

五、学会感恩

懂得感恩和实施感恩行动是改善和促进人际关系、促进身心健康的一剂良药。

（一）感恩理论模型

心理学家总结感恩现象，提出了感恩的认知情绪理论、感恩的层面理论、感恩的拓宽建构理论、感恩的道德情感理论等多种感恩理论。

1. 感恩的认知情绪理论。该理论认为，感恩情绪的发生要满足以下条件：①个体要知觉到施恩者的行为是有意主动的，并且是无私真诚的；②个体要知觉到施恩者为做出施恩行为而付出了代价，当代价越大时，感恩情绪越强烈；③当个体越看重这种恩惠时，就越容易产生感恩情绪，做出感恩的行为。感恩行为由三个因素决定：①施惠者的行为被认同；②施惠者的行为不是以获得某种回报为目的；③施惠者的行为结果被受惠者认可并认为是美好的，受惠者更容易表现出感恩情绪。

2. 感恩的层面理论。该理论将感恩分为四个层面：①强度或深度。个体在经历了某些积极的生活事件之后，感恩情绪会比一般人体验到的更加强烈。②频率。有的人更容易感恩，在日常生活中感恩的次数要比其他人更频繁。③广度。指感恩对象的广度，感恩情绪强的人对生活中的各个方面都表现出感恩的心理，如家庭、工作、学习、健康以及生命本身。④密度。感恩的集中程度或密度，指一个人取得某种成功时，会对多少人表示感恩。

3. 感恩的拓宽建构理论。该理论认为由感恩情绪唤起的感恩行为倾向，能够促使个体做出亲社会行为，这些亲社会行为可以指向施惠者，也可以指向他人。研究表明，接受感恩的施惠者会更加积极地帮助他人。感恩的行为倾向是拓展的，它不局限于狭隘的报答方式或者模仿施惠者的亲社会行为方式回报，感恩促使个体思考多种多样的方式表达感恩并且报答施惠者。感恩既能通过互惠利他作用建构社会资源，也能刺激互惠公平和相互依赖关系。

4. 感恩的道德情感理论。该理论认为感恩具有三种道德功能：第一，作为道德测量计，感恩依赖于社会认知信息的输入。在下列情况下，个体更容易体验到感恩：①获得一个非常有价值的收益时；②通过付出大量努力和成本得到收益时；③通过有意图的努力付出获得收益，而非偶然获得时；④当努力付出不求回报时。第二，作为道德动机功能，感恩有助于给予和互惠，促进个体做出道德行为。第三，作为道德强化剂，感恩鼓励施惠者重复做出道德行为。

（二）学习感恩方法，实践感恩行动

一个人感恩水平的高低，主要表现在感恩认知、感恩情感和感恩行为水平三个维度。大学生要养成自省习惯，完善感恩认知；加强自主学习，升华感恩情感；常怀感恩之心，

勇于感恩实践。大学生要学习和掌握合适的感恩的方式方法，把自己的感恩之情传达给需要传达的人。常用的学习感恩的方法有以下三个方面。

1. 做好感恩记录。即可以采用写周记的方式定期记录值得感激的事件。伊姆斯（R. Emmons）和麦卡洛等学者的研究表明，做感恩记录的人会表现出更高的感恩水平、生活满意度和积极情感，以及有更少的消极情感和头痛等躯体症状。

2. 感恩沉思。鼓励大学生记录较感恩事件更为广泛的积极生活的经历，再进行持续几分钟的沉思。瓦特金（P. Watkins）等人的研究表明，要求大学生对暑期中的生活进行仅5分钟的感恩深思练习，就有更多的积极情感和更少的消极情感。

3. 感恩拜访。即要求大学生写一封信感谢施恩者，寄给或当众读给施恩者。塞利格曼（M. Seligman）等人的研究表明，鼓励大学生对其生命中某个和善的人，以书信的方式写出感谢他的话，然后去拜访他甚至当面读出这封感恩信，可以让个体获得很好的感恩体验、幸福感和有更少的抑郁情绪。

六、掌握沟通技巧，学会换位思考

人与人之间的关系，不仅由彼此之间的直接交往所决定，还受第三方因素（既可能是人物，也可能是事件）的影响。美国心理学家纽科姆（T. M. Newcomb）用“A-B-X”的模式来阐释这种关系。其中A、B代表两个交往关系密切的个体，X是第三方因素。A与B之间是否形成协调的关系，与他们对X的态度是否一致有密切的联系。如果A与B对X的态度一致，他们之间的关系就是协调和平衡的；如果A与B对X的态度有分歧，他们之间的关系就是紧张或不协调的。一般来说，父母与孩子之间在受教育程度、家庭地位、年龄、人生阅历等方面存在着许多差异，因此，孩子与父母对许多事物存在着态度与认识上的分歧是非常普遍的现象。A与B之间只有通过交流沟通，才能取得一致的意见，消除两人之间关系的紧张、矛盾和冲突。例如大学生在专业选择、就业、恋爱择偶等问题上，常与父母的观点和态度有很大的差异，如不进行沟通就会影响亲子关系的质量。为此，大学生要通过积极有效的沟通来消除与父母之间的意见分歧。在人际沟通中，换位思考，设身处地站在对方的立场上看问题，就会有更多的相互理解和共情。一些大学生对庆祝自己的生日非常在意，可是对父母的生日、兴趣、爱好，甚至工作与职业岗位却一无所知。事实上，孩子只有了解父母在工作和生活上的压力、困难、烦恼、愿望和身体状况，感受父母的生活处境和体验他们的情绪情感时，才有可能谈得上懂得感恩和共情。父母可能因为工作压力大，操心和操劳的事太多，心情烦躁，有时候难免会把这些情绪带回家，甚至因为孩子的某些问题引发莫名其妙的脾气。这时，如果孩子不斤斤计较，而是尝试换位思考父母的态度、情绪和需要，就会对父母多一分体谅和多一分关心。

七、学习用礼来调节家庭中的各种人际关系

对于大学生来说，在家庭中，除了最亲密的父母关系之外，还可能包括兄弟姐妹等血亲关系，哥嫂弟媳、姑父姨夫等大家庭的姻亲关系。对于处理这些复杂的家庭和家族中的人际关系，中国传统社会建立了许多礼仪文化作为行为准则，在今天看来仍然是具有现实意义的。什么是礼？简而言之，礼是指人与人交往中的礼节仪式。儒家认为“凡

人所以为人者，礼义也”（《礼记·冠义》），将礼视为人区别于动物的本质特征之一。先人以礼教人，个体才可能从生物的人发展为社会的人，即“为礼教人，使人有礼，知自别于禽兽”，“礼义也者，人之大端也”（《礼记·礼运》）。《论语》曰：“不学礼，无以立。”可见，礼是指导个体在社会中适应生活和体面生活的一种行动指南。古人认为：“忠信，礼之本也；义理，礼之文也。无本不立，无文不行。”（《礼记·礼器》）礼是内在仁爱之心的外在行为或表达。古人提出的十种“人义”是父慈、子孝、兄良、弟悌、夫义、妇柔、长惠、幼顺、君仁、臣忠。从现代心理学来看，用礼来调节上述各种人际关系的规则仍然具有维护家庭等人际关系的有序和谐的现实意义。正所谓“人有礼则安，无礼则危”（《礼记·曲礼上》）。从新精神分析学派代表人物沙利文（H. S. Sullivan，1892—1949）的精神病的人际关系理论来看，人格就是在人际情境中经常表现出来的一种生活方式，而精神疾病就是由人际关系困境造成的人格障碍。人际关系，尤其是重要的人际关系的破裂和沟通障碍将直接影响心理健康的状况。

要处理好家庭内的各种人际关系，不仅要能一分为二辩证地看待别人，放弃自己的偏见，当有成绩或过失时还要懂得如何正确归因。儒家认为：“善则称人，过则称己，则民不争；善则称人，过则称己，则怨益亡。”（《礼记·坊记》）这就是说，如果将功劳归于别人的贡献，将过错归于自己的责任，则人与人之间不再争斗，抱怨则会自动消失。

礼，绝非虚伪的做作，而是顺其自然，恰到好处，与情境要求相称。孔子主张人在交往中，既要有诚信，又要讲究言语表达的技巧，所谓“情欲信，辞欲巧”（《礼记·表记》）；还要注意听、说、行、站的正确的礼节礼貌——“毋侧听，毋噭应，毋淫视，毋怠荒。游毋倨，立毋跛，坐毋箕，寝毋伏”（《礼记·曲礼上》）。这就是说，歪头倾听、粗声粗气地说话、斜着眼睛看别人、无精打采的样子、大摇大摆地行走、歪脚斜肩地站立、叉开双腿的坐姿、趴着伏卧都是不良的交往行为，要注意克服。对于与父母或其他家庭成员的关系已经处于纠结困惑中的大学生，建议寻求擅长家庭治疗的专业心理医生的指导。

心理测验

家庭关怀度指数①

家庭关怀度指数问卷（简称为“家庭 APGAR 问卷”），于1978年由美国西雅图华盛顿大学斯迈克斯坦（G. Smilkstein）医师根据家庭功能的特征设计，是一种测评被试对家庭功能满意程度的工具，见表10-1。该问卷具有简单、快捷、适应对象广的特点。

该问卷由五个维度组成，包括：①适应度（adaptation），指家庭成员在遇到困难或危机时，能从家庭内、外获得哪些资源，能否帮助其解决问题。②合作度（partnership），指家庭成员间互相分担责任、解决问题和做决定的方式。③成长度（growth），指家庭成员在身心发展上得到其他成员的支持与引导的程度。④情感度（affection），指家庭成员间存在的相互关心、爱护的情感程度。⑤亲密度（resolve），指家庭成员间在时间、空间、金钱等方面的共享程度。

① 张作记. 行为医学量表手册［M］. 北京：中华医学电子音像出版社，2005：156.

评分方法有5分法和3分法。3分法评分及标准如下：每个问题有3个可选答案，即“经常这样”得2分，“有时这样”得1分，“几乎很少”得0分。计算5个维度的项目总分，总分在7～10分的表示家庭功能良好，在4～6分的表示家庭功能存在中度障碍，在0～3分的表示家庭功能存在严重障碍。

表10－1 家庭关怀度指数问卷

题目	经常这样	有时这样	几乎很少
1. 当我遇到问题时，可以从家人那里得到满意的帮助			
2. 我很满意家人与我讨论各种事情及分担问题的方式			
3. 当我希望从事新的活动或发展时，家人都能接受且给予支持			
4. 我很满意家人对我的情绪表示关心和爱护的方式			
5. 我很满意家人与我共度时光的方式			

拓展训练

一、活动的主题与目的

活动主题：我与家庭。

活动目的：促进大学生对自己的父母和原生家庭的正确认识，学会感恩，消除某些父母教养方式与家庭因素对大学生心理健康的不良影响。通过拓展训练，促进大学生与父母和其他家庭成员的良性互动，提高大学生对父母和家庭对自己成长影响的认识，掌握并运用人格PAC方法分析自己在人际交往时的人格图式。

二、活动的理论依据

个体与家庭成员的关系处理得如何，取决于两方面的因素：一是个体对父母和其他家庭成员心理需求的了解程度；二是沟通时个体的表达方式。前一个方面反映了个体与父母亲子关系的程度，以及对其他家庭成员关怀的程度，也是与家庭成员沟通的情感基础；后一个方面反映了个体的人格模式，决定了个体沟通时的适宜性和效果。

马克思说：“在现实性上，人的本质是社会关系的总和。”每个人无论在家庭还是在学校和单位，都少不了要与形形色色的人交往和沟通。人际交往与沟通是社会生活中一件很重要的事情。然而，有时候交往沟通的效果好，有时候却很糟糕。究竟是什么因素决定和影响了个体人际交往和沟通时的模式和效果呢？1958年，美国心理学家艾瑞克·伯恩最先提出，是自我的人格状况决定了一个人在人际交往和沟通时的反应模式和效果。所谓自我状况模式（ego-state model），是指一个人在生活中所表现出的一整套相关的行为、想法和感受。通常情况下有三种表现方式：一是自我状况（adult ego-state），二是父母自我状况（parent ego-state），三是儿童自我状况（child ego-state）。艾瑞克·伯恩将这种以自我状况模式来分析人际交往或沟通模式的方法，称为结构分析（structural analysis）。

三、活动的内容与方法

第一个环节：我对父母与其他家庭成员了解多少？请所有参加训练的成员动手制作一份亲情档案，成员之间进行经验分享，内容见表 10－2。

表 10－2　亲情档案

项目内容	我的表现或观察
父母生日那天，我做了什么	
父母最喜欢吃的食物是什么	
父母的工作和岗位是什么	
父母最开心的时刻是什么时候	
父母最辛苦的事情是什么	
父母最牵挂的人是谁	
父母最操心的事情是什么	
父母最大的心愿是什么	
家庭目前最大的困难是什么	
兄弟姐妹最大的心愿是什么	
我最想对父母说的一句话	
我最想为父母做的一件事	
我为家里做的最值得骄傲的事	
其他	

第二个环节：请成员回顾自己在平时生活中的行为、想法和感受的特点，并逐一回答下面的问题。

（1）你有哪些行为举止、想法和感受像你父母的反应一样？（例如，你常对亲人或同学说："今天很冷，你要多穿点衣服呀！"）如果有则命名为 P。此父母自我状况，是指个体从父母身上学来的想法、感受和行为模式。

（2）你有哪些行为举止、想法和感受只是针对当时的情境的直接反应，而与过去无关？（例如，一个熟人向你点头打招呼时，你也报之以点头的回应）如有则命名为 A。此即成人自我状况，是指个体只是针对此时此刻情境的想法、感受和行为的模式。

（3）你现在有哪些行为举止、想法和感受像你童年的反应一样？（例如，当你看到一朵花，立刻跳起来拍着手说："啊，好漂亮！"）如果有则命名为 C。此即儿童自我状况，是指个体重演童年时的想法、感受和行为的模式。

通过以上练习，我们可以发现每个人在生活中总是表现出有一定倾向性的人格模式，艾瑞克·伯恩将其称为自我状况模式。事实上，每个人都有 P、A、C 三种成分、不同比例的组合方式。例如，同为 P 行为模式，但有的个体表现出对他人较强的控制欲，可以命名为控制型父母自我状况（CP）；有些个体则表现出对他人较强的照顾行为，可以命名为照顾型父母自我状况（NP）。同为 C 模式，有的个体表现出对他人较强的顺从性，可以命名为顺从型儿童自我状况（AC）；有些个体则表现出较强的自由行为，可以命名为自由型儿童自我状况（FC）。因此，每个人可以根据自己在生活中实际表现出来的 P、A、C 成分多少或程度，绘制出自己的人格状况图。该学说假定：如果某一个自我状况的强度增加，其他自我状况就会呈现代偿性减少，三个成分在总体上的数量保持恒定不变。

如某个人的自我构成图如图 10－1 所示，则该个体以成人自我状况为主，且具有较强的照顾他人的倾向，通常不会表现出孩童气。

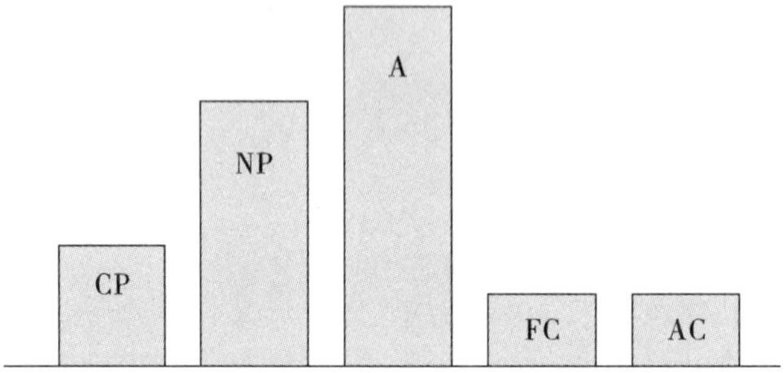

图 10－1　自我构成图举例

第三个环节：沟通分析。艾瑞克·伯恩认为，在人际交往或沟通中，个体总是会无意识地选择上述三种自我状况中的一种来表达自己的观点和情感，而交往的对方亦会选择一种自我状况做出回应。以自我状况模式来分析人际沟通现象，称为沟通分析（transactional analysis，简称 TA 分析）。请每个成员对照自己的家庭实际情况，分析一下自己的父母之间，以及自己与父母之间的沟通情况。一般来说，当交往双方为 P－P、P－A、P－C、C－A、A－A、C－C 平行交往的模式时，双方的沟通是融洽的；当交往双方为 AA－PC、AA－CP、PC－PC、CP－CP 交叉型交往模式时，双方的沟通是冲突紧张的。

第四个环节：推广应用，尝试改善与父母及其他家庭成员的关系。根据自己对家庭成员人际关系的诊断分析，找出沟通障碍的原因，通过电话或利用假期回家的机会，按照新的方式改善与父母的沟通。

第五个环节：绘制家庭树和编写一个关于我的家庭的故事或小说，并与组员分享自己的感想和体验。

1. 绘制家庭树。一个家族的延伸就像一棵生长的大树，祖先是树的根，子孙是上面繁衍出来的枝叶与果实，生生不息。每个人可以绘制自己的三代家庭树（见图 10－2），然后从这棵树的树根、树干、树枝和枝叶的关系来观察家庭成员的互动关系，回忆各人的人生故事以及自己的成长经历，挖掘记忆长河中积淀下来的金子，给你带来力量的意义。家庭树可以从下往上绘制，也可以从上往下绘制。两种家庭树的意义因个人的解释而不同。绘制家庭树的过程中，重点要回忆以下几点。

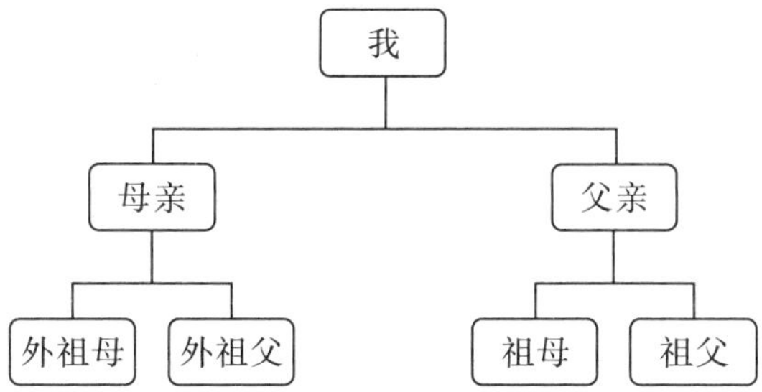

图 10－2　家庭树

（1）爱的回忆。通过回忆找出父母和祖父母、外祖父和外祖母等亲人为了抚养子女所付出的辛勤劳动，给自己和兄弟姐妹提供的保护、关心和爱护的故事。我们是否感受到家庭带来的安全、信任和温暖，这是一个人日后与他人和世界建立联系的基础。

（2）鼓励和支持的回忆。回忆在日常生活中父母和其他家人给你的支持和称赞，这是你以后自信和自我评价的基础。

（3）珍贵时刻的回忆。回忆那些在家庭生活中难以忘怀的快乐时刻，家人越是给子女更多的惊喜时刻，子女对生活的积极性就会越高。将你对家庭生活的美好回忆的片段写下来。对于家族中的每一个人，试着去了解：他/她的出生地和重要纪念日（如生日、结婚日、离婚日、死亡时间等）。

（4）观察家庭成员的社会活动轨迹。每个家庭成员的职业是什么？职业活动和职业变化有哪些？如果有家族企业，整个家庭都以此为生，这种职业世家给整个家族家风和心理带来了什么样的影响？

（5）重寻家庭成员的爱情轨迹及择偶模式。

（6）分析家里的经济收入和经济管理情况。家庭成员的金钱观如何？有无重大的经济变故事件？经济状况对家庭成员的处世方式和性格的影响如何？

（7）亲人的去世事件。家族一般用什么样的方式来纪念去世的亲人？

（8）注意家庭重大事件发生的时代背景、社会环境和家族成员在这些时代变迁中的沉浮变化。

2. 了解父母对自己的期望。通过咨询父母和长辈，了解自己的童年，你会有很多意想不到的发现。父母对你的期望有哪些？父母都会将自己的美好愿望和各种期望投射到孩子身上，父母通过对孩子的期望来重温自己过去的美好回忆，更多时候是希望能修复、弥补、改善自己过去的遗憾；而孩子也是在父母的期望下建构自我的。通过了解父母给你取的名字的寓意，可以知道长辈对你的期望和感情，了解父母对你出生之年及生肖寓意的解释。

3. 了解自己个性上有哪些受父母的影响。每个人的性格、气质、长相、身材、发音音色均遗传于父母，而择偶标准、情绪情感表达方式、话语习惯、生活偏好、兴趣爱好、人际交往与沟通方式、行为模式则潜移默化模仿于父母。我们对父母潜意识的认同和模仿远大于自己的想象。当你发现自己有所成就时，应该首先感恩父母亲给你的优秀基因和影响；反过来，如果你深受某些莫名其妙的情绪困扰，应该找父母深入谈谈，也许他们过去的经历可以给你一些启发。我们不是要去改变父母，或者清除他们对你的“负面”影响，而是要重新理解自己和父母的关系，从而接纳和认识自己，重新思考如何超越过去向前迈进。

4. 重新认识我与父母的关系。

（1）父母向你表达爱的方式是什么？

（2）你印象最深的他们的表达是怎样的？

（3）你希望他们用什么样的方式表达对你的爱？

（4）你平时是怎么向父母表达你的爱的？

（5）你现在是否愿意改善这种表达方式，使之更多、更直接？

（6）你喜欢妈妈的什么地方？你喜欢爸爸的什么地方？你告诉过他们吗？试着告诉他们，看看有什么效果。

5. 接受我们的父母。父母的某些无心之过可能会给我们留下意想不到的伤害。身为成年人，反思父母对我们的影响恰好是我们独立地对待自己、独立地生活的开始。当我们可以表达出自己对父母的怨恨、埋怨和不满之情时，就相当于将“爱”这杯水沉淀一下，我们才会知道我们与他们纠缠得多么深，才知道我们多么爱他们和需要他们，而宣泄的过程就是我们修复的过程，你的情绪不一定非要告诉他们，但可以写下来或者告诉你的心理咨询师。接受父母的不完美。世界上没有一所教授人们如何做父母的学校，我们是父母的孩子，接受他们的不完美也相当于接受我们所无法选择的不完美。接受父母，就意味着不再期望父母有所改变，而是按照他们的本来面目去接受他们。只接受“变好了”的父母，还不是真正的接纳，因为这也意味着你没有接纳那个被以前“不好”的父母教育出来的自己。

6. 明确自己到底需要什么样的爱。有时候有些父母的行为的确给孩子带来极大的伤害，即使你远离和不再看到伤害你的父母，但是你与父母不良的关系会不经意地在你与别人的关系中不断重复出来。因此，从这种意义上说，我们只有宽恕他们，才能做到放手陈年旧事，消解仇恨和报复的宿怨。宽恕父母的无心过错，也意味着接受了自己的过去；接受我们的家族，也就意味着不再讨厌自己的根。

拓展阅读

伯特·海灵格：《爱的序位：家庭系统排列个案集》，霍宝莲译，世界图书出版公司北京公司，2005 年。

教学资源清单

使用说明：建议每位学习者在教师课堂讲授本章教材之前，先通过手机扫码的方式链接到教学资源平台，自学和练习相应的教学内容，以便在课堂上能够与教师更深入和更有效率地进行教与学的研讨，见表 10－3。

表 10－3 教学资源清单

编号	类型	主题	扫码链接
10－1	心理观察	贫困患病父母如何支持孩子上大学	
10－2	心理微课	朋友圈该不该屏蔽父母	
10－3	专题新闻	大学生抢劫案的反思	
10－4	教学影评	《海洋天堂》影评	
10－5	心理漫画	《常回家看看》	
10－6	学唱歌曲	《博爱养心歌》	
10－7	心理故事	我是谁的孩子	
10－8	知识拓展	谎言的真相	
10－9	心理体验	毕业墙	
10－10	PPT 课件	大学生与家庭关系问题	

续上表

编号	类型	主题	扫码链接
10－11（1）	录课视频	第一、二节（任滨海）	
10－11（2）		第三节：我对关系的管理：自身能力（任滨海）	

第十一章
大学生互联网行为的自我管理

导读

教学目标： 帮助大学生树立正确应用互联网和手机的健康意识，认识上网偏差行为、网络成瘾和手机依赖等相关心理问题带来的危害，培养应用互联网和手机的良好习惯和时间管理的方法。

关键概念： 网络伦理（netethics）、虚拟空间（virtual space）、网络成瘾障碍（Internet addiction）、病理性网络使用（pathological Internet use）、网络成瘾诊断问卷（the Internet Addiction Diagnostic Questionnaire，DQ）、网络心理学（cyber psychology）、手机依赖症（mobile phone dependence）。

案例

担当青年责任，投身科技报国①

王骕是湖南科技大学计算机科学与工程学院2018级本科生。2022年5月3日，他荣获“全国优秀共青团员”称号。1999年出生的他，用自己掌握的黑客技术积极参与维护网络安全工作，成了一名专门查补网络安全漏洞的“白帽黑客”的领军人物。多年来，他协助有关部门破获多起电信诈骗、赌博传销等网络犯罪案件，他带领的团队为微软、百度、新浪、网易等众多知名企业提交数据漏洞修补建议，为保护上亿条用户数据免遭侵害做出了贡献。2020年10月，王骕获得了第十二届中国青少年创新科技奖。他拥有多项发明专利，参与十余项国防建设及网络犯罪打击重点项目，也是三家科技公司的技术负责人。

王骕对于编程的热爱萌发于读初二时。和大多数男孩一样，他也曾迷上网络游戏，不过他并不满足于只是停留在享受电游带来的兴奋，他更想知道游戏背后的建构逻辑。于是他开始学习编程，钻研代码，自学C语言和C++，短短一年多，他便完成了大学四年主要的计算机专业课的自学。2013年，14岁的王骕在百度软件工程吧组织的第一届程序设计比赛中夺冠，登上多个知名企业安全应急响应中心的排行榜；15岁时，王骕开始和伙伴组建自己的网络安全团队，通过自身技术和能力获得了为多家知名企业提出安全建设意见的机会。大学期间，他已经是电气与电子工程师协会（IEEE）和中国密码学

① 资料来源于中国青年网。

会等专业组织的会员、国际极客会议地区负责人。他曾多次作为演讲嘉宾出席全球安全顶级黑客大会（DC0571）、开放式Web应用程序安全项目（OWASP）。他积极参与地方网络安全技术标准制定；与公安机关和国家某通信研究院共同申报课题，参与十多项打击网络犯罪重点项目的研究。

在长期与网络入侵者较量的过程中，王骕深知网络安全对国家、对社会稳定的极端重要性。维护网络正义，守护网络安全，一直是王骕内心坚守的道义。利用自己的知识和技术帮助政府、企业和个人用户筑起网络安全的坚强屏障就是王骕追求的梦想。在"黑客攻防"这个江湖，他有着侠客一般的情怀和社会责任感。如今，王骕的团队不断模拟攻防的形式，更新补充着"物联网漏洞数据库"的样本。时有所需，必有所为。带着"维护网络安全、践行科技报国"的初心，王骕正以精进的创新技术，实践着青年创业者的科技报国梦。

课堂讨论：初中时王骕也是一个电子游戏迷，他是如何实现将个人爱好与国家安全的社会需要相结合，将个人的兴趣与团队的创业相结合这一重大转变的？他的故事给我们提供了什么样的启示？

第一节　网络虚拟世界与心理需求

一、互联网的一般特点

随着信息技术与网络技术的飞速发展，互联网已成为现代社会中最时尚和最先进的信息传播技术，并深刻影响着人类的生存状态。互联网的神经和声音已经渗透到政治、经济、文化、军事、外交、医学、教育等社会生活的各个方面。互联网与人类生活深度融合，搜索引擎、即时通信、智库网络、电商平台、网上支付等各类互联网应用深度嵌入现代人生活的各个领域，构建了一种新的社会形态和基本的生活方式，大大便利了现代人的生活。

互联网技术融多种信息传播方式为一体，具有全球性、交流性、互动性、丰富性、隐蔽性、易检索、共享性、及时性、新异性、扩散性、虚拟性和方便性等特点。现代人类生活越来越离不开互联网。一方面，人们可以通过网络购物、聊天、玩游戏、获取资讯、听音乐、看电影、发邮件、查询资料，每天都享受着互联网所带来的便利和快乐；但是另一方面，人们花在网络世界的时间越来越多，一些人依靠它打发时间，释放心理压力，排遣烦恼，甚至沉浸于虚拟的网络世界而远离了真实的生活和与现实人群的互动，有氧运动减少了，饮食睡眠节奏紊乱了，渐渐地，身心健康也远离了我们。网络赌博、网络色情、网络游戏、网络暴力、网络谣言等渐渐成为一种新的社会病毒，不少青年因为痴迷网络而辍学，与父母为敌，或自我封闭，或罹患心身疾病，甚至导致犯罪和猝死。

大学生正处于在校社会化的最后时期，其世界观、人生观、价值观的形塑并未充分完成，对互联网文化中各类病毒的免疫力还不是很强。如何应对网络中的各类应激刺激，提高在上网行为中的自控能力和对不良信息的识别能力，是网络知识时代给大学生提出的一个新的重要的学习课题。

二、大学生使用互联网的现状

2013 年，国际电信联盟把诞生于数字时代、伴随着信息通信技术成长起来的年轻人称为“数字原生代”，并将这一人群界定为“18 ～25 岁之间、具有五年或更多上网经验的网络化青年”。《中国互联网络发展状况统计报告》显示，截至 2023 年 12 月，中国网民规模达到 10. 92 亿人，互联网普及率 77. 5%。手机网民规模达 10. 91 亿人，手机上网比例持续提升。我国当代的大学生群体正是伴随着互联网成长的信息时代最活跃的“数字原生代”。刷微信，发朋友圈，看公众号，关注微博、豆瓣、知乎，网络购物等，俨然成为大学生的基本生活形态。无论是电商平台、网络游戏，还是微信、QQ 等各大社交平台，这一群体的使用率都高于社会网民的平均水平。借助最新的互联网应用和发达的网络平台，他们积极地参与着各种时事热点的讨论，灵活地进行着个性展现和信息交流。他们敏锐追逐和传播着各种网络焦点，同时又能持续革新网络热点。

今天，智能手机已经成为大学生的基本生活配置，智能手机的使用已不再只是单一的个人行为，而是人类社会一种普遍的生活模式。手机的功能也不再是单一的接听电话、接收信息，它实现了社交、娱乐、信息获取等多重功能。功能的多元化使得大学生与手机的联结程度大大加强，使用时间也从碎片化转为生活全覆盖，大学生对手机的依赖也越来越明显。

值得注意的是，这几年越来越多的大学生利用互联网技术尝试自主创业，把个人兴趣和职业发展结合起来，快速实现了自我的价值。

三、网络与大学生的心理需求

互联网上资源丰富，并能对大学生生活的方方面面产生影响，是因为它能满足大学生的多种心理需求。

（一）满足探索外部世界的需求

大学生处于心理断乳期，有着积极探索外部世界的心理倾向，求知欲强、想象力丰富，强烈渴望了解书本以外的多种知识、信息和多彩的世界。网络是一部百科全书，是图书馆，也是档案馆，将文字、声音、图像集于一体，构成了一种立体化的传播形态。得益于先进的互联网技术，在信息时代获取知识变得简单快捷。相比传统的依靠课堂、书籍、媒体来获取信息，现在的大学生可以根据自己的需求，随时随地借助互联网，通过搜索引擎、订阅号、智库等了解周围的世界，往日被动的知识接收者俨然成为主动的知识获取者。这些都极大地满足了大学生探索外部世界的心理需求。

（二）满足维护与拓展人际关系的需求

大学生急于建立自己的朋友圈，发展友情和爱情，而网络恰恰能够帮助大学生拓展和维护人际关系。其一，互联网丰富了大学生的人际交往方式，一对一的交流转变为一对多、多对多的交流，增强了发展关系的便捷性，提高了沟通的效率；其二，在“人—机—人”的间接交流模式中，大学生的基本社会属性被隐藏起来，从而使他们能够以一种更加开放、大胆的姿态投入虚拟的人际关系中，还可以避免直接交往可能出现的尴尬；其三，使用网络社交平台进行交流，交流双方不需要直接面对对方，甚至不需要及时给予回复，这使得交流者有更多的时间去思考和改进自己的表达，塑造理想化的自我形象。

亲和动机和归属感是人的基本心理需求。网络空间由于提供了许多不同的虚拟社区环境和团体环境，让每一个人几乎都可以在互联网上找到一个让自己感觉“趣味相投的地方”。事实上，一些网迷往往存在着现实的或潜在的归属认同危机感，如夫妻之间、亲子之间、家庭其他成员之间、同学之间、同事之间存在着人际关系紧张、沟通不良、缺乏认同等问题。借助网络既可以逃避不愉快的现实挫折感，又有助于在外寻觅自己的归属感和认同感。

（三）满足自尊、成就感和自我实现的需求

网络虚拟世界为青年学生满足自尊、成就感和自我价值的实现提供了机会。研究发现，经常上网的学生能从网络中感受到平等的社会支持和公正的评价，在网络中体验到一定的成功感。网络可以作为实现个人价值的一个平台，网络行为对维护自尊有一定的积极作用。在网络世界里，个人的相貌不再重要，每个网民在一个非以貌取人的环境下拥有平等的发言权，而不需要戴着过多的面具。每个人在网上可以建立起自己的主页和博客，展现自己的兴趣爱好、游历和心得体会，让更多的网友了解自己。通过网络人际交往，可以增进个人的自信、自尊和自我价值感。研究者认为，由于网络的匿名性，网络为大学生提供了一个重建自我认同的机会。安德森（K. J. Anderson）认为大学生在虚拟世界中，可能会形成更外向、聪明，更善于社交的虚拟性格。尤格（K. Young）的研究也指出，66%的网络成瘾者在网络上创造了新的自我认定，他们借网络中的不同角色扮演而解放了他们潜隐的自我。在网络世界中，每个人都可以展现出多层面的自我，而有些自我是他们原来所害怕或不愿意去面对的部分。从心理学意义上来看，当一个人以某种昵称进入网络聊天室的时候，就意味着已经选择了自己的一个替身，如果在与其他人聊天时得到称赞，就会获得成功的感受；如果被其他人所漠视，则可以更换替身来象征自己的改变，而最终获得心理满足。网络特性可以让每一个使用者充分发挥主观能动性，满足使用者的控制欲。个体可以随意控制自己的网上活动，随意选择自己喜欢的网站，改变自己的用户界面，从而可以获得一种“主宰一切”的感觉。在网络上，内向不善社交者可能会变得外向，沉默寡言者可能会变得雄辩滔滔，许多压抑在潜意识中的人格特质可能会被释放，在虚拟世界里彰显或建构出一个理想的自我。

（四）满足宣泄压力、追求娱乐时尚的需求

互联网集文本、声音、图像、动画等多媒体形式于一体，极大地丰富了大学生文化和娱乐的内容与形式。大学生可以不出门就参加游戏、聊天、听音乐、欣赏电影电视、阅读小说等，在互联网上可以获得丰富的视觉和听觉刺激，让人体验到心跳、眩晕、紧张等微妙的心理变化和审美通感，获得精神上的满足与愉悦。互联网的这些娱乐功能与大学生具有的好奇、浪漫、喜欢惊险刺激，对新事物、新知识反应迅速，强烈的求知欲和探索精神等心理特征相吻合。同时，大学生正处于自我意识凸显和急于展现自我的阶段，他们既试图通过存异来突出自我，也希望求同于人，与环境保持平衡，不期望被视为另类。所以，追逐网络新事物成为他们与时尚靠拢的一种方式。互联网信息的自由性、消费的时尚性和新闻的及时性，以及互联网传播信息的高速性满足了当代大学生们追求时尚与潮流的心理需求。另外，许多大学生在人际关系、学业、情感等方面产生困惑，心理压力不断累积，这使得一些大学生选择通过网游等网络娱乐休闲平台来获得精神上的放松和愉悦。

（五）满足寻求性刺激的需求

性欲满足是人类的一种本能性需求，也是一种强大的生物和心理能量。大学生正处于性生理发育已经完成而性心理尚不成熟的阶段，他们一方面为自己的第二性征变化和成人世界的性诱惑感到惊奇，另一方面也为自己在性态度、性偏好、性行为、性功能等方面的一些困惑而焦虑不安。与强烈的需求形成反差的是，我国的青少年在成长过程中往往无法获得科学系统的性生理、性心理知识，这使得他们只能求助于丰富的网络世界。网络是匿名的，大学生可以在其中获取大量的性知识、发展网恋、讨论任何关于性的话题，甚至可以进行性经验相关的交流和讨论而不被发现。柯柏（A. Cooper）认为网络虚拟性行为基于下列三个特点而独具魅力，即易得性、价廉和匿名性。易得性是指网络上的色情信息不设限，任何人随手可得；价廉是指网络上的大多数色情信息和相关题材或为免费下载，或由网友间互相交换而不需要花费金钱；匿名性是指网络性行为可以使用匿名与异性交往，逃避道德谴责或道德责任，不用担心被他人发现或遭遇异样的眼光，借助互联网而进行意淫或从事某些特别的性行为偏好已非少见的网络现象。

第二节 上网偏差行为与网络成瘾

一、上网偏差行为的类型

网络是一把“双刃剑”，它在带给人们诸多方便的同时，也可能带来一些消极的影响。大学生网络偏差行为和网络成瘾已成为大学生心理健康的一个突出问题。

所谓“网络偏差行为”，是指网络使用者在上网过程中发生的各种适应不良的行为和反社会行为。网络偏差行为既可引起焦虑、强迫、忧郁、依赖、逃避等消极心理，也可能导致逃学、违法犯罪等社会问题。上网偏差行为主要包括如下种类。

（一）网络成瘾

网络成瘾，是指由于过度使用网络而导致明显的社会、心理功能损害的现象。国际流行病学研究表明，网络成瘾已经成为一个公众健康问题，在大学生中的发病率为8%～13%，在青少年中的发病率为1.4%～17.9%。[①] 网络成瘾的特征包括过度使用（丧失时间观念、忽视基本需求）、戒断症状（紧张、焦虑、抑郁、愤怒）、耐受性（更长的使用时间才能达到一开始的满足感）和负面影响（说谎、逃课、疲劳、社会隔离）。网络成

---

① 刘凤娥，张锦涛，周楠，等. 大学生家庭功能与网络成瘾的关系：应对方式的调节作用［J］. 中国特殊教育，2017（2）：90－96.

瘾容易与其他精神障碍一同出现，存在较高的共病现象。2018 年，世界卫生组织在新版《国际疾病分类标准编码》（第 11 版）中将“游戏障碍”（游戏成瘾）列为成瘾性精神疾病，相关症状包括无节制沉溺于单机或网络游戏，因过度游戏而忽略其他兴趣爱好和日常活动，明知会产生负面后果却仍沉溺于游戏等。

（二）网络孤独

网络孤独是指个体虽沉迷上网但并未解除内心的孤独感，反而因为从现实世界的抽离更加重了在生活中的孤独感。这种终日在网上漫游，局限于人—机对话模式的网迷，由于减少了在现实生活中与他人交流的机会与时间，社会交往程度被大大地削弱，与周围人群的感情联系日渐淡漠，生活的情趣也因此逐渐消失，内心越发枯竭空虚，慢慢失去了对现实生活的感受力和参与感。有人将这种“精神真空”的状况称为“网络漂移”症。有些大学生，由于性格内向、自卑，过于敏感，不善于与人交往，或厌烦社会中的人情来往，而青睐于网上的匿名交往，在那里向网友发泄自己的不良情绪，讲述自己的“心情故事”，虽然在当下他们的情绪能得到一定的释放，也得到网友一定程度的精神支持，可下网后他们却发现自己面对的依然是四壁空空的孤独，网络交往对孤独抑郁的排解也许只是“隔靴搔痒”。研究显示，网络使用与孤独之间存在着某种相关性。在上网的青少年学生中，有 20% 的人有情绪低落和孤独感，12% 的人与家人、朋友疏远。由于这些人过于沉湎于网络上的社交，现实生活中的人际接触将更加缺乏，使他们无法习得正确的人际交往方式，从而陷入“人际交往失败—上网寻求慰藉—与现实人际脱离—缺乏社交能力—人际交往失败”的恶性循环。①

（三）网络身份迷失和自我认同混乱

在现实生活情境中，大学生一般都始终如一地扮演着自己的角色，但一些上网者借着计算机网络所提供的方便性和隐蔽性，试图完全摆脱现实世界对个人的规范和要求，一心一意地追求个人心理的满足，为此不断地更换自己的网上身份，以为这样就没有人知道他是谁，没有人看得见他真实的面目，他可以随心所欲地扮演各类角色，随意谩骂他人，着意编织语言游戏去投人所好或欺骗他人，甚至将内心的阴暗面淋漓尽致地表现出来。

美国心理学家艾里克森曾经指出，青少年心理发展中所面临的常见冲突是“同一性（identity）与角色混乱（role confusion）”的矛盾。网络所提供的各种虚拟情境，更给网络成瘾的人带来了自我认同体验的“边缘感”，在虚拟的世界里不断改变角色的这些人最终不知道自己究竟是什么样的人，或想要成为什么样的人，难以形成清晰的和稳定的自我认同感。他们误以为“网络之镜”中的他人就是现实生活中的他人，网络中虚拟的现实就是真实的生活，容易造成角色混乱（不能整合自己所承担的各种角色）、性别混乱（产生性别角色认同偏差或性变态心理）、权威混乱（盲目反抗或盲目服从权威）等心理危机。

---

① 苗青，谢萍. 大学生网络交往调查研究［J］. 西安电子科技大学学报（社会科学版），2003，13（1）：90 – 94.

（四）网恋

互联网改变了大学生与异性交往的途径与手段，极大地扩大了认识异性对象的范围与类型。网络异性交往中存在的偏差行为主要有：其一，将寻觅异性朋友作为上网的主要目的，不停地在微信、QQ 和交友网站中搜索与异性交友的信息，热聊三四天就迅速发展为网恋。这些人重交谈投机投缘，轻人品考察；看重曾经拥有，不在乎是否永久；有些网恋者直奔一夜情的性行为，沉溺于网恋虚幻、神秘、浪漫的情调中不能自拔。其二，对现实生活中的异性交往采取回避态度，不敢正视正常恋爱中的矛盾挫折、互助监督、忠诚的承诺和经济消费，而对可以隐瞒身份、任意美化、无法监督、随时可以抽身逃避的网恋却有很强的依恋性和强迫性，有些人甚至不顾家人和朋友反对，离校出走，执意放弃学业，要与网恋对象同居或结婚。事实上，在网恋中，欺骗和频繁更换对象的现象较为常见，有些女大学生通过互联网结交了社会上的一些品行不端的人，结果发生被骗、被拐、被奸、被杀等各类案件。一些人因为难以承受网恋失败或被传染性病的打击，出现厌学、厌世的抑郁情绪，甚至轻生者不乏其人。[①]

（五）与网络相关的违法犯罪

与网络相关的违法犯罪常见有多种类型：一是危害互联网运行安全的犯罪行为，包括侵入特定计算机信息系统，故意制作、传播计算机病毒等破坏性程序，擅自中断计算机网络通信服务等。如 2011 年，四川某大学生“黑客”入侵中山市某学校数据库修改 50 多名学生的成绩，获刑两年。据《中国青年报》报道，2008 年，一个由十余名大学生组成的网络“黑客团”先后入侵了江西、湖北、贵州、江苏等 11 个省的政府网站，修改数据 700 余项，最终被警方以涉嫌破坏计算机信息系统罪、涉嫌伪造公文罪逮捕。二是利用互联网散布谣言或传播色情信息。如某高校男生用移花接木的方法将前女友的裸照放入网站，进行人身侮辱。三是利用互联网进行经济犯罪。如 2014 年，大二学生葛某通过攻击国内两个大型物流网站，非法获取公民个人信息约 1 400 万条。事后葛某因涉嫌非法获取和出售公民个人信息被刑拘。此外，还有通过互联网抄袭、剽窃、倒卖论文、专门替人写论文等不道德行为谋取利益。四是网络欺凌。网络欺凌是指个人或群体使用信息传播技术有意、重复地实施旨在伤害他人的恶意行为。网络本身的特点是导致网络欺凌的重要因素，包括欺凌者的匿名性、存在大量潜在观众、无时空限制等，使欺凌行为反复发生。女生在虚拟网络中会更公开地展现自己，因此会受到更多的网络欺凌；另外，在学校遭遇欺凌的学生也更容易在网络上成为受害者。据英国媒体报道，伦敦市的青少年暴力犯罪和谋杀率在当代迅速上升，首次超过同等人口规模的美国纽约市。该市警察局局长表示，尽管青少年犯罪成因复杂，但社交媒体在青少年暴力犯罪中起到了推波助澜的作用，相当一部分案件的起因仅仅是“一言不合”，如果当事人通过社交媒体向对方发布侮辱、诋毁、威胁性的言论，矛盾就可能被激化成暴力犯罪行为。一些社会媒体甚至为倡导暴力文化的“网红”提供平台，一些社交媒体还发布“砍人游戏”，这种游戏制定了“犯事越多，声望越高，手下追随者就越多”的声望增值规则，从侵入敌

① 韩云珠. 大学生网恋的社会学研究［J］. 中国青年研究，2003（12）：46 - 49.

对帮派势力范围到当街砍人，对“毁容留疤”到参与谋杀等“杀出花样”的暴行还会给予特别的奖励。一些帮派分子还在社交媒体上吹嘘各自实施暴力的“成就”。[①]

除了以上常见的网络偏差行为以外，手机依赖的现象也在大学生中逐渐蔓延。随着手机技术的发展，智能手机已成为大学生进行社交、获取信息和娱乐消遣的重要平台，一些大学生过度使用手机，形成了对手机的依赖。手机依赖的症状主要表现为：过度使用（无法控制使用时间）、戒断症状（网络中断或手机没电时感到焦虑和愤怒）、耐受性（要不断延长使用时间才能达到一开始的满足感）。

手机依赖往往与手机网络功能密切相关，对于手机依赖者而言，无法连接网络的手机和没电、损坏的手机一样让他们抓狂。手机依赖背后可能存在多种行为问题，如网游成瘾、网络社交成瘾等。在这种情况下，手机成为依赖者获得致瘾物的工具，可以说网络依赖是手机依赖的源头，手机依赖常常和网络依赖共病。

二、网络成瘾的诊断与分类

（一）网络成瘾的诊断

各个学者一般都是按照自己的理解，编制出网络成瘾的诊断标准。目前比较有影响的相关诊断标准有如下几种。

1. 网络成瘾诊断量表。该量表是美国学者尤格（K. S. Young）[②] 在对过度使用网络者的研究基础上，参照《美国精神疾病分类与诊断手册》（第 4 版），制定的网络成瘾的工具。该量表主要从使用网络功能、情绪卷入程度、是否存在非理性认知、个人生活事件等 8 个方面进行评估。

2. 网络成瘾严重程度诊断量表。由学者高柏（I. Goldberg）提出，认为可以从 7 个方面对网络成瘾障碍进行评估。[③]

（1）突显性（salience），即互联网使用占据了使用者的思维与行为活动的中心；网络成瘾者的思维、情感和行为都被上网这一活动所控制，上网成为其主要活动，在无法上网时会体验到强烈的渴望。

（2）耐受性（tolerance），即上网者为了获得满足感不断地增加上网时间与投入程度；而且必须逐渐增加上网时间和投入程度，才能获得以前曾有的满足感，就像吸毒者必须逐次增加毒品摄入量一样。

（3）戒断症状（withdrawal symptoms）。停止使用互联网会产生不良的生理反应与负性情绪，在意外或被迫不能上网的情况下，成瘾者会产生烦躁不安等情绪体验和全身颤抖等生理反应。

---

① 刘皓然. 社交媒体成伦敦凶案“催化剂”，“一言不合”就引发矛盾［N］. 环球时报，2018－04－09.

② YOUNG K S. Internet addiction：the emergence of a new clinical disorder［J］. Cyberpsychology and behavior，1998（1）：237－244.

③ 雷雳，李宏利. 病理性使用互联网的界定与测量［J］. 心理科学进展，2003，11（1）：73－77.

（4）冲突性（conflict）。互联网使用与日常的活动或人际交往发生冲突；网络成瘾行为会导致成瘾者与周围环境和人际关系的冲突，导致家庭关系、朋友关系和工作关系的消退和恶化；亦与学习、工作、社会活动和其他爱好等活动冲突；成瘾者内心常出现既意识到过度上网的危害又不愿舍弃上网带来的各种精神满足的矛盾心态。

（5）复发性（relapse）。尽管已经实施了对网络成瘾的控制与治疗，但成瘾行为还是反复发作，甚至表现出更为强烈的反弹倾向。

（6）心境改变（mood alteration）。上网成为网络成瘾者应对环境压力、追求某种主观体验、改变消极心境的一种习惯策略。上网可以让其产生激惹、兴奋和紧张等情绪体验，也可以使其获得一些安宁、逃避甚至麻痹精神的效果。

（7）渴求程度（craving）。个体渴望更经常地上网或更经常地停留在网上。

3. 中文版的网络成瘾量表。中国台湾大学心理系陈淑惠教授编制了中文版的网络成瘾量表（CIAS），该量表包含强迫性上网行为、戒断退瘾行为、网络成瘾耐受性、人际及健康问题和时间管理等五个维度，共 26 题，总分代表个人网络成瘾的程度。总分越高，表示网络成瘾的倾向越大。

（二）网络成瘾的分类

网络成瘾障碍是一个广泛的概念，可以包括各种行为和冲动控制性问题。尤格将网络成瘾分成以下五类。①

1. 网络色情成瘾（cyber-sexual addiction）。网络色情成瘾是指对强迫性地使用和沉湎于网络上的色情文字、音乐、图片、影像，色情聊天，网络性爱等不能自拔。研究显示，目前互联网成为青少年获得各类色情信息的主要来源，一些青少年和大学生自控能力差，或为满足现实生活中无法满足的性心理需求而经常在这些色情网站上流连忘返。

2. 网络关系成瘾（cyber-relationship addiction）。网络社交是指在网络社交平台上交流互动，展现自我的社交行为。由于兼具便捷性、及时性、普遍性等特征，网络社交已成为大学生人际交往的重要方式。网络关系成瘾是指过度卷入网络上虚拟的人际关系的状况。以网络社交平台中虚拟的人际关系取代现实生活中的人际关系，甚至逃避正常人际交往，产生“人机热、人际冷”的现象。大学生使用社交网络满足了自己对社会交往的需求之后，一旦在现实中的交往需求得不到满足，就会条件反射性地再次通过社交网络来展开交往。这一过程的不断重复，导致大学生在使用网络媒介的过程中失去了选择别的媒介或者别的方式来实现社会交往的主动性，而沉溺在社交网络中，甚至因为对社交网络的过度依赖而完全放弃现实生活中的社交行为，形成一种恶性循环。② 以当前被广泛使用的社交平台微信为例，基于微信平台的网络关系成瘾常常表现为：①总是想打开微信，期待新消息和朋友圈更新；②在无法使用微信时，会感到不自在、焦躁、焦虑不

① YOUNG K S. Internet addiction: evaluation and treatment [J]. Student british medical journal, 1999 (7): 351 – 352.

② 王萍，王斌，孔维琛. 大学生社交网瘾的成因分析 [J]. 教育评论，2015 (1): 78 – 80.

安；③持续不间断地查看微信是否有新消息，朋友圈是否有新动态；④常常中断正在进行的工作、学习而使用微信，并难以控制使用时间；⑤曾努力控制、减少或停止微信的使用，但未取得明显效果；⑥察觉到使用微信得不到趣味与满足，却难以停止；⑦将使用微信作为一种逃避现实任务、缓解不良情绪的方式；⑧有时候宁愿玩微信，也不愿意处理一些更紧迫的事。

3. 网络强迫行为（net compulsions）。网络强迫行为指网络使用者不可抑制地参与网上购物、网上拍卖和在线赌博等交易活动。大学生中最常见的网络强迫行为是网购成瘾。网购成瘾是指过度使用网络购物平台而导致明显的社会、心理功能损害的现象。表现为强迫性购物、过度消费，常伴随生理和情绪上的不适，对生活和学习造成影响。网购成瘾的大学生往往表现为冲动、低自尊、情绪不稳定。物质主义价值观的大学生更容易发生网购成瘾。有报道称，某女大学生网购成瘾花光了学费，不堪重负自杀。

4. 信息超载（information overload）。信息超载是指因惧怕所拥有的信息不足而不能自制地在网上搜索或下载过多的对现实生活并没有多大意义的或无用的资料或数据。这些真假难辨的甚至充满矛盾的或不同声音的信息反而给使用者带来了心理上的负担、判断上的困惑或决策的犹豫不决。

5. 计算机游戏成瘾（computer game addiction）。根据中国互联网络信息中心的报告，截至2017年6月，我国网络游戏用户规模达到4.22亿人，占整体网民的56.1%。手机网络游戏用户规模为3.85亿人，占手机网民的53.3%。大学生上网目的调查表明，玩游戏已经成为大学生上网的首选节目，所占比例高达40%以上。[①] 网络游戏的趣味性、智力性、互动性和挑战性吸引了大学生的积极参与，满足了他们的好奇、喜欢竞争、渴求刺激、宣泄情绪和获得成就的心理需求，从而使不少大学生流连忘返。大学生可以通过网游打造出独特的“英雄”形象，张扬个性，网络游戏的升级诱惑力能够强烈刺激大学生的获胜心理，引起畸形的成就动机。然而，一些游戏充斥着淫秽色情、血腥暴力、恐怖色彩等场景，对甄别力不强的青年大学生容易形成强烈误导，长时间不可抑制地沉溺其中，这不仅是对时间的浪费，更是对身心的伤害。[②]

除此之外，大学生群体中常见的还有网络小说成瘾。技术的进步促进了电子阅读的发展。得益于智能手机、电子阅读器等终端的普及，网络小说得到快速发展。据中国互联网络信息中心2016年报告，截至2015年12月，我国网络文学用户规模达到2.97亿人，占网民总人数的43.1%，其中手机网络文学用户规模为2.59亿人。一些大学生甚至沉迷其中，不能自拔。

---

① 章成斌，吴代莉．大学生网络成瘾症原因、可自愈性特点分析及防治对策［J］．广西青年干部学院学报，2005，15（2）：38－39.

② 刘新庚，黄小明，李超民．论大学生网瘾心理过程机理及心理行为矫治方法［J］．湖南大学学报（社会科学版），2012，26（2）：111－116.

三、网络成瘾的危害与影响因素

（一）网络成瘾的危害

1. 认知方面。过度的互联网使用，可能影响大学生的认知功能。例如，由于多软件的频繁切换，注意力集中困难；由于接触网络游戏中的血腥暴力场景，出现暴力倾向；由于接触大量色情内容和黄色信息，形成歪曲的爱情观和婚姻观；由于过多网购，影响价值观、金钱观的建立；由于碎片化的信息获取习惯，无法进行深度思考；等等。

2. 情绪方面。网络成瘾常伴随紧张、焦虑、孤独、抑郁等消极情绪，长期过度使用网络容易导致大学生缺乏精力活力，倾向于自我怀疑和否定，还可能使大学生的自我意识淡化，混淆现实自我与网络自我，产生迷茫感、无助感、无意义感。

3. 人际关系方面。过度的网络使用意味着现实的人际互动会减少，由此滋生现实人际关系困难，容易出现现实关系的疏离感等；同时，为了缓解社交焦虑和孤独感而沉浸于网络之中，最终却未能消除他们的紧张孤独状态，又因为网络的过度使用打断了他们与现实生活的联系，导致他们从真实的人际交往中抽离出来。也就是说，过度依赖网络来寻求社会支持，容易恶化大学生的现实人际交往和关系系统，导致借助传统交流方式维系的社交关系更加疏远。一些大学生使用虚拟社交作为回避真实关系问题、应对现实社交困境的手段，然而理想化的虚拟社交环境不同于现实社交，在这种环境中使用理想化的人格去发展关系，而不是直面现实生活中的问题，长远来看会弱化沟通能力，导致人际交往技能下降，产生社交焦虑，进一步加重现实社交问题。

4. 学业和工作绩效方面。大学生在互联网上花费过多的时间，用于学习和工作的时间就会相应减少，所以在网络成瘾大学生中，旷课过多、学业不良、补考、重修等现象比较常见。许多大学生在课堂上使用手机，以致听课的注意力、思维能力和学习效率受到影响。网络游戏和网络购物等也会耗费大量的精力和体力，导致大学生无法正常进行各种学习活动，从而达不到学习目标。

5. 生理方面。24 小时开机，伴随手机入睡，醒来之后首先检查手机成为许多大学生生活的常态。过度使用网络和手机会影响睡眠质量，还可能影响免疫系统，熄灯后依赖手机的社交活动甚至成为许多大学生的“睡眠杀手”。伴随着网络成瘾产生的生理问题还包括视疲劳、听力下降、手臂麻木、腕关节肿胀、颈椎疼痛等，还可能提高大学生吸烟、缺乏体育锻炼等问题的发生率。

（二）网络成瘾的影响因素

影响大学生网络成瘾的因素常常是综合的，大体可分为个人因素、环境因素和网络因素等几大类。

1. 个人因素。

（1）性格。网络成瘾的大学生常有内向、孤僻、独立性差、自我控制能力弱、不善交际、成就动机强、争强好胜、自我价值感低、敏感、羞怯、缺乏责任感、易冲动、攻击性强、叛逆、冒险、猎奇等人格特征。研究显示，C 型行为表现为不善表达、压抑情绪、过分顺从和忍耐，这些特征越突出，越容易发生网络成瘾。[①]

（2）自我意识与无意识状况。网络成瘾者往往在自信、自尊、自制等方面存在问题，他们试图通过在网络游戏中的得分和在角色扮演游戏中与网友的并肩作战得到肯定，在网络社区发表言论获得共鸣，或在虚拟社区中担任重要角色等方式寻求自尊的提升，获得现实生活中不能够获得的满足和情感需求。过度上网给学业成绩和现实的人际关系带来负面影响，反而降低了其自尊感和自我效能。

（3）社交状况。现实人际困扰较多的大学生更倾向于通过网络展现积极自我来获取肯定，从而增强自信，摆脱现实人际问题。过度关心社交者更可能通过使用网络社交平台来减少人际交往的焦虑，比如通过发短信来获得更好的交往控制感，因为延迟答复提供了改进表达的机会。约翰（S. John）认为网络成瘾是无意识需要的特殊表达，是当需要被压抑、忽略、转移时的病态满足。

（4）情绪因素。与网络成瘾有关的情绪因素主要包括抑郁、焦虑、孤独，以及情绪的不稳定性。抑郁水平高的大学生，常常会借助匿名或虚构角色的方式和他人进行交谈，以克服日常生活中的交往困难，避免触发抑郁感。与抑郁有关的一些人格特征，如缺乏动机、寻求外界认可、害怕被拒绝等也常是引发网瘾的因素。由于网络社交威胁更少、奖励更多，导致高焦虑特质的大学生更可能发展为网络成瘾。另外，大学生的孤独感越强，就越可能通过网络扩展人际关系，也越可能频繁使用网络。

（5）自控和认知因素。大学生正处于求知欲旺盛的阶段，对各种新鲜事物充满了好奇心，但其价值观正处在定型之中，生理上的迅速发展与心理上的尚不成熟的不平衡性，使其自制能力较弱，上网时难以自律。

（6）压力与生活事件。生活事件是指超出或损害个体心理生理承受能力的威胁性事件或生活挑战。尤格指出，网络成瘾者常为了逃避现实中的某些问题而转向网络寻找朋友、获取快乐或放松心情，进而导致沉迷于网络。

2. 环境因素。

（1）家庭环境。在很多网瘾大学生的家庭中，成员之间缺乏有效的沟通，问题只能不断积累，得不到妥善解决。父母过分干预、惩罚严厉、冷漠、拒绝、否定等，父母有过度吸烟、嗜酒、赌博等不良行为，早年有寄养史、父母不和、父母离异者更易网络成瘾。[②] 网络成瘾者对家庭的总体满意度较低，家庭的组织性、凝聚力、适应性较低，父母间和亲子间有较多的冲突，感知到父母较多的惩罚性，较少的温暖和支持。家庭功能中的问题解决、角色和行为控制以及性别、年龄、网络使用年限、每天使用网络的时间、对父母关系的感知、使用网络的目的解释了网络成瘾的48%的原因。[③]

---

① 刘连龙，胡明利. 大学生网络成瘾与其C型行为关系研究［J］. 中国健康心理学杂志，2008，16（4）：370－372.

② 付慧鹏，霍军，于俊丽，等. 父母教养方式与儿童网络成瘾行为的关系［J］. 临床精神医学杂志，2004，14（5）：278－279.

③ 刘凤娥，张锦涛，周楠，等. 大学生家庭功能与网络成瘾的关系：应对方式的调节作用［J］. 中国特殊教育，2017（2）：90－96.

(2) 社会环境。互联网时代，信息传播更新速度加快，这意味着现代人需要加工更多的信息。当发现自己在信息获取方面落后于周围环境，就会感到焦虑和紧张，从而通过增加上网时间来降低信息焦虑，获得安全感和控制感。使用网络已成为一种非正式的群体行为，影响社会网络的建构。以往学校事务的传达是通过人与人之间的面对面交流联系，现在都在各种网络社交平台上操作。通过互联网来沟通和获取信息成为大学生群体的习惯，不能适应这种方式的大学生容易被边缘化，因此一些大学生为融进大学生活圈，被动地选择了这种生活方式。

3. 网络因素。网络的功能集通信、社交、购物、娱乐于一体，大大便利了人们的生活。网络技术的发展为网络成瘾问题的出现埋下伏笔。尤格认为网络的匿名性、便利性和逃避现实是导致上网成瘾的主要原因。匿名性是指人们在网络里可以隐藏自己的真实身份，便利性是指足不出户就可以做自己想做的事情，逃避现实是指用户可能通过上网找到需要的许多安慰。莫里斯（M. Morris）和奥根（C. Ogan）认为，个体最初对表达和倾听的心理需要诱发人们对互联网产生某种期望，并通过各种上网行为来获得某种程度的满足和快乐①。

第三节　上网行为的健康管理

大学生可以通过自我管理等方式养成健康的网络使用习惯，预防对网络的过度依赖。当出现网络成瘾的症状，并影响正常学习和生活时，应积极主动进行自我心理调适，并适时寻求专业帮助。

一、端正上网的动机与态度

动机是指引起、推动、维持与调节个体行为，使之趋向一定目标的心理过程或内驱力。动机是在需要的基础上产生的，需要的强度越大，活动的积极性越高。积极性或主动性是动机力量的具体表现。在社会生活中不存在没有动机的行为，同一种行为则可能有不同的动机。成就动机和亲和动机是上网行为背后常见的社会动机。正确的上网动机应该包括：充分利用互联网上的丰富资源和强大的信息检索功能，为学习各种科学知识和生活知识提供方便；为完成人际沟通中的接收信息、发送信息和交换信息提供桥梁；为个人表达言论和展示自己的成绩、形象和兴趣提供窗口；为享受音乐、美术、文学、游戏等娱乐和调节情绪提供园地；为班级、社区、单位、学会组织等团体提供交流的平台；等等。所谓态度，是指一种由认知、情感和行为倾向等多种心理成分组成的内隐的心理体验。态度总是针对某些目标的，是推动行为的内在动力。端正上网的态度就是指要正确理解和评价网络的功能和网络信息的价值，可以喜欢上网，善于利用网络，但要自觉控制上网时间，避免上网成瘾。学会理性、科学、卫生地使用互联网，

---

① MORRIS M, OGAN C. The Internet as mass medium [J]. Journal of communication, 1996, 46 (1): 39 - 50; SULER J R. To get what you need: healthy and pathological Internet use [J]. Cyberpsychology and behavior, 1999, 2 (5): 385 - 393.

自觉抵制浏览不良信息的冲动。上网动机不良的情况有：将上网作为逃避现实生活压力，回避与人正常交往，寻求无聊刺激，宣泄性压力，欺骗和侵害他人，谋取不正当利益的工具。

二、上网行为的自我管理

中医说“病为本，工为标”，意思是说只有患者才是康复的主体，医生只是起到协助的作用而已。戒除网瘾也是这样。网络使用者只有认识到自己上网的动机和依赖的情结所在，对成瘾前后的两种感觉和生活质量进行比较，看清自己内心想逃避的是什么或期望从网上得到的是什么，充分认识过分使用网络对自己带来的危害，学会自我管理，才能真正摆脱不良的网络行为和改变需要别人来约束自己的被动状况。

心理学家尤格对网络成瘾的青少年提出了以下一些自我行为管理的具体办法。

1. 逆向操作法（practicing the opposite）：优先安排其他事务，再安排上网的事。例如原来习惯早上起床第一件事是收发微信和电子邮件，结果造成很迟还没有吃早餐，现在可以要求自己先进行盥洗和吃早餐，然后才收发微信和邮件，这样可以避免上网行为对正常生活节奏的影响。

2. 外来停止器（external stoppers）：借助外力提醒自己终止上网的时间。例如利用闹钟或计算机定时提醒自己该下线，需要休息眼睛和做一些肢体活动。

3. 设定时间限制（setting time limits）：指自己事先设定一个使用网络的固定时间要求，例如一周上网几小时，或设定每日固定的上网时段，以避免随时的上网行为或上网时间无限延长。

4. 列出事情的优先级（setting task priorities）：对需要经过网络处理的事务按其重要程度或优先处理的级别进行排序，在有限的上网时间内，依序进行处理，迫使自己没多余的时间上网漫游。

5. 使用提示卡（reminder cards）：把网络成瘾所造成的不良问题或消极影响写在一张卡片上，再将戒除网络成瘾的好处也写在另一张卡片上，然后将两张卡片粘贴在计算机屏幕边，以便随时提醒自己。

6. 制订活动行程表（personal inventory）：制订个人一周的日程活动时间表，例如晨练、傍晚散步、打羽毛球、与朋友聚会等，以免因为沉迷于网络而挤占或忘记了一些正常的日常活动。

互联网作为一种信息工具，它的作用是好是坏完全取决于使用者的自主选择，强化上网行为的自我管理和自我约束，就要做到“自学、自护、自辨、自制、自省”。所谓自学，就是要自主学习互联网提供的各种健康有用的资源。自护，就是要学会保护自己的身心健康，注意正常而规律地生活，上网有节有度。在网上交友的过程中碰到网络色情言论或网上性骚扰等情形时，要提高自我保护意识，理性防范。自辨，就是学会用正确的世界观和方法论辨析网络信息的能力，辨清信息内容的真、善、美与假、恶、丑。美国学者莫斯森说：“大学的力量并不在它传播信息的方式上，而是体现在有助于挑选、阐释已获得的信息的方法上。”自制，就是学会克制自己、自我约束，自持自律，明白应该做什么，不应该做什么，养成上网“慎独”的习惯，抵御网络中的各种诱惑。自省，就是反省和检查自己的网络行为，自觉遵守正确的价值观来处理遇到的各种人和事，不断提醒和告诫自己在使用网络时避免误入歧途，做出有损于社会和他人的事情。

三、建立现实的社会支持系统

马克思说，在现实性上，人的本质是社会关系的总和。事实上，每一个生活在现实社会中的人都离不开与其他人的关系，不仅在衣食住行等生活物质条件方面我们需要依赖其他人，而且我们还需要从其他人那里得到自我价值的肯定和认同。从某种意义上说，积极健康的人际关系体现在现实生活中的人与人之间的相互理解、相互关心、相互帮助和相互鼓励等社会性支持上。网络交友与传统交友方式相比，交友范围更广，交友更加随意可得，但也更容易发生伪装、欺骗、滥交等不良现象。网络交友无法完全替代现实生活中对其他人面对面的全方位的直接观察，也无法获得实际交谈和互动行为中的真实感受。研究表明，那些沉迷于网络交友的人往往同时是性格内向、不善人际交往、缺乏良好的现实社会支持的孤独者，其中与父母沟通不良、亲子关系障碍者常见。新精神分析学派认为，人际关系、社会支持程度与心理健康或精神障碍的发生是一个高度相关的因素。从社会心理学的角度来看，精神障碍的社会本质就是人际关系障碍，精神障碍患者的典型特征是人际沟通能力的缺陷。因此，根除网瘾的关键是要鼓励网络使用者回归与现实世界中同学、亲人的和谐相处，积极地投入学习和社会实践中，勇敢地直面现实世界的各种困难和挫折，积极参加丰富多彩的课余活动，学习增进人际沟通能力的方法，增进人际交往时的自信，拓展自身的人际关系网络，既学会助人为乐，也学会大胆地在现实中寻找社会支持。一般来说，原生家庭是每一个人最初的也是最后的社会支持系统，父母是每一个人最初的也是最重要的社会支持根基，无论一个人的原生家庭是否完美和健全，每一个人都应该重视巩固或修复与原生家庭的关系，从那里汲取最深远的社会支持力量。

四、学习积极的应对方式

所谓应对方式，是指一个人面对困难与挫折时，习惯采取的行为模式或行为取向。应对方式有积极和消极之分，前者如解决问题、求助、自我安慰，或通过唱歌、体育运动进行合理宣泄等；后者如退避、自责、幻想，或通过酗酒、吸毒、暴力等方式进行宣泄。观察表明，并不是网络成瘾者就比别人遇到了更多的困难和挫折，而是网络成瘾者往往倾向于采用自责、幻想、逃避等消极的防御机制，害怕或不愿意直面困难和采取解决问题的积极方式去应对。每一个人在现实生活中都难免遇到困难与挫折，我们几乎不能自主选择生活境遇，但我们可以选择面对困难和挫折的态度，选择积极的应对方式。所以，预防上网成瘾的积极办法是要学习积极的应对方式，克服网络成瘾的有效方法是学会用转移、替代、升华等积极的应对方式摆脱对网络的精神依赖，学习劳逸结合，用高雅的兴趣爱好和促进身心健康的游泳、爬山、打球、下棋等休闲娱乐方式丰富生活内容，转移对困难和挫折的过度关注。

卡尔·兰塞姆·罗杰斯（Carl Ranson Rogers，1902—1987），美国心理学家，人本主义心理学的主要代表人物。以人为中心的心理疗法的创始人。

以人为中心疗法认为促进人格改变有三个基本条件，同时这也是咨询师在咨询中应具备的基本态度。这三个条件是：一要真诚一致，指在治疗关系中，心理咨询师表现为一个表里一致的人，不戴专业面具或个人面具，来访者就越有可能发生建设性的改变和成长。二是无条件的积极关注，指个体在任何条件下，即便是来访者表现出弱点和错误的时候，都能得到心理咨询师的积极关注。三是同理心，指心理咨询师设身处地地体会当事人的一切经验，包括欲望、恐惧、冲突等，感人之所感，知人之所感，分享当事人的快乐和痛苦，并将自己的感受有效地表达出来。罗杰斯提出的这三条原则也许对于我们看待和处理网瘾问题有启发性。

五、加强体育锻炼

网瘾大学生常有长期的低落、紧张、压抑等不良情绪，体育锻炼是预防和矫治网瘾的有效办法。一方面，体育锻炼可以改变体内多巴胺等神经递质的分泌，为情绪健康和精神问题的解决创造平衡的神经环境；另一方面，体育运动的竞争性、趣味性可以给人带来愉悦感、满足感，有助于思维的灵活性和促进认知发展。另外，运动可以增强肌肉力量，肌肉力量与人的自尊、情绪稳定性、外向性和自信心呈正相关，有利于网瘾者良好个性和自我概念的发展。在必要时，将体育锻炼和心理治疗结合起来对网络成瘾大学生进行矫治，能够起到较好的干预效果。

六、加强时间管理

以下方法可帮助大学生更有效地管理时间。

（1）设定时间管理目标。遵循 SMART 原则［明确（specific）、可衡量（measurable）、可行（attainable）、结果导向（result-based）、时限性（time-based）］厘清自己的学习目标和时间管理目标。

（2）找出“时间窃贼”。先弄清楚自己的时间是怎样浪费的，并以此为基础合理地安排时间。例如自己看手机新闻、回复微信而花费了很多的时间等。

（3）进行精力分配管理。每个人在一天内的不同时段的精力和学习效率肯定是不一样的，可以根据自己的心身机能状况来安排一天的学习活动。例如早上精力最好，可以安排去完成最困难的事，下午和晚上可以做一些相对轻松的事。

（4）总结和反思。定期对自己的学习、生活状态进行反思，回顾制定目标的实现情况，是否出现了新的情况或者当初没有预想到的问题，为了更好地实现目标是否需要对目标和时间安排等做出调整等。

（5）设置适当的有节奏的休息时间。忙碌会使人的压力水平上升，这个时候坚持工作，不仅会导致学习效率低，出错率高，记忆力、注意力和创造力下降，还会使心境和情绪恶化，出现躯体化症状等。休息不只是停止学习和工作，也可以是换个学习内容和学习方式。

（6）时间四象限法。这是美国管理学家科维提出的时间管理方法，即将任务按照重要和紧急两个维度划分为四个象限：重要且紧急（如即将到期的作业）、重要不紧急（如建立人际关系）、不重要也不紧急（如上网、闲聊）、不重要但紧急（如电话铃声）。（见图 11－1）根据时间四象限法，对任务的紧急程度和重要程度进行划分，根据轻重缓急确定任务优先等级，进而对时间进行合理安排，可以提高效率。

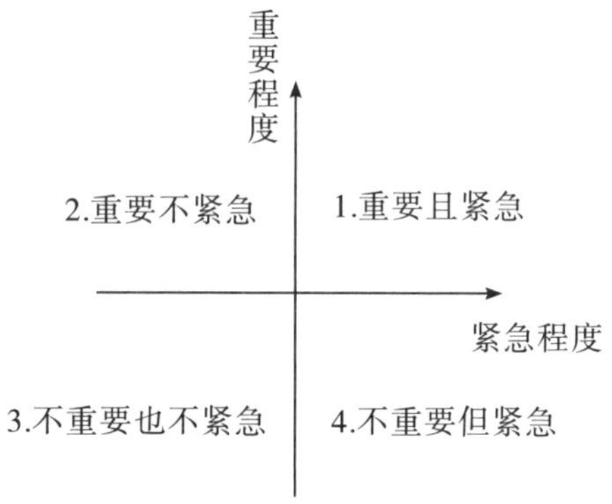

图 11－1　时间四象限法

（7）番茄工作法。番茄工作法是弗朗西斯科·西里洛于 1992 年创立的一种微观时间管理方法。即选定一个待完成的学习任务，设置一个适合自己的时限（如 20 分钟）专注于任务，中途不允许做任何与该任务无关的事，直到定时闹钟响起，然后短暂休息，每 4 个番茄时段多休息一会儿。该工作法秉持的理念是："工作—放松—工作等于高效。"

（8）利用时间管理软件。许多科技公司在不同时间管理理论的基础上研发出一些时间管理的应用，例如奇妙清单、潮汐、番茄 To Do、Forest、Onenote 等。大学生可以选择适合自己使用的 APP 提高时间管理效率。

七、主动接受心理辅导

当个人陷入网络成瘾的程度较为严重，依靠个人力量难以自拔时，寻求专业的心理辅导或心理治疗是非常有必要的。对网络成瘾的心理辅导要点主要有以下几个方面。

（1）评估网络成瘾者对于网络的使用模式。如喜欢在什么时候上网，在哪里上网，每次上网所花的时间，上网时主要做些什么等。评估过程有助于我们发现一些上网成瘾的原因或诱因，即上网行为的引发条件和维持条件。

（2）探寻网络成瘾行为背后的心理问题。大多数情况下，一个人之所以沉溺于网络，是为了逃避生活中面临的某些问题或心理压力，如考试失败或学习困难、对学习提不起兴趣、失恋、婚姻冲突或离婚、失业、独居、缺少知心朋友、与父母冲突等。只有让当事人真正意识到和勇于面对生活中的现实问题时，才能消除引发当事人对网络依赖的条件。因此，当事人应反思究竟是什么事件和与什么人的冲突促使了自己的逃离行为，现实生活中遇到了哪些不顺心的事和难以承受的心理压力，网络中的什么东西吸引了自己，并满足了自己的什么心理。

（3）制订一个详尽的、个性化的成瘾心理矫治计划。计划要点包括具体和清晰的靶行为界定，试图达到的矫治目标，如何行动或如何矫治的具体途径、操作方法，以及时间管理要求等。例如对于那些因为父母离婚，感觉自己被父母抛弃，整天通过网络聊天来寻求别人安慰的青少年最好能改为实施家庭治疗，通过改善家庭氛围和家庭成员互动关系，制定行为契约，达到根除诱发网瘾的家庭因素的目的。

（4）建立行为矫治的监控系统，督促计划的实施。运用现实疗法的思想，指导当事人将自己的注意力放在现在的行为上，而不是关于过去的经历，并积极关注来访者使其承担自己问题的责任和具有解决自身困扰的能力。指导网瘾戒除者将矫治计划分解为一系列具体的可操作的小目标，鼓励当事人在心理咨询师及家人或朋友的监督和精神支持下，坚持实施心理矫治计划；帮助成瘾者学习有效应对压力的策略，学习肌肉放松方法，培养替代网瘾的爱好，建立时间管理提醒卡。

（5）采用人际关系疗法（interpersonal therapy，IPT），协助当事人聚焦于自己的社会人际关系，反思自己在人际关系中所面临的问题，知晓自己早期在家庭的人际交往体验对当下人际关系的深远影响，提高与他人交往和沟通的能力和自信心；学会发掘现有的现实人际资源，鼓励当事人参加多种社会活动，结交朋友，扩大实际生活中的人际交往圈，建立良好的社会支持网络；建议成瘾者参加互助小组，在这些特殊团体的心理辅导中，网络成瘾者通过与他人互动，不仅可以发现自己的问题并非独一无二，有助于增进成员之间的认同感，而且可以通过团体分享，培养人际沟通和社交技巧。此外，治疗网络成瘾的方法还有认知行为疗法、团体心理辅导、艺术疗法和家庭治疗等。

心理测验

网络成瘾诊断量表

网络成瘾诊断量表（见表 11－1）由尤格（K. S. Young）研制。如受试者的肯定回答超过 5 项，则可以认为已经网络成瘾。本问卷由过度使用网络（第 2、5 题）、冲动控制障碍（第 1、3 题）和戒断的负面影响（第 4、6、7、8 题）三个维度组成。量表计分方法是：选“是”计 1 分，选“否”不计分。总分多于 5 分则可以诊断为网络成瘾。量表适用范围为：有能力使用网络的所有人群。

指导语：请根据自己上网的实际情况回答下面的问题，如果所描述的情况与你的实际情况一致则回答“是”，否则答“否”。

表 11－1　网络成瘾诊断量表

题目	是	否
1. 全神贯注于因特网或在线活动，在下线后仍继续想着上网的情形		
2. 觉得需要花更多的时间在线上才能获得满足		
3. 多次努力想控制或停止使用网络但总是失败		
4. 企图减少或停止使用网络时，会觉得沮丧，心情低落，易发脾气		
5. 花费在网上的时间比预期的要长久		
6. 为了上网，宁愿冒重要的人际关系、工作或教育机会损失的危险		
7. 曾向家人或朋友或他人说谎，以隐瞒自己涉入网络的程度		
8. 上网是为了逃避问题或释放一些感觉，诸如无助、罪恶或焦虑、沮丧		

网络成瘾严重程度诊断量表（见表 11－2）为尤格（K. S. Young）所研制。计分方法为：每个题目分 5 个等级评分，“几乎没有”计 1 分，“偶尔”计 2 分，“有时”计 3 分，“经常”计 4 分，“总是”计 5 分。结果判断：总分为 40 ～60 分的可以诊断为轻度网络成瘾，61 ～80 分的为中度网络成瘾，81 ～100 分的为重度网络成瘾。该量表适用范围为有能力使用网络的所有人群。

表 11－2　网络成瘾严重程度诊断量表

题目	计分
1. 你觉得上网的时间比你预期的要长吗	
2. 你会因为上网忽略自己要做的事情吗	
3. 你更愿意上网而不是和亲密的朋友待在一起吗	
4. 你经常在网上结交新朋友吗	
5. 生活中朋友、家人会抱怨你上网时间太长吗	
6. 你因为上网影响学习了吗	
7. 你是否会不顾身边需要解决的一些问题而上网收 E-mail 或看留言	
8. 你因为上网影响到你的日常生活了吗	
9. 你是否担心网上的隐私被人知道	
10. 你会因为心情不好去上网吗	
11. 你在一次上网后会渴望下一次上网吗	
12. 如果无法上网，你会觉得生活空虚无聊吗	
13. 你会因为别人打搅你上网而发脾气吗	
14. 你会上网到深夜不去睡觉吗	

续上表

题目	计分
15. 你在离开网络后会想着网上的事情吗	
16. 你在上网时会对自己说“就再玩一会儿”吗	
17. 你曾想办法减少上网时间而最终失败吗	
18. 你会对人隐瞒你上网多长时间吗	
19. 你宁愿上网而不愿意和朋友出去玩吗	
20. 你会因为不能上网变得烦躁不安、喜怒无常，而一旦能上网就不会这样吗	
总分：	

手机成瘾指数量表（Mobile Phone Addiction Index Scale，MPAI）由梁永炽等修订（见表 11－3）。量表包括 4 个因子：失控性、戒断性、逃避性和低效性。共 17 题，采用 5 级评分（1——几乎没有；2——偶尔；3——有时；4——经常；5——总是），得分越高则手机成瘾程度越重。第 3、4、5、6、8、9、14、15 题同时是手机依赖筛选题，被试还需做“是/否”判断，若有 5 个及以上选“是”，则被判定为手机依赖者。

表 11－3　手机成瘾指数量表

题目	计分
1. 你的朋友和家人曾因为你在用手机而抱怨	
2. 有人说过你花了太多的时间在手机上面	
3. 你曾试图向其他人隐瞒你在手机上花了多长时间	
4. 你的话费超支	
5. 你发现自己使用手机的时间比本来打算的要长	
6. 你尝试在手机上少花些时间但是做不到	
7. 你从未觉得在手机上花够了时间	
8. 当在手机信号区以外待上一阵时，你总担心会错过电话	
9. 你很难做到将手机关机	
10. 如果有一阵子没有查看短信或者手机没有开机，你会变得焦虑	
11. 没有手机你会心神不定	
12. 如果你没有手机，你的朋友会很难联系到你	
13. 当感到被孤立时，你会用手机与别人聊天	
14. 当感到孤独的时候，你会用手机与别人聊天	

续上表

题目	计分
15. 当心情低落的时候，你会玩手机来改善情绪	
16. 你发现自己在有其他必须要做的事情时却沉迷于手机，为此给你带来些麻烦	
17. 在手机上耗费的时间直接导致你的办事效率降低	
总分：	

拓展阅读

校园贷、网恋、购物成瘾案例。

教学资源清单

使用说明：建议每位学习者在教师课堂讲授本章教材之前，先通过手机扫码的方式链接到教学资源平台，自学和练习相应的教学内容，以便在课堂上能够与教师更深入和更有效率地进行教与学的研讨，见表 11－4。

表 11－4　教学资源清单

编号	类型	主题	扫码链接
11－1	心理观察	网络乱象	
11－2	心理微课	低头人生	
11－3	专题新闻	基于互联网创业的故事	
11－4	教学影评	《阿瓦隆》影评	

续上表

编号	类型	主题	扫码链接
11－5（1）	心理漫画	《无形的束缚》	
11－5（2）		《思想与追求》	
11－6	学唱歌曲	《一网打天下》	
11－7	心理故事	大学生互联网创业联盟	
11－8	知识拓展	互联网时代	
11－9	心理体验	穿越电网	
11－10	PPT 课件	大学生互联网行为的自我管理	
11－11（1）	录课视频	第一节：网络虚拟世界与心理需求（李璟）	
11－11（2）		第二节：上网偏差行为与网络成瘾（李璟）	
11－11（3）		第三节：上网行为的健康管理（李璟）	

第十二章
精神障碍与心理危机的预防与干预

导读

教学目标：通过教学了解《中华人民共和国精神卫生法》的基本知识，了解常见的精神障碍症状和心理危机的识别方法，掌握精神障碍防治的基本知识，提高对精神障碍和各类心理危机干预的能力。

关键概念：心理健康（mental health）、精神障碍（mental disorder）、精神分裂症（schizophrenia）、神经症（neurosis）、心理危机（psychological crisis）、应激（stress）、心理压力（mental pressure）。

案例

饱受30多年精神病折磨，却登上诺贝尔奖领奖台①

20世纪，美国数学家约翰·纳什（John F. Nash，1928—2015）因在非合作博弈的均衡分析理论方面做出开创性贡献，对博弈论和经济学产生了重大影响，与另外两位数学家共同获得1994年诺贝尔经济学奖。纳什在21岁时，仅仅用了一年半时间，就取得了普林斯顿大学的博士学位。在区区27页纸的博士论文上，他提出了对当今世界经济、政治有深远影响的被称为“纳什均衡”的博弈理论。针对当时冯·诺依曼的“零和博弈”，纳什提出了自己独到的观点，认为每个博弈仍然存在一个均衡点。在均衡点处，对每位对局者来说，更改自己的策略不会带来任何好处。

博士毕业后，纳什先是受聘于美国冷战智库兰德公司，24岁后又去了麻省理工学院当数学教师。几年后，这位英俊高大的青年人与女学生艾里西亚步入婚姻的殿堂。婚后才一年，他精神失常的症状开始显露出来。此后他出现越来越严重的幻听、幻觉，并被诊断为患有严重的精神分裂症，他在儿子降生前被送进了精神病院接受治疗。他经历了接二连三的治疗、短暂的恢复和一次又一次的复发。借着短暂的清醒时刻，他做出的研究又开始频繁地出现在经济学课本、进化生物学论文、政治学专著和数学期刊中。他的名字已经成为经济学或数学的常用名词，如“纳什均衡”“纳什谈判解”“纳什程序”“德乔治-纳什结果”“纳什嵌入”和“纳什破裂”等。20世纪80年代末期，在前妻的

① 资料来源于网易。

照顾和自身的恢复下，他竟然奇迹般地从疯癫中清醒过来，似乎是为了迎接即将授予他的诺贝尔经济学奖。2001 年，纳什和艾里西亚复婚。事实上，在漫长的岁月里，艾里西亚在心灵上也从未离开过纳什。这个伟大的女性用一生与命运进行博弈，她终于取得了胜利。而纳什，也在得与失的博弈中取得了均衡。

他们的爱情故事还被拍成了电影《美丽心灵》，并一举斩获奥斯卡金像奖。2011 年，新华社记者曾专访纳什，问及对《美丽心灵》的评价，老人说："这是一部制作得非常好的电影，而且取得了很高的艺术成就。我看过好几遍。不过，每次看的时候，我心里并不好受。但我还是认为这部电影有助于人们理解与尊重患有精神疾病的人。"

2015 年 3 月，86 岁高龄的纳什获得了被称为数学界诺贝尔奖的阿贝尔奖。

课堂讨论：纳什的故事真实感人，他的故事告诉我们，即使天才也可能会患精神障碍。他最终能从病魔手中逃出来，除了他的妻子给予他的不离不弃的爱与支持之外，也与他学习接受幻觉症状，勇敢地和自己的病患和解的态度有关。

人的心理也和人的躯体一样，可以保持正常状态，也可能出现障碍和疾病。人们对于躯体疾病和生理障碍一般容易理解和接受，并会主动求医问药。但是，许多人对于心理障碍或精神障碍却存在着不少认识的误区，要么以为这不是病，只是思想问题；要么以为别人会嘲笑自己有心理问题；要么以为精神障碍治不好，甚至越治越痴呆。结果这些罹患心理障碍的人内心饱受煎熬，甚至直到出现行为变态或自杀时才为家人所知。还有些人仅仅从报纸杂志或互联网中了解到一些心理障碍的症状知识，就简单对号入座，忧心忡忡，严重影响了正常的学习和生活。因此，学习了解心理健康的标准，提高对精神障碍异常症状的识别和鉴别能力，有助于促进预防精神障碍能力的提高。

第一节　心理健康与异常心理

一、心理健康的标准

健康是人生的第一财富。传统的观念是"无病即健康"，随着医学科学的发展和人们认识的提高，健康的概念也在不断地发展变化。世界卫生组织（WHO）提出的健康新概念是：健康是身体上、心理上和社会适应上的完满状态，而不仅仅是身体没有疾病和虚弱。WHO 进一步把道德健康纳入健康的范畴，将道德修养作为心理健康的重要内涵，其内容包括健康者不以损害他人的利益来满足自己的需要，具有辨别真伪、善恶、美丑、荣辱等是非观念，能按照社会行为的规范准则来约束自己及支配自己的思想和行为。由此可见，全面的健康应包括四个方面的含义：①身体健康，没有躯体疾病和虚弱。②心理健康，没有情绪困扰和行为问题。③社会适应性良好，与周围环境和谐融洽。④道德修养良好，情感和行为规范、恰当。

如何判断一个人的心理健康及其水平，是心理卫生中一项复杂而重要的工作。不同的学派对心理健康的标准给出了不同的答案，其中美国人本主义心理学家马斯洛（A. H. Maslow）和米特尔曼（B. Mittelmann）提出的十项标准较具有代表性。见表 12－1。

表 12－1　人的心理健康标准

1. 有充分的自我安全感。即不会感到有某种莫名的或对大多数人都不构成危险的事物对自己造成威胁。
2. 对自己有适当的了解，能对自己的能力做出恰当的估计。
3. 生活目标和理想切合实际，而非有过高的或脱离实际的生活目标。
4. 与现实环境保持接触，而非沉湎于空想或自我封闭。
5. 能保持个性的完整和谐，悦纳自己。
6. 具有从经验中学习的能力，而非固执、刻板。
7. 能保持良好的人际关系，而非独来独往，我行我素。
8. 能适度地宣泄情绪与控制情绪，而非任意冲动或苦行僧式地压抑自己。
9. 在不违背集体意志的前提下充分地发挥个性，而非盲从和随波逐流。
10. 在不违背社会规范的前提下，能适当满足个人的基本需要，也就是人们常说的会处理好集体和个人的关系

金无足赤，人无完人。不同的国家民族和不同的历史时期，心理健康的标准是与其文化相对应的，永恒的和绝对的心理健康是不存在的。我们可以通过心理健康教育方法来不断提高自己的心理健康状况，而不能期望一朝一夕就能达到心理健康的最完美的水平。同时，我们也时刻面临各种问题和挑战，各种生活与精神压力会对我们的身心造成冲击。从心理健康到心理问题，再发展成精神障碍，各种状况之间并没有绝对分明的界限，而是呈现出一种连续变化的过程。在心理问题和精神障碍之间还存在着一些灰色地带的过渡人群状态，可以称之为亚健康或边缘状况。

二、心理健康的评估与诊断

（一）心理评估与诊断的含义

心理评估（psychological assessment）是指运用心理学的理论和方法，对个体的心理品质及水平、健康状况、心理功能、心理问题的性质和程度等进行评价的过程。心理评估在临床工作、学校教育、人事管理、公安司法等多个应用心理学领域都有应用，不同领域的心理评估的目标和任务有所不同。心理评估的内容包括了解当事人的心理创伤、解决问题的行为模式、心理发育的程度、归因方式、认知方式、情感的察觉能力、防御机制的类型、自我控制与自我管理能力、言行一致性、情感和关系模式、自尊和病态信念、家庭和社会支持度等多个方面。评估的意义在于全面了解来访者康复的积极的或消极的、强势的或弱势的心理资源，为后续的心理咨询、心理治疗和危机干预提供参考依据。

心理诊断（psychological diagnosis）是指精神科医生或心理咨询师依据精神障碍诊断标准，运用面谈、观察、心理测量等方法对个体的感知、情绪情感和行为进行客观描述和分析，对其心理失常（包括各种心理问题与精神障碍）进行定性、分类与判断的过程。心理诊断的任务是：区分正常精神活动和异常精神活动；寻找精神失常的原因（包括社会原因、心理原因和生物学原因）；对心理问题和精神障碍做出分类判断（包括一般心理问题、严重心理问题、边缘状况、神经症、精神障碍等），为后续的治疗、护理和危机干预提供依据和指南。心理诊断可以为个体找到它在人群常模中的位置及偏离常模的距离。心理评估与心理诊断是既有区别又有联系的工作，全面的心理评估是心理诊断的前提，而心理诊断是依据心理评估的结果对其异常心理状况或精神障碍给予的定性判断，两者互为补充，缺一不可。

（二）心理评估与诊断的维度

无论心理评估，还是精神障碍的诊断，都是从多个方面进行综合考虑的，主要包括以下四个维度。①

1．内省经验。这里所指的内省经验包括两个方面：一是指来访者自身的主观体验。如神经症患者常有自觉的焦虑、情绪低落、强迫思维等许多情绪障碍和强迫行为不能自控的痛苦体验。换而言之，只要是当事人自觉不适或精神痛苦，心理医生就可以认定当事人有心理问题了，而不管在别人看来这些问题是多么无聊和微不足道。二是指从人的普遍心理体验的角度来看，我们通过“将心比心”也可以将自己内省的经验作为推理评价他人的一个参考框架。例如成年人大多有失眠、做梦、失恋的生活经验和内心体验，就能理解别人类似的精神痛苦。内省经验标准在心理评估和精神障碍的诊断中具有重要的作用，这是因为大多数心理问题和精神障碍是非器质性的，无法找到相应的生物异常的证据，因此，心理评估和精神障碍的诊断必须听取来访者和患者的主观体验的自我报告，以及必须了解患者对疾病的自知力和求医行为的自觉性。

2．社会适应。心理健康的人能够通过调整自己的认知和行为方式来主动适应社会变化，与周围环境保持协调。而精神障碍患者常与其家庭和社会生活环境格格不入，或表现为人际关系不良，自我封闭或冲突矛盾不断，无法与其他人正常沟通合作；或言谈举止违背社会中大多数人的生活文化习俗、道德规范和社会行为准则，或不能完成正常的学习任务和胜任工作，不能组建或维持婚姻家庭稳定。因此，当事人的父母、配偶、亲戚朋友、教师、同学、同事等知情人所提供的有关当事人的生活状况对于心理评估和精神障碍诊断是非常重要的参考信息。

3．医学检查检验。身心是相互作用的，有些精神障碍是大脑器质性改变和躯体疾病所导致的结果，医学检查有助于发现其病理变化，脑电图、脑血流图、头部CT、核磁共振检查和内分泌激素检验是最常见的手段。虽然大多数有心理问题的人和精神障碍的患者在检查中并没有发现阳性的指征，但这并不能否定心理痛苦和精神障碍的存在，医学检查的意义在于可以排除因为脑部或内分泌疾病引起的精神障碍。

4．心理测量。正如人的高矮、体重等生理指标在人群可以测量出平均数一样，心理特征在人群中也具有正态分布的规律和平均数。这个平均数是研究者通过大样本抽样调查后计算出来的，于是我们可以利用心理测量工具作为一种评价个体心理健康状况、生

---

① 邱鸿钟．临床心理学［M］．广州：广东高等教育出版社，2002.

活质量和诊断精神障碍的手段。心理或精神科专业人员利用个体的心理测量结果与同类同龄的人群常模进行比较，如果测量结果偏离了常模一定的数值就可以认为发现了个体的某种异常。心理测量工具及其统计学常模是依据一定的心理学理论和方法进行研制的，而不同的心理学理论和方法所测量的心理特征并不完全相同。此外，心理测验的分数也常受期望、动机教育、环境等因素的影响，因此，心理测量的工具和统计学常模的标准并不是恒定不变的，任何人绝不能仅仅根据心理测量的结果就做出武断的判断。

（三）心理评估与诊断的工具与方法

心理医生和精神科医生一般运用以下方法来识别精神障碍，了解和分析心理问题和精神障碍产生的原因，为心理评估和诊断收集有价值的信息，为检验心理咨询或心理治疗效果提供临床证据。

1. 临床晤谈。临床晤谈是指心理咨询师或精神科医生按照摄入性谈话的提纲，运用倾听、提问、鼓励、具体化等晤谈技术与来访者或患者进行交谈，全面系统收集个人的现病史、成长史、家族史，以及在感知觉、情绪情感、思维认知、对生活挫折和冲突事件的认识，以及对精神健康状况的自知力等情况。

2. 行为观察。心理问题和精神障碍患者常有其外部表情、言语和行为特征，如焦虑症患者常有坐立不安，抑郁症患者有愁眉不展，精神分裂症患者有行为怪异、情感高涨或淡漠、知情意不协调等表现。观察的内容包括来访者的眼神、注意力、面部表情、动作姿态、待人接物的反应、衣着服饰等。

3. 心理测验。根据心理测验的目的不同，常用的测验可分为：

（1）智力测验，如韦氏成人智力测验、瑞文智力测验等。

（2）人格测验，如明尼苏达多项人格测验（MMPI）、卡特尔 16 种人格因素测验（16PF）、艾森克人格测验（EPQ）等。

（3）投射测验，如罗夏墨迹图测验和主题统觉测验（TAT）等。

（4）神经心理测验，如本德 - 格式塔测验（BGT）、霍尔斯特德 - 赖顿测验（HRT）等。

（5）心理评定量表或问卷调查。根据评定量表法或问卷操作主体的不同可分为：①自评量表。填表人为受试者，受试者对照量表的各个项目选择符合自己情况的答案，并做出相应程度的判断，如症状自评量表（SCL－90）。②他评量表：量表填表人一般由专业人员担任。评定者既可根据自己的观察，也可询问知情者的意见，或者综合这两方面的情况来对受评者加以评定，如哈密尔顿抑郁量表（HAMD）。根据评定的目的和量表或问卷内容的不同还可以分为情绪量表、生活质量和幸福度评定量表、家庭功能与家庭关系评定量表、人际关系与态度评定量表等，而且这些量表与问卷还在与日俱增。

4. 脑部及神经生理检查。常用的脑部神经生理检查手段有脑电图（EEG）、脑血流图（REG）、脑核磁共振（MRI）、电子计算机断层扫描（CT）、正电子发射断层扫描（PET）等，这些检查有助于医生排除脑部占位病变、脑血管瘤、脑动脉硬化、脑供血不足等相关疾病。而心率变异性（HRV）、皮肤电反应（ER）等检查则有助于分析植物神经系统交感神经活性与迷走神经活性及其平衡协调性，以及神经体液因素对心血管系统的调节状况。

（四）精神障碍诊断与分类标准

目前，在世界上有多种精神障碍诊断与分类的标准，如世界卫生组织编写的《国际疾病分类标准编码》（第11版）、美国精神病学会编制的《精神障碍诊断与统计手册》（第5版）、中华医学会精神科分会制定的《中国精神障碍分类与诊断标准》（第三版）等。表12－2简要地介绍了中国精神障碍的分类概貌。

表12－2　中国精神障碍分类简表

0	**器质性精神障碍**
0 0	阿尔茨海默病
0 1	脑血管病所致精神障碍
0 2	其他脑部疾病所致精神障碍
0 3	躯体疾病所致精神障碍
1	**精神活性物质所致精神障碍或非成瘾物质所致精神障碍**
1 0	精神活性物质所致精神障碍
1 1	非成瘾物质所致精神障碍
2	**精神分裂症和其他精神病性障碍**
2 0	精神分裂症（分裂症）：包括偏执型分裂症、青春型分裂症、紧张型分裂症、单纯型分裂症、未定型分裂症、其他型或待分类的分裂症等类型
2 1	偏执性精神障碍
2 2	急性短暂性精神障碍
2 3	感应性精神障碍
2 4	分裂情感性精神障碍
3	**心境障碍（情感性精神障碍）**
3 0	躁狂发作：包括轻躁狂、无精神病性症状的躁狂、有精神病性症状的躁狂、复发性躁狂
3 1	双相障碍：包括双相障碍，目前为轻躁狂；双相障碍，目前为无精神病性症状的躁狂；双相障碍，目前为有精神病性症状的躁狂；双相障碍，目前为轻抑郁；双相障碍，目前为无精神病性症状的抑郁；双相障碍，目前为有精神病性症状的抑郁；双相障碍，目前为混合性发作；其他或待分类的双相障碍
3 2	抑郁发作：包括轻抑郁、无精神病性症状的抑郁、有精神病性症状的抑郁、复发性抑郁
3 3	持续性心境障碍：包括环境心境障碍、恶劣心境、其他或待分类的持续性心境障碍
3 9	其他或待分类的心境障碍
4	**癔症、应激相关障碍、神经症**
4 0	癔症：包括癔症性精神障碍和癔症性躯体障碍

续上表

4 1	应激相关障碍：包括急性应激障碍、急性应激性精神障碍（急性反应性精神障碍）、创伤后应激障碍、适应障碍、与文化相关的精神障碍
4 2	与文化相关的精神障碍：包括恐惧症、焦虑症、强迫症、躯体形式障碍、神经衰弱、其他或待分类的神经症或躯体形式障碍
5	**心理因素相关生理障碍**
5 0	进食障碍：包括神经性厌食、神经性贪食、神经性呕吐、其他或待分类的非器质性进食障碍
5 1	非器质性睡眠障碍
5 2	非器质性性功能障碍
6	**人格障碍、习惯和冲动控制障碍、性心理障碍**
6 0	人格障碍
6 1	习惯和冲动控制障碍：包括病理性赌博、病理性纵火、病理性偷窃、拔毛症（病理性拔毛发）、其他或未特定的习惯和冲动控制障碍
6 2	性心理障碍：包括性身份障碍、性偏好障碍和性指向障碍
7	**精神发育迟滞与童年和少年期心理发育障碍**
7 0	精神发育迟滞
7 1	言语和语言发育障碍
7 2	特定学校技能发育障碍
7 3	特定运动技能发育障碍
7 4	混合性特定发育障碍
7 5	广泛性发育障碍
8	**童年和少年期的多动障碍、品行障碍和情绪障碍**
8 0	多动障碍
8 1	品行障碍
8 2	品行与情绪混合障碍
8 3	特发于童年的情绪障碍
8 4	儿童社会功能障碍
8 5	抽动障碍
8 6	其他童年和少年期行为障碍
8 9	其他或待分类的童年和少年期精神障碍
9	**其他精神障碍和心理卫生情况**
9 0	待分类的精神病性障碍

续上表

9 1	待分类的非精神病性精神障碍：包括无精神病、诈病、自杀、自伤、病理性半醒状态、其他或待分类的心理卫生情况等
9 2	其他心理卫生情况

第二节　精神障碍症状的识别与常见的精神障碍

精神障碍是指以感知觉、记忆、思维、情感、意志等精神活动和行为异常为主要特征的一类疾病。据世界卫生组织统计，全世界至少有 4 亿人患有各类精神障碍，占世界人口的 10%。中国目前各种登记在册的重性精神病人约 1 600 万人，精神障碍所造成的经济负担在我国疾病总负担的排名中居首位，患病率已从 20 世纪 70 年代的 5.4% 上升到现在的 13.47%。在大学生中精神障碍的发病率也不容低估。调查显示，大学生中因精神疾病退学的人数居因病退学总人数的首位。因此，早期识别和防治精神障碍是高校心理卫生工作的重要任务。

精神障碍的症状是人脑机能紊乱的表现。精神障碍的表现虽然复杂多样，并因人而异，依时而变，但仍有规律可循。精神障碍的病因是一个复杂的问题，精神障碍的病因和发病机制迄今也未完全阐明。一般认为，影响精神障碍的发病因素不是单一的，而是由遗传生物因素、个性心理因素、家庭教养因素、人际关系因素、生活应激因素、社会文化环境等多种因素共同作用的结果。迄今为止，世界上精神病学界仍然主要以患者的症状和体征作为精神障碍的诊断依据。因此，精神障碍症状的识别尤为重要。

一、精神障碍的常见症状

（一）感知障碍

感知障碍是指个体的视觉、听觉、嗅觉、味觉、触觉感到异常的症状，多见于神经疾病或精神障碍。常见的感觉障碍有感觉过敏、感觉减退或丧失、感觉倒错、内感性不适（如自觉头内、体内有虫爬或气体窜动等不舒适和难以忍受的感觉）。常见的知觉障碍有：错觉，即将实际存在的事物歪曲地感知为与实际完全不符合的事物；幻觉，即虚幻的知觉，患者自以为感知到某种现实中并不存在的事物或现象，包括幻听、幻视、嗅幻觉、味幻觉、触幻觉、内脏性幻觉、运动性幻觉、思维鸣想或思维回响等。就幻想的外部形象而言，幻想可以分为成型的幻觉和不成型的幻觉两类。前者是指有具体形态和明确结构的幻觉，如幻觉见到完整的动物等；后者是指缺乏具体形态和明确结构的幻觉，如听到嗡嗡的声响的幻觉。

（二）思维障碍

思维障碍是指个体思维的逻辑、内容和表现形式，以及思维与现实关系的具体性和实际性出现异常的症状，包括以下两种。

1. 思维联想过程的障碍。可以分为：①思维联想活动量和速度方面的障碍，如思维奔逸、思维迟缓、思维贫乏、病理性赘述等；②思维联想连贯性方面的障碍，如思维松弛或思维散漫、思维破裂、思维不连贯、思维中断、思维云集等；③思维逻辑方面的障碍，如象征性思维、语词新作、逻辑倒错性思维、诡辩性思维等；④思维活动形式的障碍，如持续言语、重复言语、刻板言语、模仿言语等。

2．思维内容障碍。妄想，是指在病理基础上产生的歪曲的信念、病态的判断和推理的思维内容障碍，尽管其判断和推理与客观现实不符合，但患者对此坚信不疑，也不能以自己的亲身体验和经历进行纠正。是否有妄想是诊断精神障碍的主要依据。常见的妄想有关系妄想（又称牵连观念）、特殊意义妄想、被害妄想、影响妄想、夸大妄想、罪恶妄想、疑病妄想、嫉妒妄想、钟情妄想、被窃妄想、内心被揭露感、变兽妄想等。

一般情况下，精神障碍患者并不会主动暴露其妄想的内容，而且有隐瞒的倾向，需要由专业人员通过有技巧的谈话和提问诱导出来。

（三）注意障碍

注意障碍是指个体意识指向事物的心理过程和注意力异常的状况。常见的注意障碍有以下三种。

1．注意增强，是指个体特别注意外界的某些事件或某些人，如具有妄想观念的人总是过分地注意观察他所怀疑的人的一举一动，或者如疑病症的人过分关注自己身体的健康状况。

2．注意减弱，是指主动和被动注意的兴奋性减弱或注意松懈。

3．注意涣散，是指主动注意力明显减弱、注意力难以集中或不能持久的状况。

此外还有注意固定、注意狭窄、注意转移等注意障碍。

（四）记忆障碍

记忆是既往事物与经验的重现，包括识记、保存、回忆、再认四个过程。常见的记忆障碍有以下两种。

1．记忆量方面的障碍。包括记忆增强、记忆减退、遗忘症等。

2．记忆质方面的障碍。包括错构、虚构、似曾相识感和旧事如新感等。

（五）情绪、情感障碍

1．情感高涨。情感活动显著增强，总是表现得欢欣喜悦，自我感觉良好，自负自信，表情丰富，易激惹，稍有不遂则勃然大怒，但易转瞬即逝。常见于躁狂状况。

2．情感低落。情绪低沉，忧心忡忡，愁眉不展，唉声叹气，悲观绝望，自责自哀，对外界任何事情都毫无兴趣，思维缓慢，言语动作减少，反应迟钝，不愿活动，有自杀倾向。常见于抑郁症。

3．情感脆弱与情感爆发。细微的外界刺激也容易引发其较强烈的情感波动，常因无关紧要的事件而感动得伤心流泪或兴奋激动，无法克制。情感爆发表现为哭笑无常、打人毁物、叫喊打骂、表演或做幼稚表情或行为，受暗示性较高。常见于癔症、脑动脉硬化性精神障碍。

4．情感迟钝。患者对平时能引起鲜明情感反应的刺激表现平淡，缺乏相应的内心体验，对亲人、同事不体贴不关心，对工作不认真，逐渐丧失细微的情感反应，可继续发展为对周围发生的事情熟视无睹的情感淡漠。多见于精神分裂症早期。

5. 情感倒错，是指认识、思维内容与情感反应之间丧失其协调一致性。例如听到常人一般都会感到悲痛的事情却表现得高兴愉快。常见于青春型精神分裂症。

6. 焦虑。在缺乏明显客观因素或充分根据的情况下，对自己的安全和健康等不良后果担心不已，紧张不安，有一种大祸降临或危险将至的紧张恐惧感。常伴有注意困难、易激惹、有重复而刻板的动作，多梦或有夜惊，有心跳加快、血压升高、口干、肌肉紧张颤抖、手心湿冷、多尿等植物神经活动亢进的表现。多见于焦虑症和惊恐障碍。

7. 恐惧。患者对多数人习以为常的事物和场景产生不由自主的和不受控制的害怕情绪和回避行为，恐惧的内容十分广泛，举凡尖锐的物件，空旷的广场，封闭的空间，飞机、电梯等运动工具，甚至别人的目光、黑色的衣服等都可能会成为恐惧症患者回避的物件与场景。

此外还有易激惹、病理性激情、矛盾情感等情感障碍。

（六）意志行为障碍

1. 意志表现在量方面的障碍。包括意志增强、意志减退。

2. 意志表现在质方面的障碍。包括意志缺乏、意向倒错、矛盾意向。

3. 运动行为方面的障碍。包括精神运动性兴奋、精神运动性抑制（木僵、缄默症）。还有违拗症、被动服从、刻板动作、模仿动作、作态、离奇行动和古怪动作、持续动作、强制性动作、强迫行为、冲动与攻击行为等异常行为。常见于精神分裂和神经症等精神障碍患者。

（七）意识障碍

1. 环境意识障碍。①以意识清晰度降低为主的意识障碍，如嗜睡、意识混浊、昏睡、昏迷等。②以意识的范围改变为主的意识障碍，如朦胧状态、梦游症和神游症。③以意识内容改变为主的意识障碍，如谵妄、精神错乱、梦样状况。

2. 自我意识障碍。①人格解体，是指自我和周围现实的一种不真实的感觉。患者察觉不到自己的精神活动或躯体的存在，丧失了一种自我的感觉。②交替人格，同一患者在不同时间内可以表现为两种完全不同的个性特征和内心体验，即两种不同人格在不同的时间内交替出现。③双重人格和多重人格，患者在同一时间内表现为完全不同的两种人格，或者同一患者出现两种以上的人格。④人格转换，患者否认原来的自我，而自称是另一个人或某种动物。各种人格障碍多见于癔症和精神分裂症。

（八）自知力障碍

自知力又称内省力，是指个体对自己的精神健康状况的察觉、认识和辨识的能力。正常的健康人既能自我察觉身体不适，也能感知自己的精神痛苦或出现异常，通俗地说就是“知道自己生病了”，会自动或愿意求医。一般来说，神经症的自知力是完整的，因此求医行为主动积极；而精神分裂等严重精神障碍患者的自知力往往不全或完全丧失，即不知道自己的幻觉和妄想是不真实的。因此，自知力的完整程度既可以作为判断精神障碍的指标，也可以看作病情加重或好转或痊愈的重要指标。

二、大学生常见的精神障碍及其临床表现

大学生如果发现自己已经出现了以下精神障碍的表现，应该及时主动到学校心理咨询中心寻求指引帮助；如果发现周围有同学出现了以下异常行为，则应及时向学生管理者报告，并劝导该同学及时到医院心理咨询科或精神卫生机构就诊，切记不要讳疾忌医。

（一）神经症

神经症是一组表现为焦虑、强迫、恐惧、疑病或神经衰弱症状的精神障碍。神经症患者病前多有一定的易患素质和个性特征，疾病的发生发展常受心理和社会环境因素的影响。大学生中较为常见的神经症及其临床表现有以下四点。

1. 焦虑症。焦虑症是一种以焦虑情绪为主的神经症。焦虑症分为广泛性焦虑障碍（或称为慢性焦虑症）和惊恐障碍（或称为急性焦虑发作）两种形式。广泛性焦虑障碍是经常或持续存在无明确对象或固定内容的紧张不安，过分担心，难以集中注意力，不能静坐、手足无措、不停来回走动、心慌气短、紧张性头痛、皮肤潮红或苍白、出汗或口干等自主神经功能紊乱的症状。惊恐障碍是一种突如其来、反应强烈的惊恐体验，有失控感、发疯感、崩溃感，甚至有濒死感，多伴有头晕、心悸、气促、胸闷、出汗、口干、面色苍白、震颤、过度换气等植物神经功能紊乱的症状。焦虑症的紧张与现实很不相称，使患者难以忍受，但又无法摆脱。

2. 强迫症。强迫症是一种以强迫观念和强迫性动作为特征的神经症，其特点是个体体验到某些反复冒出的观念和重复做的动作行为的冲动，明知没有必要，极力抵抗但又无法自控停止。强迫与反抗强迫并存的矛盾让患者感到焦虑和痛苦。强迫观念包括强迫性怀疑、强迫性联想、强迫性回忆、强迫性思虑等。一般情况下，强迫观念所涉及的事物都是一些明知道毫无意义却不能自控的小事。强迫行为包括强迫检查、强迫清洗、强迫询问、强迫性仪式动作等。强迫观念和强迫行为的冲动起源于患者内心，并不是由别人强加或外界环境影响造成的。

3. 恐惧症。恐惧症是一种以过分和不合理地惧怕外界某种事物或处境，并极力回避所害怕的事物或处境为特征的神经症。恐惧发作时，常伴有明显的焦虑和植物神经功能紊乱症状。患者明知道自己的恐惧不必要，但难以自控反复发作的恐惧及其回避行为。常见的恐惧症包括社交恐惧症、场所恐惧症、单一恐惧症等。

4. 躯体形式障碍。躯体形式障碍是一种以持久地担心或相信各种躯体症状的优势观念为特征的神经症。患者因这些症状反复求医寻药，各种医学检查结果呈现阴性和医生的解释均不能打消其疑虑。即使存在一些躯体症状，但与所感受到的痛苦程度不相称。躯体形式障碍包括躯体化障碍、疑病症、躯体形式植物神经功能紊乱等临床亚型。躯体形式障碍是临床上最常见而且最容易被误诊的神经症，因为患者常具有否认心理因素存在的倾向。

（二）精神分裂症

精神分裂症是一组以幻觉、妄想、自知力不全为主要特点的严重的精神障碍，多起病于青壮年，常缓慢起病，病程迁延。大多具有妄想、幻觉、言语和思维紊乱、行为怪

异、社会功能受损、自知力丧失或不全等阳性症状，有些患者则具有意志减退、情感淡漠等阴性症状。根据症状的特点，精神分裂症可以分为偏执型分裂症、青春型分裂症、紧张型分裂症、单纯型分裂症、未定型分裂症等临床亚型。根据精神分裂症病情发展归转的特点，可以分为分裂症后抑郁、分裂症缓解期、分裂症残留期、慢性分裂症和分裂症衰退期等。

（三）心境障碍

心境障碍，又称为情感性精神障碍，是以明显而持久的心境高涨或低落为主要特征的一组精神障碍。包括以下三种类型。

1. 躁狂发作。以与其处境不相称的心境高涨或易激惹为主要特征的精神障碍。患者出现注意力难以集中、语量增多、思维奔逸、自我评价过高或夸大、精力充沛、不感疲劳、活动增多、难以保持安静、行为鲁莽冲动、睡眠需要量减少、性欲亢进等症状。社会功能受损。

2. 抑郁发作。以与其处境不相称的心境低落为主要特征的精神障碍。患者兴趣丧失、缺乏愉悦感、精力衰退、食欲减退、体重减轻、睡眠紊乱、精神运动性迟缓或激越、自我评价过低、自责内疚、思维能力下降、记忆减退等；有反复出现想死的念头或自杀、自伤的行为，性欲减退。

3. 双相障碍。个体有躁狂发作和抑郁发作交替出现的两种极端而强烈的情绪状态。双相障碍可分为两种类型：有一次躁狂发作且其后没有抑郁发作的，被称为Ⅰ型双相型障碍；有轻躁狂发作且有抑郁发作的，被称为Ⅱ型双相型障碍。

第三节　精神障碍的三级预防

据统计，在大学因病退学的病种中，精神障碍居第一位。因此，如何做好大学生精神障碍的预防和干预是大学精神卫生工作的重要内容。精神障碍的预防共分三级：初级预防旨在消除或减少病因或致病因素，防止或减少精神障碍的发生；二级预防的目标是早发现、早诊断、早治疗精神障碍患者，争取完全康复与良好的预后，防止复发；三级预防的目标是做好精神障碍患者的康复，最大限度地促进患者社会功能的恢复，尽可能地减少精神残疾的发生。根据中国大学的实际情况，大学生发挥主人翁精神，积极参与大学校园内的精神障碍三级预防工作，有如下要点。

一、消除或减少致病因素

精神障碍重在预防，营造和谐的校园组织文化，消除或减少诱发精神障碍发生发展的不良刺激是最基础性的工作。作为已经成年的大学生应该树立清晰的心理健康、精神卫生意识，重点把握和解决好如下几个有助于消除或减少病因或致病因素的关键性问题。

一是每个新入学的大学生要认真做好职业生涯规划，减少学业受挫带来的心理压力。要搞好在校期间的时间管理，保证有足够的自学时间，避免挂科现象，做到以专业学习为主业，以综合素质训练为辅助，制订适合个人发展的专业学习计划，防止在丰富多彩的大学校园生活中无所适从，迷失前进的方向。学习好、成长快的人心志专一，情绪稳定，自信心高，受人称赞，发展前途好，心理耐受能力自然变强，是预防精神障碍的基本素质。

二是要积极参与和谐班级、和谐宿舍、和谐人际校园文化建设活动，学习人际沟通技巧，自觉与班级和宿舍同学建立良好的人际关系，建立约定的宿舍生活管理制度，形成互帮互助的宿舍友好文化氛围，尤其是需要找到一些志同道合的知心朋友，建立适合自己的精神社会支持系统，及时化解有矛盾的人际冲突事件，不要与同学积怨结仇。

三是要及时察觉和处理因贷款、躯体疾病、失眠、饮食习惯、语言交流困难、家庭问题、兼职活动、互联网上的各种不良信息等引发的焦虑、烦躁、注意力不集中、学习效率下降等干扰现象。

卡尔·古斯塔夫·荣格（Carl Gustav Jung，1875—1961），瑞士著名心理学家，分析心理学创始人。

人类存在的唯一目的，是在纯粹的自在的黑暗中点亮一盏灯。

性格决定命运。

思想的动摇并非在正确与错误之间左右不定，而是一种理智与非理智之间的徘徊。

适用于一切的生活处方并不存在。

文化的最后成果是人格。I + We = Fully I（我 + 我们 = 完整的我）。

——荣格

二、早发现、早诊断、早治疗

与躯体疾病患者的求医行为有很大差别的是，有心理问题和精神障碍的人往往不太愿意主动进行心理咨询或去找精神科医生看病，事实上，未就诊的患者远远多于被纳入诊断统计的患者。其原因可能有：有心理问题的人或自以为自己的问题别人难以理解，或认为别人会耻笑自己，或认为自己的心理问题是由家庭或别人引起的，或运气不好所致，与自己的认知、性格和应对方式无关。而精神分裂等严重的精神障碍患者则因缺乏自知力而不会主动去就诊。因此，实际上被强制送进医院就诊的患者大多已经症状明显和病情严重。为此，二级预防工作应该把握如下几个要点。

1. 普及宣传精神障碍知识，让每一个大学生都树立强烈的心理健康维护意识。自觉有心理困惑、心理矛盾和心理冲突的大学生应去除病耻感，主动及时找辅导员、同学和父母等诉说自己的问题，开放自己的内心世界，听取别人的建议，接受别人的帮助，主动参与学校组织的心理行为训练活动。心理咨询的内容广泛，涉及自我认识、适应不良、人际关系、情绪情感、性心理、恋爱婚姻、家庭关系问题、学业和择业、睡眠等健康问题，并不只是涉及精神障碍。

2. 如果大学生自觉自己的心理问题和神经症不能自主控制，有心无力，应主动寻求精神专科医生的诊治，明确心理问题和精神障碍的诊断，切记不要在网上对号入座，造成不良的自我暗示，或带来疑病心理。事实上，大部分有心理问题和精神障碍的患者在疾病发展早期还是有自知力的，如果因为羞于启齿，碍于情面而不去及时找专科医生，则会耽误最佳的治疗时期。

3. 经验证明，如果你发现自己或同学有如下问题应立即向辅导员报告，尽快去专科医院就诊，即近期遭受严重的生活应激事件或多起较轻的挫折，较长时间出现头疼、头晕、耳鸣、失眠多梦、情绪不稳或沉默少语、食欲不振、记忆力减退、注意力不集中、工作能力下降、常出差错或不能完成任务等精神活动水平下降的表现，可能提示有应激性精神障碍。

4. 如果你发现周围某同学的性格大变，可能提示有较为严重的精神障碍，如从原来性格外向、开朗好动的性格突然变得内向、孤独、冷淡，逢喜遇忧皆无动于衷，对所有事物或活动兴趣明显减少、情绪低落、悲观厌世，自感一切不如别人、前途渺茫，频生轻生念头，可能提示患抑郁症。或者发现从原来的性格温顺有涵养，变得无故发脾气、摔东西，看什么都不顺眼，小题大做或每遇小事纠缠不休，无理取闹，可能提示情感障碍和躁狂症。从安分守己、内向敏感变得疑神疑鬼，总认为同学的言论指桑骂槐，在背后议论自己，或造谣中伤自己，或怀疑恋爱对象对自己不忠，经常无根据地指责别人，挑起事端，提示偏执性精神病和有妄想；或有一些怪异的行为举动，可能提示精神分裂。平时勤奋好学的学生，逐渐或突然变得上课不专心、学习成绩下滑，生活变得懒散、衣着邋遢或穿着怪异，蓬头垢面，睡眠节奏颠倒，待人接物违反常理，不近人情，可能提示精神分裂。

高校心理咨询机构应及时将疑似精神障碍的学生转介给当地公立精神卫生服务机构，或请精神科医师会诊，明确诊断后再做进一步的处置。

三、坚持规范的治疗，促进社会功能的恢复

一般而言，对于精神障碍的治疗方案是：药物治疗加其他各种心理治疗（包括工疗、艺术疗法、园艺疗法、沙盘疗法等）。患者及其家属对于精神障碍的治疗通常会有许多认识的误区，必须加以澄清。只有统一了认识，才能保证坚持规范的治疗，尽最大的可能维护中断学业的大学生的权益。其工作要点有以下三方面。

1. 一旦发现有疑似严重精神障碍的学生，应尽快通知学生的父母或其他法定监护人，耐心细致地向家长说明精神障碍的性质和严重程度，尤其是要说明罹患精神障碍与多种因素有关，其与智力高低无关，精神障碍并非“思想病”，必须服药才能控制和治愈；抗精神障碍药物与其他药物一样虽然都有一定的副作用，但绝不会越治越差；严重的精神障碍既可能伤害自己，也可能伤害他人，所以越早治疗，效果越好。因此，一旦患了严重的精神障碍，暂时休学治疗是必要的，也是对学生最大的爱护，症状控制后完全有可能完成大学学业。只有做通了学生家长的思想工作，才能顺利地让患病的大学生得到及时和规范的治疗。与学生家长协商统一意见后，应签署知情同意书。

2. 去除耻病感。正如每一个人在一生中难免会患病一样，出现心理问题和心理障碍

也不必大惊小怪。这也不是个人的错，即使是有性心理问题和性变态，也是多种原因综合作用的结果，是可以理解和治疗的，不要因为病耻感而讳疾忌医。对于心理健康的大学生来说，心理咨询也许是锦上添花；而对于有心理困惑和心理障碍的大学生来说，心理咨询和心理治疗则是雪中送炭。大学生精神障碍患者必须送至专业的精神卫生机构进行诊治，并遵医嘱坚持规范的治疗，目前运用化学药物治疗精神障碍的效果比较确切，擅自停药或减药都可能导致前功尽弃。一般而言，精神分裂症等严重的精神障碍经规范的药物治疗，一周左右能基本控制其妄想等阳性症状，但要全面恢复正常学习、人际交往等社会功能却需要较长的时间，坚持三个月至一年以上的规范治疗尤其重要，具体疗程和药物用量因人而异。化学药物虽然有嗜睡、体重增加等副作用，但经过优化调整的用药量是可以将副作用降低到最低限度的，患者通常也能恢复到“带病”学习和工作的状态。

3. 中医说：“病为本，工为标。”意思是说，在疾病治疗与康复过程中，患者应该是行动的主体，而医生只是助人自助的协作者。如果主体不愿意改变，不主动参与，只有医生的良好愿望和完美的治疗方案也是枉然。在心理问题的解决和精神障碍的治疗中，患者必须充分发挥主观能动性，尽量参加医生指定或倡导的心理康复活动，若一直躺在病床上，已经开始衰退的社会功能将会更加衰退。克服心理问题或治疗精神障碍的方法虽然有多种，但要塑造一个适应社会的良好性格，提高自信心，患者始终要亲历生活实践。日本心理学家森田的格言是：“行动改变性格。”对于许多做人的道理，一些有心理问题的人总自以为知道了，其实知道了不等于会做，即使会做了，也不等于能坚持做，更不等于真正改变了自己的行为模式，或形成了新的习惯或行为模式。所以，改变想法和勇于行动是战胜心理问题和精神障碍的两个关键。

四、为所当为，人尽其才

俗语有言：“病来如山倒，病去如抽丝。”事实上，有不少严重的精神障碍都是突然起病的，一般经过规范的药物治疗，临床症状虽然可以得到有效的控制或缓解，但全面康复到病前的健康状况往往需要数年的时间。那么在漫长的康复期间，患者并不是被动地接受治疗而已，而是可以积极参加自己喜欢的有益身心的活动，例如艺术创作等。在西方艺术史上就有不少画家在有幻想、躁狂，甚至精神分裂的状况下仍然从事艺术创作，如后印象主义画家凡·高、高更和塞尚，表现主义画家蒙克，超现实主义画家毕加索、达利等，虽然他们性情古怪，难以与人相处，生活窘迫，但他们奇思妙想的画作却开创了现代艺术流派的先河，甚至创造了艺术品拍卖的天价。有些精神障碍患者具有很高的艺术创造力，说明即使是精神障碍患者，也绝不意味着没有价值。我们应鼓励精神障碍患者带着具有个性的心理特质继续生活，用自己独具的创造性思维来表现自己的内心世界，丰富自己的生活，展现自己存在的价值。从这个意义上说，让自己开心就会让家人宽心，行动起来就可能让生活变得有意义。由此可见，我们不应以急性病治愈的观点来看待人类的许多慢性疾病的康复，就像没有绝对的健康一样，带病生存，为所当为，已经成为许多精神障碍患者的一种生活模式。天生我材必有用，无论残疾还是患病，只要自己不放弃，同样可以谱写出辉煌的命运交响曲。

第四节　大学生心理危机的识别与干预

每个人在一生中总会遭遇到一些突发事件或较为严重的外界刺激，例如自然灾害、亲人或熟悉的人去世、交通事故、失恋、离婚、重要考试不及格、失业、人际冲突、罹患癌症等。然而，遭遇这些刺激后，每一个人的反应却有很大的不同，有些人可以沉着应对，有些人则惊慌失措，有些人甚至会出现反应性精神障碍。因此，提高对生活中应激事件和心理挫折的应对能力，学习识别心理危机的症状，掌握心理危机干预的基本方法是非常重要的心理素质。

一、应激与心理危机

（一）应激与应激反应

所谓应激，是指个体对察觉和认知某种有威胁的情境或事件所做出的一种保护性反应。例如大学新生来到陌生的城市，与几个陌生的同学同住一室，初期的自然反应就是自我印象修饰、观察他人态度和行为等防御性的反应。一般将能引起人应激反应的外界刺激叫应激源（stressor），消极的、负性的、不可控的、性质模棱两可的应激源更容易引发应激反应，如初次远离家乡到异地求学、生活在语言文化不熟悉的环境、拥挤的狭小的场所、面临没有复习好就要参加的重大考试、失恋、人际关系冲突、婚姻矛盾、家庭破裂、家庭经济困难、工作压力等。

一种应激源是否引发个体的应激反应，与应激刺激的大小程度有关，还取决于个体对这个刺激的认知评价、心理韧性和过去的经验。同样一件事，对于某些人来说会引起紧张焦虑的情绪，而对另一些人来说则可能会激发兴奋自豪的感觉。例如求职就业对于一些大学生来说充满挑战，而对于一些有许多单位争抢的优秀大学生来说则会体验到自由选择的快感。应激反应的结果可能是有益的和适应性的，例如面对即将来临的考试，积极复习准备，与同学讨论学习上的难点与要点，可称之为积极的应激；反应也可能是消极和适应不良的，例如某些大学毕业生找不到工作，就整天闷睡，或沉浸在电子游戏中，可称之为消极的应激。[①] 应激反应可以分为三个阶段：第一阶段为警觉期，或称唤醒期，就是个体对这个应激刺激的关注和警觉，机体应激反应开始启动或唤起；第二阶段为对抗期，机体消耗能量，调动神经内分泌机制以应对应激刺激，努力排除心理压力；第三阶段为衰竭期，如果应激刺激持续存在，不良的应激反应又未加修正，机体能量不断被消耗，就会导致精神障碍或心身疾病。

---

① 邱鸿钟，梁瑞琼．应激与心理危机干预［M］．广州：暨南大学出版社，2008：13.

（二）心理危机的分类与发展

心理危机（mental crisis）是指个体突然面临重大的应激刺激，既不能回避，又无法用通常解决应激的方式来应对所出现的心理失衡的状况。换而言之，心理危机就是严重的应激反应，以致个体出现无所适从，甚至导致思维和行为紊乱的精神障碍和自杀等过激行为。

1. 心理危机的分类。

（1）从危机所涉及的内容来看，大学生在读期间可能面临的心理危机主要有新生不适应、重要考试不及格、多门功课挂科、因为多种原因不能获得毕业或学位证书、被学校处分、人际关系冲突、失恋、家庭经济困难、就业困难、家庭突然变故等。

（2）从危机的性质来看，包括：①发展性危机，是指在青年成长和发展过程中，经历了一些急剧的变化或转变所导致的强烈应激反应，如离开熟悉的家乡出国求学，刚刚毕业就进入了竞争激烈且有末位淘汰机制的岗位等。②境遇性危机，是指个体遭遇一种意想不到的突发性应激事件或超常事件而导致的心理危机，如遭遇交通事故、突发性受伤、被异性性骚扰或强奸等。③存在性危机，是指因为重大的应激刺激导致其对人生意义、自我价值等人生信念和态度发生改变并出现心理冲突，以及引发焦虑、抑郁等严重的情绪障碍的反应，例如被诊断罹患某种致死性疾病或遭受残疾性肢体损害等。

2. 心理危机的发展过程。研究发现，个体对心理危机的反应一般会经历四个不同的阶段，但由于个体应对心理危机的习惯性模式不同，因此，反应的表现以及所得到的结局可能有所不同。

第一是冲击阶段。当危机事件突然发生时，个体感到震惊、恐慌、不知所措。如突然闻知家乡发生了台风和洪水袭击，或者亲人被诊断患了某种严重的疾病时，个体会表现出无比的担心、恐惧和焦虑情绪。

第二是防御阶段。个体在应对突发的、从来没有遭遇过的危机事件时的自然反应就是在“逃避—拼搏”之间做出选择。当个体发现无法以自己的力量来抗衡的时候，大多数人就会选择逃避行为，继而又会在心理上努力寻求恢复平衡，控制自我的焦虑和情绪紊乱，调整受到损害的认知功能。当危机事件的冲击超出了个体的承受能力时，个体通常就会采取否认和合理化等应对方式。

第三是危机解决阶段。个体会尝试采取各种方法接受现实，寻求各种资源，努力设法解决问题。如果应对顺利，焦虑就会开始减轻，自信增加，社会功能得以恢复。如果危机不能解决，则可能导致出现适应性障碍和反应性精神障碍。

第四是成长阶段或精神防御崩溃阶段。一些个体在心理危机过程中和经历之后，变得更加坚强和成熟，并获得了更有效的应对危机事件的经验；但也有些个体则因心理耐受性差或因采取了消极的应对方式而失败，最终导致某些精神障碍或心身疾病，或自杀等问题。

3. 心理危机的不同应对结果。因为个体的心理素质和应对方式的不同，以及所拥有和利用的社会资源的差异，不同的个体经历心理危机时的表现和结局是千差万别的。心理危机应对的常见结局有如下几种。

第一种情形是个体顺利度过危机，心理健康状况恢复到危机事件之前的水平；有些个体更从危机事件的处理过程中学会了应对危机的策略和方法，心理素质进一步提高，危机在这类个体那里被化作人生阅历的财富和精彩人生的故事，他们会从所经历的危机中总结出一些人生经验。

第二种情形是个体勉强度过了危机，但留下心理创伤，这些创伤成为个体一生持久的心理阴影和情结，对个体的认知、情绪情感和行为模式、社会功能带来长期负面的影响。个体从此表现为不能接触可能诱发这些与创伤记忆有关的事物或情境，他们回避谈论与创伤有关的话题，憎恨和仇视那些给他造成创伤的人。

第三种情形是个体经受不住强烈的应激刺激和危机事件的打击，或表现为精神失常等适应障碍和反应性精神障碍，或采取自残、自杀等极端的消极应对方式。这些极端的反应方式可以是即时冲动型的，也可以是离危机事件半年之后才发生的延迟性反应。

第四种情形是个体未能顺利度过心理危机，或从此转而出现神经症等慢性心理障碍，或表现出多种多样的心身疾病。

二、与自杀相关的高危因素

预防自杀是心理健康教育的重要任务。自杀与哪些高危因素相关？如何及早识别自杀的预警信号？如何对有自杀意念的个体进行有效的干预？如何预防自杀情绪的传染？这些都是精神卫生普及工作中需要了解的知识。研究显示，与自杀相关的高危因素有以下三方面。

（一）心理因素

1. 病态人格。调查发现，在自杀未遂人群中有人格障碍的占 48% ～ 65%，明显高于一般人群。尤其是冲动性人格障碍和边缘性人格障碍患者自杀或自伤行为多见。躁狂或抑郁发作等情感障碍在自杀者中也占有较高的比例。

2. 自我意识状况。研究显示，高自尊、缺陷感强烈、自我不和谐、低自我效能感与自杀行为呈正相关。

3. 心理控制源因素。外控型的程度与心理危机感呈负相关。外控型的人总是将自己失败挫折的原因归结为外部的某些不可控制的因素，认为自己的失败和困境都是别人造成的，自己总是一个无辜的受害者。

4. 应对与防御方式。从应对与防御方式的角度来看，自杀就是个体采取的内射（introjection）或弃置（disposal）的消极防御方式的结果。例如一个人对社会和他人的极端不满可能会转变成恨自己，因而自杀。

5. 抑郁性的认知偏差和自动思维。对自杀身亡者进行“心理尸检”分析，发现许多自杀者有明显的抑郁情绪和强烈的孤独感；以偏概全、“糟糕透了”等认知偏差和自我否定等消极的自动思维在自杀者身上也普遍存在。

6. 对自杀的态度。一般认为，平时对他人自杀行为持肯定态度的人，当自己处于心理危机的时候，选择自杀的可能性也相对较高。既往有自杀意念和自杀未遂行为均为自杀行为的高危因素。

（二）生物与生活因素

1. 病患因素。有些人因患有某些慢性疾病或治疗效果不好的躯体形式障碍，导致长期失眠，情绪抑郁，丧失了生活的意义；自杀还与酗酒、滥用药物等不良行为方式相关。

2. 生活质量。生活质量包括客观生活质量和主观生活质量，研究表明，主观生活质量低与自杀呈正相关。所谓主观幸福感（subjective well-being，SWB），是指个体依据自己设定的标准对其生活质量所做的主观的和整体的评价、情感反应和满意程度。

3. 生活事件和应激刺激。自杀与个体经历的应激刺激的性质、强度、数量和持续时间有关，如多门课程不及格、身患疑难杂症、失恋、未婚先孕、人际关系冲突、就业压力、家庭变故事件等。调查显示，大学生自杀事件与其面临的各种压力有一定的联系。一般认为，6个月内经历过重大生活事件者，抑郁发作的危险增高6倍，自杀率增加7倍以上。

4. 家庭因素。常见因心理危机而自杀者与父母的亲子关系较差，与父母沟通较差，家庭社会支持度不足，既往家庭教养方式不良。研究还显示，父母或家庭成员中如有自杀案例，对家庭中的其他成员具有不良的心理暗示作用。如感应性精神障碍就常发生在母女或父子等两个关系亲密的家庭成员中，自杀行为亦有一定程度的传染性。

（三）社会因素

1. 社会环境。研究提示，社会公平公正问题突出、贫富悬殊、社会矛盾激化、社会保障缺失、就业竞争压力加剧、社会整合力低等社会问题与人群中自杀率的高低有一定的相关性。社会人群的自杀率和自杀方式受新闻媒体报道的强烈影响，容易诱发易感个体的情绪感染与行为模仿。

2. 人际冲突。有关大学生自杀和他杀的案例研究显示，人际信任感低与心理危机呈正相关。自杀或他杀行为也常发生在严重的人际冲突之后。

3. 压力因素。这是一种个体与环境之间的关系因素。心理压力（mental pressure）是指人感受到应激刺激后所产生的一种对自我的期待、要求与紧张的情绪反应。可见，压力并不单方面来源于刺激本身，而是取决于刺激与自我要求、机会和需求、挑战与自我能力之间的一种张力。或者说，环境提供了机会而个体又没有相应的发展需求，或者个体有某种需求，但自己的能力又不能满足实现这种需求的水平时，个体才会感受到心理压力。通俗地说，没有愿景、需求、贪念、欲望、自我期待就没有压力，没有个体能力与工作要求的不协调或不适应性就没有压力。简而言之，压力并不单方面决定于学习和工作任务、家庭和社会的要求，或者同学之间的竞争等外界的刺激，而是同时与个体自我期望和自我要求密切相关，包括自我期望目标过高、预期等待、好胜心太强、完美主义倾向、价值观、态度取向、多重角色冲突等。根据压力的内容种类的多少，可以将压力分为单一性的压力和叠加性的压力，后者还包括同时性叠加的压力和继时性叠加的压力。正如俗语所说："屋漏偏逢连夜雨。"大学生常见的心理压力包括学习压力、就业压力、经济压力、竞争压力等。

三、心理危机的早期识别

心理危机干预的基础性工作是提高对个体表现出来的心理危机信号的识别能力，为处于心理危机中的个体提供尽可能多的帮助。根据行为主义心理学理论，个体任何心理活动或心理状况总会从其言语、情绪、行为中表现出来。常见的可能预示自杀危险的早期征兆有以下四方面。①

（一）有较长时间的抑郁情绪

有超过两周的心境低落、悲观失望、闷闷不乐、兴趣丧失、无愉快感、精力减退或疲乏感明显，自责内疚，或表现出情绪不稳定、容易激惹和情绪大起大落、容易流泪，甚至直接向他人表露自己处于痛苦、抑郁、无望或者无价值感状况中。常说出“我希望我已经死去”“我再也不想活了”“我该怎样死才能最好看”“我所有的问题马上就要结束了”“现在没有任何人能帮助我了”“没有我，你们会生活得更好”“我再也无法忍受了”“人活着有什么意思”“为什么我那么倒霉”“老天为什么对我这么不公平”，这些话语在一个人身上表现得越多越频繁，其越有可能在短期内采取自杀行为。

（二）有自杀企图或自杀未遂的行为

研究表明，无论是以前有过自杀企图或自杀未遂行为，还是最近表现出的自杀准备，都强烈提示自杀风险的存在。例如，对别人说过要自杀，并有自杀方式的设想，收集与自杀方式有关的资料，将个人的财产和珍贵的东西随意送人，或逃避人际交往活动，无法忍受表扬或嘉奖，无缘无故地跟人作对，发生莫名其妙的攻击性行为，突然从事高危险性的活动，忽然沉浸在玩暴力或破坏性的电子游戏中，借吸烟和酗酒消愁，过度依赖或增量使用镇静剂或其他成瘾的物质；或者常表现出抓伤、划伤、砍伤自己的身体等自我虐待的失常行为，或在身体上做具有某种特别意义的标记；性格突然发生较大的转变，忽视个人外表形象，不修边幅，不注意个人卫生，或者反常地停止自己习惯性的行为，或学业质量突然显著恶化，突然离校出走；对生活流露出厌倦绝望、无助、气愤的情绪情感，将死亡和郁闷作为谈话、写作、阅读的内容。

（三）长期有与情绪有关的躯体功能障碍

内心的情绪情感问题常转化为各种各样久治不愈的躯体形式障碍，例如进食障碍、睡眠质量差、失眠或睡眠过多、慢性头痛、胃痛、月经失调、不思饮食，体重明显增加或者明显减轻。不少自杀者在生前有过多次看医生的病历记录，尤其是关于非器质性失眠、心身疾病、泌尿系统疾病，或自认为是病程长，医疗花费较大，疗效不显著，对未来生活影响很大，没有希望治愈的疑难杂症。当然，事实上自杀者往往将这些发病率其实很高的病的后果估计得过分严重。

（四）遭受心理危机事件

如前所述，如果个体经历了重要考试不及格、已经相恋多年而不愿放弃的失恋、多门学业成绩不及格、毕业找不到工作、人际关系冲突、亲子关系恶化、父母离婚、经济十分困难、慢性疾病久治不愈、严重的性侵害事件、至亲意外去世、被诊断罹患致死性疾病、传染上难治愈的性病、意外怀孕等心理危机事件，则有可能在短期内采取自杀行为。

---

① 周红五．心理援助：应对校园心理危机［M］．重庆：重庆出版社，2006：110.

四、心理危机的应对与压力调节

（一）提高心理韧性，掌握调适心理压力的正确方法

在人的一生中，应激、压力和心理危机几乎是不可避免的。不断提高个人的抗压韧性或“压弹”素质是应对心理危机的最根本的措施。“压弹”泛指物体受压时的反弹力，在心理学中是指个人面对生活挫折、创伤、处于逆境和心理危机时的抗挫能力。良好的“压弹”素质包括对生活的自信乐观态度，知足常乐，遇事多看光明一面的认知习惯；有自我鼓励和自我肯定、不断进取的毅力和风趣幽默的性格；有喜欢美食、交朋友，参加体育运动和野外活动的兴趣爱好；能熟练掌握缓解生理疲劳和心理压力的多种放松方法；拥有良好的社会资源；等等。

对于大学生的成长来说，适当的压力有利于促进个体警惕和谨慎，积极进取，勤奋努力，但太大的心理压力则需要进行减压调解。而调解压力的路径与方法并不是要求外部环境和别人的改变，而是调整自己的认识，因为任何应激刺激、心理压力和心理危机都会经过主体的认知这个中介环节，才转化为某种行为反应。因此，压力调解模式可以概括为 S-O-R 模型，其中 S 代表刺激，O 代表主体因素（包括个体的信念、价值观、态度、经验、性格、性别、应对方式等），R 代表反应（包括生理、心理和社会行为反应等）。根据这一模型，同样的应激刺激，应激压力反应因人而异，关键在于主体因素（O）的不同。同样的刺激或危机，心理健康、抗压能力强的人，会产生适应性反应；而心理韧性差的人，则可能产生不适应性的病理反应。其实，精神障碍和各种躯体形式障碍就是个体逃避压力的一种方式。

一般来说，正确的减压就是采取了成熟的应对方式，应遵循 3R 的原则。①缩减（reduction）原则：设法减少或消除遭遇外部压力源的机会和不适当的环境因素。②放松（relaxation）原则：学习处理压力所造成的情绪、行为及生理等方面的反应。③重整（reorientation）原则：尝试改变自身的弱点，改变不合理的信念、行为模式和生活方式，调整自我的期望值。

面对应激刺激和心理压力，个体都会习惯性地采取一些具有倾向性的应对策略来加以应对或者减压。根据个体应对的态度和效果，可以将应对或减压方式分为积极的（求助、合理化、解决问题）和消极的（退避、幻想、自责）两大类及其多种组合的方式。

1. 解决问题—求助方式组合的成熟型。这类个体在面对应激事件或心理危机时，常能采取理智地应对困境，善于从失败中吸取经验，制订一些计划去克服困难，专心于工作或学习以忘却不快等解决问题的积极方法；或采取找人聊天、寻求别人的理解与同情，请求亲朋好友和别人帮忙，寻找新的寄托等求助的应对方式。

2. 退避—自责方式组合的不成熟型。这类个体在面对应激刺激和心理危机时，常感叹生活的艰难，不愿思考影响自己情绪的问题，或以无所谓的态度掩饰自己内心的感受，或采用嗜睡方式逃避挑战，或借抽烟酗酒来减缓忧愁，或对困难采取忍耐的态度等退避的方式；或采取自暴自弃、自我责备、自卑自怜、责怪自己没出息等自责的方式；或采取幻想自己有解决困难的超人本领，幻想一些令自己高兴的事来安慰自己，不相信那些

对自己不利的事情的应对方式。通常这类人具有神经质的人格特点，其情绪和行为缺乏稳定性。

3. 合理化—混合型。这类人持“生死有命，富贵在天”的人生态度，常用看破红尘、顺其自然的心态看待自己的不幸遭遇。合理化应对方式既与“解决问题”“求助”等成熟应对因子呈正相关，也与“退避”“幻想”等不成熟应对因子呈正相关，反映出这类个体的应对行为集成熟与不成熟的应对方式于一体，在应对行为上表现出一种矛盾的心态和两面性的人格特点。

六祖慧能（638—713），唐代南禅宗创始人，享誉青史的一代宗师，被西方人称作“东方耶稣”。《六组坛经》有12种英译本，还有日文、韩文、西班牙文、德文、法文等多种译本，在世界各地传播，其塑像耸立在英国伦敦大英博物馆，被誉为世界上杰出的思想家之一。

善知识，凡夫即佛，烦恼即菩提。前念迷，即凡夫；后念悟，即佛。前念着境，即烦恼；后念离境，即菩提。

——慧能

（二）建立属于自己的生活意义系统

自杀者常赋予两性感情或面子的自尊以某种超价的观念，当这种感情或面子受挫时，就错误地认为人生的意义和价值随之终结。因此，调整自己的人生观、价值观和爱情观，对于预防心理危机事件具有基础性的意义和作用。心理学家弗兰克认为，一个人生活的基本要义，在于了解并坚守生活中的责任，能够对自己和他人负责地生活，就是有意义的生活。一个人即使在毫无压力的环境下生活，也不会感到满足，人们唯有在面对问题和解决问题的责任中，才会感到满足与充实，生活才有意义。日本松下电器公司曾发生一起耐人寻味的事件。有一次，松下电器公司计划招聘基层管理人员，报名应征者竟达数百人。经过一番严格的笔试和面试之后，评选出了10名优胜者。当公司总裁松下幸之助对所有的录取人员名单进行审核时，发现一名年轻人总分应名列第二，可是计算机在排分时把名次给排错了。松下立即派人给这个年轻人补发了录用通知书。第二天，下属报告一个令人震惊的消息：那个年轻人因未被录取而跳楼自杀了。这时，旁边的一位助理说：“真是太可惜了，这么一位有才华的年轻人，公司没录用。”松下先生沉重地摇摇头说：“不，幸亏公司没有录用他，意志如此脆弱的人是难成大业的。”这件事告诉我们，如果一个人只是将自己的价值和人生意义建立在被人承认和接纳的基础之上，那么就很容易在挫折面前被击倒。

人往往会因缺乏人生目标或找不到人生意义而迷惘和痛苦。合适的目标既能激发人行动的动机和兴趣，促进实际行动，又能使人感到精神充实和有意义。最常见的误区是执着于不切实际的、难以达到的或过高的目标。有了切合自己实际的目标，还必须转化为具体的学习或工作任务，包括年度的、月度的或日程的学习和生活计划与具体落实措施。尤其要考虑到在执行生活任务的过程中“可能发生的最坏情况是什么”“你拥有多少可以提供实际帮助的社会资源”。总之，人因目标而有意义，又因意义而精神充实和自信。

（三）用灵活的应变策略应对危机，满足合理需求

当我们不能回避自己的挫折失败和严重的心理应激事件时，我们可以通过选择自己对危机事件的态度和应对策略来让自己避免陷入心理困境和精神障碍。一般而言，心理健康的成熟者有足够的灵活性和应变能力或弹性耐力来应对各种危机，满足个人的合理需求。

1. 坚持目标，克服困难，使个人需要得到满足。如果通过反省思考，参考父母和教师的意见，认为自己原来制定的目标是切实可行的，那么就应认真总结经验，分析受挫失败的原因，提高意志力，坚忍不拔地朝前走，调整具体的实施路径与方法，力争满足自己合理的需要。要多与他人交流，建立良好的社会支持系统；善于利用各种社会资源获得物质上的援助和心理上的支持，参加一个具有支持性的社会组织，例如患病后可以参与一个相关的病友会等。

2. 回避障碍，通过别的途径达到目的。所谓“条条大路通罗马”“殊途同归”“围魏救赵”，都是说达到同一个目标存在多条不同的路径。例如对调剂的专业不喜欢，你可以另修一个自己喜欢的专业，多修一个学位，同样可以获得大学文凭，让自己学得开心。

3. 调整目标，用其他需要代替原来的需要。例如创业困难，不妨退而求其次，先去就业学习积累经验；学舞蹈的天赋不够，就改学健美体操；学绘画艺术条件不足，就改练习书法。例如，不少因事故失去手臂的残疾人还能练习用脚趾书写，创造出令人钦佩的成绩。又如我国著名田径运动员胡祖荣，因腰部受伤造成瘫痪，不能继续在运动场上称雄，转而钻研体育理论，同样取得了很大的成功。又如贝多芬和歌德年轻时都曾遭受过失恋的打击，但他们能把失恋的痛苦化为奋斗的动力，终于成为世界上著名的音乐家和诗人。

4. 调整心态，缓解满足或放弃需求。有时候因为客观条件的限制，个人的需求不能被及时满足，这时就需要调整急功近利的心态，转移注意力，先艰苦奋斗、建功立业再图享受。例如某些大学生一进入大学就谈婚论嫁，过起同居生活，这不仅会分散和消耗学习的精力，也容易产生额外的心理和经济负担，因此，缓解满足或放弃对两性生活方式的需求，有助于从两性关系的心理危机中走出来。

5. 最大可能地保持正常的、有规律的生活节奏。坚守自己的作息习惯，不因应激事件打乱正常的起居、饮食和锻炼身体的生活习惯。主动从事能够转移自己注意力和放松的活动，如体育运动、各种兴趣爱好、阅读、品尝美食等一些令人愉快的活动，有助于将自己的注意力从引起不良情绪的刺激上移开，也可以控制不良情绪的蔓延和加重。参加军事训练、社会调查、体能训练、生产劳动、实习设计等各种社会实践活动，有助于提高大学生对挫折和困难的承受能力以及自主解决问题和克服困难的能力。

（四）危机干预的基本程序与要点

所谓心理危机干预（crisis intervention），是指运用精神支持、解决问题等多种方法解除个体迫在眉睫的心理危机，使精神异常症状立刻得到缓解和持久的消失，使心理功能至少恢复到危机出现前的水平，并获得新的应对技能，在心理危机中获得成长。

1. 危机干预晤谈。危机干预晤谈（CISD）是危机干预的基本工具，是指心理援助人员与处于心理危机的个体进行晤谈的程序、内容与方法。世界卫生组织推荐的危机干预晤谈的基本步骤包括以下几方面。

（1）与处于心理危机中的个体建立良好的信任关系。

（2）进行心理危机的评估和问题的识别，包括问题的性质、严重程度和身心伤害的具体情况。

（3）与处于心理危机中的对象建立和确认帮助或危机干预的咨询关系。

（4）引导个体述说自己所经历的创伤事件的事实或故事，做好倾听者的角色，表达充分的共情。

（5）明确和证实经历过急性应激反应，辨别究竟是想象的还是实际经历的心理创伤。

（6）确认个体成长史、现实生活和心理创伤之间的任何联系，分析应激反应模式和反应强度与过去人生经历的关系。

（7）提供个体需要的和有价值的信息支持，例如女性紧急避孕和防止性疾病传播的知识等，进行有效的应激处置教育。

（8）鼓励个体按照协商的可以调节自己情绪的方案行动起来。

2. 讲合适的话，做正确的事。面对处于心理危机中的个体，无论是专业的心理危机干预心理咨询师，还是朋辈、辅导员和师生，都应该清楚地知道，在这个非常时刻一定要讲合适的话，做正确的事，而不要讲错话，做错事。学者希普尔（J. Hipple）提出对有自杀企图的人要做到 14 个“不要”：①不要对求助者责备和说教。②不要对求助者的选择和行为提出批评。③不要与其讨论自杀的是非对错。④不要被求助者所告诉你的危机已过去的话所误导。⑤不要否定求助者的自杀意念。⑥不要试图向令人震惊的结果挑战。⑦不要让求助者一个人留下，或放松对他的仔细观察，或离开了不与他保持联系。⑧在危机阶段，不要诊断和分析求助者的行为或对其进行解释。⑨不要陷入被动。⑩不要过急，要保持镇静。⑪不要让求助者保守自杀危机的秘密，而应鼓励其把自杀的想法说出来。⑫不要因周围的人或事而转移工作目标。⑬不要在其他人中把过去或现在的自杀行为说成是光荣的、殉情的。⑭不要忘记追踪观察。

3. 避免认识误区。对自杀问题，常存在一些认识误区：其一，认为自杀是因为陷入绝境，别无选择。事实上，清醒而合理地选择自杀的只有极少数人，绝大多数的自杀是情绪冲动的，是可以预防和避免的。自杀绝不是由孤立事件引起的，而是长期心理矛盾冲突的结果。事实上，自杀者中患有抑郁症和躁狂抑郁症等精神障碍的比例相当高，而精神障碍是有药可医治的。其二，认为自杀是个人的选择，他人应当尊重这种自由。事实上，90% 的自杀未遂的人事后大多会后悔。自杀并不是清醒理智的选择，而是一念之差的结果；如果阻止了一时冲动的自杀行为，自杀未遂的很多人都能继续好好活着，而且只有活着，才有重新选择的余地。其三，认为总嚷着要自杀的人是不会真的去死的。另一个类似的误解是，认为曾经尝试自杀的人，不会真的去自杀。其实面对死亡，人通常会害怕和有所顾虑，但尝试的次数多了，恐惧将会减轻，当事人就有可能采取更加致命的自杀手段。其四，认为如果我们怀疑某人有自杀倾向，千万不能主动提及这个话题。

事实上，有自杀意念的人，如果有人给他一个倾诉的机会和渠道，就可能帮他走出自杀的阴影。如果有人和你谈论自杀问题，你最好能请他深入地谈一谈，鼓励他们寻求专业心理医生的帮助。

4．建立严密的信息收集与社会支持网络。由于精神障碍患者大多有自知力缺陷，感知觉异常、思维错乱、不合逻辑、行为怪异、缺乏责任能力的精神障碍患者有可能做出一些不道德、违法、伤人害己的过激行为，必须建立严密的信息收集与社会支持网络，其工作要点如下。

（1）建立宿舍—班级—学院—心理辅导中心信息互通机制。为了减少由精神障碍患者带来的各种伤害等意外事件的发生，避免病情的进一步恶化，保障其他同学的安全，大学应该建立宿管员—辅导员—学院二级辅导站—心理咨询中心—分管书记信息汇报机制。大学生在宿舍和班级一旦发现有疑似精神障碍的学生和心理危机事件，都必须及时向辅导员报告，辅导员经过调查核实和观察确认之后应立即向上级领导汇报。还要建立教务处—学生处—二级院系学业成绩信息监控机制，凡学业成绩超过2门不及格的学生应列为重点关注对象，辅导员要找其专门谈话，了解和分析成绩下滑、考试不及格的原因，有针对性地辅导其改进学习方式，使其尽快提高学业成绩。

（2）建立学生法定监护人—辅导员信息互通机制。一旦疑似大学生有精神障碍或处于心理危机状况，学校应该及时与学生父母或其他法定监护人取得联系，将确认的学生精神障碍状况进行汇报，围绕精神障碍或心理危机的性质、严重程度、诊治建议和未来前景进行沟通，最后双方签署“知情同意书”。

（3）在将罹患有精神障碍和处于心理危机中的学生交付给学生家长和转入精神卫生服务机构之前，学校应组织宿舍同班同学和辅导员组建专门的看护小组，对对象实施24小时的看护和照顾，直至转交给学生父母等法定监护人或送进医院为止。看护工作的要点是：态度自然，内紧外松，随时注意防止意外，不能麻痹大意，不能听信被看护者的口头承诺而放松看护。

无论是有一般性心理问题的正常人，还是罹患重性精神障碍的患者，社会支持对于防止意外和疾病康复都是非常重要的正面力量。社会支持包括家庭、舍友、同学、亲戚朋友、教师和其他社会组织的力量。许多大学建立了朋辈心理辅导的义工组织，可以为有心理咨询需要的大学生提供及时的心理援助转介帮助。无论对于精神障碍的预防，还是精神障碍的康复，强有力的社会支持都具有重要意义。

心理测验

抑郁自评量表

抑郁自评量表（Self-rating Depression Scale，SDS），由威廉·庄（W. K. William Zung）在1965年编制，评价时间范围为过去一周；含有20个项目，采用4级评分（1表示没有或很少时间、2表示少部分时间、3表示相当多时间、4表示绝大部分时间或全部时间有该症状）。打“*”号的题目为反向计分题。如“我感到早晨心情最好”这个题目，4分表示没有或很少时间有这样的心情，而1分则表明总有这样的心情。

评价指标为总分。将20个项目的各项目得分相加，即得总粗分。SDS总粗分的正常上限为41分，分值越低状态越好。

标准分计算方法：标准分 = 总粗分 ×1.25（后取整数部分）

结果解释：①中国常模以SDS标准分不少于50为有抑郁症状，53～62分为轻度抑郁，63～72分为中度抑郁，大于72分为重度抑郁。②抑郁严重度 = 各条目累计分/80，0.5以下者为无抑郁；0.5～0.59为轻微至轻度抑郁；0.6～0.69为中至重度抑郁；0.7以上为重度抑郁。

指导语：表12－3中有20道题，请你仔细阅读每一项，然后根据你最近一星期的实际感觉，选择在适当的选项画一个"√"，1表示没有或很少时间有该症状，2表示有时有该症状，3表示经常有该症状，4表示绝大部分时间或全部时间有该症状。项目前注"＊"者为反向计分。

表12－3 抑郁自评量表

项目	偶或无	有时	经常	持续
1. 我感到情绪沮丧、郁闷	1	2	3	4
＊2. 我感到早晨心情最好	4	3	2	1
3. 我要哭或想哭	1	2	3	4
4. 我夜间睡眠不好	1	2	3	4
＊5. 我吃饭像平时一样多	4	3	2	1
＊6. 我的性功能正常	4	3	2	1
7. 我感到体重减轻	1	2	3	4
8. 我为便秘烦恼	1	2	3	4
9. 我的心跳比平时快	1	2	3	4
10. 我无故感到疲劳	1	2	3	4
＊11. 我的头脑像往常一样清楚	4	3	2	1
＊12. 我做事情像平时一样不感到困难	4	3	2	1
13. 我坐立不安，难以保持平静	1	2	3	4
＊14. 我对未来感到有希望	4	3	2	1
15. 我比平时更容易被激怒	1	2	3	4
＊16. 我觉得决定什么事很容易	4	3	2	1
＊17. 我感到自己是有用的和不可缺少的人	4	3	2	1
＊18. 我的生活很有意义	4	3	2	1
19. 假若我死了，别人会过得更好	1	2	3	4
＊20. 我仍旧喜爱自己平时喜爱的东西	4	3	2	1
总粗分：				

拓展训练

一、活动的主题与目的

活动主题：了解精神障碍患者的另一个世界。

活动目的：使学生对精神障碍的病因、临床表现，以及精神障碍患者的个性和思维特点有更感性直观的认识，提高学生对于精神障碍患者的共情能力。

二、活动理论依据

人本主义心理学重视个人的价值，维护个人的尊严和权利，主张解放个性，使个性得到充分的、自由的发展，强调人积极向上的本质，认为人具有潜在的善性。人本主义提倡自我实现，强调人的成长和发展。所谓自我实现，就是一个人力求变成他能变成的样子，这里有两层含义，即人类共性的充分展现和个人潜能（或个体差异）的自我实现和趋于完美。人本主义最具特色的疗法是“当事人中心疗法”，由美国心理学家罗杰斯于20世纪40年代创立。“当事人中心疗法”是指以平等伙伴的身份去理解当事人的问题和情绪，为其提供一种自由表达和宣泄的机会，并帮助其体验自我价值，实现人格成长。在心理辅导过程中，治疗者要充分体现三个工作要点：一是真诚一致，即治疗者所表达的内容与他内在的体验是一致的，不说言不由衷的话，不摆专家架子，不以说教者的姿态自居，应与当事人坦诚交流；二是无条件积极关注，即积极的、非批判性的接纳态度；三是同理心，即能够准确地感受到当事人所体验的情感和个人意义。

三、活动的内容与方法

活动由教师提问、分享讨论、教师点评和写心得体会四个环节组成。活动以班级为单位，将班级成员分为若干小组，每个小组6～8人为宜。

第一环节：观看影片。集体观看荣获2001年奥斯卡金像奖的电影《美丽心灵》，或荣获1998年奥斯卡电影最佳原创剧本奖的电影《骄阳似我》。

第二环节：小组讨论。讨论主题可以是：影片中的主角罹患了什么精神疾病或有什么性质的心理问题？表现出哪些异常的精神症状？这些症状说明了什么问题？心理问题或精神障碍对当事人的事业或生活带来了哪些影响？为什么当事人都拒绝接受治疗？这些阻抗说明了什么？最后他们的心理问题和精神障碍是如何被解决的？影片中哪些对白和情境让你感动？它为什么触动了你？

第三环节：教师点评。点评要点有：如何看待心理问题、心理障碍和精神障碍的病因和病理机制？为什么药物或者催眠之类的治疗对案例中的当事人不能奏效，而人本主义的心理治疗却能让当事人带病生活，为所当为，让聪明才智的潜能得以充分展现？幻想和妄想甚至没有彻底消失，但为何天才的灵感和数学才能却同样敏锐？影片名《美丽心灵》，这是指谁？这意味着什么？

第四个环节：将自己观看电影的体会写成一篇观后感和影评。如有条件，可以利用假期到当地精神障碍医院做义工，与精神障碍患者一起举办音乐联欢活动，参观精神障碍患者的绘画作品，尝试与他们进行交流，倾听精神障碍患者的病史故事和人生故事。

拓展阅读

哈里·沙利文：《精神病学的人际关系理论》，方红、郭本禹译，中国人民大学出版社，2015 年。

教学资源清单

使用说明：建议每位学习者在教师课堂讲授本章教材之前，先通过手机扫码的方式链接到教学资源平台，自学和练习相应的教学内容，以便在课堂上能够与教师更深入和更有效率地进行教与学的研讨，见表 12－4。

表 12－4　教学资源清单

编号	类型	主题	扫码链接
12－1	心理观察	双相情感障碍的典型表现	
12－2	心理微课	如何克服进食障碍	
12－3	专题新闻	大学生自杀案例分析	
12－4	教学影评	《美丽的心灵》影评	
12－5（1）	心理漫画	《抑郁黑狗的症状》	
12－5（2）		《抑郁》	
12－5（3）		《藏在帽子里的世界》	
12－6	学唱歌曲	《我这个人》	

续上表

编号	类型	主题	扫码链接
12－7	心理故事	我来做你的树洞	
12－8	知识拓展	无惧愤怒	
12－9	心理体验	八段锦	
12－10	PPT 课件	精神障碍与心理危机的预防与干预	
12－11（1）	录课视频	第一节：心理健康与异常心理的评估与诊断（梁瑞琼）	
12－11（2）		第二节：精神障碍症状与常见精神障碍的识别（梁瑞琼）	
12－11（3）		第三节：精神障碍的三级预防（梁瑞琼）	
12－11（4）		第四节：大学生心理危机的识别与干预（梁瑞琼）	

附录
大学生心理体验与行为训练项目清单

政策依据：根据教育部颁发的《普通高等学校学生心理健康教育课程教学基本要求》中“高校学生心理健康教育课程是集知识传授、心理体验与行为训练为一体的公共课程”的有关精神和教学要求，进一步推进广东省高校大学生心理健康教育教学改革，加强大学生心理素质训练，经过广泛征求各校专业教师意见，拟在全省高校大学生心理健康教育课程中普及推广课堂体验与户外拓展训练项目清单。希望各高校以此为契机，逐步推进教学改革，同时将本校已经开展起来的理念领先、技术适宜、简单易行、训练有效的项目拍摄成教学微视频，推荐给广东省高校心理健康教育与咨询专业委员会，被认定的项目将获得表彰和作为优秀教学资源上传至广东高等教育出版社“好的课”平台上供同行共享。

指导心理体验与行为训练的心理学理论依据：解剖即命运（精神分析）、性格就是行为习惯的总和（行为主义）、开发人的潜能才是积极的心理学目标（人本主义）、存在先于人的本质（存在主义）。

第一部分　基本训练项目

1. 毕业墙。这是一个以班级为单位，需要站在别人肩头上才能攀上和翻过毕业墙的项目。本项目有助于受训者获得人生成长和成功的背后需要其他人的支持和帮助的体验，培养受训者的感恩之心和团队精神（如图附－1 所示）。

图附－1　毕业墙

图附－2　模拟电网

2. 模拟电网。这是一个需要依靠团队协同、细致耐心的精神才能完成的搬运项目，即在限定的时间内和不碰触电网的情况下，将所有受训者从电网的一侧搬运至另一侧。本项目有助于培养受训者完成任务的计划性和团队的协作性（如图附 -2 所示）。

3. 信任背摔。一个受训者的双手被束缚住并从高台上背向倒下，由 15 ～20 人用双手组成“人垫”接住摔下的人。本项目有助于训练受训者的自信心和对团队成员的信任，对于克服恐高症有很好的效果（如图附 -3 所示）。

图附 -3　信任背摔

图附 -4　盲目障碍

4. 盲目障碍。这是一个以小组为单位完成的项目，一个扮演盲人的受训者在另一个受训者的引导下通过一定的障碍物。本项目有助于增强受训者的胆量和勇气，培养身体协调、平衡及快速反应的能力，也有助于培养人与人之间的信任感和团队协作精神（如图附 -4 所示）。

5. 有轨电车。这是一个由 15 ～20 人的团队完成的项目，每个受训者在木板上找到一个位置，用手抓住木板上的绳子，团队成员一起移动脚下的木板，到达指定的目标。本项目有助于受训者理解个人行为对整个团队的影响，以及个人要服从于团队的组织原则；有助于受训者体验团队和谐的快乐，培养学员之间相互包容、相互理解和谦让的合作精神（如图附 -5 所示）。

图附 -5　有轨电车

图附 -6　移花接木

6. 移花接木。一般将受训者分为 8 ～10 人一组，两组进行比赛。比赛规则是先将一根立柱上的轮胎从柱子上取出来，并按指定的顺序转移到另外两根立柱上再码起来，而且不能重复，规定用时较少的队获胜。本项目可以培养团队的组织策划和创新思维的能力（如图附 -6 所示）。

7. 礼让通行。这是一个由 10 ～15 人组成的团队完成的项目，要求受训者在规定的时间里，在一块摇晃的长形铁板上，且在不能有人掉到地面上的前提下完成通行任务。教练可以根据受训者的生日或抽签来决定通行者的名单和人数。本项目有助于培养受训者积极、健康的人际交往方式，培养个体互帮互让、精诚合作的团队精神。团队在短时间内必须形成共识，产生非正式的团队领导，统一指令，厘清角色与分工，合理分配与运用资源，达成一致行为，增强个体的手臂、腰部、腿部力量和身体协调能力（如图附 –7所示）。

图附 –7　礼让通行

图附 –8　风雨桥

8. 风雨桥。受训者走上摇晃的引桥，手抓横杆，一步一步地穿过软桥，最后从桥的另一侧下到地面。每次仅能通过一个受训者。本项目有助于培养个体胆量、克服恐惧的勇气，培养自我挑战、突破自我的精神和体能（如图附 –8 所示）。

9. 解手链。所有受训者分组（最好 12 人一组），站成一个向心圈。教练可以选择以下几种不同的方法要求受训者相互握手：①可以先从 3 个人开始。每个人两手交叉（左手在下），左手和右边人的右手握在一起，手牵手结成一张网。教练要求受训者在不松手的情况下解开这个网（即每个人的手不再交叉，自然地牵着，并且面对里面视为解开）。②可以选择 5 个人开始组队。还是每个人两手交叉，要求与右边第二个人握手，然后解开。③可以选择 10 ～12 人组队。每一个人先举起自己的右手，握住对面那个人的任意一只手；再举起自己的左手，握住另外一个人的任意手，要求队员在不松开手的情况下，想办法把这张乱网解开（如图附 –9 所示）。

图附 –9　解手链

活动经验分享：在结成手网的情况下，受训者是亲密无间的，却限制了各自的自由，这就像一家人的关系。如何让手网成为一个圆，如何建构一个联系着大家，又能让大家朝着统一方向滚动前进的圆，这是对团队的严峻挑战。本项目需要在集体合作中发挥个人创造力，体会在解决团队问题时需要聆听和良好的沟通，以及团队的合作精神。一般情况下，手链是一定可以解开的，答案无非有两种：一种是一个大圈，另外一种是两个套着的环。如果实在解不开，教练可允许受训者将相邻的两只手断开一次，但再次进行时必须马上封闭。

10．链接加速。由 3 男 3 女进行组队，6 人一组，后边的人左手抬起前边的人的左腿，右手搭在前边的人的右肩形成小火车形状，最后一名受训者也要单脚跳步前进，不能双脚着地。场地上画好起跑线和终点线，其距离为 30 米，游戏开始时，各队从起跑线出发，跳步前进，绕过障碍物回到起点，最先到达起点的为胜。按时间计名次。游戏过程中受训者必须用一只脚跳步前进，左右手不允许松开。队伍如果出现断裂则必须重新组织好，从起点重新开始。以各队最后一名受训者通过终点线为准。比赛过程中，参赛队必须在规定的赛道，不许乱道。本项目有助于培养受训者的团结协作精神（如图附 - 10 所示）。

图附 - 10　链接加速

图附 - 11　绝不放弃

11．绝不放弃。在教练规定的时间（如 30 分钟至 2 小时）内，要求每个学员盘腿而坐，双手合十，目光向前，挺直背部，进行搓手运动，速度不低于每分钟 95 下。本项目有助于受训者领悟要想成功，坚强和持之以恒的意志是必不可少的；在简单枯燥的运动中审视自己的心态变化，反思自己在工作与生活中的坚持性（如图附 - 11 所示）。

12．信任不倒翁。由 15 ～ 20 人围成一个向心的圆圈，指定其中一位受训者站在圆圈中央。所有受训者将身上所有的硬物，包括眼镜、钥匙、手机等，统一放在教练指定的地方。站在圈中的受训者直立，双手交叉抱肩，双脚并拢，腿部并紧，腰部挺直，头部低垂。圈中的受训者大声报出自己的名字，然后说“请大家为我加油”。所有受训者将手搭在这名受训者的肩膀或者背部，齐声喊出“1、2、3”，并喊出这名受训者的名字：“××，加油！加油！Yeah！”圈中的受训者闭上双眼，做双臂抱肩的姿势，大声询问：“准备好了吗？”其他人呈半下蹲的姿势，掌心对着圈中的受训者，五指打开做好承托的准备，大声回答：“我们准备好了！”在得到大家的回答后，圈中受训者大声报出“1、2、3”，“3”字出口的同时在保持双脚不动的情况下，身体向前直倒，前方受训者双手将其托住，两侧的受训者做好保护姿势防止漏接。前方受训者接住圈内受训者后，依次将圈内的受训者向相反的方向推去，由相应的受训者承托住。不断循环，向右顺时针和向左逆时针方向各旋转一圈，直至将中间受训者稳定到圆心位置稳定站立。本项目是徒手团体运动，中间受训者的安全完全依赖于圈外的每个受训者的认真负责，务必集中精神；告知各位你希望他人怎样对待你，你就要怎样对待他人。万一出现失误，全体受训者必须向倒落的受训者鞠躬致歉，然后继续进行。信任倒落的速度不能过快，以免发生危险（如图 附 – 12 所示）。

图附 – 12　信任不倒翁

图附 – 13　坐地起身

13. 坐地起身。这是一个由团队合作完成的项目。活动规则是：先从 4 人一组开始，背对背坐在地上，然后 4 人手挽手同时站立起来。一般人数越多，难度越大。如同时有几个组，可以进行计时比赛。本项目有助于培养团队协作精神（如图附 – 13 所示）。

第二部分　中高级训练项目

1. 中空五连通。由离地面约 3 米中空的断桥、空中独木桥、横渡天梯、泸定桥和乘风破浪五个项目组成。受训者在系着安全带的前提下，从中空断桥的一端穿越至另一端。本项目有助于培养受训者的心理稳定性、自我挑战的勇气、敏捷的反应能力和身体平衡、协调能力（如图附 – 14 所示）。

图附 – 14　中空五连通

图附 – 15　梅花桩

2. 梅花桩。团队的所有受训者在手拉手的情况下，从凹凸不平、间隔不等的梅花桩上经过，而且必须经过起点、中点和结尾的三个桩点，不摔倒才视为成功。如有一个人下桩，则团队所有受训者必须重新走过。本项目有助于培养受训者的勇气和自信心，促进团队内部的协作与沟通，培养受训者在解决问题时周密策划、步步为营的意识，创新性解决问题的能力和时间管理的能力（如图附－15 所示）。

3. 攀树运动。这是一个在采用专业装备和做好安全保障的情况下，由一个人独立完成的攀树项目。在国际上，攀树一般应在注册树艺师的指导下完成。该项目有助于锻炼人的体力、耐心和胆量，有利于从垂直于地面的方向挑战地心引力，让受训者更亲近自然环境，释放自我，感受大树上所蕴含的蓬勃的生命力，在树冠层体验与在平地不同的视觉感受与观察多样的生态系统（如图附－16 所示）。

图附－16　攀树运动

图附－17　徒步运动

4. 徒步运动。徒步并不是散步，也不是体育竞走，而是指有目的地在城市的郊区、农村或者山野间进行中长距离的有氧运动。本项目有助于受训者增强体质，亲近自然，放松心情，促进五脏六腑血液循环。徒步一般以 30 ～40 分钟、中速、身体微微出汗为宜（如图附－17 所示）。

5. 定向越野。定向越野是一种利用地图和指北针导航的户外个人体验型有氧运动，也是一项智力与体力并重的运动。本项目能培养受训者独立分析、解决问题的能力和良好的逻辑思维能力，具有较强的竞技性，可以个人、双人、家庭或团队形式组队。通常在森林中、公园、郊外举行（如图附－18 所示）。

图附－18　定向越野

图附－19　骑马运动

6. 骑马运动。这是古今中外历史最悠久的运动形式，包括平地赛马、障碍赛马、越野赛马、轻驾车比赛和接力赛马等不同种类。骑马运动有助于锻炼骑手的体力、毅力、胆量，以及学习人与动物和谐相处的技能（如图附 -19 所示）。

7. 射击（射箭）运动。这是指个人使用枪支或弓箭对各种预先设置的目标进行射击，以命中精确度计算成绩的一种体育运动。射击竞赛项目繁多，包括对固定的、移动的、隐现的以及飞行的各种目标进行精确射击和快速射击的比赛。射击运动有助于受训者锻炼身体，提高臂力，培养细致、沉着、坚毅等优良品质（如图附 -20 所示）。

图附 -20 射击（射箭）运动

图附 -21 自行车运动

8. 自行车运动。这是指以自行车作为工具进行比赛的体育运动。一般分为追逐赛、计时赛、计分赛、争先赛。自行车运动有助于锻炼心脏功能、治疗帕金森病，改善个体的平衡能力和协调能力，缓解焦虑和抑郁（如图附 -21 所示）。

9. 八段锦。八段锦是中国传统健身功法，每次练习约需 12 分钟，不需要提前热身，也不需要练后放松，一套功法的训练就能活动四肢、躯体各个部分，配合呼吸，有助于促进脏腑气血运行，达到强身健体的作用。预备式口诀是："两足分开平行站，横步要与肩同宽，头正身直腰松腹，两膝微屈对足尖，双臂松沉掌下按，手指伸直要自然，凝神调息垂双目，静默呼吸守丹田。"动作口诀是："双手托天理三焦，左右开弓似射雕，调理脾胃须单举，五劳七伤向后瞧，摇头摆尾去心火，两手攀足固肾腰，攥拳怒目增气力，背后七颠百病消。"（如图附 -22 所示）

图附 -22 八段锦

10. 太极拳。太极拳历史悠久，是中华民族体育健身的典型代表，国家级非物质文化遗产。太极拳讲究松静自然，刚柔相济，以柔克刚，随机转化，周身协调，通畅气血，阴阳平衡，以意领行，气贯全身，神形合一。太极拳对神经系统和内脏器官状态的调整，解除精神紧张，提高精神对环境的适应能力具有特殊的功效。传统太极拳门派众多，常见的有陈式、杨式、武式、吴式、孙式、和式等太极拳流派。根据用途可将太极拳分为比武用的太极拳、体操运动用的太极操和太极推手等类（如图附－23 所示）。

图附－23 太极拳

教学资源清单

使用说明：建议每位学习者在教师课堂讲授本章教材之前，先通过手机扫码的方式链接到教学资源平台，自学和练习相应的教学内容，以便在课堂上能够与教师更深入和更有效率地进行教与学的研讨，见表附－1。

表附－1 教学资源清单

类型	主题	扫码链接	
附－1（1）	录课视频	大学生团体心理辅导体验课 （马敏娜）	
附－1（2）		大学生心理危机识别与应对第一节、第二节 （石丹丹）	
附－1（3）		大学生心理危机识别与应对第三节 （石丹丹）	
附－1（4）		大学生心理危机识别与应对第四节 （石丹丹）	

续上表

类型	主题	扫码链接	
附－1（5）	录课视频	大学生团体沙盘游戏（一） 团体沙盘游戏原理与意义（江雪华）	
附－1（6）		大学生团体沙盘游戏（二） 如何开展团体沙盘游戏（江雪华）	
附－1（7）		大学生素质拓展训练（王书妮）	